图书在版编目（CIP）数据

中国·秦皇岛经济技术开发区村志 /秦皇岛经济技术开发区地方志编纂委员会编. -- 北京 ：方志出版社，2018.4
ISBN 978-7-5144-3066-0

Ⅰ. ①中… Ⅱ. ①秦… Ⅲ. ①村史—秦皇岛 Ⅳ. ①K292.25

中国版本图书馆 CIP 数据核字（2018）第096402号

中国·秦皇岛经济技术开发区村志

编　　者：秦皇岛经济技术开发区地方志编纂委员会
责任编辑：董琳
出 版 人：冀祥德
出 版 者：方志出版社
地址　北京市朝阳区潘家园东里 9 号（国家方志馆4层）
邮编　100021
网址　http://www.fzph.org
发　　行：方志出版社图书经销中心
电话（010）67110500
经　　销：各地新华书店
印　　刷：深圳华新彩印制版有限公司
开　　本：889×1194　1/16
印　　张：22
字　　数：514 千字
版　　次：2018年 4 月第 1 版　　2018 年 4 月第 1 次印刷
印　　数：0001～1000 册
ISBN　978-7-5144-3066-0　　定价：200.00 元

中国·秦皇岛经济技术开发区村志

ZHONGGUO · QINHUANGDAO
JINGJI JISHU
KAIFAQU CUN ZHI

方志出版社
Publishing House of Local Records

秦皇岛经济技术开发区地方志编纂委员会

《中国•秦皇岛经济技术开发区村志》
文字撰稿、图照提供与绘制人员名单

（以姓氏笔画为序）

文字撰稿人

马淑艳　马淑梅　王一涵　王玉平　王玉莹　王冬梅　王述春
王　烁　王洪瑞　左晟莹　西小杰　朱丹丹　朱秀华　华忠宝
刘正洪　刘占国　刘永华　刘运仲　刘　铸　安玉春　许金友
许晓娜　孙素英　苏　禹　李志民　李叔君　李卓颖　李昌余
李单双　李学云　李　娜　李宽成　李淑文　李嘉诚　杨一心
杨文生　杨玉昌　杨庆先　杨丽丽　张　柱　张志民　张国强
张宝兴　张　倩　陈　启　陈东成　陈宝明　陈昱彤　陈俊杰
陈瑞廷　金宝军　金顺祥　周　杰　周秉成　周　济　郑佐然
房诗文　赵之友　赵克仁　赵丽娟　赵启家　赵继满　胡志成
信宝国　侯佳丽　姚　伟　姚洪福　贺红新　莫海燕　栗娜娜
贾富义　党爱坤　倪建明　徐　冰　徐宝权　高建爽　郭长亭
曹　林　梁淑娟　董长青　程树禾　靳殿阁　槐春凤　褚守贵
褚慧婷　裴　琳　潘品秀　薛俊朋

摄影者

王勤诣　朱玉楠　刘　嫡　宋　涛　张　洋　周　颖　姚　斌
崔　炜　揣连海　鲁　菲

地图绘制

李　娜　杨　珺

凡例

一、本志坚持以马克思列宁主义、毛泽东思想、邓小平理论、“三个代表”重要思想、科学发展观、习近平新时代中国特色社会主义思想为指导，坚持辩证唯物主义和历史唯物主义的立场、观点和方法，客观、系统记述秦皇岛经济技术开发区87个村落发展变化进程和改革开放成果，传承和抢救乡土历史文化，激发爱国爱乡情怀，为探索城镇化建设、社会主义新农村建设提供历史智慧和现实借鉴。

二、本志为了全面反映各村发展脉络，记述内容贯穿古今，详近略远，重点记述新中国成立后，尤其是中共十一届三中全会后的内容。上限追溯事物发端，下限断于2015年，个别重大事项延至搁笔。

三、本志记述范围为秦皇岛经济技术开发区5个乡处87个行政村。

四、本志采用纲目体。横排门类，纵述史实。依照开发区时代特色和地方特色设计各村类目，各村主要记述类目为村址、沿革、基础设施、村级机构、教育文体卫、农工副业、村民生活及社会保障、名人能人、荣誉等条目。记述各乡处所辖各村顺序村名笔画排列。

五、本志体裁综合运用述、志、传、图、表、录等各种体裁，以志体为主。

六、本志除引用文字、附录文献资料外，统一使用规范汉字及现代语体文记述。

七、本志设“名人能人”“道德模范”等类目涉及人物，记述内容以突出人物事迹为主，选录本村村籍人物为主，兼收对各村有突出贡献的客籍人物。

八、本志图片以摄影照片和手绘示意图为主并随文插图。

九、本志计量单位采用国务院1984年2月发布的中华人民共和国法定计量单位。特例采用传统计量单位，如亩、斗、石、里、尺、磅、斤、华氏度等，在引文时可照录，但以类目为单位首次出现时应加注。

十、本志历史纪年括注公元纪年，中华民国成立后的纪年，均使用公元纪年。志中所称“解放前（后）”，以当地解放日为界；“新中国成立前（后）”，以中华人民共和国成立日1949年10月1日为界；“改革开放前（后）”，以中共十一届三中全会召开日1978年12月为界。

十一、本志称谓记事概以第三人称角度记述。人名直书其姓名，必要时冠以职务职称。地名以现行标准地名为准。如使用历史地名，于每个条目首次出现时括注现行地名。各个历史时期的党派、团体、组织、机构、职务等均以当时名称为准。对于称谓过长而又频繁使用者，于首次出现时使用全称并同时括注简称，之后使用简称。

十二、本志数字、标点遵循国家标准出版规定，数字书写以GB/T15835—2011《出版物上数字用法的规定》为准，标点符号使用以GB/T15834—2011《标点符号用法》为准。

十三、本志资料以社会调查的口述资料为主，部分资料来源档案，所用各村资料均入村核实考证。

序

秦皇岛经济技术开发区作为全国首批、全省首家国家级经济技术开发区，经过 30 多年的建设发展，一座充满生机和活力的现代新城拔地而起。随着开发区开发建设步伐的加快，辖区内的有些村落逐渐消失，难以追寻到旧迹，昔日田园村庄已被工业园区和高楼大厦所替代，成为不可逆的历史。

盛世修史，明时修志。村志是一个村落社会发展的缩影，它记录了乡村历史建设的宝贵经验，编写修纂村志，对于传承乡村文明，弘扬传统文化具有非常重要的意义。秦皇岛开发区可追溯的各村历史源远流长，文化积淀深厚。区内所辖各村多始建于明代，劳动人民曾在这方热土上，以勤劳勇敢和聪明才智，为我们留下了丰厚的精神财富和物质文化遗产，是开发区经济社会发展史中不可或缺的重要章节。一个村庄就是一部历史，每一个村庄的变迁，都印证着一个时代社会、历史发展的轨迹。在一日千里的新时代，也迫切地要求我们把各乡村的人文风情抢救性地保留下来。编修村志，全方位记录乡村状况以及乡村变化，已成为保留村落文明记忆的一种方式；编撰村志，能够很好地发掘和弘扬乡村文化。一个乡村、一个家庭，或许这就是无论何时何地都能留得住的乡愁、品得了的乡味和永远萦绕在心中的乡魂。

《中国·秦皇岛经济技术开发区村志》是一部全面、系统记述全区 87 个行政村数百年发展脉络和现状的资料性文献，具有存史鉴今、资政育人的文化价值，它的编修是益于当代、惠及后人的一项重要文化工程。开发区于 2016 年启动开发区村志的编修工作，编修人员历尽艰辛，搜集资料，考证史实。该部村志按照各村所属区域共分为五卷，记载翔实、内容丰富，结构严谨，脉络清晰，具有鲜明的地方特色和时代特征，使得一方乡土风情，展卷可及，是一部融历史价值、实用价值和收藏价值为一体佳作。“治天下者以史为鉴，治郡国者以志为鉴”，读志用志、以志为鉴是我们修志的初衷。阅读此志，既可以从中领略到秦皇岛开发区百姓兢兢业业、孜孜以求的奋斗历程，它为我们研究历史、了解社会、掌握民情提供了参阅资料和决策依据，是我们承前启后、继往开来的资治宝鉴。

市委常委、秘书长、秦皇岛开发区工委书记

秦皇岛开发区管委主任

目录 TONTENTS

总述

秦皇岛开发区位于河北省东北部，地处亚欧大陆桥东端、中国华北、东北两区结合部、环渤海经济圈地理中心。秦皇岛开发区由西区和东区两个区域组成，西区地处秦皇岛市中心城区——海港区以西，东区地处山海关区东南，区域间相隔 21 公里。

（一）

秦皇岛开发区气候长期属暖温带半干旱季风型大陆气候。夏无酷暑、冬无严寒，多年日平均气温 10.05 摄氏度。7 月份日平均气温 25 摄氏度（高于 30 摄氏度日数平均不足 20 日）；1 月份日平均气温零下 6.5 摄氏度（冻土期为 11 月至翌年 3 月，最大冻土深度 0.85 米）。降水量多年平均 675 毫米，集中于夏季，占全年总量的 70% ～ 80%，春季干旱，冬季降雪稀少，旱涝灾害多年不遇。较为干爽，年平均湿度为 60%。风向，西到西南风盛行，其次为东到东北风，年平均风速 2 ～ 3 米 / 秒。

开发区西区村落地貌属于平原，大体呈东西低、中间高的地势。海拔 20 米以下平原分布于东部的汤河及小汤河流域，西部的戴河流域。海拔 20 ～ 50 米平原，分布于海拔 20 米平原的内缘，占据着区域的中部，面积较大。海拔 50 米以上丘陵呈狭长带状由北至南纵贯于区域中部，是汤河、戴河分水岭。其北部、南部各有一块海拔 100 米以上的高地，分别是海拔 116.9 米的烟台山和 200.7 米的栖云山。东区地貌完全属于平原，大体呈“工”字形，中间低平，两侧略高。海拔 20 米以下平原分布于沿海、船厂及南关河。海拔 20 米以上平原分布于上述区域两侧。海拔最高点 46.3 米在杨庄东南。

境内共有较大河流 4 条，分别为西区大汤河、小汤河、戴河、东区小潮河。四条河道均南北贯穿开发区汇入大海，多为季节性河道。特点是源短、流急，汛期暴涨暴落，全区河道总长约 51 千米。

区域内有国道 102 国道（G102）6.465 公里，205 国道（G205）3.171 公里，省道沿海线（S364）6.4 公里，山海关高速连接线（S023）3.25 公里，国、省干线总里程 19.286 公里，有村道 51.351 公里。铁路有京哈铁路通过，为京秦铁路、大秦铁路、津秦客专（建设中）三线终点。京哈铁路有专用线通东区，京哈、京秦、津秦从开发区西区穿过。

（二）

秦皇岛开发区于1984年10月建立，经国务院批准的区域面积1.9平方公里。当时有西白塔岭村、东白塔岭村和孟营村所属土地214.7公顷，无地上建筑物。为适应秦皇岛开发区经济社会发展需要，1992年11月，秦皇岛开发区第一次扩区，孟营、前进、孙庄、吴庄、大白庙和小白庙6个行政村及其903.7公顷土地，整体划入开发区， 黄河道街道办事处于2003年成立并开始管辖该6村，之前一直由开发区农工局管辖。2000年，秦皇岛开发区对山海关开发区实行统一管理。梅庄村、小吴庄村、赵庄村、单岭村、孙庄村、东洼子村、褚庄村、徐庄村、姚山村、薛庄村、大巫庄村、金庄村、小刘庄村、侯岭村、周庄村、东姜庄村、郭庄村、杨庄村、大刘庄村、西姜庄村、黄庄村、赵牛庄村、张庄村、南水井村共24个行政村整体划入开发区由渤海乡管辖，有土地2237.7公顷。2002年10月16日，秦皇岛开发区实施第二次扩区战略，共有13个行政区整体划入开发区。13个行政村为原属海港区海阳镇的凤凰店村、西张庄村、烟台山村、约合庄村、许庄村、杨庄户村、计新庄村、王校庄村，西港镇的邢庄村，抚宁县深河乡的深河村、东甸子村、望海店村、义卜寨村，总人口11000人，土地总面积26平方公里。2002年11月，秦皇岛开发区成立扩区工作领导小组。同月，划入的13个行政村归腾飞路街道办事处管辖。2009年12月15日，秦皇岛开发区扩区西延接收工作正式启动。原抚宁县深河乡的大毛义庄村、小毛义庄村、华义庄村、西场村4个村也并入开发区，并划入腾飞路街道办事处。截止2016年，腾飞路办事处共计辖17个行政村。2010年9月19日，秦皇岛市党政联席会议原则同意启动省政府于2003年批准的开发区远期55平方公里用地，由开发区与抚宁县合作开发建设规划园区，开发区负责统一规划、统一管理。2010年10月，抚宁县21个村落分批次划入秦皇岛开发区榆关管理区办事处管辖，21个村分别是沙河村、牛蹄寨村、铁官营村、后庄村、西岭村、下徐各庄村、北杨各庄村、郑家店村、上徐各庄村、紫草坞村、韩义庄村、往子店村、代山头村、东甸村、董庄村、韩兴庄村、陈家庄村、北店村、后营村、兴福庄村、老岭沟村。2010年10月，在开发区与抚宁县深度合作的大背景下，抚宁县牛头崖镇、榆关镇、深河乡19个行政村又划入开发区牛头崖管理区

1985年大小汤河之间0.62平方公里起步区荒芜的土地

开发区原址与现状对照图

办事处管辖。19个村分别是杨户屯村、马坊甸村、郭高马坊村、药马坊村、刘马坊村、张马坊村、朱马坊村、富新庄村、周营村、长不老口村、高家岭村、小米河头村、孙家庄村、太和寨村、闪水庄村、孤家子村、仓上村、大米河头村、高家店村。

到2016年，秦皇岛开发区管委下设腾飞路街道办事处、黄河道街道办事处、榆关管理区办事处、牛头崖管理区办事处和渤海乡政府5个乡处，辖87个行政村。其中，西区有4个办事处辖63个行政村，东区有1个乡辖24个行政村。至此，农村工作及农村城市化建设成为秦皇岛开发区经济、社会发展进步的重要内容之一。

（三）

秦皇岛经济技术开发区农村历史较悠久，上徐各庄村可追溯到唐代贞观年间（627-649），距今已有近1400年历史。王校庄村建于元代，太和寨村建于辽代。绝大部分村庄建于明朝，少部分村落建于清朝，最晚建村的为老龄沟村，其建村时间为新中国成立初期。划入开发区的村落多数为原属抚宁县和山海关区管辖的村落，部分村落原为海港区管辖。87个行政村中迁此定居的村民祖籍大多数为山西、山东等地。随着世代繁衍生息，逐渐形成村落。

开发区西区的63个自然村和东区的24个自然村，分别在在秦皇岛市的行政区划中，先后经历了十余次的划出、划入及调整，多次村庄自然分割。唐时为临榆县地。唐武德二年改临渝为抚宁县。海阳镇（今属海港区）汉时曾为海阳县地，辽时设润州、海阳县治，元时为大宁海阳千户所。明时废县为镇。洪武四年，在府治南建永平卫，在山海关设山海卫。乾隆二年（公元1737年），在山海关撤卫置临榆县，割抚宁深河以东土地归临榆县。1948年，秦皇岛全境解放。1949年3月11日，山海关划归辽西省，建山海关市；秦榆市改为秦皇岛市，为河北省辖市。1961年5月，恢复秦皇岛市、抚宁县、昌黎县、卢龙县原建制，隶属河北省唐山专区。1983年5月15日，唐山地区撤销，实行市管县体制，抚宁县即划归秦皇岛市管辖。2015年8月29日起，秦皇岛市所辖的抚宁县正式撤县设区。

1953年，国家开始对农业进行社会主义改造，从农业互助组、初级农业生产合作社到高级农业生产合作社，由低级向高级发展。开发区所辖各村农业生产也在那时期进入到了一个新的阶段，在开发区村志的沿革条目记述中多有体现

开发区三期原址与现状对照图

开发区汤河景色

1955 年，为了加快了农业合作化的步伐，全国掀起农业合作化高潮。到 1956 年底，国家要基本完成了对农业的社会主义改造，土地等生产资料由私有制变为公有制，实行集体经营。为了进一步提高农村生产力，开发区各村分阶段在那个时期进入了高级社。1958 年，全国人民公社化运动开始，开发区所辖的各村纷纷加入人民公社。中共十一届三中全会以后，经济体制改革首先在农村取得突破。开发区的农村也开始实行家庭联产承包为主要形式的责任制。1982 年，村委会确定了法律地位，随后开发区各村大队部逐渐更改为村民委员会。开发区各行政村的沿革、村级机构等条目的记述就是一个历史时期农村建设发展的一个见证和缩影。

（四）

1992 年 11 月，划入秦皇岛开发区的 6 村人口合计 6883 人，2000 年 10 月，由秦皇岛开发区（东区）并入的 24 村人口为 8257 人，2002 年 10 月划入秦皇岛开发区的 13 村人口为 9621 人，累计 24761 人。到 2015 年，划入秦皇岛开发区的人口为传统的农业人口，开发区总农业户数 22052 户，农业人口 56247 人。其中，移民 766 户，1939 人，农村劳动力人数达到 29372 人，从事外出务工劳动力达到 14873 人。开发区农村少数民族主要是以满、朝鲜、回和蒙古族为主。

区内各村在划归秦皇岛开发区以后均实行村民自治管理，即村民委员会在中共村党支部领导下开展工作。村民委员会是村民自治组织，实行民主选举、民主决策、民主管理、民主监督，村民委员会主任、委员由本村村民直接选举产生。村民委员会每届任期三年，其成员可连选连任，村民代表由村民选举或推举产生，村民代表每届任期三年，与村委会同步换届。村委会代表全体村民行使重大事项决策、重要生产活动组织、财务收支管理等权利。同时，在中共村党支部的领导下，各村还成立了人民调解委员会、治安保卫委员会、公共卫生委员会、民主理财小组、村务公开监督小组等组织。到 2015 年，完成了十届村委会换届选举工作，全区管辖87个行政村，已有76个村完成了党组织换届，71个村完成了村委会换届。

划入开发区的村民主要从事粮食种植、蔬菜栽培及林果、畜牧业。如抚宁区划入的大米河头、小米河头、孤家子村、仓上村、药马坊村多以种植玉米、水稻、花生等农作物为主。往子店、北店子、代山头、韩义庄等村庄则以传统的林果业为主。到2015年，开发区集体所有的农用地总面积达到71354亩，耕地39535亩。从事各种园地种植5950亩、林地种植5134亩。原来隶属于海港区、山海关区的土地，因紧邻城市中心，划入秦皇岛开发区前大部分用以种植各类蔬菜，如秦皇岛开发区的孟营村、前进村、孙庄村，秦皇岛开发区（东区）的黄庄村等，分别为海港区、山海关区的蔬菜基地，到2015年，上述自然村已基本实现了村改居，除（东区）黄庄外已无耕地。秦皇岛开发区（东区）渤海乡的沿海部分村落渔民从事捕捞及海产品养殖业。到2015年，养殖水面达到2454亩，其中家庭承包经营面积达到1179亩。除此之后，一些特色种植业、手工业得以保留传承，如高家岭手工草编、孤家子村仙鹤牌大葱种植、大米河头村草莓种植、长不老口村豆腐作坊等。

从2013年开始，开发区建立健全了农村土地承包经营权流转规范管理制度和运行机制，有效宣传农村土地承包经营权流转的政策和法律法规，推动农村土地承包经营权流转工作。广大村民按照自愿、依法、有偿的原则，委托流转方式流转所承包在土地经营权。到2015年共流转沙河、牛蹄寨、西张庄、韩兴庄、陈家庄、后营等6村土地808.15公顷，涉及农户1511户、村民4562人。流转土地由亿科公司按照生态、有机、绿色的标准进行规模经营。通过土地流转的方式减轻了农民的负担，增加了农民的收入。

秦皇岛开发区第一次扩区时，区内有乡镇企业10家，后山海关区渤海乡划入乡镇企业18家。截至2003年底，区内共有乡镇企业16家，到2015年，村集体乡镇企业发展较好。

（五）

村民庆祝返迁入住天成佳境小区

随着秦皇岛开发区经济建设的深入发展，项目建设占用了域内农民的大批土地。于是，世世代代以土地为生的广大农民生存发展，成为秦皇岛开发区面临的首要问题。鉴此，秦皇岛开发区在上级方针政策的引导下，积极借鉴兄弟开发区的先进经验，根据本地实际，实施了一套稳妥的解决办法。

一是做好征地补

偿。为保证秦皇岛开发区大规模基础设施建设的需要，1985年，征用西白塔岭村土地105.54公顷、东白塔岭土地104.97公顷、孟营村土地4.19公顷，合计214.7公顷（包括征用耀华玻璃公司土地0.5公顷）。1994～2000年，征用前进村土地35.6公顷、孙庄土地48.18公顷、孟营村土地105.54公顷、吴庄土地25.59公顷、大白庙村土地6.03公顷、小白庙村土地0.69公顷，合计221.63公顷。2002年10月，征用邢庄、王校庄土地107.35公顷。此外，原山海关开发区于1993～1997年征用郭庄、黄庄、东姜庄、西姜庄等村土地134.94公顷。2000～2002年，因兴建秦皇岛金海食品工业有限公司、万基钢管（秦皇岛）有限公司、哈动力出口基地等工程征用褚庄、徐庄、赵牛庄、小刘庄、赵庄、姚山、大巫庄、杨庄土地213.33公顷。至2003年底，秦皇岛开发区及其东区一共征用土地891.95公顷。随着开发区各种项目建设进程的加快，从2013年到2015年间，开发区征迁速度加快，征迁面积达到1554.47公顷，并完成了义卜寨村整村征地，孤家子、药马坊、沙河、紫草坞、东甸、小米河头、上徐各庄、下徐各庄、西张庄等村部分征地，解决征地拆迁多年遗留问题，确保了戴河综合整治、栖云山路及下穿铁路桥、国家科技馆、京能热电、兴龙戴卡排水等项目的顺利实施。尤其在孤家子征地过程中，由于政策宣传到位，村党组织战斗堡垒作用强、村干部和党员作用发挥好，全村顺利完成征拆，是继2013年刘马坊村后又一个征拆工作典范。根据《中华人民共和国土地法》及《河北省土地管理条例》的相关规定，秦皇岛开发区对被征地的村委会和村民分别给予安置补偿费和青苗补偿费，同时实行生活补助政策，对失去土地的村民按季发放生活补助金。以上费用按当地消费水平及秦皇岛开发区财政财力确定，例如生活补助费一项，1985～1999年为每人每月100元，2000年～2003年为每人每月120元。男60岁，女55岁以上村民每人每月180元。

村民庆祝返迁新居

二是做好拆迁安置工作。自1995年6月开始，根据项目建设和城市发展需要，秦皇岛开发区先后对域内部分农村实行整体拆迁改造。截至2002年底，已将西区的孟营村、前进村，东区的褚庄、张庄以及赵庄、大巫庄的局部拆迁完毕，涉及农户1900户，房屋5100余间。2010年，先后完成计新庄、杨庄户等村20万平方米拆迁工作，实现周庄、赵庄、侯岭等村返迁4.3万平方米，返迁群众220户。到2015年，完成孤家子村整村征地157.1公顷、小米河头村整村征地96.7公顷、上徐各庄84.2征地公顷、下徐各庄征地71.2公顷，确保了京能热电、科技展览馆、戴河综合整治、秦抚路、太湖路等重点建设项目的施工建设。配合完成天成佳境商品房的统购工作，研究制定返迁房置换天成佳境楼房的实施方案，入村调查、摸底、协议签订全部完成。完成天成佳境高层返迁安置工作。2015年，开发区总结多年征迁经验，创新了农民返迁房保障新模式，根据西区杨庄户、王校庄、计新庄等村多年未返迁和东区大龄子女平价房问题急需解决的实际情况，依照管委有关要求，利用天成佳境商品房、东区经适房产权置换，配合完成天成佳境商品房的统购工作，研究制定返迁房置换天成佳境楼房的实施方案。对杨庄户、计新庄、王校庄的拆迁户逐一宣传、答疑、动迁，入村调查、摸底、协议签订全部完成。渤海乡大龄子女分户房始终是农民强烈关注的问题，经过局乡多次反映汇报，管委决定用东区经适房解决。经过个人申报、逐户逐宅审核，2015年底，平价房协议全部签订，东区大龄子女住房问题得到妥善解决。

三是做好“农转非”和就业工作。2002年7月，秦皇岛开发区对域内原6村农业人口的实行整体“农转非”工作，农转非的对象为前进派出所、美岭派出所管辖范围内的所有户口在册人员。截至2002年12月，经秦皇岛市公安局正式批准，原6个村的2959户、6883人由原来的农业户口全部转为城市户口，涉及人员也由原来的农民身份转为城市居民身份。此外，由劳动部门组织对18～35岁青年农民进行职业技能培训，并与区内外企业建立联系，向其输送合格的技术工人，扶持其就业。2002年底，天鼎编织袋厂、山海关船厂、鹏泰毛纺联营公司、前进金星印刷厂、开发区第一建筑工程有限公司等企业吸纳就业人员2224人。2008年，开始促进失地农民参加多种形式的培训工作。是年，短期职业技能培训411人，吸纳170名失地农民走上工作岗位；2010年吸纳区内失地人员164人就业；2011年吸纳204名失地农民就业。到2015年，累计吸纳农民失地人员就业3200余人。

四是做好秦皇岛开发区“双创”工作。此项工作由“双创”领导小组领导，具体由“双创”办公室负责。“双创”办公室成立于2005年1月5日，主要职能是组织指导全区“农民创收”和“双五好”创建活动的开展并组织验收。全区29个承担责任目标的单位明确“双创”工作主管领导及专门工作人员，形成全区上下全力抓“双创”的良好局面，推进了“双创”活动的开展。2010年“双创”工作以促进失地人员就业创收、“双五好”（“五好村（居）”、“五好家庭”）创建、涉农政策研究等为重点，以增加农民收

2005年10月，农家娃杨健楠在双创政策鼓舞下考取重点大学

开发区村民参加庆祝改革开放三十周年秧歌汇演活动并合影留念

入及创建民主、文明、和谐社会为目标，创新思路、科学谋划、求真务实、锐意进取。为更好发挥奖励效果，根据全区实际情况，对“双创”政策进行了相应调整，2010年共发放奖励资金1140多万元，推动了农民就业创收和“双五好”创建工作，有效促进了全区社会和谐和经济发展。到2011年，发放奖励资金7.33万元。考入高等院校学生269人，发放奖励资金67.85万元。“双五好”受奖人口6.2万人，发放奖励资金1880多万元。

（六）

1995～2003年，先后在秦皇岛开发区西区的孟营、前进、孙庄、吴庄及秦皇岛开发区东区的褚庄、徐庄等行政村的原址，规划兴建了孟营、祥安北里等居民小区，新建安置楼房10万余平方米；兴建了海湾安全技术有限公司、燕大海天激光技术发展有限公司、秦皇岛领先科技发展有限公司及秦皇岛开发区（东区）的龙源酒店、凯莱度假村、富康商贸城等相关工业项目及服务业项目；在秦皇岛开发区原6村和秦皇岛开发区东区黄庄、郭庄、姚山等村址，规划兴建了峨眉山路、华山路、黄河道、长江道、庐山南路、庐山北路和上海道、杭州道、河北路、江苏路等街道，在秦皇岛开发区西区小白庙、大白庙、吴庄、孙庄和秦皇岛开发区东区的部分村址规划建设了燕大精密机床有限公司、华北制药集团秦皇岛分公司、秦皇岛中荣太阳能有限公司、燕山大学产业集团以及出口加工区、秦皇岛万基钢管（秦皇岛）有限公司、秦皇岛金海粮油工业有限公司二期工程等项目，同时在上述区域合理布局兴建了机关、学校、商场、银行、邮电、通讯等单位或设施，使秦皇岛开发区域内百业竞举，形成了功能较为齐全的新型城市区。

辖区各村医疗得到较快发展。到2015年。区内有开发区医院、开发区二院、开发区珠江道社区卫生服务中心、开发区新型农村合作医疗管理中心。另有山海关船厂医院、友谊医院（民营）和其他医疗卫生机构198个。在198家卫生机构中，有乡镇卫生院1所、社区卫生服务中心1个，村卫生室83个，诊所和其他医疗卫生机构113个。2015年，全区医疗卫生从业人员1069人；有执业医师285人，执业护士104人，乡村医师109人。

教育文化事业得到长足发展。1993年，秦皇岛开发区接管农村中小学以后，在努力提高教学质量同时，大力推动校园文化发展，各校相继组建了学生业余舞蹈队、合唱队、民族乐队、电声乐队以及军乐队等，积极参加区内“六一”儿童节文艺汇演、秦皇岛开发区艺术节以及秦皇岛市一些文艺演出活动。1999 年，秦皇岛开发区燕大附中荣获秦皇岛市中小学文艺汇演一等奖。2015 年，秦皇岛开发区有国办中小学 20 所，其中高中 1 所、初中 5 所、九年一贯制学校 2 所，小学 12 所，国办幼儿园 3 所，青少年活动中心 1 所；共有注册民办教育机构 26 所，民办幼儿园 19 所。此外，不断完善教育体系，大力改善中小学办学条件，优化教育资源配置，高标准通过省级义务教育发展基本均衡县评估验收。

秦皇岛开发区全力打造美丽乡村"软实力"，注重以先进文化和传统文化建设社会主义新农村，切实将农村文化建设抓紧抓实。上徐各庄村专门成立了文化工作领导小组，每年用于文化开支的经费达万元以上。东甸村、西岭村、仓上村、紫草坞村的地秧歌曾远近闻名，惟妙惟肖的表演形式广受百姓欢迎。区域文化的繁荣，还孕育了一批农村优秀文化带头人，大米河头村吹歌能手－刘春风、后营村的"故事大王"－老庞、沙河村的"快板达人"－韩兴强、"电影迷"－刘宪启等曾活跃于农村大舞台，让农村文化活动遍地开花。

农村社会保障水平持续提升。到 2015 年，

建设中的新民居

返迁村民乐开花

统筹实施各项民生工程，下大力解决民生领域热点问题，就业增收成效明显。全年新增就业 4917 人，下岗失业人员再就业 1750 人，发放失地农民生活补助费 4928 万元，发放"五好家庭、五好村"奖励资金 1306 万元。保障托底取得突破，新增参保人数 1.3 万人，失地农民养老保险实现全覆盖，发放低保补助 147 万元。新农合覆盖面进一步扩大，参合率达 98.8%，连续七年位列全市第一。

农村社会环境稳定和谐。统筹实施农村人饮工程、周转房及返迁房建设等几大民生实事，用真心实意提升群众获得感。到 2015 年，投入资金 13.5 万元，完成韩义庄村、紫草坞村、周营村三所农村老年幸福院建设；通过整合孙庄、吴庄两村幸福院资源，投入资金 30 万元，在泰盛家园筹建了黄河道居家养老服务中心。黄河道街道（泰盛家园）居家养老服务中心于 2015 年 12 月正式投入运营。中心在为老人提供日间照料以及助餐、助医等生活服务和应急服务的基础上，根据需求为部分老人提供午餐。中心设置休息室、图书室、活动室、康复室，兼顾了老年人文化娱乐、学习教育、健身康复、精神慰藉等多种服务。到 2015 年，为 188 名农村五保户支出集中供养五保金 17.9 万元，分散供养五保金 89.3 万元。

创新服务模式，将原渤海乡敬老院集中供养15名五保老人以政府购买服务的方式安置在鸿福养老院，支出27万元。

（七）

秦皇岛开发区各村历史悠久，曾有很多珍贵的文物遗迹，但是由于年代久远，保护措施不当，很多遗迹受到不同程度的损坏。西区有三官庙，在原孟营小学院内，2002年10月在基建施工中发现完整的庙基，出土碑刻、建筑残件多件，内有清乾隆年间重修碑记。主殿毁于20世纪50年代，庙址现无存。栖云寺，在栖云山（一称团山）上，乾隆二十一年（1756年）《临榆县志》有相关记载，庙址现已无存。营盘，一在郭庄，夯土墙东西长140米、南北长170米；一在大刘庄，四边长各110米。两营盘均建于清光绪年间，遗迹尚存。单岭村西有600多年大柏树2棵，占地后大柏树未被毁坏，位于哈动力物流企业院内，保存完好，其树杆直径约2米。

黄河道街道

综　述

黄河道街道办事处所辖区域位于秦皇岛开发区西区东部。东起和平里社区，北接海阳镇，西临邢庄村，南到偏坡村，辖区区划与珠江道办事处参差交错。下辖孟营、前进、孙庄、吴庄、大白庙和小白庙6个行政村及天成佳境、铂悦山2个社区居委会。其中，6个行政村于1993年划归秦皇岛开发区管辖，天成佳境、铂悦山、公园里于2017年划归黄河道办事处管辖。辖区总人口1万余人，中共党员355名。大部分居民为汉族，少数民族213人，主要为满族、回族、蒙古族等。

黄河道街道办事处成立于2003年，位于珠江道63号（2015年从珠江道7号西侧搬迁至此），原隶属社会发展局，2017年3月独立设置。主要负责党建、日常管理、信访稳定、征地拆迁、政权建设等工作。机构配置有党政综合办公室、综治（信访）办公室、社区管理办公室、社会事务办公室、财政办公室、便民服务中心。

办事处召开旅游旺季工作推进会

历任书记有常士杰（2003～2004年）（代理）、周鹏林（2004～2011年）、国立辉（2011～2015年）、李玉春（2015年～ ）。

历任主任有杨森林（2003～2004年）、常士杰（2004～2009年）、吉克难（2009～2015年）、许英杰（2015年～ ）。

（一）

辖区有孟营、前进、孙庄、吴庄、大白庙和小白庙6个行政村。大白庙和小白庙村建于明建文二年，孙庄、前进村建于明永乐年间，孟营村建于明代，吴庄建于明景泰年间。多为山东、山西等地移民迁此定居，后逐渐形成村落。新中国成立后，辖区村庄进行多次行政区划调整，多次进行村庄自然分割。占地面积最大的村为孟营村。1995年，秦皇岛开发区陆续对6村进行征地拆迁工作。孟营、前进村于2003年完成返迁；孙庄、吴庄村于2009年开始拆迁，2014年完成返迁；大白庙、小白庙村于2013年开始拆迁，个别村民返迁完毕。

辖区内大部分为平原地带，水系较为发达。大汤河位于开发区西区东部，为秦皇岛市海港区与经济技术开发区的界河，独流入海，是秦皇岛市重要的排洪河道。大汤河主河道长约14公里，流域面积184平方公里，有两大支流，东支发源于抚宁县柳观峪村西北，西支发源于抚宁县温泉堡西南的方家沟村。大汤河右岸上游自秦皇西大街桥以北150米翔园开始，下游至河北大街桥处止，流经开发区段长度约3.65千米，沿岸

有大中型外资企业和居民生活区。2002年以来，按五十年一遇标准治理河道3047米，修建堤防

汤河桥新旧对照图

3047米。小汤河，小汤河位于开发区中部，有两条主要支流，东支流发源于海阳西北苏子峪，自北向南流经孙庄、孟营汇入主河道后，穿越大秦铁路、经西环路、河北大街注入渤海。西支流发源于新周庄以北，自北向南经烟台山村、计新庄村、杨道庄村、邢庄村、开发区森林体育公园向南汇入主河道最终注入渤海。小汤河区内全长约16千米，控制流域面积109.79平方千米，占汤河流域面积的23%。2002年以来，按二十年一遇标准治理河道12.9千米，修建堤防18.4千米，修建蓄水橡胶坝两座，蓄水总量约33万立方米米。小汤河贯穿全境。

另有其他小型河流6条，分别为孙庄村东侧北向南无名河流1条；吴庄村北侧自北向南有河流1条，名为小北河；大白庙村东侧自北向南有河流1条，名为东河，大白庙村西侧有无名河1条，此河流经村南与东河交汇形成樱桃园河；小白庙村址西侧自北向南有河流1条，名为西河，村南侧自西向东有河流1条，名为邢庄河。

（二）

一轮土地承包之前，村民主要以粮食种植业为主，主要农作物有玉米、高粱、甘薯、棉花、旱稻、粳稻、谷子、花生、大豆等农作物。20世纪80年代初，随着生产条件的改善，农业技术的推广，各村开始大力发展蔬菜种植业、水果种植业、畜牧养殖业，村民应用蔬菜大棚种植技术种植春夏菜的主要品种有西红柿、黄瓜、架豆角、芹菜、韭菜、菠菜、小葱、甘兰、茴香、油菜、胡萝卜、土豆、茄子、辣椒、香菜等；秋菜主要是大白菜。养殖业主要以家庭为单位的猪、鸡、鸭、牛、羊等牲畜养殖。水果种植主要以苹果为主。从1995年征地拆迁后，农村种植业陆续消失。

20世纪70年代，各村相继建起村工厂，主要以农产品加工业为主，并有少量翻砂厂、塑料厂、毛纺厂、压铸厂、米面加工厂、修配厂、纺织厂、印刷厂、水泥板厂、铸造厂、饮料厂、半机械化养猪厂等。征地拆迁后，大部分工厂已不复存在。

随着开发区征地拆迁大幕的拉开，传统的农业生产、养殖逐渐走向消亡。在结束传统农耕社会的自给自足的小农式家庭经营生产方式后，村

辖区景色

民依托区域优势，在开发区企业或海港区企业从事生产加工、机器制造、服务行业等作为生活收入的主要来源。此外，返迁小区的闲置住房在房屋买卖及租赁市场占据优势，房屋租赁、村集体收入分配作为就业收入外的另一大收入来源。

（三）

划归开发区管辖之前，各村均建有学校。20世纪30年代，孟营村建孟营小学，2002年并入秦皇岛开发区一中。1965年，孟营村建孟营中学，2002年并入秦皇岛开发区一中和燕大附属中学。1950年，玉皇庙村开明耆绅王景文利用自家2间正房办玉皇庙小学，1967年随村名改为前进

孟营中学旧址

小学，1990年改为五年制农村完全小学，1993年更名为秦皇岛开发区第三小学，后更名为秦皇岛开发区第一小学。1961年，孙庄村建孙庄小学，1963年并入孟营小学，1984年并入前进小学。1970年，吴庄村建吴庄小学，1998年与小白庙小学合并成为开发区中心小学。1968年，大白庙村设立小学，1976年并入小白庙小学。1935年，小白庙村成立小学，1976年大白庙小学并入，1998年与吴庄小学合并成为开发区中心小学。到2015年，辖区内有小学3所，中学3所。

20世纪60～70年代，各村相继建立起医务室并在村内培养赤脚医生，满足了村民就医需求。1993年以后，所有卫生所先后被私人承包。到2015年辖区各类诊所10余个，医院3个，村民就医极为方便。

新中国成立后，各村都建起自己的秧歌队，逢年过节走街串巷表演为村民带来欢乐。随着社会的发展，文化娱乐形式不断变化，广场舞已经成为带动各村百姓娱乐健身的一种新形式。其中，孟营村的广场舞队伍多次在省、市、区各类广场舞比赛中荣获优异成绩。

黄河道办事处积极组织各类文娱品牌建设，为村民提供文化阵地，丰富百姓文化娱乐生活。组织成立社会主义核心价值观宣讲团，开展以深化中国梦、乡风文明、移风易俗等内容的宣传40余场；每年开展趣味运动会、新春游园、三八展演、栈道健身运动、跳蚤市场等以“文化进万家”为品牌的文化体育活动，组织秧歌大拜年、消夏彩色周末演出、为祖国庆生文艺演出等内容的“百姓大舞台、文化进万家”专场文艺演出，聘请专家、学者开展专题讲座等。在各村配备农家书屋，藏书均在3000册以上，涵盖文学、科学、政治、农业、常识、家庭生活、专业技术等内容，满足了农村居民的文化需求。并在社区内设有健身广场，配套包括健身器材、乒乓球台、篮球场地在内的各类健身体育器材，满足村民健身需求。

（四）

到2015年，辖区内6个行政村多数村民已全部返迁，返迁小区多数为6+1式的新民居，集中在孟营新村、前进新村、泰盛家园、天成佳境小区居住，并配有相应的商业、学校、医疗等配套设施。各小区交通便利、环境优美、功能完备的五大生活区。水、电、燃气、取暖全部达到城区水平，各村实现固定电话、移动电话、互联网、广播电视村等邮电通讯设施全覆盖，路面实现全部硬化。

辖区内建有小蓬莱农贸市场和孟营市场，满足了该村及周边居民的日常生活需要。其中，小蓬莱农贸市场于2001年在原孟营村村部旧址的基础上发展起来，至2011年关闭；孟营市场建于2008年，实行股份制，共4157股。其中，村集体占53%、村民占47%，原孟营村民每家1.5股，2000元一股，股份可继承，每年年底分红。孟营市场已成为开发区主城区居民的“菜篮子”，并辐射带动了周边经济的发展。

孟营市场

到2015年，辖区内主干道有珠江道、黄河道、恒山路、祁连山路、松花江道、黑龙江道、华山北路、巫山路、漓江道、峨眉山路等。1999年，开通第一条公交线路17路，后陆续开通11、31、36、38、42、46、708、901、905、906、微循环5、微循环6路公交线路途径各村与天成佳境、铂悦山两社区，极大的方便了辖区居民的出行。

针对老龄化居民，办事处于2012年建设前进村老年幸福院居家养老服务工程、2015年建

秦皇岛开发区黄河道街道办事处管辖区域图

设泰盛家园居家养老服务中心，为社区 70 周岁以上老人提供免费午餐。居养中心配有图书室、文化活动室、棋牌室、体育活动室、康复室等满足村民居家养老的服务需要。其中，泰盛家园居家养老中心大胆采用引入民间资本新型运营模式，极大地拓宽了服务内涵，除基本居家养老服务功能外还创办居家养老服务超市，提供送粮上门服务，另外逐渐实现个人卫生清洁、家政服务、心理慰籍等个性化服务内容的全覆盖。

1995 年以后，村民的生活发生了翻天覆地的变化，生产、生活环境和生活水平实现了跨越式的发展。

（五）

1995 年以后，管委先后出台了一系列有关于征地就业安置、生活补助费发放、生活补助发

办事处全体工作人员合影

放人员界定及生活补助费调整标准等相关政策。失地农民每月可以领到 180、230、330 元三个档次的征地生活补助费。此外，黄河道办事处辖区内共有残疾人 197 人，按月领取生活补助 230 元 / 人；五保户 11 人，按月领取生活补助 417 元 / 人。

辖区符合要求的被征地村民（约 4000 人）均按照政府支付 70%，个人支付 30% 比例缴纳基本养老保险。截至 2016 年底，缴纳失地农民养老保险 1200 余人，领取养老保险费 1600 余人，每人 1100 余元 / 月。比照城镇企业退休人员养老保险缴纳，失地农民养老保险金按照每年国家企业退休人员养老金的调资正常增长机制逐年调涨。

开发区在医疗保险方面推行了 2 种可供选择的医疗保险，一种是农村合作医疗保险，一种是城镇居民基本医疗保险。村民可以自愿选择险种，按照相关比例缴纳保险。

开发区管委鼓励农民到区内企业就近择业。为失地人员办理小额贷款鼓励开展创业促进就业工作，制定参加职业技能及接受职业学校教育的被征地人员的补贴标准办法。截至 2015 年底，为灵活就业人员和参加技校培训及学历教育等失地人员补贴和报销各项费用，涉及 3000 余人次 491.77 万元。

2004 年，为提高转城农村广大村民的综合素质，开发区实行配有奖金激励机制的创建“五好家庭”“五好小组”“五好村（社区）”政策。截至 2015 年底，共发放“双创”及大学生奖励 16 万余元。

（六）

辖区村民生活习俗大致相同，每年阴历腊月二十三过小年，扫房，吃猪头肉。大年三十晚上吃煮饺子，过年炸千子、春卷。过年贴春联、福字、窗花、放鞭炮。二月二龙抬头吃春饼，剪头发。每年农历五月初五村民去东山逛码头。

村里有一些有意思的方言，比如称呼邻居为借比子，称蛇为长虫，壁虎为蝎虎子，称咸菜为瓜子。

xiaobaimiao cun

小白庙村

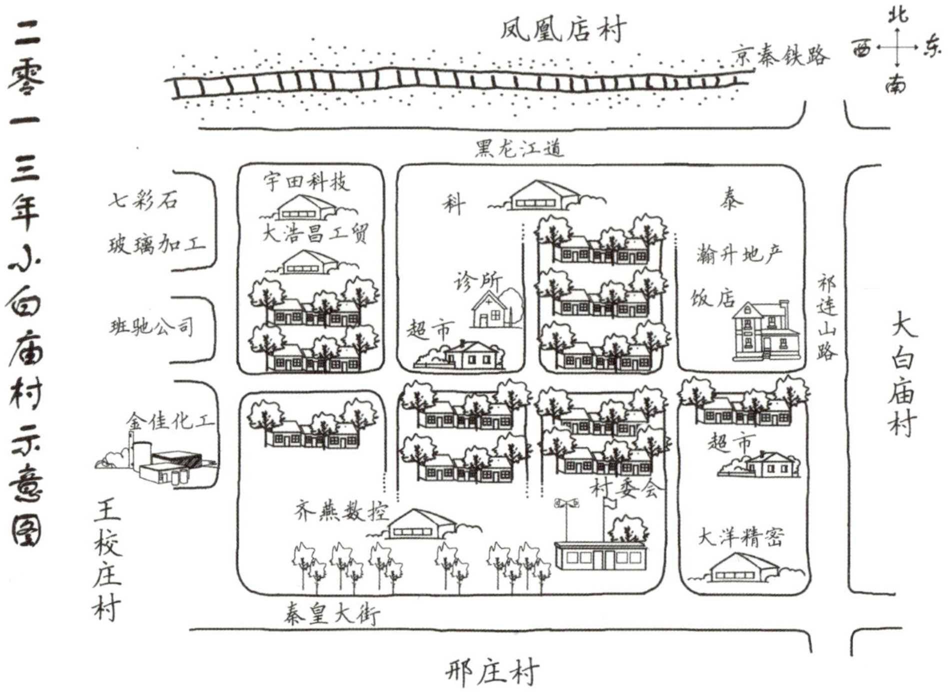

村址　小白庙村位于秦皇岛开发区黄河道办事处驻地西北 3.3 公里处。东临大白庙村，南到邢庄村，西接王校庄村，北隔京秦铁路与凤凰店村相望。截至 2015 年底，全村土地总面积 2545 亩。其中，耕地面积 2372 亩，民居占地面积 173 亩。耕地于 2003 年被征用。村西侧有河流 1 条，名为西河，流向自北向南；村南侧有河流 1 条，名为邢庄河，流向自西向东。2013 年，该村整体拆迁。2015 年，部分村民安置到天成佳境小区。

沿革　明建文二年（公元 1400 年），郭、邵、李三姓村民由山东新域迁至后期的小白庙村北 0.5 公里处落户，取名“好庄子”，后迁址于此地。因当时的村域为一片洼地，树木丛生，百鸟栖居，又更名为“百鸟村”。清顺治十年（1654 年），村东修建小庙 1 座，该村又位于庙西，按照百鸟谐音，将村名再次更名为小白庙村。

清乾隆二年（公元 1737 年），由临榆县管辖。1952 年，建立互助组。1954 年 7 月，进入初级社。临榆县撤销，并入抚宁县第六区（海阳大公社）管辖。1956 年，进入高级社。1958 年

小白庙旧貌—民居

小白庙待拆迁房屋

1月，划归海港区管辖。1961年6月，复建抚宁县，归属抚宁县西张庄人民公社管辖。1984年3月，西张庄人民公社改为西张庄乡，建小白庙村民委员会。1988年，西张庄乡合并入海港区海阳镇。1993年9月，小白庙村划归秦皇岛开发区管辖；2003年，由开发区黄河道街道办事处管辖。

基础设施 1968年，全村通电。村东原有一片沼泽地，后经挖掘，扩为人工湖。2009年，全村实现水泥路全覆盖，告别了“晴天一身土、雨天一身泥”的历史。

人口·姓氏 1950年，全村95户，350人。其中，男性180人、女性170人，0～30岁120人、31～60岁150人、61～90岁80人。1992年，全村228户，842人。其中，男性427人、

小白庙村委会

女性415人，0～30岁264人、31～60岁340人、61～90岁238人。截至2016年底，全村512户，1421人。其中，男性732人、女性689人，17岁以下436人、60岁以上263人。

村内姓氏按人口多少排列顺序为郭、李、张、邵、马、王、杨、刘、宋、石、高、苏、赵、贾、韩、辛、彭、陈、朱、唐、胡、徐、岳、孙、吴、谢、袁、董、崔、何、付、冯、龚、邹、谭、单、常、许、尹、邢、齐、贲。

村级机构 1950年，小白庙村组建基层党组织。杨开升（1950～1963年）、高德友（1964～1966年）、李吉林（1967～1974年）、邵胜魁（1975～1982年）、张桂庭（1983～1994年）、马振瑞（1995～2003年8月）、李波（2003年9月～2005年7月）、邵立奎（2005年8月～2015年1月）、石鹤（2015年2月～）相继担任党支部书记职务。

邵胜魁（1967～1974年）、马振瑞（1975～1982年）相继担任大队长。此后，张国良（1983～1994年）、邵永魁（1995～2003年）、张春魁（2003～2005年）、郭素媛（2006～2009年）、刘瑞青（2009年5月～）相继担任村主任职务。

教育·文体卫 1935年，小白庙村成立小学1所，学制4年。2000年，小白庙小学停办，适龄儿童到凤凰店小学就读。1964年，成立农村卫生诊所，基本做到村民小病不出村。自古以来小白庙村春节期间都会组成老中青三代秧歌队。1950年，村委会设置文体活动中心，内设图书阅览室和乒乓球活动室，丰富了村民的精神生活。

农工副业 该村主要种植玉米、高粱、谷子、黍子、水稻、小麦、大豆、花生、红薯等农作物。

1968年，自办米面加工厂1个，既方便村

民加工米面还增加了村集体的收入。1970年，村委会成立代售商店1家，村民不出村就可以买到日用品。到2013年，全村商店数量发展到5家。2003年以前，家家户户以养殖猪、鸡、鸭、牛、羊等牲畜或者种植大白菜、萝卜、菠菜、豆角、黄瓜、大葱等蔬菜来增加收入。到2016年，全村大部分村民以外出务工来增加收入。

村民生活及社会保障 1993年，该村划归秦皇岛经济技术开发区管辖。1994年，全村安装自来水供水设施，并实现电视、移动网络全覆盖。村中老人按月领取养老金，全村村民加入到了城镇医疗保险和农村合作医疗保险，享受到了城镇居民的待遇。村址南侧建有展园及森林体育公园，村民可以在闲暇时间去公园散步，并参加扭秧歌、跳广场舞等健身活动。村民精神面貌及生活水平得到很大提升。

2003年，村内设有31路、11路公交站点，村民出行更加方便快捷。

名人能人 李德彰，烈士，1917年生人，1949年参军，1957年在陕西因公牺牲。该村还有一名烈士，名为张守谦，何时牺牲不详。

风物传说 村东建有古庙1座，庙旁有1棵又高又大的柳树，树干直径1米，树上挂有大钟1口。村里如有事情需要告知大家，就会敲响大钟通知村民开会。抗日战争时期，大钟发挥了通报敌情的作用，村民听到钟声就会做好防范准备。

dabaimiao cun

大白庙村

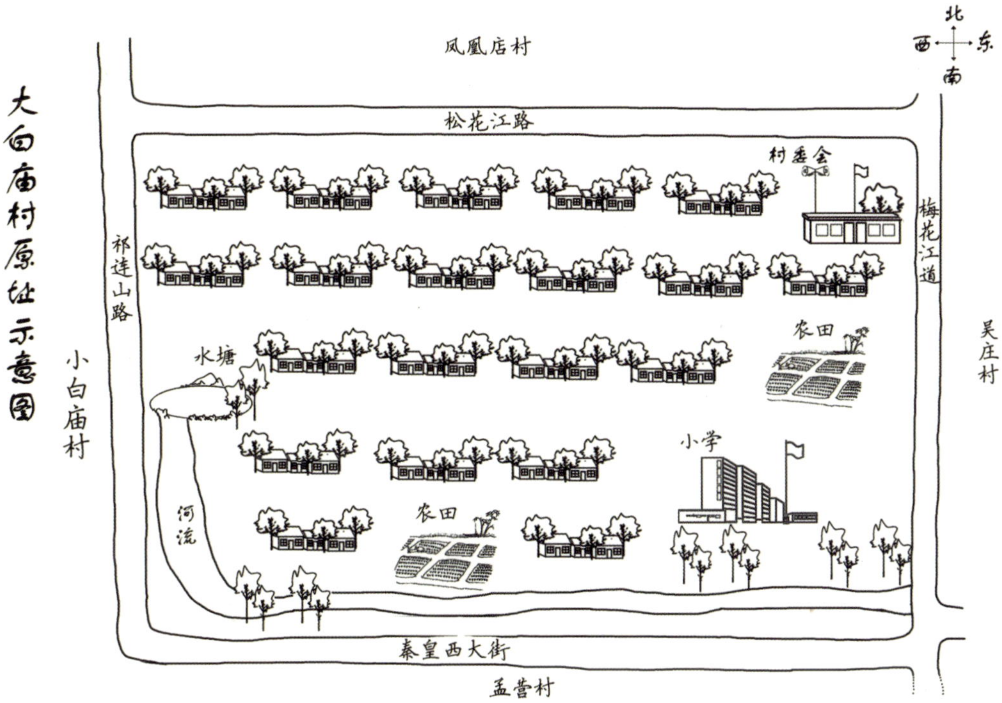

村址　大白庙村位于秦皇岛开发区黄河道办事处驻地西北 3.1 公里处，属丘陵地带。东临吴庄村，南接孟营村，西到小白庙村、人工湖，北至凤凰店村。全村土地面积 1500 亩。其中，耕地 704 亩、村址 496 亩、河道占地 300 亩。村东有河 1 条，名为东河，流向自北向南。村西有无名河 1 条，流经村南与东河交汇成樱桃园河，流向自东北向南。2013 年 5 月 19 日，全村拆迁。

沿革　明建文二年（公元 1400 年），郭氏兄弟由山东青城县枣园村迁到后期的大白庙村西北方向。因此地北高南低、地域开阔、水源充足、树木成林、百鸟栖息，很适合居住，所以郭氏兄弟将村子命名为“百鸟村”。清朝顺治十年（公元 1653 年），在百鸟村村址西侧修建寺庙 1 座。寺庙竣工以后，到此处居住的人逐渐增多，于是郭氏兄弟的后代举家搬到庙的东南侧居住，即大白庙村村址，但依然名为百鸟村。随着时间的推移，因“百鸟”与“白庙”谐音，白鸟村渐渐被称为白庙村。

村西有湖 1 个，湖的西边也有一个白庙村。人们为了区分这两个村子，又因为传统上奉东为

村委会旧址

尊，故东侧村称大白庙村，西侧称小白庙村。但是无论是在人口数量还是在土地面积上，大白庙村的规模远比不上小白庙村，所以有着这样一个顺口溜“大白庙不大，小白庙不小”。

清乾隆二年（公元 1737 年），隶属治所在山海关的临榆县。1948 年 11 月 22 日，大白庙村解放。1954 年 7 月，临榆县撤销，并入抚宁县第六区（海阳大公社）管辖。1958 年 8 月，归属秦皇岛市海港区管辖。1961 年，划入抚宁县，归西张庄村人民公社所辖。1984 年，西张庄村人民公社改为西张庄乡，1988 年，西张庄乡合并入海港区海阳镇，大白庙村随其隶属。1993 年，划归秦皇岛开发区所辖。2003 年，由开发区黄河道街道管辖。

基础设施　2007 年以前，村内道路基本以土路为主。2008 年，村内实现水泥路全覆盖。

人口·姓氏　新中国成立初期，全村共 30 户，180 人。其中，男 95 人、女 85 人，60 岁以上 18 人、17 岁以下 7 人；1980 年，全村共 60 户，235 人。其中，男性 120、女性 115 人，60 岁以上 28 人、17 岁以下 20 人；2016 年，全村共 212 户，452 人。其中，男 232 人、女 220 人，60 岁以上 233 人、17 岁以下 39 人。

自 1993 年以后，村内出现外来人口，常年流动人口保持在 120 人左右。随着搬迁工作的进行，流动人口逐渐消失。村内人口姓氏按照人数多少排列为郭、李、赵、侯、袁、杨、王、孙、董。

村级机构　1949 年，建立大白庙村党支部。第一任村支部书记为李润身（1950 ～ 1969 年），党员 6 名。之后历任村支部书记为郭立达（1970～1975 年），党员 8 名；温庆生（1976～1983 年），党员 9 名；郭万忠（1983 ～ 1984 年），党员 11 名；郭凤员（1984 ～ 1985 年），党员 14 名；郭万忠（1986 ～ 2006 年），党员 18 名；郭凤彬（2006 ～ 2014 年），党员 20 名；郭万强（2013 年～），党员 30 名。

1958 年，成立西张庄人民公社。9 月，建立西张庄生产大队。大队长为单廷栋（1965 ～ 1971 年）、郭万忠（1971 ～ 1975 年）。1975 年，生产队拆分成 2 个，一队队长郭万兴（1975 ～ 1983 年）；二队队长郭凤员（1975 ～ 1978 年）、郭万忠（1978 ～ 1983 年）。1967 年，成立革委会，李润身任第一任革委会主任。1984 年，成立大白庙村民委员会，历任村主任有郭万兴（1984 ～ 2000 年 3 月）、郭凤彬（2000 ～ 2016 年）、李明月（2016 年～　）。

教育·文体卫　1966 年以前，大白庙村没有学校，村内适龄儿童到小白庙村小学读初小（1 ～ 4 年级），之后转入邻村计新庄村小学就读高小（5 ～ 6 年级）。1968 年，大白庙村设立小学，1976 年与小白庙村小学合并，两村适龄儿童在村内就读小学；在划归秦皇岛开发区以前，大白庙村初中学生就读于西张庄村中学（为秦皇岛开发区三中），也有部分学生就读于孟营中学；

大白庙村主干道

划归秦皇岛开发区之前，高中就读于抚宁二中（海阳中学），划归秦皇岛开发区以后大部分学生就读于开发区一中，少部分学生就读于秦皇岛市一中和秦皇岛市实验中学。

20 世纪 60 年代，成立村卫生所，有赤脚医生 1 名。20 世纪 80 年代，村卫生所又增加医生 1 名。

新中国成立后，村里设有正规秧歌队，由村支部书记负责组织管理，规模在 30 人左右，每年春节都在该村和小白庙村演出，有时也和小白庙村的秧歌队联合演出。“文化大革命”期间秧歌队解散，直至改革开放以后重新成立。

20 世纪 80 年代初，成立露天电影放映队，设放映员 1 名，村民每日都可以观看电影。1983 年，露天电影于退出历史舞台，取而代之的是收看录音机和电视机节目。近年来，互联网、电脑走进寻常百姓家庭，家家户户有电脑，村民足不出门就可以看电影、听音乐、学舞蹈。拆迁以后，村民又跳起了广场舞，闲暇时到开发区森林公园看电影，业余生活丰富多彩。

农工副业　20 世纪 80 年代之前，村内主要种植玉米、高粱、白薯等农作物，并种植少量的大豆、花生。农产品除上交公粮以外，其余部分为村民的口粮。改革开放以后，实行家庭联产承包责任制，村民种粮积极性提高，同时每家每户种有少量的商品蔬菜，村民生活有了提高。

20 世纪 80 年代，村内有小卖部 1 个，到 20 世纪 90 年代发展到 4 个。自祁连山公路铺设完毕以后，服务行业迅速发展，沿公路两旁建立起露天市场、洗浴、理发、汽车修理、洗车、家电修理等行业，随着拆迁工作的整体进行，上述均不复存在。

20 世纪 70 年代，组建马车队，到秦皇岛港的杂货码头拉货，村民的收入得到较大提高。1975 年，“农业学大寨”工作达到高潮，马车队随之解散。1994 年，创办以出口肉鸡为主的养鸡场，占地 250 亩，1999 年停办。

村民生活及社会保障　20 世纪 60 年代以前，村里没有副业，劳日值每天 0.5 元左右（注：劳日值为 1 个成年人在生产队劳动 1 天所获得的报酬）。1969 年劳日值 0.4 元，1970 年劳日值 0.43 元，1973 年劳日值 0.8 元，1975 年劳日值 0.58 元。20 世纪 70 年代以前，全村只有生产队用作农业生产的马车 7 架；20 世纪 70 年代末至 80 年代初，村民家中开始购置自行车。20 世纪 90 年代，以电动车为主要交通工具。20 世纪 90 年代末，轿车开始进入百姓家中。20 世纪 60 年代以前，大白庙村村民生活比较困难，甚至有时需要购买返销粮。衣着也极为简单，绝大多数家庭都采用接力的办法穿衣服，即哥哥穿完弟弟穿，姐姐穿完妹妹穿。住房也很紧缺，村内没有建新房的现象，一家老小都挤在一起住。20 世纪 70 年代，自行车开始进入百姓家中，成为了家中的“一大件儿”。

改革开放以后，村民有了多种经济来源，村民开始以加工业、蔬菜种植、外出务工等方式增加收入，温饱问题彻底得到解决，自行车得到普及，电视开始走进百姓家中。划归秦皇岛开发区管辖以后，村民生活日新月异，全村实现小康。电话、手机、彩电进入寻常百姓家中。餐桌上的食物开始丰富起来，鸡鸭鱼肉已经不再是奢侈食品，村民们开始注重养生，合理搭配饮食。

2008 年，村民养老金实现全覆盖，不同年龄段的老人每月可领取 558 ～ 1520 元不等的养老金，农村合作医疗业全面铺开，村民实现了“老有所养，老有所依”。

2003 年，村内开通 11 路、31 路、36 路公交车，村民出行更加方便快捷。

名人能人　单廷录，1921 年生人，1947 年

大白庙村民居旧貌

参加革命，志愿军三十九军一一五师三四五团战士，1950年牺牲于朝鲜。

荣誉　2001年，获河北省人民政府授予的“村民自治模范村”称号。2004年，获秦皇岛开发区社会发展局委员会授予的“先进单位”荣誉称号。2006年，获秦皇岛开发区社会发展局委员会授予的“先进单位”荣誉称号。2004年，获秦皇岛开发区社会发展局委员会授予的“先进单位”荣誉称号。2008年，获秦皇岛开发区社会发展局人事劳动局授予的“先进单位”荣誉称号。2008年，获秦皇岛开发区“双创先进村”荣誉称号。2010年，获秦皇岛开发区“双创先进村”荣誉称号。2011年，获秦皇岛开发区社会发展局人事劳动局授予的“先进单位”荣誉称号。2011年，获秦皇岛开发区社发局授予的“先进基层党组织”荣誉称号。2012年，获得秦皇岛市精神文明建设指导委员会授予的“创建文明村镇示范点”荣誉称号。

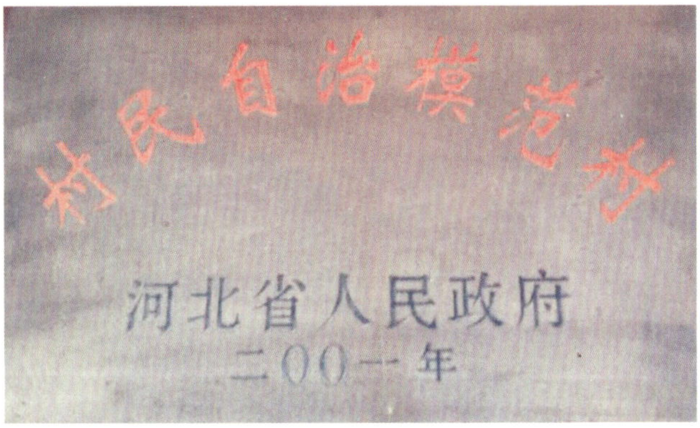

大白庙村获省级荣誉

sunzhuang cun

孙庄村

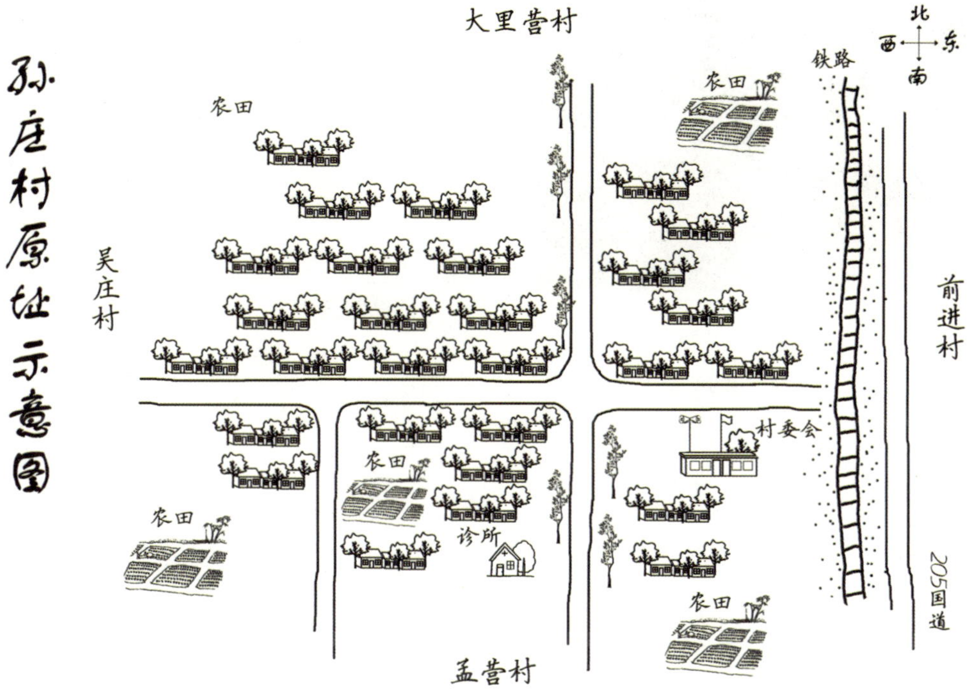

村址 孙庄村位于秦皇岛开发区黄河道办事处驻地西北2.1公里处，小汤河西岸。东与前进村隔河相望，南接孟营村，西到吴庄村，北至大里营村。全村土地总面积1800亩。其中，耕地面积（蔬菜大棚、水稻基地）1200亩、民居600亩、河道800亩。村东有无名河流1条，流向由北向南。2009年，该村整体拆迁。2014年，返迁孙庄原址，入住泰盛家园小区。

孙庄村委会现址

沿革 明永乐年间（1403～1424），有一孙姓道士因避乱至此，见此处地势平坦，土壤肥沃，草木茂盛，四季分明，遂择河畔而居。不久孙道士还俗娶妻生子，繁衍孙姓族群，逐渐形成村落，名为孙道庄。随时间推移，简称为孙庄。

明朝时，属山海关卫管辖。清朝时，属临榆县管辖。1950年，归属秦皇岛郊区，后改为第三区。1953年，改为第二区。1955年10月，改为汤河区。1958年4月，汤河区并入海港区。同年，划归孟营乡管辖，后改为孟营公社，成立孙庄大队。1976年，成立郊区，属其管辖。1982年，划归白塔岭人民公社管辖，1984年，白塔岭人民公社改为白塔岭乡，5月，撤郊区，划归海港

孙庄旧貌—民居

区管辖。1993 年，由海港区白塔岭乡划归秦皇岛开发区管辖。

基础设施 1958 年，由村集体投资在村北修建由东向西水渠 1 条，安装了大型抽水机，用于土地灌溉；1960 年，全村通电，家家户户安上电灯；1975 年，在村东河流上修建桥梁 1 座，便于村民通行；1978 年，全村安装自来水设施，

孙庄旧貌—街道

解决村民吃水问题。该村有井 3 口，无水库。

人口 · 姓氏 新中国成立之初，全村户籍总数 30 户，人口总数 200 人。其中，男性 118 人、女性 82 人，60 岁以上 36 人、17 岁以下 21 人；1980 年，全村 230 户，680 人。其中，男性 360 人、女性 320 人，60 岁以上 84 人、17 岁以下 58 人；2010 年，全村 404 户，877 人。其中，男 482 人、女性 395 人，60 岁以上 154 人、17 岁以下 172 人。2016 年常住人口 694 人，总人口 1200 人，其中，男 650 人、女 550 人，17 岁以下 166 人、60 岁以上 214 人。

村内人口姓氏按照人数多少排列为赵、刘、艾、肖、孙、王、高、马、李、申、田、杨、钱、汤、常。

村级机构 新中国成立初期，与前进村为同一个党支部。1958 年，建立中共孙庄党支部，樊才（1958 ～ 1962 年）任第一任村书记。之后，王自文（1963 ～ 1964 年）、芦兴伍（1965 ～ 1975 年）、孙荣（1976 ～ 1979 年）、肖洪昌（1980 ～ 1983 年）、肖林（1984 ～ 1988 年）、马国忠（1989 ～ 1994 年）、孙素英（1995 ～ 1999 年）、赵义善（2000 ～ 2002 年）、马国忠（2003 年～ ）相继任党支部书记。

芦兴伍（1963 ～ 1965 年）为第一任大队长。之后，有孙荣（1965 ～ 1976 年）、郑吉士（1977 ～ 1991 年）任大队长。历任村主任有艾连贵（1991 ～ 1995 年）、刘振其（1995 ～ 2005 年）、肖洪昌（2005 ～ 2009 年）、刘吉曜（2009 ～ 2016 年 3 月）、汤明浩（2016 年 4 月～ ）。

教育 · 文体卫 1961 年，建立孙庄小学，因村里人口少，需要到孟营小学就读。1963 年，并入孟营小学，1984 年，合并至前进村小学。

1970 年，村里开始有赤脚医生。1973 年，村内培养赤脚医生，配备专门医务室。为村民治疗一些常见疾病，解决了村民“看病难，治病难”的问题。

农工副业 1950 ～ 1973 年，全村村民主要从事粮食种植，主要农作物有玉米、高粱、白薯等。

1978 年，建成翻砂厂 1 个，1980 年停办。

1980 年，建成饮料厂 1 个，1983 年停办。

1977 ~ 1982 年，建设运输站，有大小拖拉机十余辆。20 世纪 70 年代，开设商店 1 家，方便村民购买生活用品。1973 年以后，农民主要以种植蔬菜来增加收入。1977 年，村内开始修建养殖场，主要养殖猪、鸡等牲畜。

村民生活及社会保障 新中国成立后，全村有 30 户，房屋面积 3000 平方米；20 世纪 50 年代，建房 5 户，增加面积 300 平方米；20 世纪 60 年代，建房 20 户，面积增加 1500 平方米；20 世纪 70 年代，建房 35 户，增加面积 2100 平方米；20 世纪 80 年代，建房 115 户，增加面积 6900 平方米。1993 年，划入秦皇岛开发区管辖。2009 年，整体拆迁。2014 年，村民返迁至泰盛家园新居，全村 445 户，每户拥有近 100 平方米住房，部分村民拥有多套住房。房屋进行了高档装修，购置了家用电器，多数村民购买了汽车，生活水平得到极大改善。

1979 年，村里购买电视，放在俱乐部供全村人观看。1984 年，电视机逐渐在村里普及。1996 年，村里统一安装了电话。

2003 年，村集体每年为村民发放端午节、中秋节、春节过节费用近 1000 元。2013 年，过

村民返迁入住的泰盛家园小区

孙庄原址新貌

节费用提升至 1500 元。2002 年，秦皇岛开发区管委为每位村民发放生活补助费 180 元 / 月、部分村民 230 元 / 月、80 以上老人每月 50 元、90 岁以上老人每月 100 元。男性满 60 岁，女性满 55 岁可以领取养老金。

全村有五保户 1 人、低保户 7 人、优抚对象 1 人、新中国成立前有老党员 1 人、残疾人 25 人、现役军人 2 人、在读大学生 19 人。村里建有活动室及篮球场等娱乐设施。泰盛家园居家养老中心免费为 75 岁以上老人提供就餐及照料服务。

风物传说 村西有古庙 1 座，存有重达 1 吨的大铁钟 1 口，1958 年，损毁于大炼钢铁时期。

村东有百年槐树 1 棵，春季开花 1 次，花香百里，百年老槐代表着村庄历史、一直保留至今。

名人能人 张泽良，毕业于清华大学机械工程系，启新水泥厂创始人之一。抗美援朝战争期间捐资购买飞机 1 架，享受国务院特殊津贴待遇。

张泽生，毕业于北京大学（以下简称北大）中文系，就读北大期间参加中共地下党组织，新中国成立后任新华社总编辑。

梁治国，抗日时期参加革命，新中国成立后在四川省某地任军区司令员。

wuzhuang cun

吴庄村

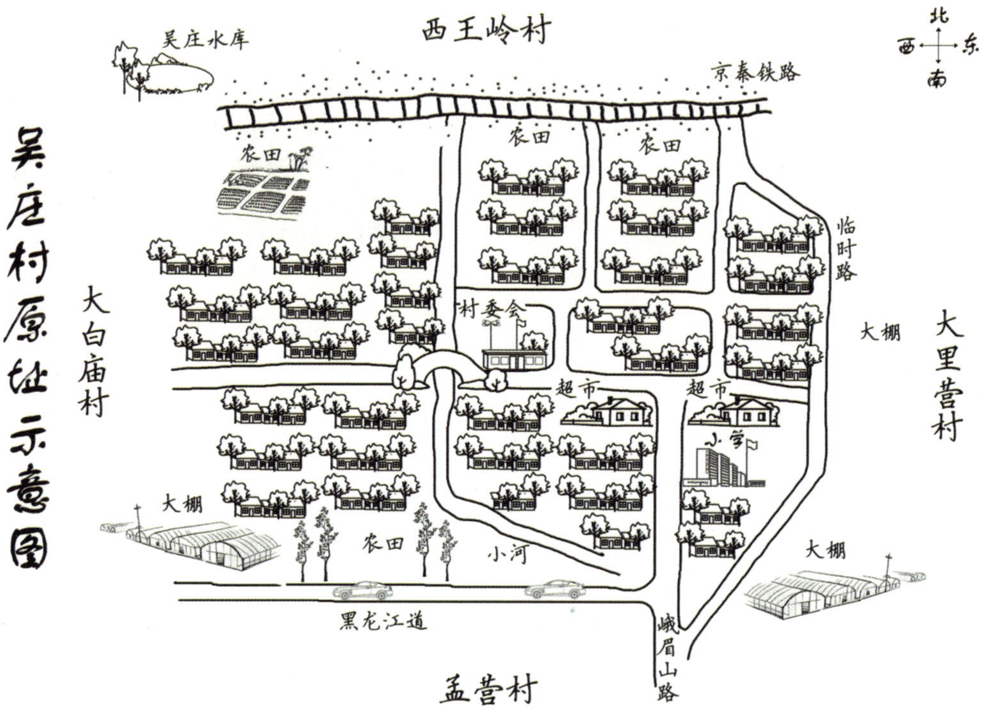

村址　吴庄村位于秦皇岛开发区黄河道办事处驻地西北2.6公里处。东临海港区大里营村，南接孟营村，西到大白庙村，北至西王岭村。吴庄村地处西部沿海，为盐碱土壤。村址地势总体西北高，东南低，正南比较平坦。1949年，全村土地总面积2801.2亩。其中，耕地2300亩、民居400亩、水库101.2亩。2002年11月，全村土地被征收。2009年，为修建津秦客专高铁，第一批拆迁51户。2013年，第二批拆迁剩余435户。2014年4月，整体返迁，搬入泰盛家园小区（东区）。村北有小北河1条，由北向南汇入大海。

沿革　明景泰年间（公元1450～1456年），吴清、吴红兄弟2人由山东迁入现址东南半里处定居，取名下庄子。后人口增多迁至现址，按姓氏取名为吴庄。后按永远幸福之意取名定福庄，并把庄名铸在钟上，挂在庙里，但因百姓不习惯村名，一直未叫开，仍沿用吴庄。

明朝时期，吴庄村曾为山海关管辖。清乾隆二年（1737），属临榆县管辖。1954年，临榆县撤县，划归抚宁县第六区（海阳区）管辖。1958年，秦抚合并，成立人民公社吴庄党支部，

吴庄村委会现址

吴庄村原址

后改称吴庄大队党支部。1961 年，成立西张庄乡，该村属其管辖；1988 年，西张庄乡与海阳镇合并改成海阳镇，属其管辖；1993 年，划入秦皇岛开发区。

基础设施 20 世纪 50 年代，村内只有东西走向的土路 1 条，后在村南村北修建东西走向道路各 1 条，南北走向道路 1 条。4 条道路融汇贯通，交通便利了许多。1965 年，全村通电。1975 年，村西修建水库 1 座，占地 101.2 亩。1978 年，村西北修建小塘坝 1 座，占地 23 亩，2005 年因修建津秦客专高铁拆除。20 世纪 70 年代到 80 年代间，村中修建石桥 1 座，村民家中陆续安装了固定电话。

人口·姓氏 新中国成立初期，全村共 85 户，425 人。其中，男性 240 人、女性 185 人，60 岁以上 121 人、17 岁以下 80 人；2009 年，全村共 486 户，1035 人。其中，男性 584 人、女性 451 人，60 岁以上 243 人、17 岁以下 104 人；到 2016 年底，全村共 684 户，1236 人。其中，男性 632 人、女性 604 人，17 岁以下 131 人、60 岁以上 263 人。新中国成立后，村内参军人数为 53 人。

村内姓氏按照人口多少排列为陈、李、张、王、马、刘、杨、徐、侯、赵、吴、郭、于、常、曹、高、郑、吕，周、孙。

村级机构 新中国成立后，吴庄村建立中共吴庄村党支部。1958 年，秦抚合并，成立人民公社吴庄党支部，后改称吴庄大队党支部。吴殿昌任第一任村党支部书记（1949 ～ 1958 年）；之后，马洪池（1959 ～ 1964 年）、刘士祥（1965 ～ 1978 年）、王志华（1979 ～ 1980 年）、张文富（1981 ～ 1984 年）、李记昌（1985 ～ 1986 年）、刘旺俭（1987 ～ 2005 年）、周永权（2006 ～ 2012 年）、李振刚（2013 ～ 2015 年）相继担任村党支部书记。

1952 年，成立互助组。1954 年，进入初级社。1956 年，进入高级社。1927 年开始，吴庄村实行闾邻制，村设闾长；1939 ～ 1948 年，实行保甲制，王有任保长；1949 ～ 1952 年，成立农会组织，王桂员任农会主任；1953 年，建立村级政权，张玉华（1953 ～ 1956 年）、刘学勇（1956 ～ 1957 年）相继任村长；1958 年，成立人民公社，成立村革委会，刘士祥任村革委会主任。历任大队长有刘学勇（1968 ～ 1971 年）、贾振青（1972 ～ 1974 年）、李井会（1975 ～ 1980 年）、周永全（1981 ～ 1984 年）、吕成（1985 ～ 1986 年）；1987 年，建立村民委员会，历任村主任有马棋林（1987 ～ 2005 年）、陈松林（2006 ～ 2009 年）、张东（2009 ～ 2015 年）。

教育·文体卫 新中国成立前，在村中心建立吴庄国民小学，有教学班 2 个，开设 1 ～ 2 年级，有学生 50 人、教师 1 人；1970 年，在村东南处建吴庄小学，共有教学班 6 个，开设 1 ～ 6 年级，有学生 240 人、教师 10 余人。

1970 年，村内开始有医生，能治疗感冒、头疼、拉肚子等常见疾病；1973 年，村内培养赤脚医生，配备专门医务室，为村民治疗一些常见疾病。1992 年，设立卫生院，医务室停止营业。

农工副业 20 世纪 50 年代，吴庄主要种植玉米、甘薯、小麦、棉花、旱稻等农作物。20世纪60年代初，建立生产专业队，村民以种粮为主。20世纪80年代，村内种植的蔬菜有韭菜、大白菜、黄瓜、西红柿、豆角、大萝卜、大葱等。1985年，村民开始尝试蔬菜大棚种植技术，以种植韭菜、西红柿、茄子等为主。

20世纪70年代，吴庄村创办米面加工厂1个，有工人4名，划归秦皇岛开发区管辖后停办。2000年，创办科利达科技开发有限公司。2005年，创办羽佳铸造科技有限公司和水泥板厂，均于2008年前停办。

20世纪70年代，开设商店1家，方便村民购买生活用品。

村民生活及社会保障　新中国成立初期，吴庄有85户村民，房屋面积近5950平方米；20世纪50年代，3户村民盖新房，增加面积210平方米；20世纪70年代，11户村民盖新房，增加面积660平方米；20世纪80年代，160户村民盖新房，增加面积9600平方米；1993～2008年，90户村民盖新房，增加面积5400平方米。2013年，吴庄村拆迁。2014年4月，村民返迁入住泰盛家园小区，有“6+1”楼房34栋、684户，每户近100平方米，部分村民有多套住房。房屋进行了高档装修，购置高档电器，小区内安装了监控，治安状况良好。

1986年，村内各家各户基本实现“电气化”。1999年，实现电视、移动通信、网络全覆盖；2006年，村集体每年为村民在端午节、中秋节、春节发放过节费共1100元；秦皇岛开发区管委

村民返迁入住的泰盛家园住宅小区

每年为村民发放生活补助费，村民男60岁、女55岁以上开始每年领取养老金。2000年，建立农村合作医疗，为全体村民办理医疗保险和意外伤害保险。

风物传说　该村前街中心村民黎国良家门前，有几百年的槐树1棵，树干直径1.5米多，此树是公树，只开花、不结果。春季开花时，花香千里，秋季可结十多公分长的槐豆角。此树后被村里锯掉，木材用于加工小学桌椅。

村东曾有座小庙，庙前有杨树1棵，树上挂着大钟1口，大钟上刻着“临榆县南定福庄”几个大字。

名人能人　新中国成立前，村里参军的军人有王健、贾桂青、李毕林等人。革命烈士有2人，分别为马忠杰、刘运柱。

荣誉　1995年，该村获开发区征地先进集体称号。1997年，荣获开发区计划生育知识竞赛团体第一名。2010年12月，吴庄村荣获劳动保障先进村称号。

mengying cun
孟营村

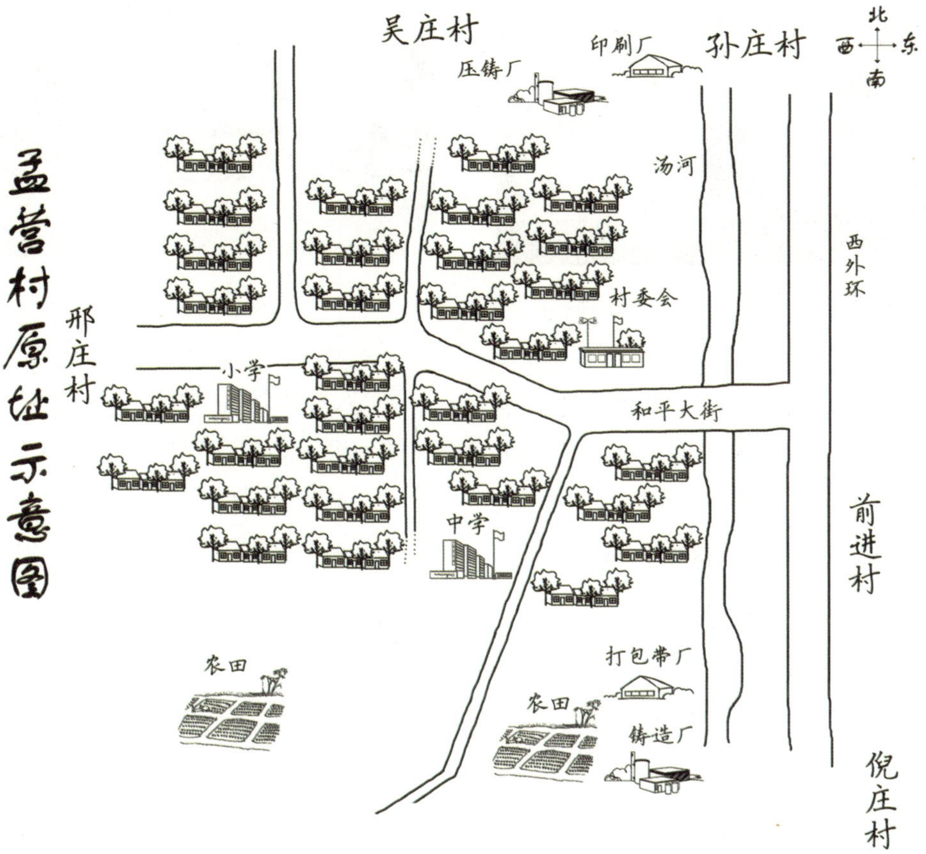

村址 孟营村位于秦皇岛开发区黄河道办事处驻地西 0.79 公里处。孟营村东临前进村，南接偏坡村和道西村，西到邢庄村，北至吴庄村和大白庙村。总面积 6000 亩。其中，民居占地 600 亩、耕地 5400 亩。1997 ～ 2003 年，全部村民搬入楼房。2001 年，孟营老村完成整体拆迁。小汤河位于村北及村东，流经孟营村后向南入海。

沿革 明代，一位孟姓将军带领部队驻扎于此地，驻地布局分为前营、后营、车马道、中街、沟外。后山西移民来此定居立庄，藉此取名孟营村。

清朝时期，孟营村属山海卫。清乾隆年间（1736 ～ 1795），归临榆县管辖。1948 年 12 月，建立秦榆市，该村归其管辖。1949 年 2 月，秦榆市改称秦皇岛市，该村归其管辖。1950 年 2 月，秦皇岛市郊区建立，7 月，改称四区，9 月改为第三区，属其管辖。1953 年 2 月，改为第二区。1955 年 10 月，第二区改为汤河区。1958 年 4 月，汤河区并入海港区。同年 11 月，成立孟营公社，该

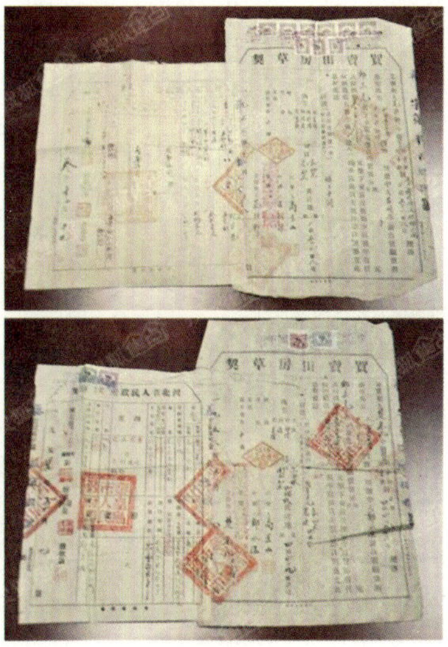
孟营村地契

1995 年 6 月管委会与孟营村村委会签订
孟营旧村改造协议

孟营新村一景

村归其管辖。1976 年，秦皇岛市郊区复建，孟营村复归秦皇岛市郊区管辖。1982 年，孟营人民公社改称白塔岭公社，属其管辖。1984 年 5 月，秦皇岛市郊区撤销，并入海港区。同年 11 月，孟营村随白塔岭公社划归海港区管辖。1993 年，划归秦皇岛开发区管辖。

基础设施 新中国成立初期，孟营村设有道路 6 条。小汤河没有桥梁，雨季涉水，冬季走冰。20 世纪 70 年代，修建小白庙桥、孙庄桥、吴庄桥、通海港区的桥梁各 1 座以及汤河水坝 1 座。

人口 · 姓氏 新中国成立前，孟营村有人口 800 余人，新中国成立初期，全村户籍总数 190 户，有人口 1050 人。其中，男性 589 人、女性 461 人；1993 年，全村户籍总数 800 户，有人口 2200 人。其中，男性 1190 人、女性 1010 人；截至 2016 年底，人口数增至 3000 多人。其中，男性 1300 人、女性 1283 人，60 岁以上老年人为 490 人、17 岁以下未成年人为 361 人。孟营村村民除少数满、蒙族人口外，均为汉族。村中姓氏以刘姓居多，还有郑、郭、吕、李、陈、杨、王、吴、赵、马、田等姓氏。其中刘姓族谱为开、来、以、学、臣、福、德、庆、长、春。郑氏族谱为世、勇、吉、宗、芝。吕姓族谱为大、文、明、少。李姓族谱为盘、井、复。

村级机构 历任党支部书记有吴占奎（1949 ～ 1958 年）、郑吉珍（1959 年）、刘继臣（1960 ～ 1963 年）、刘福恩（1963 ～ 1976 年）、曹盛林（1977 ～ 1985）、史春元（1986 ～ 2004）、王翠萍（2005 年）、刘英峰（2006 年～）。

孟营新村

幼儿园

截至 2015 年，孟营村党支部有党员 93 人。

人民公社成立后，刘继臣（1963 ～ 1976 年）为第一任大队长，史春元（1977 ～ 1985 年）为第二任队长。“文化大革命”时期曹盛林（1977 年）任村委会主任。公社改为乡建制后，何恩明（1985 ～ 2000 年）任村长。此后，历任村主任为刘有臣（2001 ～ 2004 年）、冯国旺（2005 年）、刘英峰（2006 ～ 2015 年）、秦智辉 (2015 年～）。

教育 · 文体卫 20 世纪 30 年代，建孟营小学 1 所，至 2002 年并入秦皇岛开发区第一中学。1965 年，建成孟营中学，2002 年并入秦皇岛开发区第一中学和燕大附属中学。新中国成立后，成立卫生所 1 个，村里设有放映队和话剧团。

2006 年，村委会建有新农村书屋，有图书 3000 多册，分文化、科技、政治、少儿、农业、家庭生活等几大类。有史以来孟营村就建有秧歌队。2010 年，组建广场舞演出队。村内设有健身广场，体育器材，村民娱乐生活丰富多彩。

农工副业 拆迁前，村民种植玉米、小麦、高粱、大豆、花生、白薯等农作物。1977 年以后，以种植水稻为主。

生产队时期，村里有榨油坊 1 个、米面加工厂 1 个。改革开放以后，有印刷厂 1 个、塑料厂 1 个、仓储站 1 个、毛纺厂 1 个、翻砂厂 1 个、压铸厂 1 个。新中国成立后，村里有小卖部 1 个。20 世纪 50 年代，设孟营门市部。改革开放以后，商店、超市逐渐多了起来。

孟营村老人踊跃看报了解身边事

孟营农贸市场

20 世纪 70 年代以后，村里建有苹果园 400 亩、蔬菜大棚和养猪场 1 个。

村民生活及社会保障 1984 年之前，村民靠生产队分配，个人没有副业，住平房，出行靠步行、骑自行车。改革开放后，村民衣食住行发生较大变化，同时也在不断探索致富之路。有的人经营运输业，有的人种植蔬菜大棚，家家有电视、户户有存款，生活条件得到大大改善。1993 年，划入秦皇岛开发区管辖以后，通过拆迁改造，村民全部搬入楼房。20 世纪 90 年代，村集体为每个村民缴纳意外伤害保险，60 岁以上的老人每季度发放 100 元补助、2010 年以后涨到 200 元。端午、中秋每个村民可领取 100 元过节费，春节每人可领取 500 元过年费。村内建孟营市场，村民都持有不等的股份，年底按收入的 15% 分红。

风物传说 新中国成立前，村中有古庙 2 座。村东为关帝庙，有百年以上柏树 1 棵；村西为三观庙，庙内有 2 米高大钟 1 座，百年古槐 1 棵。村内有古井 8 口，分别位于南街，西面庙后、当行街、后营、东马道、东庙、前营、沟外。

名人能人 清朝时期，有李姓秀才1名，徐姓知县1名。该村有烈士2名。张国，海军某部于1979年牺牲；鲍子菁，解放前牺牲。另有退休干部2人，分别为郑宗禹，海后正师级干部退休；刘芳臣，空师级干部退休。

荣誉 2002年，荣获秦皇岛开发区颁发的“先进基层党组织”称号。2011年，荣获秦皇岛市颁发的“先进基层党组织”称号。2011年，荣获秦皇岛开发区颁发的“先进基层党组织”称号。2012年，荣获秦皇岛市老龄工作委员会办法的“孝亲敬老模范单位”称号。

孟营村新貌与旧址对照图

qianjin cun

前进村

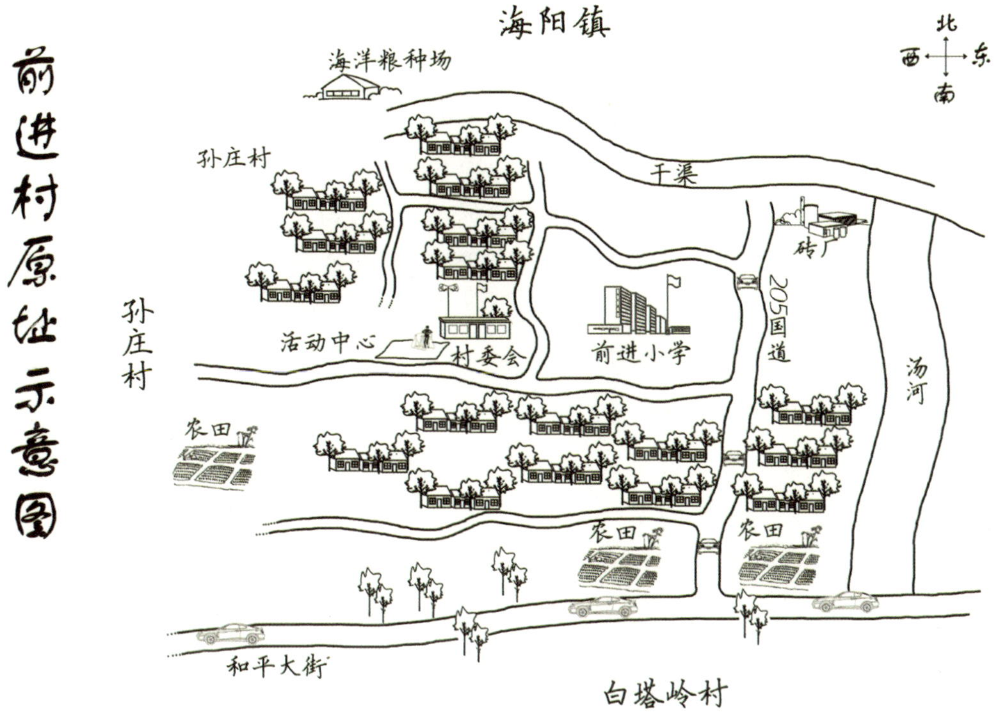

村址 前进村位于秦皇岛开发区西区东部，黄河道办事处驻地东北 1.7 公里处。东临汤河，南接白塔岭村，西到孙庄村，北至海阳镇。2002 年 5 月，全村拆迁改造。2003 年 6 月，返迁新居，更名为和平里小区（即前进新村）。村东有汤河穿村而过。

土地 新中国成立初期，全村土地面积 2381 亩。其中，民居 60 亩、耕地 1830 亩、非耕地 491 亩（包括七处坑塘，即：长条坑、桥梁根坑塘、云豆角坑塘、南后园东西两坑、西沙坨大坑和村北至村东大汤河西岸、小汤河支流冲积河滩荒地）。1958 ～ 1971 年，受“一大二公、一平二调”极左思潮影响，以及国家、集体、社员建设的需要，耕地先后被秦皇岛市农业局良种繁殖场、秦皇岛市建设局园林管理处苗圃无偿占用 305 亩（包括 8 处坟地，即：王德荣家祖坟、韩文欣家祖坟两处、马洪全家祖坟、李德山家祖坟、王印柏家祖坟、魏太昌家祖坟、韩文贵家坟地）；1982 年，秦皇岛市棉纺厂占地 37 亩，京山铁路南大寺至龙家营段改线占地 43 亩，集体和社员建房占地 266 亩（包括：小学、大队、一队办公室，仓库、饲养处、二队、四队办公室、饲养处、大菜窖、养猪场、划方田道路占地和社员建房占地）。剩余耕地 1239 亩和非耕地 491 亩被秦皇岛开发区征占。2002 年 5 月，拆迁改造。

沿革 明永乐十五年（1417 年），原为表亲的韩、王两户人家背井离乡，从山西洪洞县大槐树移民到秦皇岛汤河西岸。王家落户庄东，称庄里；韩家落户庄西，称韩家林。2 户圈地垦荒，建房筑屋，桑麻满圃；娶妻成家，男耕女织，生儿育女，人丁逐渐兴旺。年复一年，韩、王两家成为两大家族系。明末清初，又有李、马两家从山西洪洞投亲靠友到此落户。600年中，因投亲靠友、联姻立户，村庄户数、人口逐年增加，不断扩大。明万历初期（1570年），村内各户筹资，另有廉庄、张庄、网匠庄、安子寺、百姓王庄、铁庄等10多个村庄资助，在村东修建玉皇庙1座，供奉玉皇大帝。自此两村因庙而得名，称玉皇庙村。1967年8月27日，将玉皇庙改名为前进大队（即前进村）。

明、清时期，玉皇庙隶属永平府山海卫管辖。1950年2月，建立秦皇岛市郊区，后改称第二区。1953年8月，成立孟营乡，玉皇庙村隶属孟营乡管辖。1955年初，成立初级社，即幸福农业生产合作社，10月，第二区改为汤河区。1956年，孟营乡和白塔岭乡共12个村合并成立营塔高级农业生产合作社（社长吴占魁），玉皇庙村为其中的一个生产大队。1958年4月，汤河区划归海港区。同年9月底，成立汤河人民公社，玉皇庙村隶属汤河人民公社管辖。1959年4月，汤河人民公社并入海阳人民公社。1961年5月，秦、抚分开，汤河人民公社又划归海港区并成立孟营人民公社，玉皇庙隶属孟营人民公社管辖。1966年，全村4个生产队。1969年4月4日，4个生产队合并为一层楼大队，统一分配核算。1976年7月，秦皇岛市郊区复建，孟营公社划归郊区。1982年初，孟营人民公社由孟营村迁址东白塔岭村，公社更改为白塔岭人民公社，前进大队隶属白塔岭人民公社管辖。1983年1月2日，结束人民公社“政社合一”的体制，“三级

前进村新旧变化对照图

所有，队为基础”的体制解体，土地承包到户，实行生产责任制。1984年5月，撤郊区，划入海港区管辖。同年，白塔岭乡人民政府成立，前进大队改名为前进村民委员会，隶属白塔岭乡政府管辖。1985年，前进村划归秦皇岛开发区管辖。2002年，全村农业户口转为非农业户口。

基础设施　1955年，合作化之后大队经济迅速发展，财产积累逐年增加。1967年，全村铺设管网、修建水塔，为社员供应自来水。1972年，自建可容纳600人的俱乐部1栋和接待室4间。1969～1976年，先后购置拖拉机5台、汽车4台，是全市第一个有汽车和拖拉机的大队，马车达到12架，6、7龄骡马30余头。1966～1977年，建前进小学，有教室10间；公房住宅42间；修配厂、大菜窖、纺织厂、办公室、住宅等建筑近4000多平方米。1973年，兴建全市第一座半机械化养猪场；全村打机井12眼，实现百亩园田1眼机井；安装喷灌管道1700多米；修建石砌排水渠1200多米；村正街至村养猪场间铺设柏油路。1983年，实行家庭联产承包责任制。1985年，划归秦皇岛开发区管辖，村中的动产、不动产陆续被征占或变卖处理。

人口·姓氏　1949年，全村31个宅院76户，328人。其中，男性171人、女性157人；1966年，

前进村商业街

全村4个生产队，217户，642人；1983年，全村306户，870人。截至2016年底，全村有420户，1064人。其中，男性480人、女性584人，60岁以上369人、17岁以下159人。

该村姓氏按落户先后及人口多少综合排序十大姓氏为王姓（各家族均租居该村）（支系廉庄）；韩姓（各家族均租居该村）（支系新立庄、归提寨）；马姓（祖居该村，支系于吴庄）；李姓（南李、北李，北李一支迁秦皇岛市区）（李发）；刘姓（祖居前道西村，支系于该村）；魏姓（祖居该村）；郭姓（祖居西白塔岭，支系于该村）；陈姓（祖居、陈顺、陈振铎父）；张姓（祖居、张顺、张福恩父），肖姓（祖居孙庄支系于该村）（肖维开）。

村级机构　1948年，全村发展的第一批中共党员有3名，分别是杨守成、王德山和孟玉华，杨守成任治安员。1949年，建立党支部时，杨守成任支书至1953年，然后调到公安局工作。此后，历任村支部书记为韩福祥（1953～1956年）、魏益文（1956～1966年）、张秋（1966～1970年）、马志强（1970～1978年）、刘纯（1978～1980年）、马志强（1980～1981年）（兼）、刘纯（1981～1983年）、李德山（1983～1985年）、信久和（1985～1988年）、田开金（1988～2003年）、张连（2003～2005年）、信宝国（2005～2015年）、刘金龙（2015至～　）。

“土地改革”时期，以杨守成为党支部书记、王德山、韩久善为农会正副主任的一班人，出色地完成了复杂而艰巨的土地改革任务。

1955年初，社里一穷二白，白手起家，十分困难。党支部副书记、副社长（社长、支部书记韩福祥刚从部队复员）李德山，无偿将自家居住的3间正房借给初级社1间做办公室；院子借做饲养处。他又动员党员捐农具、牲畜，作价抵

村委会

顶入社股金。由于党员、干部带头，社员积极响应，克服了开办初期的诸多困难。

“文化大革命”初期，以张秋为党支部书记，马志强为副书记、大队长，王庆东、信久和和刘凤华为委员的全体成员，各负其责，狠抓生产，使村内面貌一年一个新气象。1970年，跃入全区先进队行列。同年，公社党委整风结束，张秋被抽调到公社任党委书记。1970年，马志强接张秋任村支部书记，1973年，支部换届，刘纯为副书记，魏益庭、王庆东和刘凤华为委员。1970～1978年，正值农业学大寨高潮时期，党支部全部成员分工明确，各负其责，带领社员苦干拼搏8年，田、水、林、路得到综合治理，农、林、牧、副、文、教、卫全面发展，前进大队成为全市集体经济最强队，社员生活、福利最好队和社会主义新农村样板队，并被批准为对外开放大队（全市只批2个大队，1个大田队、1个园田队）。有句俗话说得很有道理，村看村，户看户，群众看党员，党员看支部。由于党支部工作成绩突出，很好地完成各时期党的工作任务，使玉皇庙（前进村）成为全乡（社）区、市先进大队。因此，有3届4人被选调出直接担任公安局科长、乡长、公社党委书记。

1938年之前，实行闾邻制（乡闾），闾长为韩文欣。1939～1948年，实行保甲制，保长先后由韩文欣、王景胜担任。王德山（1949～1953年）任农会主任。韩文元（1954～1955年）任村主任。韩福祥（1955年）任初级社社长。1956年，成立高级社（营塔社），各村设大队，魏益文（1956～1959年）任第一届大队长，之后有魏益庭（1960～1965年）、马志强（1965～1970年）、信久和（1970～1973年）、魏益庭（1973～1978年）、信久和（1978～1982年）相继任大队长（1968年成立革委会，张秋任主任至1970年）。李德山（1983～1985年）兼任村主任，之后历任村主任有信久和（1985～1988年）、杨金宝（1988～1990年）、黄铁星（1990～2003年）、刘金龙（2009～2015年）、李向春（2015年～）。2003～2009年，村主任空缺。

教育·文体卫 1950年，由村里开明耆绅王景文利用自家2间正房办小学。1951年，搬进没收地主的3间旧正房，教学方式采取复式教学，学制为四年，教师只有王景文1人。1953年初开始有正式国办教师调入，学校由1～4年级复试班，逐步发展到1～6年级。先后有辛仲三、印善庭、刘长吉、李殿贵老师在校任教，在校学生从开始的30人左右发展到100多人。1966年，建前进小学校舍，从此告别了南街3

秦皇岛经济技术开发区第一小学

名为秦皇岛经济技术开发区第一小学。2001年，秦皇岛海港区港城大街扩建施工，征用学校用地，秦皇岛开发区在前进村西投资料新建教学楼，第一期工程于2001年12月竣工并投入使用，第二期工程于2003年4月竣工并投入使用。学校占地面积24750平方米、建筑面积6364平方米。主体建筑为4层楼房，含教室21个、办公室19个、卫生间12个、图书室1个、阅览室2个。到2015年，全村学生在舒适整洁、积极向上的学习环境里读书学习。

1964年，大队派1名回乡女知青到唐山地区学医1年，回村办起合作医疗，后又多次到秦皇岛市人民医院进修学习，社员可以小病不出村，大病不出社，方便社员看病就医。

1970年，在该大队上幼儿园、小学的学生学费、书本费全部免交，均由大队负担。

1972年，大队购置电影放映机1台，培养放映员2名，每周为社员放映1～2次电影。夏天在露天广场放映，冬天在俱乐部放映。

1972年，大队成立文艺宣传队，因海港区文化馆在前进村建房办公，文艺宣传队排练节目经常得到文化馆专业人员的指导，演出水平深得社员赞许。

农工副业 1955年之前，全村主要以种植玉米、高粱、甘薯、粳稻、谷子、花生、大豆等粮、油作物为主。1956年后，除了种植粮食外还兼种蔬菜。1969年，全村改为蔬菜专业队。春夏菜的主要品种有西红柿、黄瓜、架豆角、芹菜、韭菜、菠菜、小葱、甘蓝、茴香、油菜、胡萝卜、土豆、茄子、辣椒、香菜等；秋菜主要是大白菜。生产的蔬菜全部交售到国营副食商店，尤其是秋季大白菜，总产量约350万斤左右，全部交售邵岭菜库冬储，占邵岭菜库总储量的近1/3，为市民菜篮子工程做出重大贡献。

1966～1977年，全村在路旁、坑旁、河旁、宅旁植树五万株，起到防风固沙、美化环境涵养水土的作用。整个村庄“风景如画胜绿洲，蔬青柳绿满田畴”。

田水道路得到综合治理。将1200亩土地划成12块方田，根据每块方田土质安排作物种植。方田用道路分割，道路两侧植树。12块方田打12眼机井。路旁建有排水沟，旱能灌，涝能排，旱涝保丰收。

1966年之后，先后创办米面加工厂、修配厂、纺织厂、半机械化养猪场；运输业尤为发达，全村有汽车4台，12～20马力拖拉机5台，马车12架。运输收入是农业收入的30%多，集体经济越办越好，社员生活逐年提高。1972年开始，前进大队跨进全市先进队行列。

1971年，大队成立缝纫组，社员自备布料，免手工费为社员做衣服；成立小商店，商品按进货价卖给社员，点货损耗及售货员工资（工分）全部由大队负担；成立理发店，免费为社员理发。

村民生活及社会保障 新中国成立前，玉皇庙是个远近闻名的穷村。“土地改革”时只有1户被划为地主成分，他家只有14亩土地，宅院1个，破旧正房3间，两间东厢房。因此人游手好闲，以赌为生，常年雇1名男长工（贾姓）为其经营土地，雇1名女长工为其做饭、洗衣服，操持家务。根据“土地改革”划成分的相关政策，其剥削量远远超过40%的规定，因此被划定地主成分。全村富人极少，穷人众多，穷苦人靠卖长工、打短工维持生计，稍好一点的也只是租种几亩地，过着粗米稀饭刚饱肚子的生活。

1949年，贫苦农民分得了房地。1952年，组织农村生产互助组，解决了农业生产中劳力、耕畜、农具缺乏的问题。1955年，成立初级生产合作社，全村百姓从此走向合作化道路。社员组织起来力量大，集体经济得到大发展，社员的生活逐年好起来。1958 年，大队为各家各户安上电灯，成为全区农村第 1 个用上电灯的村庄。

1964 年，大队推荐 1 名知青到唐山地区学医，次年办起合作医疗，1971 年开始，社员看病、住院医疗费全部由大队负担。1969 年，全村改为蔬菜专业大队，口粮由国家供应，每月由大队派车到铁庄粮站将应供粮食和卖粮工具运到大队，粮站售货员到大队卖粮。中午，大队为卖粮人员做工作餐，粮款按各户购粮数量由大队负责与粮站结算，一次付清全体社员购粮款，秋后决算时扣除社员全年粮款。1972 年，大队购置了电影放映机，每周为社员放映 1 ～ 2 次电影。

前进新村

20 世纪 70 年代初，口粮、食用油比较紧缺，每月每人半斤肉、三两油，其他生活用品、食品一般都凭票供应。为提高社员生活质量，大队养猪厂育肥猪，定期杀猪分肉以补充社员副食不足的状况，常年设点以廉价卖给社员新鲜蔬菜。历年秋后，按每斤一分二厘钱的价格分给每人 500 斤大白菜，由各户冬储，够半年消费。

1985 年，大队整建制划归秦皇岛开发区管辖，土地逐年被征占。2002 年，全村人口农转非。2008 年 1 月开始，年满 60 岁的村民享受养老金社会保障，不足 60 岁村民逐年续交养老费，同时享受生活补助。

新中国成立初期，全村只有 31 个宅院，207 间平房，建筑面积近 3900 方米，人均住房 11.89 平方米，多数三代同堂，挤在 3 间正房或两间厢房内，居住条件极差。1955 年，开始有极少社员在自家院内建房。1972 年，大队成立修建队，帮助村民建房。村民自备建房材料，建 3 间房屋，大队只收 120 元工费，而且是在年终决算时结算建房款。因此，自 1972 年之后，建房户快速增加，多数户在自家宅院翻建、扩建房屋，从而大大改善了居住条件。到 2001 年，全村村民房屋面积 70000 平方米，30 年间增加 18 倍。

2002 年 5 月，秦皇岛开发区总公司对前进村进行拆迁改造，将旧平房拆除后，在村旧址西侧占地四公顷（60 亩），建 14 栋、852 套近 70000 平方米的“（6+1）”多层砖混结构楼房，并按“拆一还一”的产权调换方式，补偿被拆迁人安置房 60000 多平方米。村民人均住房面积 52 平方米。2003 年初，安置房建成，于同年 6 月 6 日至 7 日抽签分房。到 2015 年，村民陆续回迁新居（和平里小区 36 至 49 栋），并改村名为和平里小区（即前进新村）。村民回迁前进新村，家家住进冬暖夏凉、宽敞明亮的新楼房。

领导视察及友人到访 回顾 20 世纪 70 年代，前进村经济大发展，教育、卫生、文体活动丰富多彩，是秦皇岛市的先进典型，许多领导人和知名人士到前进村检查指导工作。

前国家主席李先念的夫人林佳楣，到村里观看学校、幼儿园儿童的表演时，非常高兴地说：“你们办的幼儿园很好，不但培养教育了孩子，还解放了妇女劳动力，她们可以安心地参加集体生产劳动了。”

河北省原省委书记刘子厚曾到前进村参观

村容村貌，他赞许地说："你们大队的工作搞得有声有色啊，这就是社会主义新农村的榜样，要再接再厉！"

国际友人马海德和路易·艾黎也曾到大队参观。马海德在参观大队合作医疗室后，他伸出大拇指说："你们的卫生室挺好。"随后把一个听诊器赠给了大队赤脚医生。路易·艾黎在看过养猪场后，边看边拍照，并不停的称赞说，太好了。

名人能人 王景文，开明绅士，前进小学创始人。1950年初，启用自家两间正房做教室创办玉皇庙小学（后改名前进小学，现更改为开发区第一小学），从此结束玉皇庙没有学校的历史。而他自己尽义务教一至四年级，共30多名学生（包括孙庄村10多个学生）。1951年，学校搬进没收地主的三间正房。1953年初开始有正式国办教师调入，学校由一至四年级复试班，逐步发展到一至六年级。先后有辛仲三、印善庭、刘长吉、李殿贵老师在校任教。

杨守成，"土地改革"时村干部，新中国成立后加入中国共产党，任治安员。因主持土地制度改革，遭地主阶级仇恨，险遭杀害。后因出色地完成"土地改革"工作任务，1953年，抽调到市公安局工作并转为国家干部。

李德山，初级社创办人。1955年，成立初级社，一穷二白，十分困难，当时任副社长的李德山无偿将自己家仅有的三间正房借一间给初级社做办公室，一家6口人挤在东屋里居住；还将正房北院借给初级社做饲养处。1955年，任副社长、大队副书记、大队书记，他一直立场坚定，坚持原则，关心集体，大公无私，为集体经济发展做出突出贡献。

马志强，1966～1978年，先后任前进大队大队长、党支部书记。他团结一班人，带领全体社员奋斗拼搏12年，使前进大队跃居全市先进大队、对外开放队、最富队和社员福利最好队。因工作成绩突出，1974年被秦皇岛市委、市革委（政府）授予秦皇岛市劳动模范称号。1978年初抽调到户远寨公社任党委书记。

李香东、王庆田，2位村民分别于1953年和1954年加入中共党员，有60年党龄。从1955年初级社至1983年生产队解体，一直担任生产队长，28年如1日，勇挑重担，任劳任怨，带领社员大干苦干，工作生产搞得有声有色，为党为集体为社员为集体经济发展做出重大贡献。

风物传说 明万历初期（1570年左右），村内各户筹资，另有廉庄、张庄、网匠庄、安子寺、百姓王庄、铁庄等10多个村庄资助，在村东修建玉皇庙1座，供奉玉皇大帝。

荣誉 1970～1978年，前进村荣获（乡）社、区、秦皇岛市先进大队称号。2005～2012年，获开发区授予的"双创工作先进村"称号。2012～2013年，先后荣获中共河北省委、河北省人民政府、中共秦皇岛市委、秦皇岛市人民政府颁发的"文明村"称号。2012～2013年，获中共秦皇岛市委、秦皇岛人民政府授予的"文明村镇"标兵。2013年1月，获开发区授予的"基层组织建设示范村"称号2013年，获"双创工作先进村"称号。2014年，获"双创工作先进村"称号。2014年12月，获中共河北省委、河北省人民政府授予的"文明村"称号。2015年，获开发区授予的"优秀党支部"称号。

腾飞路街道

综　述

2002年10月16日，秦皇岛开发区实施第二次扩区战略。原海港区海阳镇凤凰店村、西张庄村、烟台山村、约合庄村、许庄村、杨庄户村计新庄村、王校庄村8个行政村，西港镇1个行政村为邢庄村，抚宁县深河乡深河村、东甸子村、望海店村、义卜寨村4个村，共13个行政村，人口11000人，土地面积26平方公里，被整体划入秦皇岛开发区。2002年11月，秦皇岛开发区成立扩区工作领导小组。同月，新区管理处成立。2005年11月9日，国务院正式批准开发区扩区16.08平方公里。2007年11月，经河北省民政厅批准，秦皇岛开发区腾飞路街道办事处成立。从2002年10月16日始，开发区二次扩区中划入开发区管辖的原海港区海阳镇凤凰店村、西张庄村、烟台山村、约合庄村、许庄村、杨庄户村、计新庄村、王校庄村，西港镇邢庄村，抚宁县深河乡深河村、东甸子村、望海店村、义卜寨村，划入腾飞路街道办事处管理。2009年12月15日，秦皇岛开发区扩区西延接收工作正式启动。原抚宁县深河乡的大毛义庄、小毛义庄、华义庄、西场并入秦皇岛开发区，并划入腾飞路街道办事处。截至2016年，腾飞路办事处共计辖17个行政村，办事处区域东至秦皇岛市海港区海阳镇，东南至邢庄村，西至华义庄，北至大秦铁路。

在17个自然村中，几乎每个村的历史都可追溯到明朝的万历年间。在17个村庄中，面积最大、人口最多，为义卜寨村。义卜寨村已有600余年的历史，建于明朝洪武年间。截止到2015年12月31日，腾飞路办事处所辖17个行政村中，4个村已拆迁（邢庄、计新庄、王校庄、杨庄户），1个村已返迁（邢庄），还有多个村庄等待拆迁。

办事处历任领导情况如下。（2002年12月～2004年12月）书记温双益，主任鲍明辉。（2004年12月～2010年6月）书记虞占海，主任李学君。（2010年6月～2013年）书记寇宝宁，主任杨建宇。（2013～2015年）书记寇宝宁，主任刘岩。2015年起，书记吴清海，主任刘岩。

（一）

腾飞路办事处所辖各村地处丘陵地势，土壤多为沙土，属于温带季风气候，四季分明。辖区内有栖云山和烟台山。栖云山位于秦皇岛开发区义卜寨村南侧，海拔200余米。山里面有很多战争时期遗留下来的防空洞，错综复杂。烟台山位于烟台山村。有主要河流1条，名为深河。位于深河村。

腾飞路街道办事处

邢庄村民喜迁新居到管委送匾

腾飞路办事处管辖的17个村，其初始社会人口大多是从山东迁徙而来。但也有例外，如约合庄是从天津迁来。这些村庄的形成刚开始是一户，或是几家，经过600多年的发展，人口快速增加。2015年，辖区户籍总人口为13715人，其中城镇常住人口13105人，另有流动人口610人。总人口中，男性6836人，占49.85%；女性6879人，占50.15%。14岁以下1812人，占13.21%；15～64岁10058人，占73.33%；65岁以上1845人，占13.46%。2013年，人口出生率为7.62‰，人口死亡率为2.73‰，人口自然增长率为4.89‰。有少数民族353人，其中满族349人、侗族3人、朝鲜族1人。腾飞路街道办事处机关有党员15名，17个村共有党员695名。

（二）

腾飞路办事处辖区内有一条20世纪50年代修建的102国道，为东西走向。该条国道由东至西分别贯穿凤凰店、西张庄、望海店、东甸子、深河村、西场。而在离国道不远处，同样分布着腾飞路办事处所辖的其他村庄。如大、小毛义庄村、约合庄、许庄、烟台山。这条国道，把十几个村的主要交通串连了起来，构成一条各种物资运输的交通枢纽。再加上各村自行修建的村路，形成了出行便利的交通路网。

2003年5月15日，秦皇岛开发区投资6589万元的黄河道西延伸工程开工建设，2004年12月20日竣工。该条路西至杨庄户立交桥，路宽36米，分机动车道、非机动车道和人行道。是秦皇岛开发区已建最长、最宽的道路。黄河道（后改为秦皇西大街）西延伸的竣工，连接起了王校庄、计新庄、杨庄户。2005年10月10日，秦皇岛开发区兴凯湖路施工工程竣工，这是一条南北走向的道路，南起杨庄户大桥，北至102国道，全长2190米。2006年，秦皇岛开发区龙海道项目建设竣工，又给辖区内的约合庄、许庄、义卜寨、大毛义庄和华义庄的交通提供了便利的条件。

宽敞明亮的大道，扩大了秦皇岛市公交车西延伸的路径。至2015年，腾飞路办事处辖区内有901路、902路、905路、20路、36路、38路公交车在区域道路上行驶。有的公交站名就是村庄的名字。如西张庄、王校庄、约合庄等就是公交站名。

（三）

农业是农村的主要产业，水利是农业的命脉，加强水利建设对农业的发展起着至关重要的作用。20世纪70年代，在农业学大寨号召的鼓舞下，掀起了兴修水利建设的热潮。原属抚宁县

邢庄村民喜迁新居现场

深河公社和西张庄公社的农村，先后开展兴修水利的活动，大力实施农田基本建设。杨庄户村在1968年秋修建张木沟水库。1970年秋后，修建西沟水库。1975年秋，修建北沟水库。1977年，建造死胡头沟塘坝，与北沟水库为配套工程。小毛义庄村1972～1973年，在村北修建水库1座。1973年雨季开始蓄水。1973年，义卜寨村在村西、村北等平原地上修建10个“大口井”。同时铺设西大河引水灌溉的地下管道。同年，修建西大峪水库。1978～1979年春，该村组织兴修水库突击队。兴建80亩面积水库1座。望海店村1973年，在村西小西沟修水库1座。1975年，在村东南下沟修浅流1个。1980年，在大南沟修人造湖1个。1977～1979年，计新庄、王校庄、烟台山联合在烟台山村南修建烟台山水库，计新庄村投入69亩地，王校庄村为烟台山修建水库拨地20亩。1979年5月，水库竣工，烟台山、计新庄、王校庄3个村引水灌溉土地的愿望得以实现。深河村于1976年修浅流1条，挖大口井7个，修塘坝4座。王校庄村1977年，在南河修建潜流坝1座，蓄水量达5万余立方米。同年，完成潜流坝通往东大湖地下水泥管道1800米的铺设。1991年，由抚宁县水利局在大毛义村修建南河大坝，实施了“改河造田”的建设工程。

兴修水利的好处是旱地变成了水浇地，利于水果等农作物的生长。特别是旱地经过引水灌溉变成了水田，种上水稻。从此，村民吃上了大米，生活饮食有了改善，由于合理地利用了水资源，村民生活发生了变化。

（四）

民国时期，义卜寨村高湛田发起倡议建立村中小学。义卜寨小学课程设有国文、常识、修身、图画、音乐和体育等，课外还要自修“尺牍”一书。名为初级小学，而实为高级小学。创办村中学校一直是村里实施教育所走的一条行之有效的办学道路。计新庄村于1940年建有小学。1950年，计新庄小学设有1～6年级。杨庄户村、望海店村等邻村的适龄儿童也到计新庄村学校读书。王校庄村于1961年9月～1963年7月，建计新庄小学分校，设教学班2个（一、二年级）。1968年12月～1978年1月，王校庄建王校庄小学。1978年2月，王校庄小学于并入计新庄小学。1984年秋，杨庄户村1～6年级学生全部在该村读书。望海店村1964年在村西南新建学校100平方米，学生搬到新教室学习，小学生不再到外村上学。

开发区第三小学

深河村在1958年成立深河小学。邢庄村于1958年，利用“土地改革”房建设邢庄小学，设一、二年级。1970年后村里几次重建校舍，实现1～5年级全在村里就读，同时还吸纳附近村的孩子就读。

有条件的村自己办学，没有办学条件的就联合几个村的力量共同办学。1963年，西张庄、凤凰店、约合庄、许庄、田家沟5个村在西张庄村北建小学1所，取名西张庄小学。1964年，新周庄村适龄儿童也就读于西张庄村小学。1979～1980年，6个村集资在西张庄村东建成新小学。1983年，大毛义庄村、小毛义庄村、华义庄村合建学校，学校名称为毛义庄村华义庄村联办小学，校址在小毛义庄内。

2015 年，腾飞路办事处辖区内有民办幼儿园 4 所，在园幼儿 400 人，专任教师 26 人；小学 3 所，在校生 550 人，专任教师 452 人；初中 2 所，在校生 838 人，专任教师 116 人；小学适龄儿童入学率、初中适龄人口入学率、小升初升学率、九年义务教育覆盖率均达 100%。

在农村医疗卫生服务上，每个村都设有村级卫生所。20 世纪 70 年代初，每个村都派专人参加医疗机构组织的培训，回村后，担任起该村的医疗服务责任。这些乡村医生一边务农，一边给村民看病、治病，基本做到了“小病不出村”。这就是被后人尊称为农民自己的“赤脚医生”。“赤脚医生”的辛勤劳动，为农村医疗事业的发展发挥了重要的作用。

20 世纪 80 年代中国农村合作医疗制度解体后，党和政府为了解决广大农民的医疗保健问题，先后于 1990 ～ 1992 年、1996 ～ 1997 年两次进行了“重建”合作医疗的尝试。秦皇岛开发区从 2008 年启动新农合，个人缴纳 10 元，各级财政补助 80 元到 2015 年，个人缴纳 110 元，各级财政补助 380 元。2015 年，腾飞路办事处辖区有门诊部 3 个；有专业技术从业人员 13 名，其中执业医师 6 人、执业助理医师 4 人、注册护士 3 人。17 个村村民均参加新型农村合作医疗，参保率 97.8%。

（五）

从新中国成立初期到 1978 年，村民生活发生了巨大的变化。追溯以往，每个村都在为增加村集体经济收入上，为村民谋福利上，千方百计地开动脑筋，结合该村的实际情况，发展经济。王校庄村在豆制品及人工孵化鸡、鸭、鹅饲养上干出了自己的特色；义卜寨村利用当地的资源，

秦皇岛经济技术开发区腾飞路街道办事处管辖区域图

发展该村的运输业红红火火；望海店村结合该村天然的土壤优势，发展花生种植声名远播；杨庄户村凭着得天独厚的优势发展畜牧养殖业，开创了一片天地；大毛义庄大棚种植的大毛义黄瓜创造了自己的品牌；凤凰店村种植的酒葡萄，西场村开展的植树造林建苗圃，华义庄村建硅石矿，邢庄村的果树种植等等，都反映出农村经济发展的新面貌。

新中国成立初期大部分农村住房为土坯、石头、砖、灰、瓦、木料建制的平房。20 世纪 90 年代之后，住房多变成了红砖水泥现浇顶平房。村民生活先后经历烧柴草、烧煤、点煤油灯，到用上电灯、燃气、移动手机、电脑等，大米白面代替了白薯高粱，出行从步行、自行车，到电动自行车、小汽车等，村民的衣食住行都在发生巨大的变化。物质生活的提高，促进了村民对精神文化的追求。每个村都有一支文艺表演队伍。譬如，杨庄户村在新中国成立初期成立小剧团，主要演传统评剧。20 世纪 50 年代，王校庄组建剧团，演出剧目《茶瓶计》等评剧，20 世纪 60 年代，组建文艺宣传队，曾在海阳、白塔岭等地演出《收租院》等剧目。邢庄村返迁后的村民业余文体生活丰富多彩。成立邢庄“春之声”文艺队，自编自导多场文艺晚会。许多村的村民都自发组建秧歌队，自行组建广场舞舞蹈队。当地的风俗崇尚自然、纯朴。譬如，婚嫁习俗中，男、女双方初次相亲见面叫相人，女方第一次去男方家里叫相家。如果双方没意见，相处几次方可订婚，算是正式确定恋爱关系。接下来，男、女双方相处 1 ～ 2 年，选择良辰吉日，正式完婚。

腾飞路办事处成立后，加强各村文体设施建设，丰富农村文化生活，组织村民开展秧歌汇演、广场舞比赛、“舞动中国 炫彩和谐”歌舞晚会等活动，大力加强农村文体设施建设，农村文化氛围空前高涨。2015 年，建村级文体活动场地 14 处，经常参加体育活动的人员占常住人口的 37%。有线电视实现了辖区全覆盖。2015 年，有线电视用户为 4829 户，入户率 87%。

行政上归入秦皇岛开发区管辖后，农村社会保障工作提到了非常重要的日程。失地后的村民生活有了切实的保障。女 55 以下、男 60 岁以下，每月生活费 180 元。女 55 以上、男 60 岁以上有养老保险金。2015 年，腾飞路办事处辖区享受农村特困补贴家庭 50 户 72 人，发放补贴 69120 元；农村五保老人 35 人，发放最低生活保障金 175000 元；实施农村医疗救助 25 人次，支出 7.5 万元。2015 年年末；有各类重点优抚对象 33 人，发放抚恤、补助资金 26.35 万元。低保工作严格贯彻“公开、公正、严格、实事求是”的要求，从入户调查、动态管理等方面确保低保工作的正常进行。每年春节、重阳节等传统节日开展对辖区内困难群众的慰问，让困难群众感受到党和政府的真切关怀。坚持为优抚优待人员办好事办实事，切实为优抚优待人员排忧解难。腾飞路办事处按照相关救助政策，了解伤残军人、复员军人、重点优抚对象、军属烈属等优抚对象的生活困难，做好优抚安置工作，抓好优抚政策的贯彻落实，解决村民的后顾之忧。

yibuzhai cun

义卜寨村

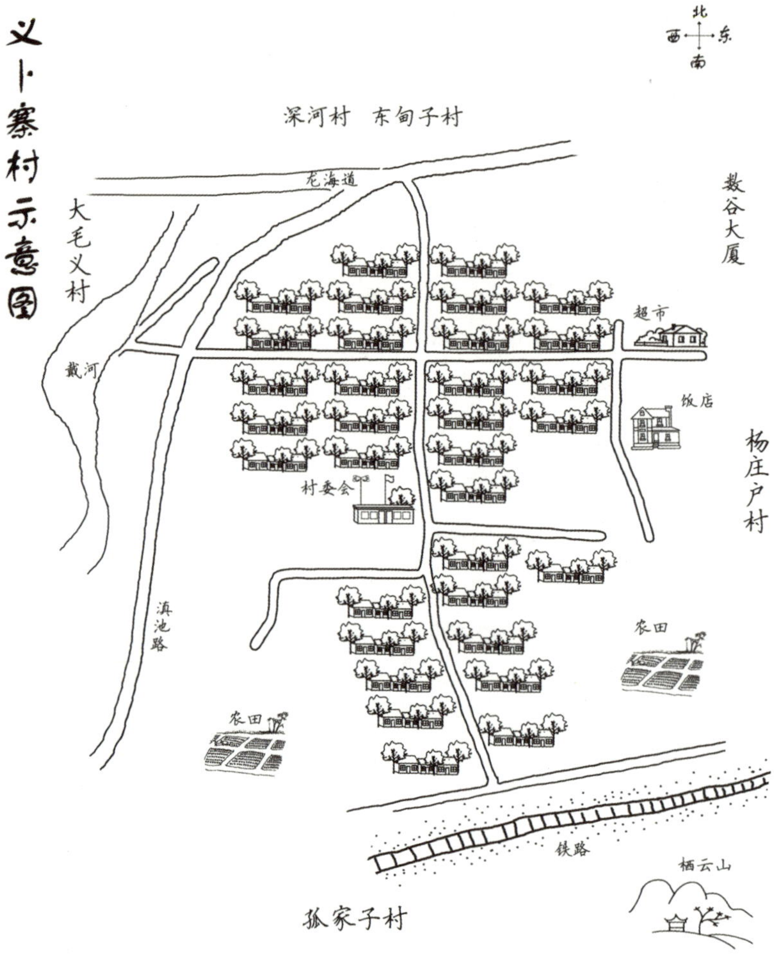

村址 义卜寨村位于秦皇岛开发区腾飞路办事处驻地南1公里处，该村为腾飞路办事所辖面积最大的村庄。东临望海店村、杨庄户村，南接栖云山，西到戴河公园，北至东甸子村和深河村，西北是大毛义村。

土地 义卜寨村总面积为6036.34亩。其中，耕地面积为2317.69亩，栖云寺山场面积1700亩，村庄占地面积325亩，学校占地8亩。其他包括水库、采石场、荒地、道路等约1685亩。1999年1月，村委会将位于村东，东山头20亩荒坡用公开招标的形式，承包给该村村民，承包期限为20年。

1999年10月，根据抚宁县33号文件和深河乡有关精神，与农户签订了土地承包延续30年的承包合同，同时进行土地调整。2002年11月，义卜寨村划归秦皇岛开发区管辖。2006年4月30日，秦皇岛开发区将村铁路以北的土地全征用。2014年3月25日，秦皇岛开发区将村铁路南的土地全部征用，至此，义卜寨村已无土地。

沿革 明洪武年间（公元1368～1398年）由山东黄河沿岸王、常、孙姓等几户人家到此地落户建村。经过几十年的繁衍生息，人口已过百人，故取名“一百寨”村。明万历年间（公元1573 ～ 1620 年），村民提出倡议，“一百寨”要永保正义之感，遂将村名改为“义卜寨”。其后，山东的高姓、赵姓、刘姓等人家，也相继迁入义卜寨。村庄人口及面积不断扩大。

乾隆二十一年《临榆县志》记载：“（距临榆县城）六十里者有温家庄、北庄头、深河营、一百寨（今义卜寨）、窑货屯（今杨户屯）、永宁寨、炮上庄等”。光绪四年《临榆县志》记载：“一百寨（俗名义卜）、深河东店子（六十里）等以上三十四村，大里营地方经管。”民国十八年（1929 年）《临榆县志》记载：“大里营堡（县城西南乡共二十四村），义卜寨 六十里、杨户屯 五十五里、孤家子 六十里。”以上 3 个《临榆县志》记载，产生于不同的历史年代。“一百寨”与“义卜寨”2 个村名，同时出现，均表明义卜寨在行政上隶属临榆县管辖。

1949 年 9 月，义卜寨村成立党支部，张育柱任书记，郭守贤任副书记。1954 年 3 月，义卜寨村成立初级社，名字叫刘欣元农业生产合作社，社员发展到 13 户。同年，义卜寨先后成立顺利合作社、和平合作社、前进合作社。1956 年 3 月，义卜寨村成立高级农业合作社。参加高级社村的有义卜寨村、孤家子村、东店子村、仓

京秦电气化铁路义卜寨站

上村。社址设在义卜寨村。1958 年 8 月，义卜寨村加入海阳人民公社（大公社）。1960 年年初，海阳大公社划分小公社。义卜寨村归抚宁县深河人民公社管辖。1965 年初，义卜寨村的 9 个生

村委会

产队合并成 3 个生产队。1983 年，生产队解散。2002 年 11 月，义卜寨村划归秦皇岛开发区管辖。

基础设施 1943 年，日寇为了运兵，修建了 1 条南起杨各庄，北到东店子村的“杨东路”公路。这条公路从义卜寨村中通过。1952 年，解放军在村南山修建通往东店子村的公路 1 条。并建公路漫水桥 1 座。1957 年 9 月，义卜寨村先后修建小型水库 2 座。一座是村西的“河南水库”，一座是村东的“东山头水库”。1973 年，在村西、村北等平原地上修建 10 个“大口井”。同时铺设西大河引水灌溉的地下管道。同年，修建西大峪水库。1978 ～ 1979 年春，义卜寨村组织兴修水库突击队。兴建 80 亩面积水库 1 座。1983 年，国家在义卜寨村南修建京秦电气化铁路，并在大毛义村建火车站，设站名为“义卜寨站”。

人口 · 姓氏 新中国成立之初，全村总户数近 110 户，总人口 500 人。其中，男性 260 人、女性 240 人。1965 年，全村总户数 153 户，总人口 734 人。其中，男 367 人、女 368 人。1975 年，全村总户数 194 户，总人口 911 人。其中，

男460人、女451人。1985年，全村总户数258户，总人口977人。其中，男494人、女483人。1995年，全村总户数322户，总人口1102人。其中，男564人、女538人。2005年，全村总户数439户，总人口1237人。其中，男628人、女608人。2015年，全村总户数616户，总人口1487人。其中，男751人、女736人。80～89岁20人。其中，男9人、女11人。90岁以上3人。其中，男2人、女1人。

村内主要姓氏有王、张、刘、高、赵、李、武、贾、郭、曹、朱、陈、陶、徐、杨、尹、郑、杜。

村级机构 1949年9月，成立义卜寨村党支部。张育柱（1949年9月～1953年9月）、郭守贤（1953年9月～1957年9月）、汪金成（1957年9月～1958年11月）、王佐良（1958年11月～1960年3月）、国家干部曹玉华（1960年3月～1961年10月）、赵 来（1961年10月～1961年12月）、杨兆林（1962年1月～1971年12月）、刘少文（1972年1月～1972年12月）、杨兆林（1973年1月～1977年12月）、王雨忠（1978年1月～1985年12月）、尹济春（1986年1月～1988年12月）、刘志和（1989年1月～1998年4月）、张德林（1998年5月～2000年4月）、王素仙（2000年4月～2006年2月）、王洪记（2006年2月～2009年5月）、陈亮（2013年1月～2015年1月）、高学玉（2015年1月～），分别担任各时期的村支部书记之职。

王文瑞（1949～1956年）、王雨田（1958～1965年）、佟瑞清（1966～1975年）、赵庆春（1976～1980年）、朱宝瑞（1981～1989年12月）、张海锋（1990年1月～1991年2月）、张德林（1991年3月～1998年4月）、王会彬（1998～2000年4月）、张海锋（2000年4月～2003年4月）、王洪记（2003年4月～2006年3月）、王国利（2006年3月～2009年3月）、孙国利（2009年3月～2013年2月）、赵喜山（2013年2月～）分别担任各时期的村长、生产队大队长、村主任等职务。

1996年1月，义卜寨村实行村务公开。建立公开栏。将村里财务、电费电价、计划生育、宅基地发放、村干部责任目标、村干部工资和奖金、两税统筹、粮油订购等热点事项向群众公开。同时成立了村务公开领导小组，组长刘志和。

教育·文体卫 清朝乾隆年间（1736～1795），村里高家就自办私塾。到清朝嘉庆四年（公元1799年），高家新建院落1座，俗称西院，专供高家子弟读书之用。至清末，开始接纳外姓子弟。民国初年，高国珍之父高老先生，为私塾的最后一任老师。

民国初期，村中的私塾即废，新学未兴，处于新旧更替。该村在高湛田的倡议建立村中小学。

高湛田兴学纪念碑

校址在该村寺庙内。义卜寨小学的施教方案及管理均借鉴山海关的田家中学模式。高湛田任小学校长。义卜寨小学课程设有国文、常识、修身、图画、音乐和体育等，课外还要自修‘尺牍’一书。名为初级小学，而实为高级小学。为便于交流，学校出版《义卜寨小学半月刊》。为16开油印本，其内容为学校生活、学习心得、作文选登等。每年春季，学校举办运动会。项目有篮球、赛跑、跳绳、跳远等。义卜寨小学仍然接纳外村的学生入学。

教师郎香圃为义卜寨小学的教学发展起到了至关重要的作用。郎香圃将传统的道德观念、待人礼貌、如何做人，贯穿着整个的教学之中。由于学生的增加，后又聘任郎丽华任教，以辅佐郎香圃。

村民自发为高湛田树石碑一块，立在学校的东侧，正面镌刻“高湛田先生兴学纪念碑”。碑的后面由村民刘书元撰写碑文。记载着办学的经过和所取得的成绩。粗略统计，从这里走出去的大学生，新中国成立前有高维洲、常肃新、高国植和蔚国祥等人，新中国成立后大约有10余人。

新中国成立前夕，战争动乱，任教老师更替频繁。先后有高国馥、惠达育、刘克瑞和王瑞琪等人。直到1948年底，临榆县地区全部解放，学校复课。1949年，义卜寨小学纳入人民政府的管理。1979年，在村外南山坡地新建小学校1所，由村内搬到村外。1985年，义卜寨、孤家子、仓上等村商议小学经费按总人口均摊。2012年11月，义卜寨村小学划入秦皇岛开发区管辖，改为开发区第七小学。2015年9月，第七小学迁入区内新建校址，更名为秦皇岛开发区第六小学。

1949～1955年，义卜寨村里有医生1名，王佐平。1973年，生产大队指派刘中兴、王素仙到抚宁县卫生局学习，成为义卜寨大队第一批半农半医的“赤脚医生”。1976年，大队又派高国兴、王佐利、赵淑艳、赵玉莲去抚宁县卫生局学医，为义卜寨大队第二批半农半医的“赤脚医生”。1983年，义卜寨生产队解体，村里有个人诊所3个。

1951～1953年，义卜寨村有村民参加剧团。2012年11月，义卜寨村划归秦皇岛开发区管辖，自发组建广场舞队1支。体育设施有篮球场1个。

2015年，义卜寨村委会有图书室1个，面积30平方米。老年人活动室1个、篮球场1个、活动广场2个。

农工副业　义卜寨村农作物主要种植花生、玉米、高粱、谷子、小麦。1960年，生产队主要种植玉米、白薯、水稻、高粱、花生。1956年春，村党支部书记郭守贤白手起家办起义卜寨果园，果园面积为200亩。1975年9月，郭守贤到果园当厂长。1983年，义卜寨生产队解体后分田到户经营管理，各户主要种植玉米、花生、大豆以及各种果树。其中，果树种植面积达到460亩。2001年，村里有11户村民建起高效温室蔬菜大棚22个，面积25亩。2006年4月和2014年3月，秦皇岛开发区2次征地，将村土地全部征用。

全村副业以运输业较为突出。1983年之前，全村有大马车40多辆。2002年，全村拖拉机有40多台，大马车20多辆，主要运输矿石、碎石、砖瓦等。至2015年，从事运输的汽车有10辆。

1958年，成立人民公社后，村生产大队建养殖厂，主要养猪、羊等。1960年，义卜寨村生产大队划为3个生产小队。各生产小队建饲养

栖云山场

处，主要养殖驴、马、骡、牛、猪等。1983年，生产队解体，养殖个体户主要饲养猪、牛、驴、骡、鸡、鸭等。1995年，全村有养殖专业户58户，饲养鹌鹑、貉子、貂等。2001年，全村有养殖大户22户。其中，养牛10户、养猪2户、养鸡5户、养羊5户。2015年，村民因没有土地，养殖业相应减少，全村80%的劳动力外出打工。

1950～1954年，义卜寨村建供销合作社1个。由该村朱文汗，徐业山负责经营管理。1954年，义卜寨村划归抚宁县深河乡管辖后，村供销合作社合并到深河供销合作社。1965年，义卜寨生产大队建代销点1个，由社员刘志平负责经营管理。1983年生产队解体后，将代销点房屋及设备等出卖给社员个体经营。其后村里有4户村民开办个体代销点。

1967年，深河人民公社建磨米厂、榨油厂。1972年，深河人民公社将磨米厂、榨油厂移交给义卜寨，生产转交给义卜寨大队经营管理。1983年，生产队解体后，大队将磨米厂厂房和设备出售给社员个体经营管理。

1993年10月，义卜寨村筹备资金13万元，到山东省青岛市购买大型面粉机，建大型面粉厂1座。建成后包给深河乡政府经营管理。

1982年4月，义卜寨生产大队投资40654元，购买解放牌柴油4吨汽车2台。1983年1月，义卜寨生产大队投资81000元，建大型采石矿1个，矿名为义卜寨石矿，矿长为武广志。1985年6月，义卜寨石矿承包给个人经营管理。同年，义卜寨村将土地、牲畜、车辆等集体财产按劳动力分配承包到户经营管理。

1983年10月，义卜寨生产大队投资3万多元为全大队各户安装自来水供水设施，村民从此结束挑水吃的历史。1985年，义卜寨村和深河乡政府合建砖厂1个，解决村里剩余劳动力的问题。1993年10月，筹备资金13万元，办大型面粉厂1个，建成后承包给深河乡政府。

2002年11月，义卜寨村划归秦皇岛开发区管辖后，村里有超市3家。2015年，村里有规模的超市1家。

村民生活及社会保障　新中国成立后，义卜寨村房屋面积近1000平方米。1978年，经抚宁县人民政府批准，新建房屋2000平方米。1982年，随着人口户数的增多，经抚宁县人民政府批准增建房屋10000平方米。2015年，义卜寨村总户数616户，总人口1487人，房屋面积近110000平方米。1965年，义卜寨村村民用上电灯，告别了煤油灯照明的历史。村民生活先后经历烧柴草、烧煤、点煤油灯，到用上电灯、燃气、移动手机、电脑的过程。出行从步行、自行车，到电动自行车、小汽车等，村民的衣食住行都有了很大的变化。

全村有五保户30户，特困户4户，移民10户。开发区东区山海关敬老院供养2人、优抚对象1人、残疾人42人。生活水平的提高，村民寿命也在增长。全村80～89岁老人20人、90岁以上老人3人。

2002年以前，义卜寨村民西去抚宁县、东去秦皇岛市区，需到东店子村乘坐公交车。2015年，901、905路公交车在村前设公交站点。

名人能人　高庆生，又名高国哲，字庆生（1927～1952年），1927年生，1949年3月，高庆生参加了中国人民解放军，同年8月，任绥远军区政治部摄影员，后任原《绥远日报》记者等职。1951年，调到人民解放军电影制片厂（“八一”电影制片厂的前身）任助理摄影师，曾参加过纪录片《八一运动大会》的拍摄。1952年10月，高庆生随慰问团赴朝鲜慰问中国人民志愿军。在朝鲜前线拍摄纪录片《慰问最可爱的人》。10 月 17 日，当他正在朝鲜平安北道成川郡石田里拍摄时，突遭敌机轰炸。为保护摄影机，不幸中弹牺牲，年仅 25 岁。朝鲜人民为了表示对高庆生烈士的崇高敬意，将他的遗体安葬在罗盛教烈士的坟茔左侧。1952 年 12 月，中国人民解放军总政治部授予高庆生“烈士”称号，并追认为模范青年团员。中国人民解放军电影制片厂决定，将高庆生烈士抢救出来的摄影机，命名为“高庆生号”，并将这部机器交给最有成绩的摄影队使用。在八一厂的厂史馆里，高庆生烈士的遗像下方，摆放着高庆生用过的摄影机。

赵贵林，中国共产党党员。1948 年 10 月入伍。1950 年牺牲于朝鲜。

佟任普，中国共产党党员。1946 年 6 月入伍。1951 年 10 月 30 日，牺牲于朝鲜。

高峰，1954 年出生，毕业于湖北大学中文系。2003 年 4 月，从湖北警官学院调入北京警察学院，聘为学院教授。授予二级警监。2004 年 7 月，高峰出版《反劫制暴战术谈判》一书，填补中国在该研究谈判领域的空白。他创造出的社会公共安全危机处置与应对的理论体系、技巧体系、实训体系，受到国内外同行的关注。高峰被最高人民检察院机关刊物《法治方圆》评选为 2005 年度“全国十大法治标榜人物”。界内尊称他为“中国首席谈判专家”“国内公共安全危机干预专家”等。首席谈判专家。高峰是义卜寨村高维洲之子。高维洲，是该村停办私塾后的第一代大学生，毕业于北京燕京大学。

高鹭飞，出生清朝乾隆四十四年（公元 1779 年），嘉庆九年（公元 1804 年）甲子科参加乡试，中为举人，当时 25 岁，是临榆县唯一考中举人。

又据《永平府志》记载：“高鹭飞，同治甲子，年八十五岁重赴鹿鸣”。另，光绪四年版、民国十八年版的《临榆县志》也都有同样的记载。从史料记载中分析，85 岁高龄的耄耋老人，还能够到数百里之外的省城，参加宴会，在交通不便的古代，是何等的不易。高鹭飞 85 岁参加的鹿鸣宴，是清朝同治三年（公元 1864 年）甲子科乡试后，在省城举行的。（鹿鸣宴是科举制度中，规定的一种宴会。起于唐代，明清沿续。乡试放榜次日，宴请新科举人和内外官员。在宴会上有一个重要的仪式，必须先奏响《鹿鸣》之曲，随后朗读《鹿鸣》之歌，以活跃气氛）。

风物传说 义卜寨村举人高鹭飞府第在后庄高家老院。府第门楼正面高悬“文魁”匾额。门两侧有石狮镇守。大门外两侧有旗杆，正面有数棵老槐树。进入大门，迎面是一道影壁墙。院中有两棵杏树。进入二门，两侧是厢房的耳房。前面是正房与东西厢房。正房与厢房之间，有花池相隔，种植灌木。高家老院其建筑结构均为四梁八柱的青砖大瓦房。院内所有走道，都是青条石铺路。后院有碾坊、牲畜棚，和菜地，后门外两侧是高大的白杨树。后门外有自家的打谷场。这所宅院在 1948 年土地改革时，门前的旗杆被推倒，匾额拆掉，房屋分给其他村民居住。至此，高家举人府第，便从村庄消失了。

xiaomaoyizhuang cun

小毛义庄村

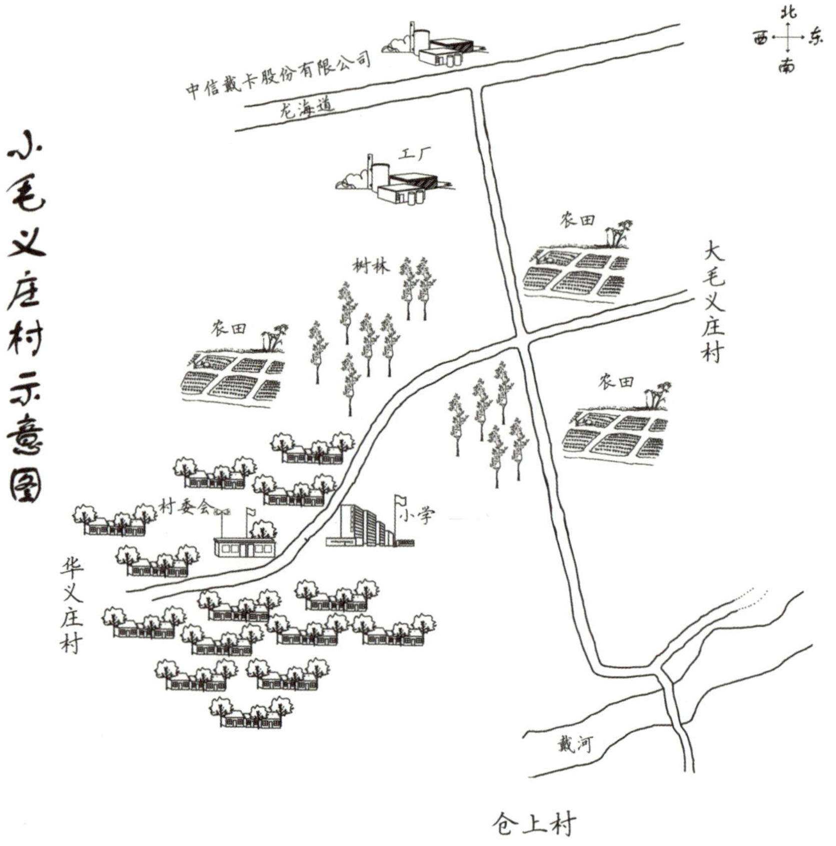

村址 小毛义庄村位于秦皇岛开发区腾飞路办事处驻地南 1.8 公里处。（拆迁后位于办事处驻地东 3.5 公里开发区天成佳境小区）。小毛义庄村东临大毛义庄村，南接戴河生态园，西到华义庄村，北至中信戴卡产业园。小毛义庄村土地平整肥沃，属丘陵地势。全村总面积 681 亩。其中，耕地面积 631 亩，民居面积 50 亩。20 世纪 80 年代，村南有米河（戴河）1 条，河水清澈见底，河里的沙子像大米一样。

沿革 明洪武年间（公元 1368 ～ 1398 年），毛姓兄弟二人，由山东迁入此地建村。最初建村名为毛家庄村。毛姓兄弟二人做人讲义气有正义感，做事果敢有担当，后经历多年的繁衍生息，毛姓后人也秉承先人的优秀品质，故定村名为毛义庄村。清道光年间（公元 1821 ～ 1850 年），附近的太平庄村和毛义庄村合并，合并后仍叫毛义庄村。

1962 年，毛义庄村分为小毛义庄村和大毛义庄村，小毛义庄村成为行政独立村。小毛义庄村原属于海阳大公社。海阳大公社又分成 7 个公社。毛义庄村原来就是太平庄村和毛义庄村两个自然村的合并。为便于管理，将村庄大、人口多的原太平庄村称之为大毛义庄村。而村庄小、人口少的，称之为小毛义庄村。2009 年 12 月 25 日，小毛义庄村整体划归秦皇岛开发区管辖。2010 年 7 月 25 日，小毛义庄村土地被秦皇岛开发区全部征用。

基础设施 2006年以前，村内有东西、南北走向主干道各1条，全部是土路。2006年，借着创建文明生态林的契机，小毛义庄村对村庄内的街道全部实施硬化。20世纪90年代，米河河道遭受污染。2012年，修建戴河生态园。对米河进行综合治理，修建3道拦水蓄水坝，加宽河道约30米。1972～1973年，小毛义庄村在村北修建水库1座。1973年雨季开始蓄水。2011年，水库和大坝先后被开发区招商项目占用。2015年，在小毛义庄村北的戴卡产业园，设901路公交站。

人口·姓氏 2000年，小毛义庄村第二轮土地承包时，人口为162人。2015年12月，小毛义庄村人口为199人。其中，男101人、女98人，60周岁以上34人、18周岁以下46人、18～60岁为119人。2009年，小毛义庄村划归秦皇岛开发区管辖时，人口为183人。2015年12月，外来人口3人。小毛义庄村主要姓氏为毛、孙、李、郭、靳、樊。

村级机构 毛作臣（1943～1954年）、温国恩（1954～1962年）、毛殿洪（1962～1973年）、毛盛兴（1974～1975年）、靳宝元（1976～1977年）、毛成湖（1978～1981年）、毛继兴（1981～1994年）、靳宝元（1994～1995年）、毛继兴（1996～1998年）、毛瑞兴（2000～），相继担任各时期的村支部书记之职。

1955年，小毛义庄村加入初级社。1956年，小毛义庄村加入高级社。1958年，小毛义庄村人民公社成立。1962年，小毛义庄村成为行政独立村。毛殿文（1962～1966年）、毛成江（1967～1969年）、毛继兴（1970～1073）、毛成江（1974～1976年）、毛继兴（1977～1980年）、毛成江（1981～1994年）、毛玉兴（1994～1996年）、毛晓兴（1996～1998年）、毛瑞兴（2000～2009年）、毛斌（2009～2012年）、毛李（2012～），相继担任各时期的村长、生产队大队长、村主任等职务。

教育·文体卫 1949～1973年，小毛义庄的适龄儿童在太平庄村或大毛义庄村小学上学。1973～1974年，适龄儿童在小毛义庄村临时搭建的简易棚内读书。1974～1983年，适龄儿童在华义庄村小学上学。1983年，小毛义庄村内建立小学校。学校由大毛义庄村、小毛义庄村、华义庄村联合建设，校名毛义庄村华义庄村联办小学。10月，大毛义庄村小学和华义庄村小学迁入新建学校。学校归深河文教办管理。2010～2015年，毛义庄村华义庄村联办小学归秦皇岛开发区教育局管理，改称为开发区第十小学。

小毛义庄村没有乡村卫生室，村民有病都到大毛义庄村乡村卫生室看病。2008年，小毛义庄村自发组建秧歌队。2013年，小毛义庄村村民自行组建广场舞舞蹈队。2007年，村委会院内安装体育健身器材。

农工副业 1948～1982年，小毛义庄村主要农作物为玉米、高粱、大豆、花生。玉米亩产350公斤、高粱亩产300公斤、大豆亩产200公斤、花生亩产200公斤。1974～1982年，西荒子黑土地改种水稻，水稻亩产400公斤。1982～2009年，主要农作物玉米亩产500公斤、高粱亩产300公斤、大豆亩产250公斤、花生亩产250公斤。由于水稻种植不适合一家一户管理，水田改成旱田。1970～1999年，村民每户每年养猪2～3头、养鸡10～20只。2007～2015年，小毛义庄村办小超市1个，主要经营日常生活用品。

村民生活及社会保障 1949～1978年，村民衣着颜色以蓝、黑、白、灰为主色调，面料有棉织品、的确良、涤卡等，样式单一。20世纪80年代至21世纪初，随着生活水平的提高，衣服面料及各样款式日益丰富。1949～1973年，村民主食以高粱米、小米、玉米为主。1974～1982年，种植水稻以后，大米成为主食，辅助以高粱米、小米、白面。1949～1982年，村民蔬菜冬季以萝卜、白菜为主，春季食用萝卜和白菜腌制的咸菜。夏秋两季以自家菜园种植的土豆、豆角、黄瓜为主。1982～2015年，大棚蔬菜的种植，渐渐调节单调的食谱，大米、白面已成为主食。1949～1985年，村民住房大多以平房为主。1985～2015年，村里有3户住楼房，其余均住在平房。1949～1970年，人们外出基本靠步行。1970～1985年，自行车代替步行逐渐增多。1985～1999年，自行车普及，方便了村民的出行。2000～2012年，摩托车成为出行的主要工具。2012～2015年，80%的村民拥有私家车。

1983年，村里有2户家庭有黑白电视机。1993年，黑白电视机普及，少数家庭购买彩电。2012年，村里家家拥有彩电、冰箱、洗衣机等家用电器，有线电视覆盖全村。2015年，大部分家庭拥有电脑，移动网络覆盖全村。

2015年，小毛义庄村有五保户3户。

风物传说 小毛义庄村东，有土地庙1座。庙里供奉土地爷，庙宇建于明洪武年间（公元1368～1398年）。庙内有钟1口，钟壁镌刻“毛家庄”三字。庙宇在文化大革命中拆除，大钟也不知去向。土地庙的西面有一棵4人合抱粗的柳树。1952年，柳树被砍伐，用于制作学校学生桌椅。

荣誉 2007年，小毛义庄村被秦皇岛市评为市级生态文明村。

damaoyizhuang cun

大毛义庄村

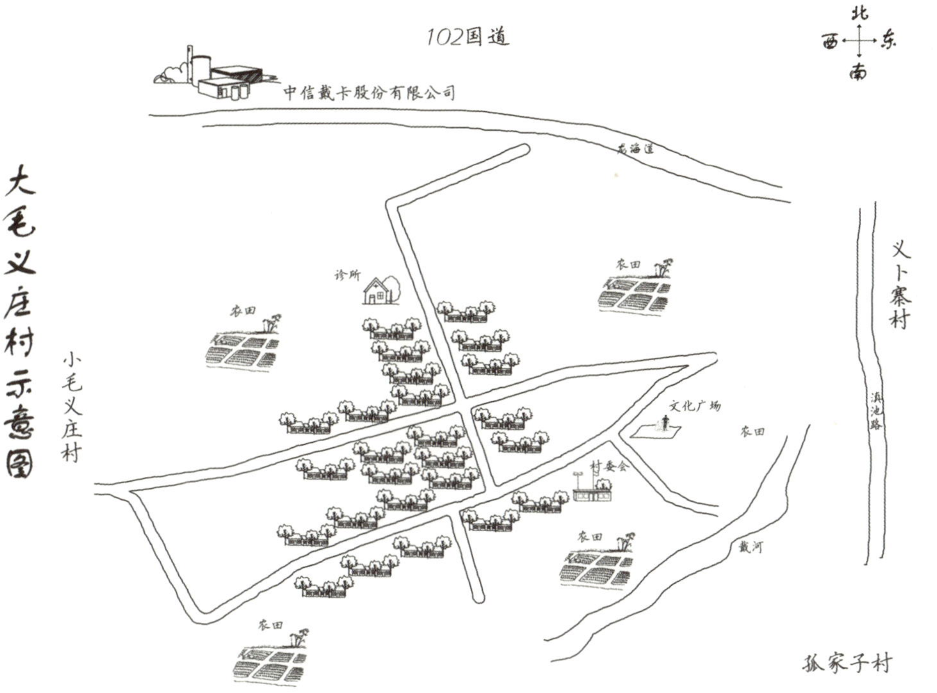

村址 大毛义庄村位于秦皇岛开发区腾飞路办事处驻地南 1.7 公里处，102 国道南侧。东临义卜寨村，南隔米河（戴河）与孤家子村相望，西到小毛义庄村，北至西场深河大集。全村有耕地 1640 亩、荒地 1200 亩、民居面积 240 亩。

村委会

2010 年 4 月 20 日，大毛义庄村土地全部被秦皇岛开发区征用。

沿革 明洪武年间（公元 1368 年～ 1398 年），卜姓村民由山东迁此落户建村。为祈福太平，村庄取名太平庄。清道光年间（公元 1821 ～ 1850 年），因毛义庄在周围很有威望，故将太平庄与毛义庄合并，更名为毛义庄村。1962 年，毛义庄村分为小毛义庄村和大毛义庄村。村庄大、人口多的原太平庄村叫大毛义庄村。而村庄小、人口少的，叫小毛义庄村。2009 年 12 月 25 日，大毛义庄村划入秦皇岛开发区管辖。

基础设施 1972 年，大毛义庄村在村北建小型水库 1 座。1973 年，学大寨、修梯田。1975 年，修水渠，灌溉农田。1983 年，国家在大毛义庄村南修建有京秦电气化铁路（站名为义卜寨站），占地 123 亩。京秦电气化铁路东到秦皇岛，西经抚宁县至北京。大毛义庄铁路地段有涵洞3个。1991年，大毛义庄村和抚宁县水利局双方出资修建南河大坝。大坝宽60米，长1450米，河造田。1992年，为改善村民出行及耕作带来的不便，修混凝土漫水桥。桥西250米处修建长30米、宽205米、高1.5米，有四孔带有闸门水坝。闸门起浇水灌溉作用。水坝既解决干旱、种地用水难问题，又解决天凉赤脚过河的难题。

村内有东西走向主路1条，2007年硬化。2006年，中信戴卡有限公司（龙海道西段）在村北成立。2012年，威卡威汽车配件厂、金城汽车制造厂和戴河生态园在村南相继建成。2012年，建230平方米广场1座。

人口·姓氏 2015年，大毛义庄村有人口903人。其中，汉族876人、满族25人、朝鲜族2人。总户数350户。主要姓氏有卜、张、祖、靳、温、杨、朱、刘、李、王、郭、周、毛、赵、马、董、段等。

村级机构 毛作臣（1949～1951年）、温国恩（1952～1957年）、靳朋图（1958年）、温国恩（1959～1962年）、张绍奎（1963～1966年）、祖兴礼（1967～1976年）、卜昭华（1977～1990年）、卜纪令（1991年）、卜昭民（1992年）、依占春 （1993～2000年）、祖彦臣（2001年）、祖兴芝（2002～2003年）、卜昭华（2004～2006年）、祖艳庆（2007～2011年）、祖彦祥 （2012～）相继担任各时期的村书记之职。

1952年，大毛义庄村成立互助组。1954～1955年，大毛义庄村成立初级社。1956～1957年，大毛义庄村成立高级社。1958～1959年，大毛义庄村人民公社成立。刘广成（1949～1951年）、温庆波（1952～1957年）、依坤（1963～1966年）、卜广居（1967～1976年）、靳朋存（1991年）、卜昭祥（1992年）、靳殿林（1993～1996年）、祖彦祥（1997～2001年）、温晓林（2002～2011年）、卜昭秋（2012～2014年）、王艳华（女）（2015～），相继担任各时期的村长、生产队大队长、村主任职务。

教育·文体卫 1949年，大毛义庄村建小学1所。2015年9月，学校并入秦皇岛开发区第六小学。1976年12月，大毛义庄购进电影放映机，放映露天电影。2010年，大毛义庄村办农家书屋，书籍及报刊杂志3000多册。村里设有文化广场和10余个健身运动器材。村民生活之余跳跳舞，唱唱歌，享受健康的娱乐生活。1971年，毛义庄村设村级村卫生室1个。2015年，有村级诊所1家，即靳殿阁诊所。

农工副业 大毛义庄村地处丘陵，2009年之前，农作物主要种植有玉米、水稻。有林地70亩，果树地60亩，年产鲜果5万斤。1994年，人均收入1545元。2003年，大毛义庄村在原村北老果园，打100米深水井2眼，铺设地下管道，建蔬菜大棚。是年，大毛义庄村被秦皇岛市农业局定为大毛义庄蔬菜基地。蔬菜基地的黄瓜注册商标为大毛义庄黄瓜。1970～1982年，大毛义庄村里有村办小卖部1个，米面加工厂1个。1995～2015年，大毛义庄村有个体超市3家，

村道

分别为广辉超市、靳维新超市、海月超市。2010年，土地被征收。

村民生活及社会保障 1949～1980年，大毛义庄村民住房大多以平房为主，墙体大部分以

村民老宅

石头砌成。房顶、门窗为木结构，有的老房是20世纪50年代的建筑。1976年，唐山大地震，村民住房大部分遭到不同程度的损坏。之后，有30%的村民住房进行翻修。1979～2015年，村民老房拆了重建，砖瓦结构更换成混凝土结构，门窗改成铝合金或塑钢。10%的村民由1层住宅翻建为2～3层楼房。

1980年以后，人们开始以自行车代步出行，1985～2000年，年轻人开始逐渐骑摩托车出行。至2015年，80%村民拥有家庭小轿车。1983～1993年，大毛义庄村有黑白电视机5～8台。1993～2000年，全村电视逐渐普及，有30%换了彩电并安装上电话。2000～2010年，大毛义庄的村民基本普及彩电、洗衣机等家用电器。2011～2016年，人人基本都有手机，移动网络覆盖全村。大毛义庄村享受秦皇岛开发区教育的优惠政策，考上各种技校报销学杂费，考上大学有奖励。失地的村民生活费也有了保障，男满60岁、女满55岁能领到养老金。

名人能人 卜祯元，烈士，1926年5月出生。1945年8月参加革命（冀东12分区警备团战士）。1946年，在解放山海关战斗中牺牲。

靳朋义，烈士，1928年生人，1946年参加革命工作，为冀东十二军分区警备团战士，1948年，在抚宁县杜庄镇黄庄村战斗中牺牲。

张克俭，1947年参军，历任班长、营长、团长、师政委，1976年转业。

祖彦利，农民发明家，1965年生人，祖彦利关于“垂直升降立体车库”的设计方案申请国家专利获得成功，国家知识产权局向他颁发了《实用新型专利证书》。祖彦利这个方案在2011年完成，当年6月申请国家专利。

祖彦利的“垂直升降立体车库”。模型高50多厘米、宽20厘米左右、长30厘米，共分5层，每层两个小格子。这些小格子就是预计停放汽车的位置。模型中间部分是一个类似电梯的升降装置，该装置有出入口。司机驾驶汽车通过出入口进入升降装置中，升降装置上升至想停放的层数。

农民发明家祖彦利

fenghuangdian cun

凤凰店村

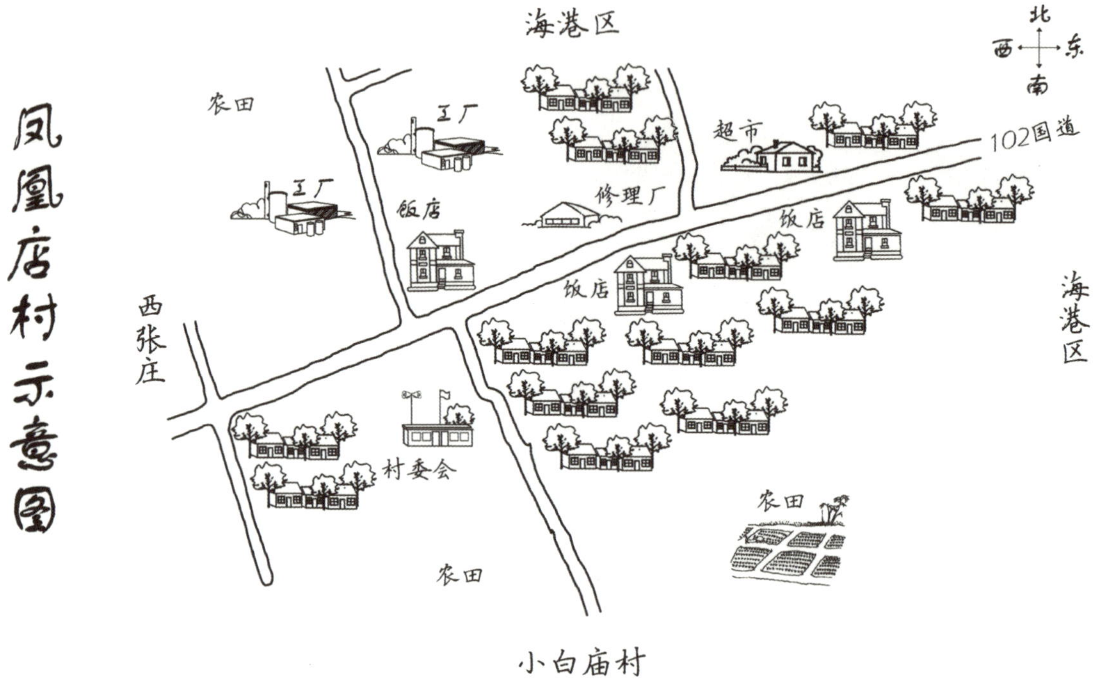

村址 凤凰店村位于秦皇岛开发区腾飞路办事处驻地东北5.5公里处。该村东临海港区西王岭村，南接小白庙村，西到西张庄村，北至海港区鲤畔庄村。凤凰店村地处丘陵地带。全村总面积1125亩。其中，耕地980亩、闲散地40亩、民居面积100亩。

村委会

沿革 凤凰店村历史悠久，明洪武年间（公元1368～1398年）王、张二姓由山东迁至此地落户居住。随后，杨姓由拔道洼村（现属北戴河区管辖）迁居此地，开了一间“杨家老店”。由于此村有一条通往关里、关外的道路，为来往客商较为密集之地。据传，古代后宫娘娘路过此地，借宿于“杨家老店”，故村庄由此得名凤凰店。

1949年，凤凰店村隶属抚宁县西王岭乡管辖。1958年，凤凰店村人民公社成立，隶属抚宁县西张庄公社管辖。1982年，人民公社建制取消，西张庄公社改为西张庄乡人民政府，凤凰店村归西张庄乡管辖。1988年，取消西张庄乡人民政府，凤凰店村划归海阳镇管辖。2002年12月，划归秦皇岛开发区管辖。

基础设施 1978年，全村实现民用电入户。

穿村而过的 102 国道

102 国道从村中横穿驶过，有桥梁 1 座。村内有连接各户的小路 4 条，均为南北走向。2014 年，实现道路全部硬化。村域有大秦铁路从村北穿过，有涵洞 2 个。村内有深水井 3 口，供村民饮用。1972 年，在村东北、村南分别建小型水库 2 座。2005 年，开发区管委“驻访帮解”驻村工作组驻村时，全村街道实现照明，安装路灯 31 盏。

人口·姓氏　1951 年，凤凰店村有住户 26 户，人口 110 人。1954 年，该村有住户 38 户，人口 267 人。20 世纪 70 年代后期至 80 年代中期，有住户 53 户，人口 309 人。2016 年，凤凰店村有住户 176 户，长期居住人口 396 人。其中，男性 190 人、女性 196 人，均为汉族。60 岁～ 70 岁 76 人，70 ～ 80 岁以上 27 人，90 岁以上 2 人。青壮年 228 人、少年儿童 110 人。村内姓氏按人口多少排列顺序为张、王、杨、刘、冯、马。

村级机构　1949 年，凤凰店村成立党支部。杨用全（1958 ～ 1963 年）、张连科（1964 年～ 1973 年）、冯俊生（1974 ～ 1975 年 9 月）、张连科（1975 年 10 月～ 1994 年）、王洪礼（1995 ～ 2006 年 7 月）、张连科 2006 年 8 月～ 2011 年 11 月）、高杰（2011 年 12 月～），相继担任各时期的村党支部书记。

1950 年春，凤凰店村初级社成立。1953 年，凤凰店村高级社成立，归属西张庄高级社辖区。1958 年，凤凰店村人民公社成立。杨用甫（1952 ～ 1963 年）、王洪德（1964 ～ 1973 年）、王洪礼（1974 ～ 1994 年 3 月）、杨庆安（1994 年 4 月～ 2010 年 12 月）、高杰（2011 ～ 2012 年 12 月）、王洪利（2012 年 3 月～）相继担任各时期的村长、生产队大队长、村主任等职务。

教育·文体卫　1977 年，西张庄初级中学（社中）在凤凰店村南建立。2002 年，凤凰店村划入秦皇岛开发区管辖后，其中学改名为秦皇岛开发区第三中学。1977 ～ 1984 年，村里有半农半医赤脚医生 1 名。1995 ～ 2016 年，在村东路南，建有卫生院 1 个，有医护人员 7 名，做到小病不出村，大病不出区（开发区医院），保证了村民有病能够得到及时医治。

农工副业　凤凰店村农业主要以种植玉米、高粱、谷子、大豆为主。1972 年，村里有 2 座小型水库竣工，在靠近河流地段，开垦种植水稻为主的水田 80 多亩。因该村地处丘陵地带，沙土疏松，施上羊粪，具备了种植酒葡萄的条件。1995 ～ 2005 年，村民个体建酒葡萄基地，种植面积 200 多亩。主要品种为赤霞珠。2015 年，凤凰店村有养殖户 3 户，主要以养猪、牛、羊为主。劳务输出 190 多人（外出打工）。

开发区第三中学

1974年，凤凰店村建小型米面加工厂1个，主要服务于该村村民。同年4月，在村南建立西张庄公社优良育种站，占用土地26亩。1975年，在村西建立棉丝瓦厂1个。1983年，在村东建立黑加仑饮料厂，1988年8月，该厂迁走。1984年，建红星电子管厂，1991年2月，该厂迁走。

民居

村民生活及社会保障　1954年，全村房屋面积970平方米，居住人口267人。20世纪70年代后期至80年代中期，房屋面积1342平方米。到2016年，房屋面积约4000平方米。

2002年12月，划入秦皇岛开发区管辖后，男60岁以下，女55岁以下的人员，每月享受生活费180元；男60岁以上、女55岁以上的村民均办理养老保险，每人每月享受700元至1300元不等的生活费，75岁以上的居民，每人每月领取1300～1700元不等的生活费。

1984年，凤凰店村成为抚宁县第一个有电视的自然村。

风物传说　赤龙洞位于凤凰店村北1公里处，有古泉1眼，泉水涌出，积水半亩，水深4米，形成方形水塘。塘中生有红鱼白鱼，当地人称红鱼为红赤子，白鱼俗称为白漂子。据传说，一日村民见到一条大红鱼在塘中翻游，众小鱼随其后，在阳光的照耀下，红鱼鳞光闪闪，塘水泛起波纹，呈现壮观的紫红色。从此，村民称这半亩方塘为“赤龙洞”，并在岸上并建有“赤龙”小庙一座。此泉水甘甜，清澈能饮用。

村东建有五道神庙一座。新中国成立前后，村里有老人过世之时，儿孙们带着亲戚，穿着孝服，到“五道神”庙，围绕三圈，俗称“扫庙”，此风俗一直延续到20世纪60年代初期。

名人能人　杨用复，1916年生。青年时期，参军，服役于傅作义部队警卫营。1949年，随傅作义部队在北平参加和平起义。1950年，参加中国人民志愿军，赴朝参战，任某部队班长一职。在上甘岭战斗中，集体荣立二等功，个人荣立三等功。后转业到秦皇岛市园林局。1994年病逝，享年78岁。

电子商务服务站

wangxiaozhuang cun
王校庄村

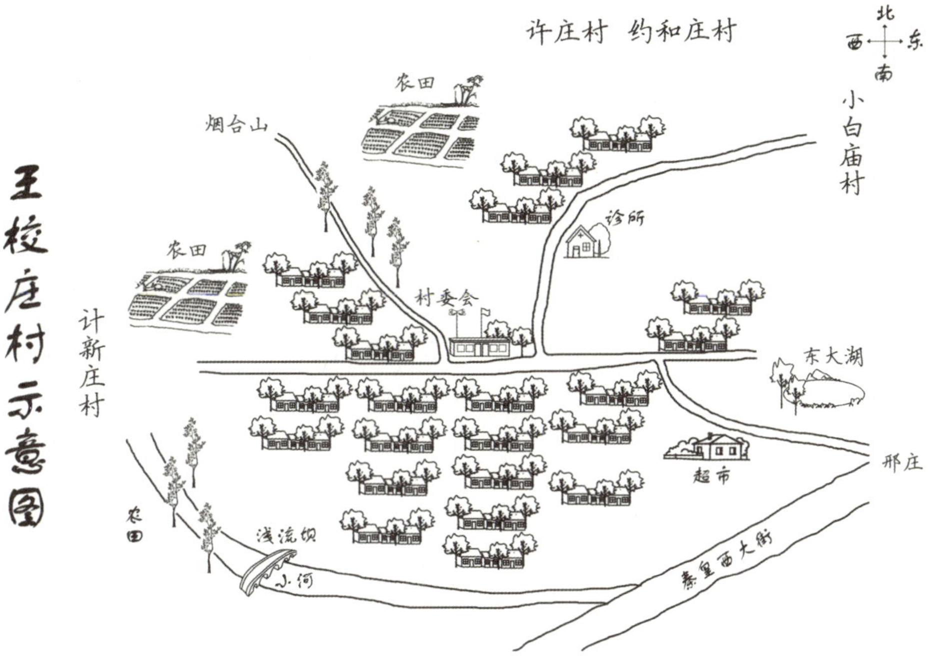

村址 王校庄村位于秦皇岛开发区腾飞路办事处驻地东4.6公里处。2002年之前，王校庄村东临小白庙村，南接杨道庄村、公富庄村，西到计新庄村，北至许庄村、约和庄村。2002年，划归秦皇岛开发区管辖之后，东临铂悦山小区，南接秦皇西大街西段，西到计新庄村，北至黑龙江道。

土地 1974年秋，中国石油八三石油管道安装石油管线，征地50亩。1982年，国家修建大秦铁路，征地50亩。1988年冬，根据县委指示，土地进行第一次调整。1991年10月，抚宁县海阳镇组织清宅，更换“宅基地使用证”。1996年8月，海阳镇土管所清理宅基地，逐户丈量填表，更换宅基地使用证。1999年12月，根据海港区海阳镇镇党委指示，进行第二次土地调整。2003年6月23日，秦皇岛开发区征收村南土地1010.98亩。2004年5月，开发区开展“双创”活动。2004年12月，王校庄村划为城镇户口。2005年6月15日，开发区第二次征收村北土地1126亩。2006年1月，王校庄村失地村民享受生活补助。2012年4月24日，王校庄村召开全体党员村民代表大会，拆迁工作开始。

村委会

拆迁前，全村总面积1.75平方公里。其中，耕地2136.98亩、民居面积310亩、河道面积180亩。王校庄村地势西北高，东南低。东西南北4条小河环绕，环境十分优越。同年6月1日，拆迁正式开始，丈量、结算、补偿款到账。2013年6月30日，拆迁工作结束。2014年6月，王校庄返迁楼破土动工。

沿革 王校庄村始建于元至正年间（公元1341～1368年），建村时称王校尉庄。有王、张、罗三姓从山东迁此落户，后在明朝永乐年间（公元1403年）倪氏兄弟奉诏从山东泰安迁此落户，村内因有一王姓当兵做了尉官（即校尉），故得名王校尉庄。新中国成立前改为王校庄，（因尉字在发音上也念玉，是姓，所以新中国成立前通常都叫王校玉（尉）庄）。

明朝洪武初（公元1367年）归山海卫管辖。清朝乾隆二年（公元1737年）归直隶省永平府临榆县管辖。民国17年（1928年）划归河北省临榆县。1948年11月，王校庄村解放，归临榆县管辖。1949年，归属临榆县白塔岭乡。1950年，归临榆县第六区，区工所在王校庄，区长刘国臣。1950～1953年7月，划归临榆县蔡各庄区（第五区）。1953年7月～1954年7月，归属唐山地区临榆县蔡各庄区（第六区）计新庄乡。1954年7月～1958年8月，临榆县撤销，并入抚宁县海阳区（六区）西张庄乡。1953年，王校庄成立2个互助组（简称大组）。1954年春，王校庄成立初级社。1956年9月，西张庄乡组成2个“高级社”。北片以西张庄“联星社”为中心。南片以王校庄“一心社”为中心，包括大小白庙村、王校庄村、计新庄村、杨庄户村。

1958年8月～1959年12月，秦抚合并划归郊区汤河人民公社，王校庄村更名为王校庄大队。1960年～1961年6月，划入秦皇岛市海港区海阳大公社。1962年，王校庄由2个生产队变更为4个生产队，各队土地均等。1974年，秦抚分开，恢复抚宁县建制，王校庄隶属抚宁县海阳工委西张庄公社管辖。1983年5月，隶属秦皇岛市抚宁县深河工委西张庄公社。1984年3月，王校庄大队更名为王校庄村，隶属秦皇岛市抚宁县海阳区西张庄乡管辖。1988年3月，撤区并乡，王校庄村隶属秦皇岛市抚宁县海阳镇管辖。1994年12月，划归秦皇岛市海港区海阳镇管辖。2002年10月，划归秦皇岛开发区管辖。2010年10月，该村划入秦皇岛开发区腾飞路办事处管辖。

基础设施 1969年春，王校庄村、计新庄村合用1台30千伏变压器，两村同时安装照明线路。1970年，王校庄村村民家家户户以电灯照明为主。

1977年，王校庄村在南河修建潜流坝1座，蓄水量达5万余立方米。同年，完成潜流坝通往东大湖地下水泥管道1800米的铺设。1977～1979年，西张庄公社组织修建烟台山水库，王校庄村为烟台山修建水库拨地20亩。1974年秋，中国石油八三石油管道安装石油管线，在王校庄村征用占地50亩地。1982年，国家修大秦铁路，从王校庄村征地50亩。1979年，王校庄村安装一台50千伏变压器，结束两村合用一台变压器历史。同年春，修建北河圈水库。1986年春，王校庄村委会组织村民100人次，耗用土方400多立方米，修复村内至邢庄道路。道路两侧加修排水沟。同年，修建王校庄与计新庄、小白庙之间河道之上的拱桥2座。村内有东西走向的道路2条。1990年，王校庄村变压器由50千伏更换为100千伏。同年“引青济秦”工程开始，管道由村南地下通过。1992年3月，更新南河潜流至东大湖地下水泥管道，新建U型水泥明渠1800米。2008年春，王校庄村委决定用混凝土对村内道路进行路面硬化，对道路两侧排水沟进行清淤并使用石材进行改造。

人口·姓氏 1949年，新中国成立时，王校庄村有98户，人口406人。其中，男性有220人、女性186人，60岁以上有130人、18～59岁200人、17岁以下有76人。2015年，全村有360户，共980人。其中，男性530人、女性450人，80岁以上20人、60岁以上280人、18～59岁500人、17岁以下180人。

1994年春，抚宁县开展扶贫工作，王清宝一家5口，从驻操营镇葫芦套沟村到村落户。1996年4月，桃林口水库移民王玉宝、王志德两户共13人由青龙满族自治县牛心坨乡曹杖子村到村落户。到此落户村民均分配1.8亩土地。

村内姓氏按人口多少排列顺序为张、倪、罗、杨、王、李、刘、陈、石、郭、朱、蒋、祝、亢、徐、宋、孙、黄、高、于、梁、靳、袁。

教育·文体卫 1961年9月～1963年7月，王校庄建计新庄小学分校，设有教学班2个（一、二年级），有教师2名、学生50余人。校址位于朱家大院内，教室占地面积60余平方米。1968年12月，建王校庄小学，校址位于朱家北大院。1970年春，建成，学校占地面积1200余平方米，建筑面积260平方米，设教学班（一至五年级）5个，有学生100余名，教职员工5人。王校庄小学于1978年2月并入计新庄小学。1970年，村里推荐1村民（张桂珍）上工农兵大学。

村民舞蹈队

1954年，抚宁县海阳镇卫生院在王校庄村设立分院。1956年，迁址计新庄。

1965年春，村选派王秋香参加抚宁县组织的赤脚医生培训，学习期满后回村从事赤脚医生工作。2015年12月31日，村里有村级卫生室1个、乡村医师1名、个体卫生室1个、乡村医师1名（中医）。

20世纪50年代，王校庄村组建剧团，演出剧目《茶瓶计》等评剧。20世纪60年代，组建文艺宣传队，曾在海阳、白塔岭等地演出《收租院》等剧目。村委会分别于1978年10月购买8.75毫米电影放映机1台。1983年8月购买16毫米电影放映机1台，为村民放映故事片、科教片、计划生育、普法纪录片等。每年放映各类影片100余场200余部，每场观众1000余人，吸引了周边村庄部分村民前来观看。2002年11月，王校庄划归秦皇岛开发区后，村组织的舞蹈队在区内比赛中多次获奖。此外，王校庄村建有篮球场1个，并设村委会活动室。

村级机构 1943年，王校庄村建立地下党组织，时有地下党员10人，党支部负责人罗云汉（化名文华），党员有刘国臣、陈桂春（化名和平）、解珍、陈奇、倪德元、倪宝山（化名背山）、李景贤、祝秀山、解荣。1949年，王校庄村党支部公开活动，解珍任党支部书记，1950年发展党员2人，全村党员有12人。截至2015年12月31日，党支部有4个党小组，61名党员。历任党支部书记有解珍（1949～1953年7月）、陈奇（1953年7月～1954年12月）、罗宝森（1954年12月～1956年3月）、祝秀山（1956

年3月～1965年春）、王秋利（1965年春～1968年春）、王继增（1968年春～1975年10月）、郭忠元（1975年10月～1985年5月）、石贵斌（1985年5月～1985年12月）、王秋君（1985年12月～1986年5月）、王继增（1986年5月～1987年10月）、倪永田（1987年10月～1991年12月）、郭忠元（1991年12月～1996年5月）、郭忠太（1996年5月～1998年8月）、李云祥（1998年8月～1998年11月）、解永启（1998年11月～1999年7月）、石贵斌（1999年7月～2002年12月）、解永启（2002年12月～2004年12月）、郭永年（2004年12月～2015年12月）。

1949年，张宝生任农会会长，任期到1953年7月。此后，祝秀山（1953年7月～1956年）、罗守政（1956～1965年）、王继增（1965年～1968年）、王秋利（1968～1975年10月）、王瑞安（1975年10月～1976年12月）、倪永田（1976年12月～1980年）、罗守政（1980～1982年12月）、王秋君（1982年12月～1991年12月）、倪永田（1991年12月～1998年11月）、石贵斌（1998年11月～1999年7月）、王贵明（1999年7月～2000年3月）、解永启（2000年3月～2003年3月）、张国兴（2003年3月～2004年1月）、倪建利（2005年1月～2009年3月）、张峰（2009年3月～2012年3月）、倪建利（2012年3月～2015年12月），相继担任各时期的村长、大队长、村主任等职务。

该村种植的果树

农林副业　王校庄村村北是缓坡丘陵，土质比较瘠薄，以种植玉米、花生、谷子、高粱为主，亩产400斤左右。村南地势较平坦，但东半部多为盐碱地，俗称“大碱地”。一到春天，地上覆盖一层白霜，下种不出苗，就是出来几颗苗也被碱死。为了改变现状，将碱地变水田，引水灌溉成为当务之急。1976年冬，王校庄组织村民起早贪黑，挖淤泥，把东大荒变成东大湖。但是，东大湖仅仅能蓄水，其水量仍然满足不了灌溉需要，为解决这一难题，1977年春，王校庄自筹资金2万元，通过半年多的紧张施工，建成1座有4个大铁闸门的潜流大坝。把南河水拦腰截住，再通过1800多米长的水泥渠，把南河水引入东大湖，使大湖周围300多亩盐碱地改变成水稻田，水稻种植成功，并获丰收。此外，村南、村西种植各类蔬菜200余亩（到2002年暖棚蔬菜种植100亩）。1978年春，王校庄村生产大队从4个小队里各抽出30亩地，建果园，果园面积达120亩。1983年12月，生产队解体，土地分田到户，大队果园也按棵分到户。

豆制品加工是王校庄村传统优势产业。新中国成立前，村里就有倪家、刘家2个豆腐作坊。20世纪70年代，由于政策放宽，豆制品的制作迅速在王校庄村发展起来。20世纪80年代中期，村里有120多户村民从事豆制品加工，豆制品全部销往秦皇岛市区的宾馆、饭店、食堂等单位。另外，豆腐坊的兴旺，还带动了养殖业的发展。村民家家肥猪满圈，年出栏肥猪1000多头，母猪几十头，农户经济收入相当可观。在20世纪70年代末到80年代初，村里就涌现出十几个万元户。2004年，村民王金芝饲养奶牛3头，至

农业技术员和村干部研究农作物改良技术

2015年12月31日，此地的奶牛养殖已发展到200余头，年利润达几十万元。

1985年1月，大队收回1984年分给各户的果树，统一承包给掌握管理技术的13户村民。1992年，村里又筹资金1万元，搞引水上山工程，辅设地下塑料管道3千多米，把东小湖水引到村北最高点，沿途留有出水口，使村北的每块岭地都能得以灌溉。1993年秋，抚宁县委在王校庄村召开了引水上山工程现场会。村民抓住有利时机，掀起大栽果树的高潮，多次请来果树技术人员培训果树技术，栽植的苹果、桃、巴梨、葡萄等均获丰收，村民收入显著增加。1998年，大队果园用投标方式，承包给农户，承包期15年。2001年，村委会将北沟原第二生产队土地取土形成的小型水库承包给村民。

第三生产队孵化场于1962年开始开展人工孵化鸡、鸭、鹅 。从最初的一年几千只，发展到每年孵出鸡雏等二十多万只。由于品种好，成活率高，深受养殖户欢迎。产品除销往秦皇岛市三区四县外，还远销至承德宽城、平泉以及辽宁建昌、绥中、兴城、葫芦岛等地。1970年，村内成立米面加工厂，有各类米面加工机器5台、工人2人。1977年春，村内成立红炉厂，为该村及其周边村庄的牲畜钉掌，打造锄头、镐头等农用具，有工人3人。1982年，村里购买2台55型铁牛牌4轮拖拉机搞运输。1989年，村里成立除锈剂厂。1952年～1963年，临榆县供销合作社在王校庄村设立分社，经营日用品和生产资料。1968年，西张庄供销社在王校庄设立分社，该社于1983年底解体并由个人承包经营。1987年，村里成立农业服务站，服务项目为种子、化肥、农药、地膜、农具等，极大方便了村民。20世纪80年代末，村里有小卖部有4家。到2015年，全村有大型超市3家，小卖部4家，豆制品加工厂2家、熟食半成品加工厂1家、畜牧兽医服务站1个，有乡村兽医1名。1988年，村里成立农村信用站1个。

村民生活及社会保障 新中国成立初期，王校庄村有大小院落33座，总面积7000多平方米，其中，大后街4座、小后街3座，前街道南5座、前街道北21座，全部是以土坯、石头、砖、灰、瓦、木料建制的平房。新中国成立初期至20世纪60年代，村民穿的都是粗布衣裳，吃的根本没有细粮，白薯、玉米面饼子、高粱米饭是主食。1956年，全村只有2辆自行车，出门赶集或去市里办事，全靠步行，村民晚上照明用的是煤油灯，吃的粮食是用驴拉人推的石碾磨成。20世纪70年代末，王校庄村水稻种植成功，大米白面代替了白薯、高粱。1988年，王校庄村新建和翻盖旧房就达4万多平方米，全部为红砖水泥现浇顶平房。彩电代替了黑白电视，摩托车代替了自行车，电话代替了书信。到2012年拆迁时，全村有住房面积7.5万多平方米。人人有手机，家家有电脑。全村实现了移动通信网络全覆盖。

截至2015年12月31日，全村有五保户1户、低保户3户、优抚对象4户、残疾人数18人、移民23人、现役军人1人、在校大学生17人。80岁以上老人20人、90岁以上老人2人。

2006年10月26日，王校庄设立36路公交车站点。2015年8月，38路、 901路、905路等公交车均在王校庄设公交站点。

风物传说 王校庄村西，有一座“三官庙”，建筑为五正房六厢房，始建于清朝前期。日军入侵，庙被拆，所有砖瓦木料拉到烟台山山上修建炮楼。庙内曾有一口大铁钟。该钟高2米、直径1.4米左右、重1000多斤。钟上铸有为修庙和造钟捐款的人名单。每当撞击大钟，钟声浑厚远扬，声传十里，东至海阳镇、西到栖云山都能听到袅袅的钟声。据老人讲，在临榆地区从未见过这么大的钟。1958年大钟被毁。

朱家大院建于清末年间，占地面积2000平方米左右，该院从设计古今结合，古色古香，布局四层正房共20间、厢房8座共28间，门外两尊石狮把门，门前有下马石一座，内部装饰在那个年代非常超前，尤其是二门楼结构别致，正房屋内地面是木地板铺地，厢房屋内地面是青砖铺地，院内全部青石板铺地，窗户为双层，内层窗户以进口蓝色、红色玻璃镶嵌，外层安装有木质雨淋板，即防雨、又保暖，门窗上雕刻有花草仙鹤。最吸引人眼球的是房顶上的风铃烟筒，做工精细，一个烟筒修成一个微型小塔，塔身周围棱角上安有铜铃，凡有风的天气，铃声清脆嘹亮，让人驻足倾听。

由于朱家大院建筑宏伟别致，秦皇岛地区远近闻名。1949～1950年，为临榆县第六区区公所所在地，1949～1968年，为王校庄大队部驻地，1954～1955年，为海阳区卫生院王校庄分院院址，1955～1956年，为“一心社”社址驻地，1968～1970年，曾是西张庄供销社王校庄分社所在地。

名人能人 王泽元，烈士，1925年生。1943年参加革命。在临榆县五区区小队任通信员。1943年，在计新庄战斗中牺牲，年仅18岁。

罗耕文，烈士，1929年生。1948年，参加革命，1950年，加入中国共产党。在海防团侦察排任副排长，1952年，牺牲于昌黎县饮马河。

杨凤山，1932年生。1944年，秦皇岛市同信煤栈的杨凤山，受共产党先进思想的影响，逐步从同情八路军到支持八路军。一次受中共地下党的委托，在秦皇岛一家药房为八路军购买药品时，被特务盯梢，暴露了身份。被捕后，受尽了严刑拷打，最后惨死在日军的屠刀下，时年42岁。

陈岐，中共党员。1946年秋，为共产党地下武装送鸡毛信（加急情报）时，在小白庙村西河边，被国民党兵抓捕。在搜身时，趁国民党兵不注意，迅速将鸡毛信咽到肚子里。这一动作还是被国民党兵发现，后被押送到海阳炮楼。虽受尽各种酷刑，但宁死不承认送情报之事，使秦皇岛北部山区地下武装未受损失。

刘国臣，早期王校庄村地下党成员之一。20多岁投身革命，不畏艰险，不怕牺牲。新中国成立后，曾任昌黎县委书记。

朱复志（化名张敬），脱离家庭走上革命道路，南征北战。新中国成立后，在石油部工作（部级）。

朱孝轩（原名朱复元）。他积极参加革命，新中国成立后，曾任吉林省建设厅厅长，河北省建设厅厅长等职务。

罗金玲，1958年北京地质学院毕业，毕业后在青海省地质局工作，1984年被评为地质勘探高级工程师。

罗景阳，1959年中国人民解放军某航空学院毕业，毕业后在陕西省宝鸡市某保密厂工作。20世纪80年代中期，晋升为高级工程师。

杨惠长，致富能手，成立“秦皇岛市华昆食品有限公司”。1990年，杨惠长在一个不足6平方米的小亭子创业。到2016年，已拥有自己的加工厂、储藏基地，并逐步在秦皇岛市建立了21家连锁店。其产品畅销河北省及秦皇岛周边城市。2015年，杨惠长当选为秦皇岛市政协委员。

王金芝，致富能手，2004年，王金芝从饲养3头奶牛开始，通过艰苦努力，克服多种困难，加上苦心专研，在提高奶产量和繁育仔牛上取得成功。2015年，王金芝饲养的奶牛每天产奶量达到2吨。奶牛头数发展至200多头（大多为仔牛），年纯利润达几十万元。

张寒蕊，聪明果学校创办人。张寒蕊从2005年只有一个班10名学生，经过10年的发展，至2015年有学生600多人，教职员工40多人。学校设3个分校，有20余个班级。

计新庄村
jixinzhuang cun

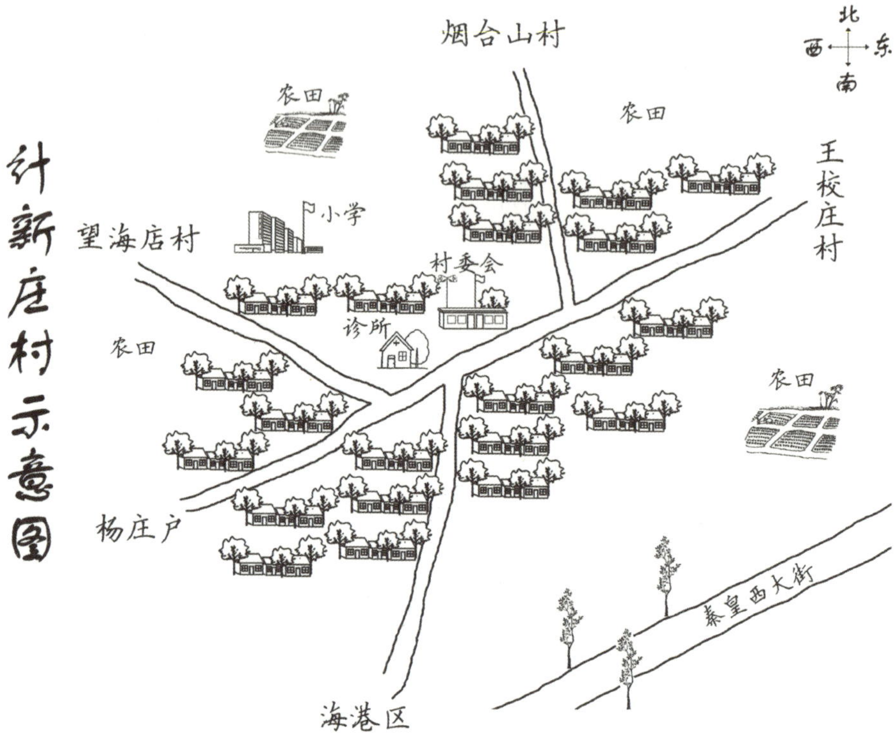

村址 计新庄村位于秦皇岛开发区腾飞路办事处驻地东 4.5 公里处。计新庄村东临王校庄村、杨道庄村，南接公富庄村，西到大乐安寨村、杨庄户村，北至烟台山村。1958 年，计新庄村总面积约 4000 亩。其中，耕地面积 2800 亩。2009 年，全村总面积 3500 亩。其中，耕地面积 2000 亩、民居面积 350 亩。

返迁房

沿革 明景泰年间（公元 1450 ～ 1457 年），杨姓村民迁此建村，因曾有一官人的马寄放于此，得名“寄马庄”，后改为“计新庄”。

1948 年，计新庄村解放，隶属河北省临榆县蔡各庄区计新庄乡。1968 年，计新庄村归海阳公社管辖。1973 年，西张庄革命委员会改为西张庄乡人民政府，归海阳区工作委员会管辖。1974 年，西张庄乡由原来的海阳区工委管辖划分为深河工委。1994 年，海阳镇划归海港区，计新庄村划归海港区管辖。2002 年，计新庄村划归秦皇岛开发区管辖。2010 年，计新庄村划归秦皇岛开发区腾飞路办事处管辖。

人口 · 姓氏 1952 年，计新庄村有村民 100 余户，人口 438 人。2015 年，有村民 390 多户，人口 1100 人。其中，男性 552 人、女性 558 人，

60多岁以上200人、80多岁以上28人。计新庄村有38个门楼，居住百余户人家。村民以杨、李、王、张等姓氏为多数，其次是陈、赵等姓氏。

基础设施　计新庄村内有主路东西南北各1条。1994年，村内道路全部硬化。1977年，计新庄村、王校庄村、烟台山村联合在烟台山村南修建烟台山水库，计新庄村投入69亩地。1979年，水库竣工，引水流入该村耕地，5个生产队将旱田改造成水田，种植水稻。从1979年开始，计新庄村村民吃上大米。20世纪70年代，计新庄村有水库5座，分别是烟台山、老虎沟、水条沟、野猫沟、水泉沟。其中，以老虎沟水库面积最大，占地50亩，蓄水量达10万立方米。1969年，计新庄村首先安装动力电，并办起米面加工厂。1970年，计新庄全村用上电灯。农业用电接通5个生产队的生产用地，土地灌溉用上抽水机。

教育·文体卫　1940年，计新庄小学建立。1950年，设有1～6年级，归蔡各庄区管辖。1976年，唐山大地震之后，学校搬迁到知青点。2002年，计新庄小学划入秦皇岛开发区第四小学。

20世纪60～70年代，村民自发组织秧歌队、小剧团。剧种为京剧和评剧，队员达60多人。剧目为《夺印》《智取威虎山》等。

第四小学

返迁房

1973年，计新庄村有赤脚医生2名。1995年，计新庄建村级诊所1个。

村级机构　李凤舞（1948～1950年）、李益德（1950～1952年）、胡志成（1952～1957年）、倪德忠（1958～1963）、杨会林（1963～1969年）、张瑞山（1969～1975年）、李景春（1975～1994年）、刘国忠（1994～1999年）、胡连正（1999～2006年）、温景泉（2006～），相继担任各时期的村书记之职。

1951年，计新庄村成立“互助组”。1956年，有11户组建“初级社”。1956年9月，西张庄乡组成2个“高级社”。北片以西张庄“联星社”为中心。南片以王校庄“一心社”为中心，包括大小白庙、王校庄、计新庄、杨庄户。1961～1972年，计新庄村划为一元化大队（4个生产小队归1个生产大队领导）。胡志成（1949～1956年）、张瑞山（1956年9月～1962年）、杨秋忠（1962～1965年）、刘国忠（1977～1994年）、刘益明（1994～1998年）、温景泉（1998～2003年）、刘国忠（2003～2006年）、王春生（2006～2012年）、张文秋（2012～），相继担任各时期的村长、生产队大队长、村主任等职务。

村旁的林荫小道

农工副业 计新庄村农业主要种植玉米、谷子、高粱，经济作物以花生为主。注重大田，各生产队经营豆角、黄瓜、茄子、大葱、白薯、萝卜等蔬菜。大队的副业有油坊、米面加工厂、小卖部、豆腐坊。计新庄村有石矿、河滩有河沙，部分村民从事采矿和挖沙作业，运往秦皇岛市各大建筑工地。村里有牲畜屠宰点2个。1987年，计新庄村有供销社的代售点。1987年之后，计新庄村陆续建立个体小卖部、小超市，20世纪90年代初达到11家。

村民生活及社会保障 1962年8月22日（农历七月二十三），计新庄村遭受历史上罕见的“雹灾”，全村房屋及果树损失较为严重。1991年，计新庄村宅基地清理工作开始，并发放宅基地使用证。1973年开始，计新庄村的困难户、五保户生活由生产队解决。烈军属补助实际工分，年终参加收益分配。2005年，计新庄村享受失地农民生活补助费。2011年，秦皇岛开发区为60岁以上老人办理养老保险。2009年9月～2015年9月，计新庄村在原村内东部建新楼。2012年，完成16栋。第二期楼房建筑工程于2015年动工。

dongdianzi cun

东甸子村

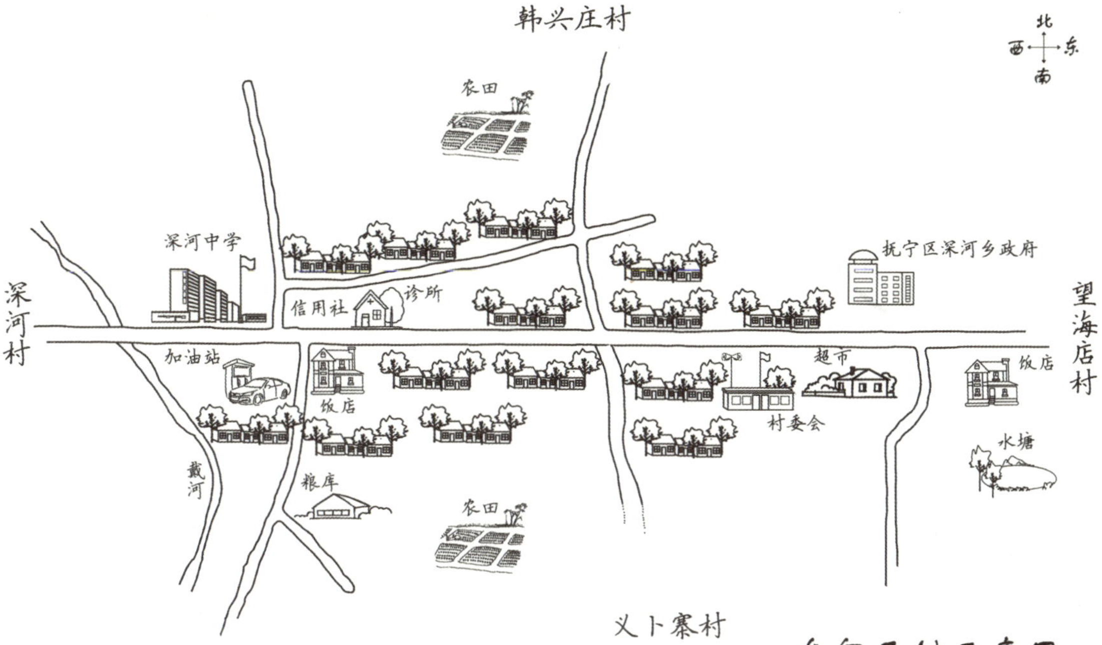

东甸子村示意图

村址　东甸子村位于秦皇岛开发区腾飞路办事处驻地东北 1.2 公里处。该村东临望海店村，南接义卜寨村，西至深河村，北至韩兴庄村。属于丘陵地带，土壤为沙土地。102 国道东西走向，穿村而过。米河（戴河）经村北向南在深河交界处急流而下。全村总面积 2050 亩。其中，耕地面积 1700 亩、民居面积 350 亩。

102 国道东甸子村段

沿革　明洪武年间（公元 1368 ～ 1398 年），一王姓男子从山东逃难到此，在一店铺落脚。因此地位于深河东，又开有一店铺，故取名东店子，后改写成东甸子。

1948 年，东甸子村解放。1949 ～ 1953 年期间，东甸子村归临榆县管辖。1954 ～ 2002 年 10 月，归抚宁县管辖。2002 年 11 月，东甸子村划归秦皇岛开发区管辖。

基础设施　20 世纪 50 年代，102 国道呈东西走向，从村中穿过。国道原为土路几经发展后，变成宽畅的柏油路。多趟公共汽车沿 102 国道途经该村，村民出行非常方便。1958 年，该村与

村委会

深河村在村东南方向合建水库1座，称东甸子水库。

1976年，东甸子村修大口井4眼，修建潜流塘坝1座，修长500米水渠1条，村里耕地灌溉极为方便。

人口·姓氏 新中国成立初期，全村有23户，人口141人。其中，男性65人、女性76人。2016年，全村有人口750人。其中，男性370人、女性380人，0～30岁男性120人、女性110人，31～60岁，男性200人、女性209人，61～90岁，男性48人、女性58人，91～92岁男性2人、女性3人。

村级机构 1949～1959年，建立中共东甸子村党支部，有党员6人。2016年，东甸子村有党员31人。东甸子村党支部第一任党支部书记是蒋左臣。徐宝全（1960～1963年）、陈万寿（1964～1982年）、徐会成（1983～1988年）、王瑞民（1988～1994年）、王瑞富（1994～1998年）、王瑞国（1999～2006年）、王爱波（2006年10月～），相继担任各时期的党支部书记职务。

1951～1958年，东甸子村分别成立互助组、初级社、高级社、人民公社等农村组织。1949～1957年，村长李胜林，1958年，东甸子村成立人民公社，村主任为张立庆。同时成立村大队，大队长为王瑞国。王瑞富（1983～1989年）、刘振祥（1990～2002年）、徐会林（2003～2006年）、单克成（2007～2009年）、王春文（2010～2012年）、李卫东（2013～），分别担任各时期的村长、生产队大队长、村主任之职。

教育·文体卫 1953年，东甸子村建立小学1所。同年，建村级医务诊所1个。1970年，东甸子村建半农半医医务室1间，方便村民看病就医。2012年，东甸子村成立秧歌舞蹈队2个，共有20人。2014年，东甸子村修建文化广场。秦皇岛开发区为村民安装体育健身器材。村民组织的秧歌舞蹈队利用休息时间在文化广场演出。

农工副业 1951～1958年，东甸子村主要种植玉米、高粱、大豆、水稻、花生等农作物。这一时期，风调雨顺，粮食产量年年增产丰收。1968年，村里为提高村民生活水平，组织村民上山开石矿，提高村民的经济收入。1970年，村里建磨米厂1个，有工人3名。1979年，东甸子村建小卖部1间。1994年，村里出现第一家个体超市。2016年，村里有批发超市4个。

村民生活及社会保障 1950～1978年，村民主要靠种地为生，住房简陋，家家户户以点

幼儿园

卫生室

村道

煤油灯照明为主。2002 年，东甸子村划归秦皇岛开发区管辖后，村民生活有了很大变化。年轻人在外打工，每人每月收入平均 2000 元左右。村民吃上大米、白面，做饭基本用上液化气和电磁炉，家庭基本上都添置了电视、冰箱、电脑等家用电器，大多数人都有手机，村民都盖上新房，有的农户购买了家庭轿车。

2010 年，东甸子村村民养老有了保障。男性 60 周岁、女性 55 周岁以上的老人享有社会养老保险金。2016 年，该村 80 ～ 85 岁老人 10 人、90 岁以上老人 5 人，优抚对象 2 人，五保户 1 人。

风物传说　一步两庙，东甸子村有座山叫凤凰山，凤凰山的南坡有庙 2 座，一座叫老爷庙，一座叫娘娘庙，人称“一步两庙”。庙前立有石马，传说有人骑过。

东甸子村南有座罗汉庙，据村中老人口耳相传，为清代建筑。庙前有一对石狮子，院内设立石架子挂大铁钟 1 口。逢农历初一、十五，附近村民到此烧香拜佛，乞求家安子繁。现已不存。

深河中学

村民感谢管委驻村干部为民办实事

huayizhuang cun

华义庄村

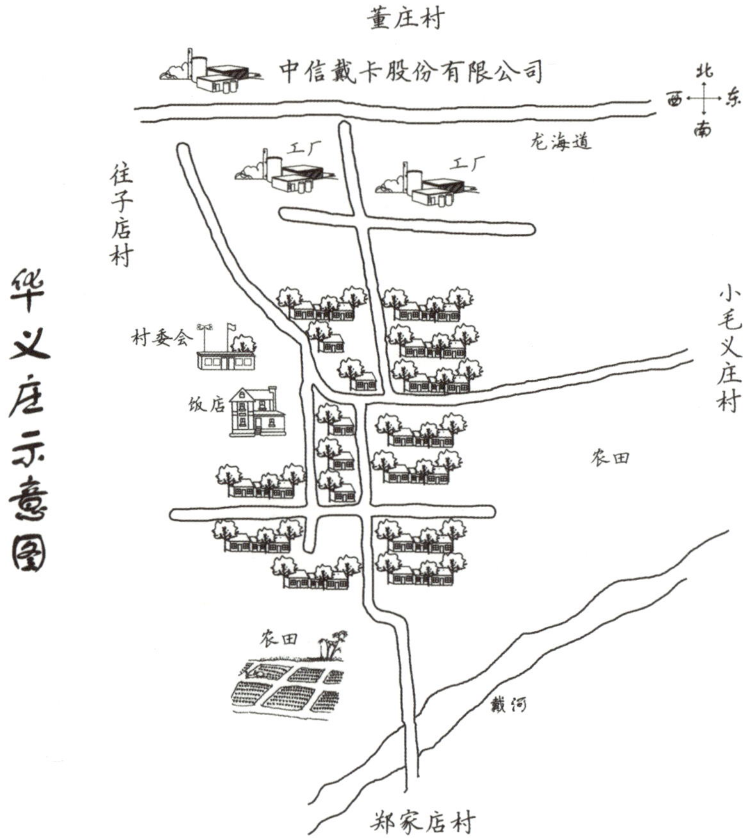

村址　华义庄村位于秦皇岛开发区腾飞路办事处驻地西南 2.7 公里处。该村东临小毛义庄村，南接郑家店村，西到往子店村，北至董庄村。

村委会

2015 年，全村有土地 1700 亩。其中，民居占地 500 多亩、耕地 1100 多亩。全村属丘陵地形。2010 年 11 月，华义庄土地全部被秦皇岛开发区征用。

沿革　明正统年间（1436 ～ 1449 年），杨姓村民由山东迁到此地落户。因地处荷花坑，取名花家庄。1937 年又取象征中华民族正义之意，改名为华义庄。

1946 年，华义庄村归永平府管辖。2009 年之前，归抚宁县深河乡管辖。2009 年 11 月 25 日，华义庄村整体划归秦皇岛开发区管辖。

基础设施　1965 年，华义庄村西修建大口井 1 眼。1966 年，村民用上电灯。1966 年，华

村民老房

义庄村在深河公社最早安装广播大喇叭。1971年，在村北兴修水库，实施引水灌溉农田工程，并埋设通往村西大口井的地下玻璃管道。村内主干道有3条，均为南北走向。2006年，华义庄村修建村村通水泥路。2007年华义庄村在村南修米河漫水桥1座。

人口·姓氏 1998年，华义庄有147户、487人。其中，男240人、女247人。2015年，华义庄村有240户、642人。其中，男311人、女331人。华义庄村民以杨、赵、程、孙、温、王、李、隋、张等姓为主要姓氏。

村级机构 程富贵为华义庄村第一位党员，也是第一任村书记。程林儒（1949～1952年）、赵维清（1952～1958年）、程林儒（1958～1966年）、赵维清（1966～1984年）、赵秋山（1984～1986年）、程代元（1986～1993年）、卜秀芬（1993～2005年）、赵继春（2006～2008年）、卜秀芬（2009～2011年）、程永志（2012～），相继担任各时期的村支部书记。

1946年，华义庄实行土地改革。1955年，华义庄村加入初级社。1956年，华义庄村加入高级社。1958年，华义庄村人民公社成立。赵继先（1949～1967年）、孙少林（1968～1986）、赵继春（1987～1996年）、赵维民（1997～2003年）、赵继生（2003～2005年）、赵维瑞（2006～2008年）、程纪伍（2009～），相继担任各时期的村长、生产队大队长、村主任等职务。

教育·文体卫 1958年，华义庄村建小学校。适龄儿童该村读书，设有一、二年级。2010年，村里设有农家书屋，有2000多册书籍报刊杂志，有文化广场和10余个健身器材。

1969年，村里建村级卫生院，有赤脚医生1名。从此，村民有小病不用出村都能得到医治。1970年，华义庄村有产科医生1名，村里产妇生子不用出村。

农工副业 1971年，华义庄村在村北，兴修水库，实施引水灌溉农田工程。在村南种植水稻70亩，村西种植水稻130亩，共计200亩。1990年，华义庄村签订第一轮土地承包合同。2000年签订第二轮土地承包合同，全村每人平均分得2亩地，90%的土地种植了果树。品种主要有桃、苹果、梨等。

1968年，建硅石矿1座，从业村民20多人。成为村集体收入的主要经济来源。1984年，承包给个人，1987年停办。1992年，村里建机械加工厂，从业人员8人。2000年之后，机械加工厂迁出。1985年，华义庄村有小卖部1个，

村道

主要经营烟酒茶糖油盐等，满足村民日常生活用品。2015 年，华义庄村有超市 4 家。

村民生活及社会保障 1949 ～ 1970 年，华义庄村口粮以玉米、高粱为主。1971 年，兴修水利，改造农田，种植水稻，村民主食以大米、白面为主，其次是玉米、高粱、大豆，花生等。第二轮土地承包之后，村民生活有了明显的提高。基本上达到了吃白的（大米白面）烧黑的（冬季烧煤取暖做饭）点亮的（户户都点上了电灯）听唱的（户户都有收音机，电视机）。

1949 ～ 1976 年，华义庄村村民住房大多以石头土木结构。1976 年，唐山大地震后，在老房旧房成危房的情况下，村民住房开始逐步翻新。住房逐渐向混凝土结构房转变，门窗改成铝合金，20% 的村民还修建 2 ～ 3 层楼房。

1980 年，自行车已成为大多数村民的交通工具，部分年轻人骑上了摩托车。2000 ～ 2015 年，80% 的村民家庭开始拥有了小轿车。彩色电视机、电冰箱、洗衣机等家用电器基本普及。移动网络通信覆盖全村，手机、电脑等，在村民家中逐步普及。

华义庄村村民生活场景

名人能人 赵继先，1956 年，当选秦皇岛市人大代表，曾受到国家主席刘少奇等中央领导人的接见。

yuehezhuang cun

约和庄村

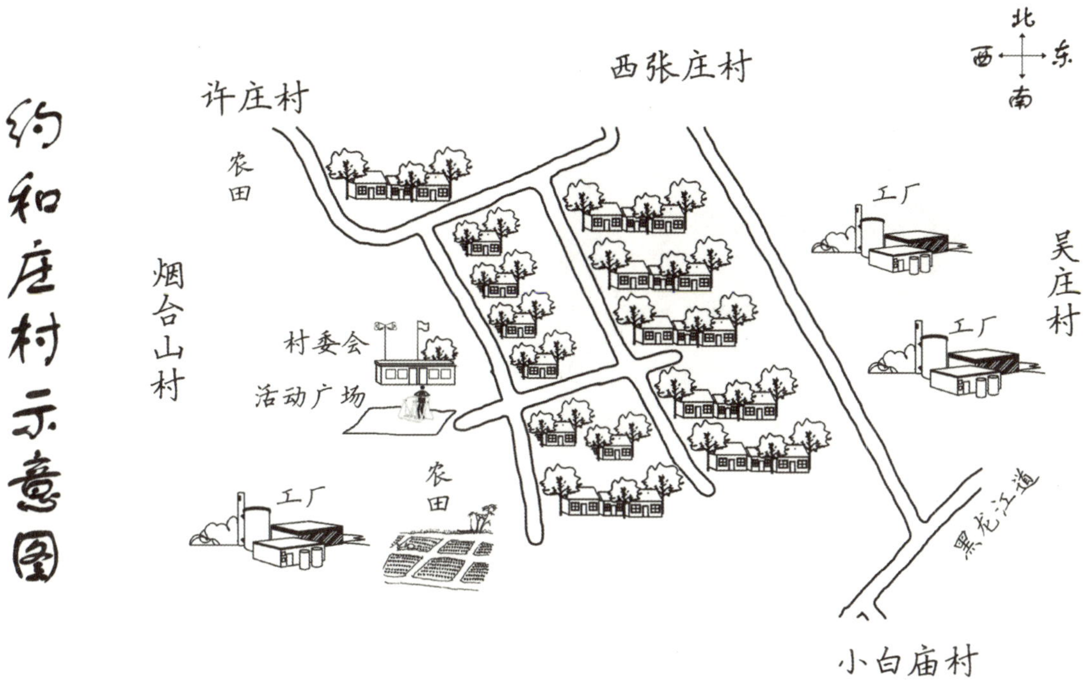

村址 约和庄村位于秦皇岛开发区腾飞路办事处驻地东北5公里处，102国道以南。东临吴庄村，南接小白庙村，西北到许庄村，北至西张庄村。总面积2100亩。其中，耕地面积1054亩。

沿革 明洪武年间（公元1368～1398年），原天津三岔口一名叫王天宠的汉子，带着老婆由天津迁徙到此地，在一块平整的土地上盖了2间草房。王天宠开荒种地，每到饭点，老婆就一声声吆喝王天宠吃饭。几年后，王天宠有了4个儿子，又盖了几间草房。王天宠依然早出晚归，开荒种地。老婆也准时准点地声声吆喝王天宠吃饭。久而久之，吆喝吃饭就成了吆喝庄的来源。

村委会

1949年，吆喝庄发展到98人。新中国成立后，吆喝庄改名叫王约和庄。许庄、烟台山、王约和庄3个村合并为一个大队，归西王岭乡管辖。1954年，王约和庄村合作社成立。1957年，王约和庄归临榆县管辖。1958年，王约和庄改名为约和庄。1974年，约和庄村划归抚宁县深河工委西张庄人民公社管辖。1989年，约和庄村归西张庄乡管辖。2002年，约和庄村划归秦皇岛开发区管辖。2010年，约和庄村划归秦皇岛开发区腾飞路办事处管辖。

基础设施 1967年，约和庄村修4间办公室，成立村革命委员会。1969年，约和庄村安装变压器，村民用上电灯。同年，在村西、村东挖2个大水塘，用于灌溉庄稼。1970年，动员全村深挖防空洞，各户院子里基本上都有防空洞。该村有土路3条，为约和庄内的主要道路。1976年，唐山大地震，约和庄村震感明显，房屋部分破坏严重，各户在街道上搭建简易土窝棚居住。2000年，村里自筹资金安装路灯。1982年，约和庄村南建大秦铁路，有涵洞4个。村里分田到户，每户人均田地2亩。2016年，村民用上自来水。

村道

人口·姓氏 2016年，约和庄村有人口408人。其中，男194人、女214人。村里高龄老人90岁以上有2人、80岁以上村民有8人、60岁以上有87人。全村姓氏主要为王姓，占全村90%，还有田、李、杨、齐、徐等姓。

村级机构 王金和（1950～1964年）、王俊英（1965～1968年）、王景玉（1969～1993年）、王东彬（1994～1995年）、王亚光（1995～1999年）、王洪瑞（代理）（2000～2001年）、王亚明（2002～2005年）、王东彬（2006～2016年），相继担任各时期的党支部书记之职。

2005年，村委会划分了10个村民小组。每小组选10位村民代表，有重大事情共同研究执行。

王惠林（1958～1965年）、王俊英（1965～1968年）、王惠林（1968～1969年）、田文顺（2000～2001年）、王福林（2002～2006年）、杨春贵（2006～2013年）、王卫平（2013～2016年）、王兴武（2016～ ），相继担任各时期的村长、生产队大队长、村主任等职务。

教育·文体卫 村里适龄儿童上学一律到西张庄村上学。村民看病到西张庄卫生院就医。

农工副业 1982年，村里分田到户，生产小队解散，每户人均田地2亩。20世纪50年代，约和庄村农作物以玉米、花生、蔬菜、大豆等为主。1970年，村里建米面加工厂1个。1994年，村里有小卖部1个，可满足村民日常生活用品需要。2000年以前，各户自己养猪1～2头。2005年，年轻人出村务工，老年人种地。2008年，约和庄村土地被秦皇岛开发区征用。

村民生活及社会保障 2002年，全村女55岁、男60岁以上村民，每月都有养老费。2016年，全村领取生活费的村民181人。有特困户3户。

名人能人 王玉，1916年生，参加抗日战争，任县大队区小队队长。1989年去世。

王惠林，1935年出生，1953年参军，参加抗美援朝，任某部通信员，1957年退伍。

xichang cun
西场村

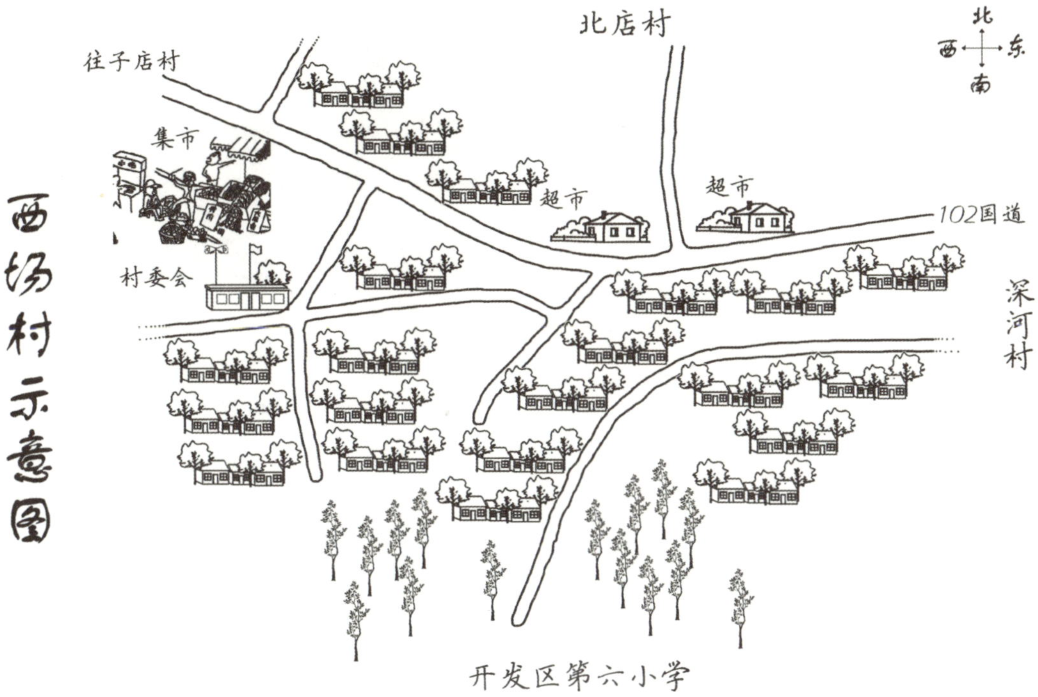

村址 西场村位于秦皇岛开发区腾飞路办事处驻地西北1公里处。地处丘陵，交通非常便利，102国道贯通全村。该村东临深河村，南接开发区集体返迁房和秦皇岛开发区第六小学，西到往子店村，北至北店村。西场村全村总面积1192亩。其中，耕地面积672亩、民居面积118亩。2004年，抚宁玻璃厂征地178亩。2008年，秦皇岛市冶金厂征地30亩。2010年，开发区征地728亩。

村委会干部开会

沿革 明朝洪武年间（1368～1398年），山东杨姓村民迁入此地落户。因地处深河西，又有一块平地（早年农民碾晒粮食的地方），故取名西场。

光绪三年（公元1877年），西场村归属第十八乡深河镇。民国时期（1912～1949年），归属临榆县第二区“深河堡”十八乡深河镇管辖。1958年9月，西场村归属海阳人民公社管辖。1974年12月，西场村归属深河区委管辖。1975年5月，西场村归属深河工委管辖。1984年，西场村归属海阳区管辖。1987年11月，西场村归属抚宁县深河乡管辖。2009年12月15日，划归秦皇岛开发区管辖。

基础设施 1970～1973年，西场村建村大队办公室，并解决全村照明用电难题。

1973～1975 年，西场村大搞农田基本建设，修梯田、建干渠，兴修水利引水上岭。

102 国道从西场村横贯而过。国道以北村民出行走国道。国道以南分为东西干线和南北干线 2 个交通要道。东西干线有 2 条土路。其中，1 条于 2008 年改为水泥路。南北干线有 3 条土路。其中，有 2 条于 2008 年改为水泥路。

人口·姓氏 1949～1967 年，西场村总户数 28 户，总人口 216 人。其中，男性 119 人、女性 97 人，60 岁以上 36 人、17 岁以下 53 人。1970 年之后，陆续在 102 国道旁建居民住房，外来人口增加。2015 年，全村总户数 276 户，总人口 500 人。其中，男性 277 人、女性 223 人。90 岁以上 2 人、80 岁以上 8 人、18～80 岁 366 人、18 岁以下 124 人。80% 村民居住于国道 102 线以南。村内按人口多少顺序排列为杨、陈、赵、龚、刘、张、王、郭、韦、杜、冯、耿。

村级机构 刘庆林、张万永、杨印权、王宝元、赵继成（1998～1999 年）、刘勇（2000～2001 年）、刘成（2002～2005 年）、刘少华（2005～2011 年）、刘少柱（2011～2014 年）、赵继成（2014～），

村道

相继担任各时期的党支部书记之职。

刘少华（　～2003 年）、龚晏飞（2003～2006 年）、张万全（2006～2009 年）、刘少柱

村道

（2009～2015 年）、杨文波（2015～　），相继担任各时期的村长、生产队大队长、村主任等职务。

1996 年，全县实行村务公开制度，村里的一切收支情况、电费、宅基地发放、粮油订购、税务统筹等村民关注的热点，月月上墙，并成立民主理财小组。

教育·文体卫 西场村与深河村紧紧相连，西场村没有单独建立学校。适龄儿童上学到邻村深河村联办学校（原深河小学）就读。

1973 年，西场村建立村级卫生室，有村医 1 人。2013 年春，西场村修建活动中心，增设运动器械、篮球架等健身器材。建图书室和村卫生室。

农工副业 西场村农产作物主要以花生、玉米为主。其中，花生种植占耕地总面积的 40%，玉米占 35%，其他 25%。1974～1975 年，西场村在村头道沟、二道沟、三道沟及村前庄后植树造林 2 万多棵。建杨槐树、柳树、杨树苗圃 3 个。种植桃树、苹果树等果树。其中，桃树、苹果树的种植面积占果树总面积的 70%。

2015 年，西场村有养鸡场 1 户、养猪场 1 户、养羊 2 户。

1989～2001 年，西场村建面粉厂 1 个。

1990～2005年，西场村建加油站1个。1995年，深河集贸市场迁址西场村国道102线以南。1980～2007年，村内有小卖部2个。2008年，开设小卖部1个、五金劳保商店1个。2001年，建修配厂1个。

村民生活及社会保障　1949～2015年，西场村村民先后使用秸秆、柴草、煤、电、液化气等能源取暖做饭。饮用水全部取自家用深水井。1950～2015年，西场村村民居住条件先后经历土坯房、砖木结构房和混凝土墙体、铝合金门窗房改变过程。2011年，全村有线电视、通信、网络覆盖全村。村民吃药治病大都持社会医保卡（新农合）就医，保障了村民的身体健康。2011年，西场村耕地被开发区征用。男60岁以下、女55岁以下的失地农民有了生活费保障。男60周岁以上、女55周岁以上失地农民有了养老保险金。2015年，全村有五保户2人、优抚对象1人。

名人能人　张万永，中共党员。1970年1

民居

月～1976年2月，任西场村党支部书记期间，建村大队办公室，为全村解决照明用电，结束了点煤油灯照明的历史。利用2年时间，带领村民在西场村头道沟、二道沟、三道沟及村前庄后植树造林2万多棵。建杨槐树、柳树、杨树苗圃3个。大搞农田基本建设，修梯田、建干渠，兴修

村道

水利引水上岭，使大部分耕地农作物生长期保持1年2季的生长周期，提高了粮食产量，增加了集体收入和村民收入。全村每年用40%的耕地种花生，产量年年在全公社排在第一位。大搞农业科学试验，建立试验田50亩。其中，“红薯下蛋”最具特色，使红薯产量提高了5倍多。为此，上级多次在西场村召开现场会，要求全县各村向西场村学习。

刘少华，中共党员。2005～20011年，任西场村支部书记期间，带领村民兴建西场村面粉加工厂，低价为村民加工，提高村民种植小麦的积极性，改善村民的伙食，增加村民的经济收入。2008年秋，村书记刘少华和村主任张万全带领村民，把西场村的主要街道修上了水泥马路，大大方便了村民的出行。

xizhangzhuang cun

西张庄村

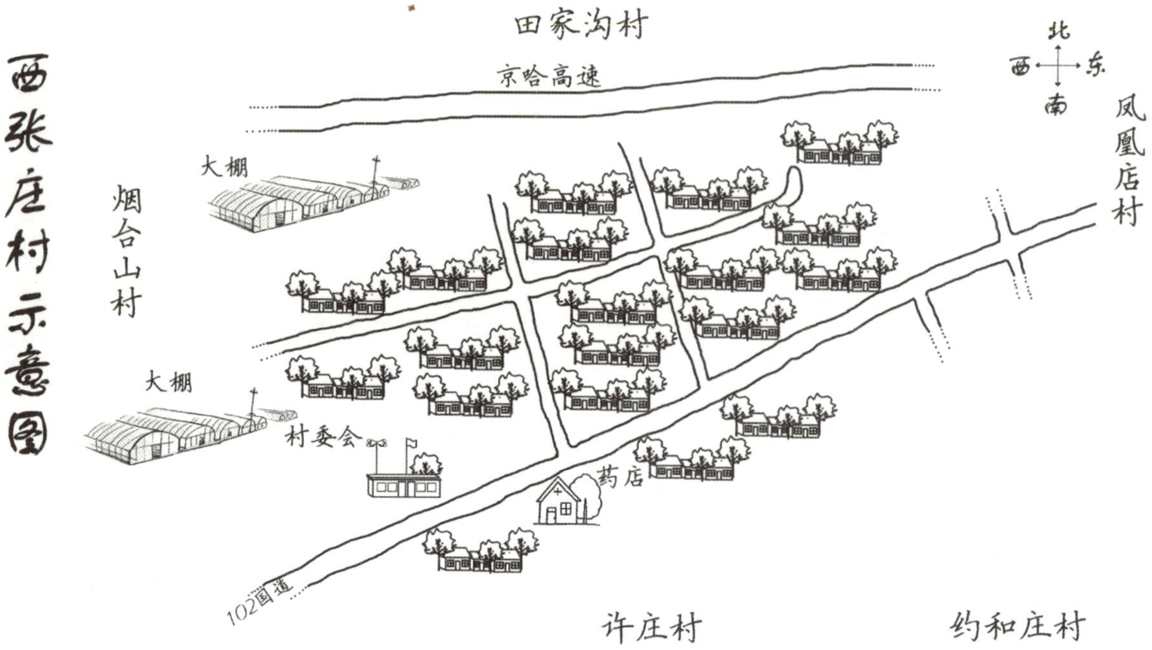

村址 西张庄村位于秦皇岛开发区腾飞路办事处驻地东北 6.3 公里处。该村东临凤凰店村，南接约和庄村、许庄村，西到烟台山村，北至田家沟村。102 国道从村中穿过。西张庄地势为半丘陵，土壤以黑黄沙土为主。全村土地总面积 3080 亩。其中，耕地面积 2500 亩、民居面积 580 亩。

沿革 明永乐年间（公元 1403 ～ 1424 年），张姓三户村民由山东逃荒到此落户。因该地位于海阳西，故取名西张庄。

1947 年，西张庄村解放。1948 年，西张庄村实行土地改革。1949 年，西张庄归临榆县管辖。1958 年，归海阳西张庄公社管辖。1975 年，由海阳划为深河工委管辖。1989 年，撤区并乡，归抚宁县海阳镇管辖。1994 年，划为海港区海阳镇管辖。2002 年，划归秦皇岛开发区管辖。

基础设施 20 世纪 50 年代，102 国道从西张庄村穿过。因有 102 国道作为枢纽，交通十分便利。村内有南北走向的村路 4 条。1993 年，村路全部实现硬化。1970 年，西张庄在村北建水库 1 座。1988 年，修大秦铁路，水库被征用。

人口 · 姓氏 1949 年，西张庄村有总人口 435 人。1977 年，总人口 588 人。1987 年，总人口 881 人；1997 年，总人口 998 人；2007 年，总人口 1035 人。2016 年，总人口达到 1387 人。

村委会

其中，男性680人、女性707人，0～5岁为287人。5～18岁110人。外来暂住人口1200人。西张庄村主要姓氏为张、刘、杨、吴、祝、王、赵、高、周、陈等。

村级机构 1950年，中共西张庄村党支部成立。徐凯任党支部书记。杨更廷（1955～1961年）、王俊奎（1961～1963年）、张付（1963～1964年）、王俊奎（1964～1969年）、杨庆安（1969～1973年）、杨玉才（1973～1974年）、张生（1974～1975年）、高志平（1976～1980年）、刘宝和（1981～1982年）、张义（1983～1990年）、高志平（1990～1996年）、张柱（1996～），相继担任各时期的党支部书记职务。

1958年，西张庄成立人民公社。全村集体吃食堂。1966年，西张庄成立村革委会。1968年，西张庄村革委会更改为西张庄生产大队。1984年，西张庄生产大队改为村民委员会。祝士存（1958～1960年）、杨庆安（1961～1963年）、刘宝章（1963～1965年）、潘国林（1966～1970年）、刘宝忠（1970～1975年）、张生（1976～1980年）、张富（1981～1982年）、高志义（1983～1990年）、张柱（1990～2002年）、温庆明（2002～2004年）、张柱（2005～2006年）、祝广明（2006～2008年）、陈志利（2009～2014年）、祝广明（2015～），相继担任各时期的村长、生产队大队长、村主任等职务。

教育·文体卫 1950～1963年，西张庄村适龄儿童在该村入学。1963年，西张庄、凤凰店、约合庄、许庄、田家沟5个村在西张庄村北建小学1所，取名西张庄小学。1964年，新周庄村适龄儿童也就读于西张庄村小学。1979～1980年，6个村集资在西张庄村东建成新小学。新小学有教师20名、学生280名，设1～5年级各1个班。2012年，学校并校，学生到开发区第三小学就读。2014年，开发区第五小学（原西张庄小学）招收1～2年级学生。

1965年，西张庄村成立卫生所，有医生3人。1970年，卫生所更名为卫生院，有医生8人。1975年，西张庄村建立半农半医医疗点。1985年，西张庄个体诊所刘向柏诊所开业。

卫生所

1961～1963年，西张庄成立秧歌队。在周边各村巡回演出。1964年，“四清”运动时，秧歌队解散。2009年，西张庄在村北修建广场1个。2012年，在广场处安装体育健身器材。

农工副业 1950年，村民主要种植玉米、高粱、大豆、谷子、花生等农作物。合作社、人民公社、农业学大寨期间，按国家计划分配种植，主要种植玉米、高粱、谷子、小麦、大豆、花生等农作物。1978年，中共十一届三中全会以后，

蔬菜大棚

村民有自主权，主要种植玉米、大豆、花生等农作物，部分村民种植大棚蔬菜，豆角、黄瓜、西红柿、生菜等作物。

1973年，西张庄购买磨谷子机、高粱机、磨面机、磨小麦机、磨大米机、粉碎机等机器各1台，建成西张庄磨米厂。1987年，生产队解体，

穿村而过的102国道

磨米厂停业。

1987年，西张庄村成立日用商品代销点1个，柜台售货员2人。1983年，代销点停业。个体小卖部应运而生，2016年，西张庄有个体超市13家。

村民生活及社会保障 新中国成立初期，村民都穿着补丁摞补丁衣服，饮食是吃糠咽菜还填不饱肚子，住房条件非常简陋。外出基本靠步行，自行车奇缺。家用电器更是无从谈起，经济收入微薄。1978年，中共十一届三中全会以后，西张庄村发生了翻天覆地的变化。村民穿着各式各样，吃的是大米、白面，住房宽敞明亮，家家户户电灯照明。西张庄村人均住房达到30平方米以上，人均收入达5000元。出行骑电动自行车或乘坐公交车、出租车代步。生活条件的改善，促进了生命指数的提高。全村90岁的长寿老人4人、男性1人、女性3人。80岁以上老人有30人。其中，男性13人、女性17人。特困户4户、优抚3户，五保户5户。

2000年，秦皇岛市开设通往西张庄村的20路公交车，并在此设公交站点，每10分钟1班。

风物传说 新中国成立初期，全村有庙宇3座。河东大庙（现秦皇岛开发区第五小学位置），位于村东头，102国道北侧。河西小庙，紧邻102国道北侧。河北小庙（2009年改造成广场），位于村中心。1966年，文化大革命时，3座庙宇全部被拆除。

村北有一口古井，名叫小井，井水甘甜。当时全村人都到小井担水吃。后来由于每家每户都在自己院内打井，就很少有人再去小井担水吃。

名人能人 张天恩，生于1902年5月18日。1910年，接受私塾教育。因在家中兄弟2人中，排行老二，被人们称为二先生。二先生不仅有文化，而且为人和善，乐于助人，有仁义之气，在百姓当中有较高的名望。

抗日战争时期，40岁的张天恩向百姓宣传抗日救国的政策，给八路军传递情报，深受八路军司令员李运昌的赞赏。1943年的一天，有一支日本宪兵队住在西张庄村民家中。张天恩得知后，立即将这一情报秘密报告给八路军。在八路军杨庆云队长指挥下，突袭了这支日本宪兵队，缴获长枪82支，短枪4支，击毙50多鬼子，俘虏20多人。

新中国成立后，张天恩被选为临榆县人大代表，榆抚两县合并，他当选抚宁县人大代表，被抚宁县人民政府授予“开明人士”的称号。曾有出版社出版连环画小人书，描述张天恩带领八路军打击日军的故事。

张天恩于1996年7月3日病逝，享年74岁。

田宝华，烈士，1952年生人，1969年参军，为中国人民解放军第38军战士，1972年在河北逐县因公牺牲，

xuzhuang cun

许庄村

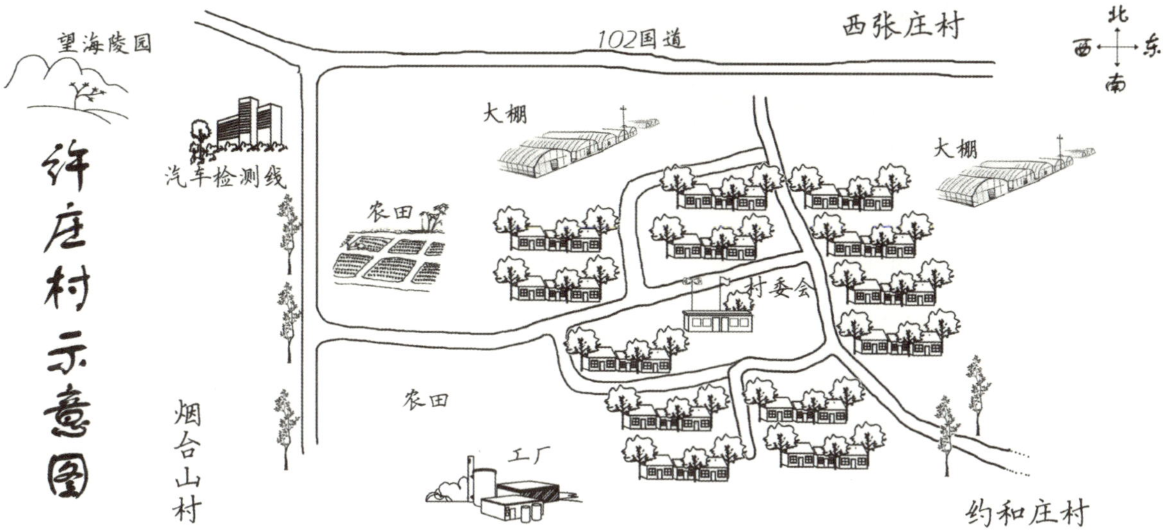

村址　许庄村位于秦皇岛开发区腾飞路办事处驻地东 4.7 公里处，距 102 国道 0.5 公里。东临约和庄村，西南接烟台山村，西北到望海陵园，北至西张庄村。

土地　全村属丘陵地带。2007 年以前，全村有土地面积 1500 多亩。其中，耕地面积 714 亩、民居面积 100 亩。2007 年 12 月，秦皇岛开发区第一次征用许庄村土地 990.38 亩。2009 年 4 月，秦皇岛开发区第二次征用许庄村土地 166 亩。2013 年 12 月，秦皇岛开发区第三次征用许庄村土地 191.18 亩。

村委会

沿革　明朝天启年间（公元 1621 ～ 1627 年），许氏 3 兄弟由山东逃荒至该地落户，许庄村由此得名。

1949 年，许庄村、烟台山村、王约和庄村 3 个村合并为一个大队，归西王岭乡管辖。1978 年，许庄村划归深河工委管辖。1986 年，许庄村划归西张庄乡管辖。1989 年，从西张庄乡划入海阳镇管辖。1995 年，由抚宁县划归海港区管辖。2002 年，划归秦皇岛开发区管辖。

基础设施　1948 ～ 2008 年，村内有东西走向街道 1 条，为砂土路。许庄村有水库 1 座、水塘坝 1 座、大口井及蓄水池 4 眼、环绕村庄小河 1 条。2007 年，秦皇岛开发区征用土地，耕地及

村道

水坝逐渐消失。2009 年，村内街道安装路灯 25 盏。2016 年，秦皇岛开发区为村民接通自来水。村民出行主要到 102 国道乘坐公共交通。

人口·姓氏　2002 年，许庄村有 115 户，总人口 378 人。其中，男性 188 人、女性 190 人。18 ～ 35 岁 103 人。其中，男性 53 人、女性 50 人。2015 年，全村有 210 户，总人口 478 人。其中，男性 232 人、女性 246 人。18 ～ 60 岁 300 人。其中，男性 141 人、女性 159 人。许庄村姓氏以杨姓人口居多，其次为兰、牛、齐、刘、王、廖、张、高、吴、田、李等一些其他姓氏。

村级机构　1948 年，约和庄村、许庄村、烟台山村 3 个自然村联合成立中国共产党联村党支部，由约和庄村的王金和任联村支部书记。1952 ～ 1953 年，许庄村成立互助组。1957 年，许庄成立初级社。1958 年，许庄村成立高级社。同年，许庄村成立大公社（人民公社）。1959 年，许庄村单独成立村党支部。1965 年，许庄成立贫下中农协会。

村内老房

兰瑞芝（1959 ～ 1964 年）、杨义山（1964 ～ 1965 年）、王宝仁（1965 ～ 1966 年）、杨义起（1967 ～ 1978）、牛占岐（1979 ～ 1984 年）、杨兴义（1984 ～ 1986 年）、杨元（1986 ～ 2016 年），相继担任各时期的党支部书记之职。

王宝仁（1956 ～ 1958 年）、杨义昌（1959 ～ 1964 年）、杨义起（1965 ～ 1966 年）、杨义昌（1967 ～ 1989 年）、杨兴杰（1989 ～ 1999 年）、杨元（1999 ～ 2006 年）、刘顺全（2006 ～ 2009 年）、齐云生（2009 ～ 2015 年）、杨利（2015 ～ ），相继担任各时期村长、生产队大队长、村主任等职务。

教育·文体卫　1977 ～ 1982 年，村里有幼儿班。1982 年以后都到西张庄去上学。1968 年，许庄村有赤脚医生，后改名为乡村医生。有乡村级诊所 1 个。

农工副业　许庄村主要以主要种植玉米、大豆、花生等农作物为主。20 世纪 90 年代到秦皇岛开发区征地前，村里主要以种植蔬菜大棚为主，种植其他农作物为辅。

1978 ～ 2002 年，许庄村设农村信用社信贷点，工作人员称为信贷员。1977 年，许庄村成立磨米厂，1986 年撤销。1982 年，村里开设第一家小卖部，到 20 世纪 90 年代相继开设超市 3 家。2016 年，村里共有超市 5 家。

村民生活及社会保障　2000 年以后，许庄村民电视、电话、冰箱、电脑等各种家用电器迅速普及，移动通信网络全村覆盖。失地后的村民，男性村民 60 岁以上、女 55 岁以上，均享受失地农民养老保险。失地村民享受失地农民生活费补助。2016 年，村里有特困户 3 户、优抚人员 1 名。2015 年，村里有长寿老人 1 名，为 101 岁高龄。2015 年，80 岁以上高龄老人 8 名。

风物传说 村里曾有 1 座五道庙。村里如果有人病故，村民便到庙里烧香祭祀，俗称扫庙。此庙于 1966 年拆除。

名人能人 王宝仁，1931 年生，1946 年，参军。1950 年，在湖南军区 12 兵团荣立大功 1 次。1953 年，在海军炮兵预科学校荣立二等功 1 次。1954 年底，复员返乡。后一直在家务农。

民居

xingzhuang cun
邢庄村

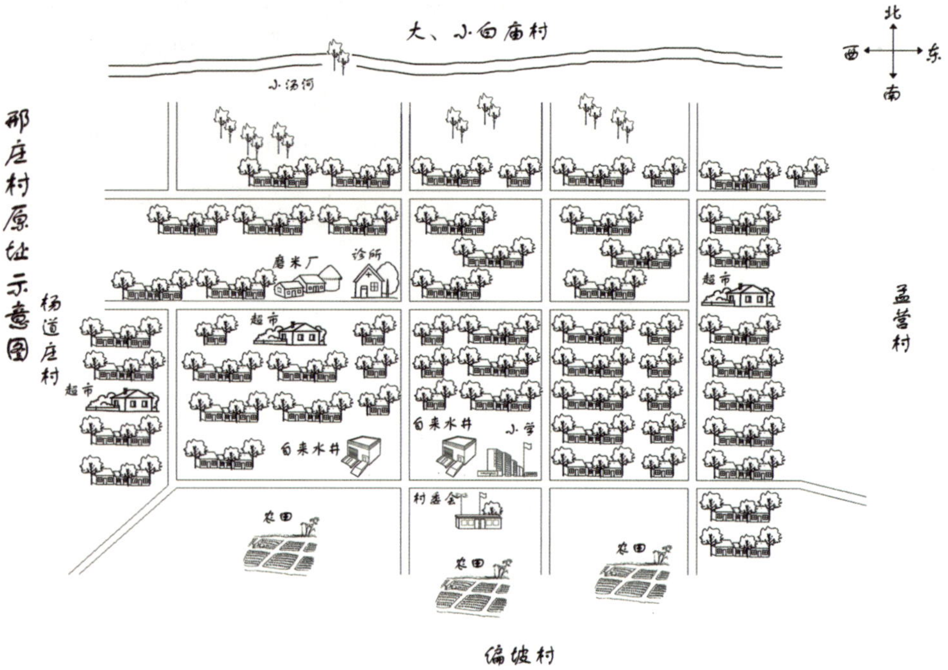

村址 邢庄村位于秦皇岛开发区腾飞路办事处驻地东 6.5 公里处，小汤河南岸。2009 年，邢庄原村址为东临孟营村，南接偏坡村，西到杨道庄村，北隔小汤河与大小白庙相望。2009 年之后，邢庄村东临祁连山路，南接长江道，西到明日星城小区，北隔小汤河与武警秦皇岛支队相望。2005 年，邢庄村拆迁之前，全村总面积 1800 亩。其中，耕地 1400 亩。2005 年，邢庄村土地全部被开发区征用。2006 年，邢庄村整体拆迁。2009 年，邢庄村全体村民统一返迁入住新居——邢庄家园。

村委会

沿革 明永乐年间（公元 1403 ～ 1424），山东移民先后来此定居立庄。因邢氏家族最先落户，而后李、张、汤、郭等家族相继迁入，故以早期立户姓氏定名“邢庄”。

明代，邢庄村属山海卫，清乾隆二年（1737 年）隶属临榆县，属其管辖。1948 年 12 月，建立秦榆市，邢庄村属其管辖。1949 年 2 月，秦榆市改为秦皇岛市，邢庄村属其管辖。1950 年 2 月，秦皇岛市郊区建立，后改称四区、三区、二区、汤河区，邢庄村属汤河区管辖。1958 年 5 月，汤河区并入海港区，邢庄村隶属海港区管辖。

1958年11月，海港区设孟营人民公社，邢庄村归孟营人民公社管辖。1976年，秦皇岛市郊区复建，邢庄村复归秦皇岛市郊区管辖。1978年，孟营人民公社改称白塔岭人民公社，邢庄村归白塔岭人民公社管辖。1983年，邢庄村实现全村土地承包到户。1984年，邢庄生产大队改为邢庄村民委员会。1984年，白塔岭人民公社改称白塔岭乡，邢庄村归其管辖。同年6月，秦皇岛市郊区撤销，邢庄村随白塔岭乡划归海港区管辖。1996年1月，白塔岭乡、归提寨乡合并组建西港镇，邢庄村归其西港镇管辖。2002年10月，邢庄村划归秦皇岛开发区管辖。

基础设施　1975年，邢庄村大搞水利工程建设，把石河水库的水引入邢庄村东、西、南、北的4个水库。20世纪70年代，邢庄村有人工水井5眼，主要满足村民日常生活用水。1987年，村集体开挖3处大口井和深水井，用压力泵通过管道把水送入每家每户，村民告别担水吃的历史。1987年，邢庄全村安装自来水供水设施。1982～2002年，邢庄村先后修建和扩建水库3个、主路桥3座，村内水泥路网达到三纵三横。先后成立养牛场、玻璃纤维厂、砖厂和木器厂。

拆迁前，邢庄村内主路有三纵三横的水泥路。通往村外大型水泥钢筋结构桥梁3座，分别与王校庄、大白庙、小白庙、孟营等村相连接。村内外有深水井17眼、大口井6个、水库3个、拦截水闸1个，为村民提供自来水水源和农业灌溉。自来水泵房有4个，农业生产灌溉井房2个，4000米地下水泥管道与之连接。农业生产灌溉水泥渠及地下输水管道7000米。有变压器5个，连接村内外的主要照明线路。

村集体有房产约3000平方米。2009年返迁后，邢庄家园共有安置房29栋，分为5种户型。返迁房整体采用节能环保的CL新型建筑体系，

邢庄农贸市场

小区配套工程有幼儿园，建筑面积1480平方米。商业楼7000平方米有2座。约2000平方米的农贸市场1个。

2003年，邢庄村有线电视、移动通信、网络全面覆盖。

人口·姓氏　1976年，全村总户数223户，总人口769人。1985年，全村总户数268户，总人口886人。2015年，全村总户数352户，总人口1036人。邢庄村除少数满族人口外，均为汉族。村中姓氏以张、李、汤、郭姓为多。

村级机构　1948年，邢庄村建立中共邢庄村党支部。王友山（1948～1958年）、汤保仲（1958～1960年）、王友山（1960～1964年）、汤保仲（1964～1968）年、郭淑兰（1968～1974

社区医疗卫生服务

年）、郭万海（1974～1976年）、张凤仁（1976～1982年）、张凤岗（1982～1999年）、孙桂娥（1999～2002年）、李彦起（2002～2004年）、阚保平（2005～2009年）、刘岩（由腾飞路街道党委委派刘岩代理村支部书记2010～2014年）、刘占国（2014～2016年）相继担任各时期的村书记之职。

1948年底，邢庄村建立新的政权组织。1956年，邢庄村成立初级社。1958年，成立人民公社。邢庄村、偏坡村、杨道庄村联村组建生产大队。1960年，联村生产大队撤销。1978年，孟营人民公社改称白塔岭人民公社。1984年，邢庄生产大队改为邢庄村民委员会。汤春月（1948～1958）、王友山（1958～1960年）、汤春月（1958～1964年）、郭淑兰（1964～1967年）、汤春月（1967～1981年），李植林（1981～1982年），李植坤（1982～1987年）、刘占东（1989～1997年）、李剑（1997～2002年）、郭万河（2003～2004年）。2005年～2009年，村委会主任一职空缺。刘彩杰（2010～2016年）、李 剑（2016～ ），相继担任村长、生产队大队长、村主任之职。

村民新居

教育·文体卫 1958年，邢庄村建立邢庄小学，设一、二年级，邢庄村和邻村杨道庄村的适龄儿童在此就读，小学三年级至五年级的学生到孟营小学就读。1970年后，村里几次重建校舍，学校具备设立1～5年级的教学条件。邢庄村和杨道庄、偏坡村的孩子在邢庄小学就读。1976年，邢庄村投入资金新建邢庄小学校舍。拆迁前，邢庄村学校有2层教学楼1幢，面积550平方米，另有平房校舍300平方米。2009年，返迁后邢庄村适龄儿童到开发区第三小学就读。返迁后的村民业余文体生活丰富多彩，村内设有文体活动室2个，村民业余时间可以打乒乓球、玩扑克牌以及唱歌、跳舞。村民成立邢庄“春之声”文艺队，自编自导多场文艺晚会，队员有40多人。

2013年9月，邢庄家园金声双语幼儿园的孩子们

1973年，邢庄村开设卫生所1个，建立合作医疗制度，并在公社卫生院的支持下相继培养

邢庄家园迎春联欢会

农村赤脚医生为村民提供医疗服务。2015 年，村里设有卫生室 1 个，定时定期为村民进行健康检查。

农工副业　20 世纪 50 年代，邢庄村村民种植的农作物以玉米、高粱、大豆为主。20 世纪 60 年代，增加种植小麦作物。1975 年，石河水库西灌渠通水后，将村北 22 公顷的平原耕地改种水稻。1975 年开始，全村在丘陵地发展种植果树面积 360 亩，主要种植的果树为苹果树。20 世纪 70 年代至 2005 年，全村植树 16 万株。集体经济时期，全村 4 个生产队都设饲养处，饲养的牲畜全部用于村集体的生产和市内运输。1983 年，全村土地、林木、牲畜全部分包到户。2005 年，全村土地被秦皇岛开发区征用。

1975 ～ 1995 年，邢庄村先后建有米面加工厂 1 个、缝纫社 1 个、黏土砖厂 1 个、养牛场 1 个、玻璃纤维厂 1 个、木器厂 1 个，合作医疗卫生室 1 个。

村民生活及社会保障　1975 年，邢庄村成立缝纫社，为秦皇岛市百货站加工一些简单的缝纫商品。2004 年，村民人均纯收入 4800 元。2010 年，村民人均纯收入 5876 元。村民住宅以平房为主，多为砖混结构，一部分保留砖木结构。以户为单位，户与户之间有院墙相隔。按宅基地批准面积每户多为 3 间房，坐北朝南。2009 年 8 月，邢庄新居建成，邢庄村民统一喜迁新居。邢庄新村内设村民活动室、办公室、卫生室。每年 3 节（春节、端午节、中秋节），村民都会收到村委会发放的福利。村民女 55 周岁、男 60 周岁后按月领取生活费，村民全部持有社保卡，解决了村民看病就医的难题。小区有幼儿园 1 个，商业楼 2 栋，便民农贸市场 1 个，村卫生室 1 个。75 岁以上老人每天可以在村里免费就餐。

秦皇岛市内公交车 17 路、27 路、902 路从邢庄村通过，村民出行交通便利。

名人能人　岳振刚，烈士，1922 年生人，临榆县大队干部。1947 年，在解放战争中牺牲。

杨宝森，烈士，1922 年生人。新中国成立前，从事临榆县中共地下工作，1946 年在邢庄村被国民党特务跟踪，抓捕后牺牲，年仅 24 岁。

张凤权，师级干部。1962 年参军，工程兵。参加过援越战争。

李同春，参加过解放战争，曾荣获多次军功章。复员后于 1986 年去世。

徐学恕，清道光年间进士、大学士。村东徐氏祖坟立碑记述功勋，“文化大革命”时期损毁。

2009 年，邢庄村民喜迁新居乐开花

2009 年，邢庄村民正在办理入住手续

yangzhuanghu cun

杨庄户村

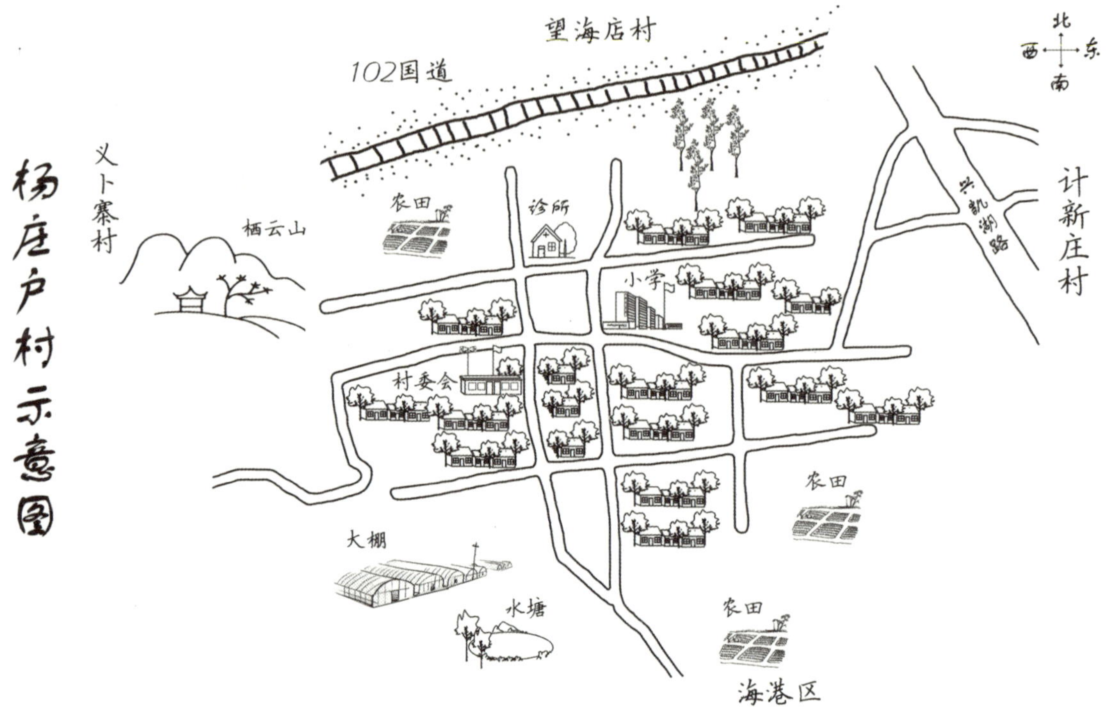

村址 杨庄户村位于秦皇岛开发区腾飞路办事处驻地东 2.8 公里处（拆迁后位于办事处东 3.5 公里天成佳境小区）。杨庄户村东临计新庄，南接海港区大乐安寨，西到栖云山和义卜寨，北至望海店村。该村有 3 条小河在村西汇合，向南流出。2009 年，全村整体拆迁。2014 年 7 月，杨庄户村动员拆迁户置换“天成佳境”高层住宅，2016 年 6 月，200 多户村民搬进“天成佳境”高层住宅小区。

土地 全村土地总面积 3749.05 亩。其中，耕地面积 2436.4 亩，其余是荒沟荒坎，山场林地。1982 年，京秦铁路项目开工，杨庄户村部分土地被征用。2002 年 10 月，杨庄户村划归秦皇岛开发区管辖。2003 年 5 月，秦皇岛开发区开始征用杨庄户村东、铁路以北的土地。2003 年 11 月，杨庄户村发放第一次土地补偿款。2004 年，发放第二次土地补偿款。2004 年，杨庄户村被征地的村民享受秦皇岛开发区发放的生活补助费。2006 年，秦皇岛开发区征用杨庄户村南、村西的土地。2009 年 4 月，津秦客专铁路经过杨庄户村，有 20 户村民的房屋拆迁。同年 11 月，全村整体拆迁。

沿革 杨庄户村建于明朝永乐二年（公元 1404 年）。杨姓兄弟 2 人由河南汝宁府确山县

村委会

迁徙到此搭建窝铺居住，故此庄早期得名杨家窝铺。明万历四十三年（公元 1615 年），因人口增多改名为杨家庄户。民国年间又简称杨庄户。

1948 年，杨庄户村归临榆县蔡各庄区管辖。1953 年，杨庄户村划归抚宁县管辖。1958 年，秦抚合并，同年 11 月，抚宁县建制撤销，洋河以东地区并入秦皇岛市，12 月建汤河人民公社，杨庄户村归汤河人民公社管辖。1961 年，秦抚分家，杨庄户村归西张庄人民公社管辖。1986 年，撤销西张庄人民公社，改为西张庄乡。1987 年，撤乡并镇，杨庄户村归海阳镇管辖。1996 年，海阳镇划归海港区管辖。2002 年 10 月，杨庄户村划归秦皇岛开发区管辖。

人口·姓氏 1966 年秋，杨庄户村接收安置洋河水库移民 67 人。1996 年，杨庄户村接受桃林口水库安置移民 20 人。1999 年 10 月 1 日，有人口 798 人。2003 年 6 月，有人口 811 人。2015 年 12 月，杨庄户村有人口 970 人。其中，男性 448 人、女性 522 人，60 岁以上老人男性 87 人、女性 86 人，18 ~ 59 岁男性 259 人、女性 338 人，16 ~ 17 岁男性 4 人、女性 9 人，0 ~ 15 岁男性 97 人、女性 89 人。

杨庄户村以杨姓为主，在新中国成立前落户杨庄户。李、王、刘姓村民主要为洋河水库、桃林口水库迁移的移民，其他姓氏为招婿落户。村祖系杨满都、杨代都。

村道改造

基础设施 1967 年，杨庄户村在北街打下 14 米深的水井 1 眼。1968 年秋，杨庄户村修建张木沟水库。1970 年秋，修建西沟水库。1973 年秋，杨庄户村开展“农业学大寨”修梯田运动。1975 年秋，修建北沟水库。1977 年，建造死胡头沟塘坝，与北沟水库为配套工程。西沟水库因修建京秦铁路毁于 1982 年。其余水库塘坝于秦皇岛开发区征地后消失，2015 年仅存菜园子塘坝。

原址水库景色

1990 年，修东岭路。1998 年，铁路部门在杨庄户北部修建跨铁路的杨庄户大桥。2001 年，曾经修筑的东岭路东沟石砌大桥，于秦皇岛开发区征地后拆除。秦皇西大街道路从杨庄户村前向西延伸。

村级机构 1948 年，杨庄户村民在党的领导下，发展了一批新党员，建立村党支部。杨永丰（1948 ~ 1955 年）、杨吉瑞（1955 ~ 1958 年）、杨吉武（1958 ~ 1965 年）、杨全林（1965 ~ 1968 年）、杨如山（1968 ~ 1977 年）、杨全林（1977 ~ 1983 年）、杨 安（1983 ~ 1987 年）、杨庆波（1987 ~ 1998 年）、杨绍华（1998 ~ 2005 年）、杨润顺（2006 ~ 2012 年）、刘新（2012 ~），

相继担任各时期的村党支部书记之职。

1953年，杨庄户村成立互助组。1955年，杨庄户村成立初级社。1956年9月，西张庄乡组成2个“高级社”。北片以西张庄“联星社”为中心。南片以王校庄“一心社”为中心，包括大小白庙、王校庄、计新庄、杨庄户。1986年，撤销西张庄人民公社，公社成建制改为西张庄乡。杨庄户生产大队改为村民委员会。

在不同的历史时期，担任村长、生产队大队长、村主任的有杨吉生（1948～1955年）、杨吉瑞（1956～1965年）、杨茂山（1965～1967年）、杨如山（1967～1977年）、杨庆波（1977～1987年）、杨润富（1987～1999年）、杨绍佑（1999～2001年）、杨绍华（2001～2003年）、李桂奇（2003～2006年）、刘新（2006～2009年）。2009年，杨庄户村因拆迁等各种原因未能选出村委会主任。2012年，村委会选举，因村民搬迁居住分散，选举未能如期进行。2014年7月，动员村民置换“天成佳境”高层住宅，至2015年9月30日，仅完成置换工作，村委会换届选举工作延误。

教育·文体卫 新中国成立前，杨庄户村适龄儿童上学到邻村大乐安寨小学就读。1965年，杨庄户村建小学教室5间，设1～4年级，5～6年级到计新庄上学。1984年，杨庄户村重新翻建小学。杨庄户村1～6年级学生全部在该村就读。1999年，根据上级教改方案，4年级以上的学生到计新庄上学。由于学生数量减少，2003年，杨庄户学生从1年级起都到计新庄小学上学。

1968年以前，村民有病需到计新庄卫生院请医生。1968年，杨庄户村有了赤脚医生。1973年，有卫生室1个，实行合作医疗，“大病到医院，小病不出村”。村民参加了合作医疗，基本的卫生治疗提供了保障。

杨庄户村在新中国成立初期。成立小剧团，由共青团员带头捐款集资，购买道具，主要演传统评剧。杨庄户村的小剧团在三里五村小有名气。村整体拆迁后，大部分村民搬进楼房。到2010年，村民中就有10余人加入计新庄的广场舞队排练演出。2014年，杨庄户村自行成立广场舞队伍。

农工副业 杨庄户村属于丘陵地带，土地以沙土地居多，其余为黄土地。1949～1959年，杨庄户村主要种植花生、高粱、玉米、谷子、大豆及杂粮等农作物。树木以松树为主。1960年，种植玉米、高粱、花生、谷子、大豆、旱稻等农作物。学大寨期间种植白薯、玉米、高粱、小麦、花生、谷子、大豆等。1962年，杨庄户村部分土地下放到户。同年，杨庄户村遭受严重“雹灾”。中共十一届三中全会后，增加水稻种植品种。

1999～2001年，杨庄户村有3户村民种植西瓜。后因西瓜地不能重茬种植，又没有适合的土地，便放弃了西瓜的种植。

1958年以前，养殖业以养猪、养鸡为主。1958年，村集体建养猪场和羊场，为集体饲养。1961年，大食堂解散后又回到了以前的养殖模式。“四清”运动后，以生产队为单位建养猪场1个，集体饲养。1995年，村里有4户村民联合建牛场1个，养殖奶牛。1996年，有村民建鹿场和猪场。1997年，有3户村民联合办肉鸡养殖场。2003年之后，养牛、养鹿、养猪等的养殖户不再从事饲养业。村民饲养羊一直维持到2008年。

1968年，杨庄户村集体在栖云山建采石厂。1969～1970年，杨庄户村取消生产队编制，实行“一元化”领导，并建17间平房，用于办公、仓库、磨米厂。1981年，杨庄户村建平房9间，为大队办公用房。1982年，杨庄户村第二生产队购得一辆旧解放牌汽车。第一、第三生产队同时购买55匹马力的拖拉机。1983年，一辆55匹马力的拖拉机均收归生产大队，属于全村共有财产。1994年，杨庄户村购得全公社唯一一台小型拖拉机。1999年，拖拉机卖出。

1973年，杨庄户村大队开办粉房、油房。因不景气，开办不久全部关停。1992年，杨庄户村相继建砖厂、石厂，集体经营到1999年。2000年改为个体承包。2007年，村集体用石粉垫村内道路，并安装下水管道300米，修水泥路700余延长米。

新中国成立前，杨庄户村有小卖铺2家，经营生活必需品。新中国成立后，剩1家。1958年，村集体自办小卖部，1961年撤销，村民生活用品到邻村购买。1965年，又建小卖部，承担着按人按户凭票凭本购买生活必需品的商品流通职能。1983年，村生产队解体后，小卖部撤销。1984年，村民建个体小卖部。到2009年，杨庄户村小卖部发展到3家、小型超市2家。到拆迁前，村已有饭店1个、小吃部2个。

村民生活及社会保障 1949～1966年，杨庄户村村民衣服面料以棉布为主，颜色有黑有蓝。女人鲜有穿小花的。“文化大革命”期间，主要有国防绿、灰黑、蓝色。“文化大革命”后期，除棉布之外，村民有的穿着的确良、涤卡、条绒等面料的衣服。中共十一届三中全会后，人民生活水平提高。衣着面料多样，各种款式皮衣、西装、夹克层出不穷。女人穿着打扮引领时尚，漂亮裙子颜色及款样应有尽有。

新中国成立初期，杨庄户村民口粮主要以高粱米、玉米面、小米、白薯为主。3年自然灾害困难时期，吃糊糊按人均分配，用野菜、树皮、花生皮补充。“文化大革命”期间，主食为白薯、白薯面、玉米面、高粱米、谷子。1978年，杨庄户村种植水稻，村民生活得到很大改善。大米、白面、谷子为主要口粮，玉米面、高粱米却成了稀缺食粮。

1966年以前，杨庄户村房屋结构为清朝、民国时期的土木结构。中共十一届三中全会后，村里的新房逐年增多，以砖、木料结构的住宅居多。1990年，村里的民宅均是砖木结构。2000年以后，新建民宅全是砖混结构。2002年，划归秦皇岛开发区管辖后，村民自建二层小楼的居多。

1948年之前，村民出行大多数都是靠步行，只有少数坐畜力车或骑驴。1958年，村里有人买自行车，成为稀罕事物。至1966年，杨庄户村有了10余辆自行车。1978年后，大多数村民买了自行车。1990年，有村民买面包车营运，后来开上出租车。2003年，多户村民购买出租车营运，买货车搞运输。2015年，全村有家用轿车100多辆、货车7辆。

1983年，杨庄户大队利用1982年铁路占地补偿款，为村民购买电视机。1990年以后，黑白电视机逐步变成彩电。2004年，村里开通有线电视线路，电视频道增加，各类节目增多。2006年，村里有50多户开通宽带网络。

生活水平的提高，村民的健康状况也发生了变化。村里有活到90多岁老人有7人。最高

村民返迁入住的天成佳境小区

年龄为 97 岁。2015 年，90 岁以上的村民 2 人、80 ～ 89 岁的村民 15 人、60 岁以上的村民 173 人（包括 80 岁以上的老人），“人活 70 古来稀”成为历史。

2007 年，杨庄户村在第二轮土地承包分到土地的村民全部享受秦皇岛开发区发放的生活补贴。2008 年，秦皇岛开发区征地后，男 45 ～ 60 岁、女 40 ～ 55 岁的失地村民，秦皇岛开发区为其补缴养老保险。失地村民享受每人每月 120 元的生活补贴。男 60 岁、女 55 岁有退休金。在医疗保险上享受新农合政策。

2015 年，杨庄户村有特困户 2 户 3 人、优抚人员 4 人（包括 2 名烈士子女）、五保户 2 人。2003 ～ 2006 年开发区征用全村土地，村民从此告别了面朝黄土背朝天的劳作历史。

2014 年 7 月，杨庄户村动员拆迁户置换“天成佳境”高层住宅。2015 年 9 月 30 日，村民置换协议签字完毕。2016 年 5 月 15 日开始抓房号，5 月 22 日发钥匙。6 月，200 多户村民搬进天成佳境高层住宅小区。

2006 年之后，秦皇西大街陆续开通 36 路、38 路、901、905 等公交线路。

风物传说 杨家祖坟，位于村西北约 500 米处，坟场占地百亩，祖墓居中，硕大坟堆前建有高大石雕墓碑，碑面刻满碑文。由于年代久远，风雨侵蚀碑文字迹不清晰。石碑前有 4 面大石桌，用于摆放祭品。石桌南约 30 米建有 4 柱 3 孔之石雕牌坊，俗称石门。此牌坊上有双梁连接，石柱下有双狮护住，石门上方雕有石猴，恰似在此蹲守护宅。整个石门雄伟壮观气势磅礴，坟场长满参天青松，尤其坟场中南部靠叶草沟两侧高大挺拔参天松树遮天蔽日，叶草沟泉水春夏秋冬常年流泄。各种鸟类如山鹰、挂鸽、长尾巴莲等等鸣叫不停。每逢清明时节方圆数十里，如抚宁的归提寨、海港区的西盐务等杨氏家族均携带祭品来祖坟祭拜。祖坟内有数十座石碑。其中，有四龙透空碑，墓内所葬主人身份不低，无法确认其身份和官职，可见杨氏家族在有周边村落有较强的影响力。20 世纪 60 年代初，由于“乱砍乱伐之风”盛行，杨家祖坟遭到破坏。

栖云山，位于村西约 600 米处。新中国成立前，山的东面和南面由当时的“四会”（杨庄户村、大乐安寨、小乐安寨、杨户屯）管辖。山的北面和西面由义卜寨村和孤家子村管辖。1945 ～ 1947 年，国民党军队在山顶上建炮楼，逼迫周围村民轮换送水送饭长达 3 年之久。1947 年，炮楼被人民解放军炮火摧毁，这股国民党军队被消灭。20 世纪 50 年代，抚宁县政府在此山的老洼地段建农场。栖云山有多处泉眼，水质甘甜，虽然水量不大，但终年喷涌，可供路人随时饮用。山的南侧山腰有一个狼洞，曾有野狼出没。山的中部有横贯南北的一条马道，虽然崎岖不平但尚可供路人和轻载车辆通行，行进间既有树荫的掩映又能欣赏山下乃至海面的美景。此山曾是松林密布，且松林覆盖大部山体。山腰间曾建有庙宇一座，其内供奉泥塑佛像，曾有僧人常驻。据说当时香火不断。解放初期，只剩残垣断壁，现存石碾和水井。

名人能人 杨庄户村有杨吉文、杨吉安 2 位烈士。两人都在 1945 年参加八路军，都在抚宁县人武部工作。杨吉文担任职务不详，杨吉安在人武部担任参谋。1946 年，由于叛徒出卖，杨吉文、杨吉安被捕。在押解途中，惨遭国民党特务杀害。杨吉文遇害时没有后代，妻子后来改嫁。杨吉安牺牲后，其妻育有一子。国民党特务欲要斩草除根，家人谎称是丫头，乳名叫大丫，特务这才收手。因此，保住了烈士的后代。

yantaishan cun
烟台山村

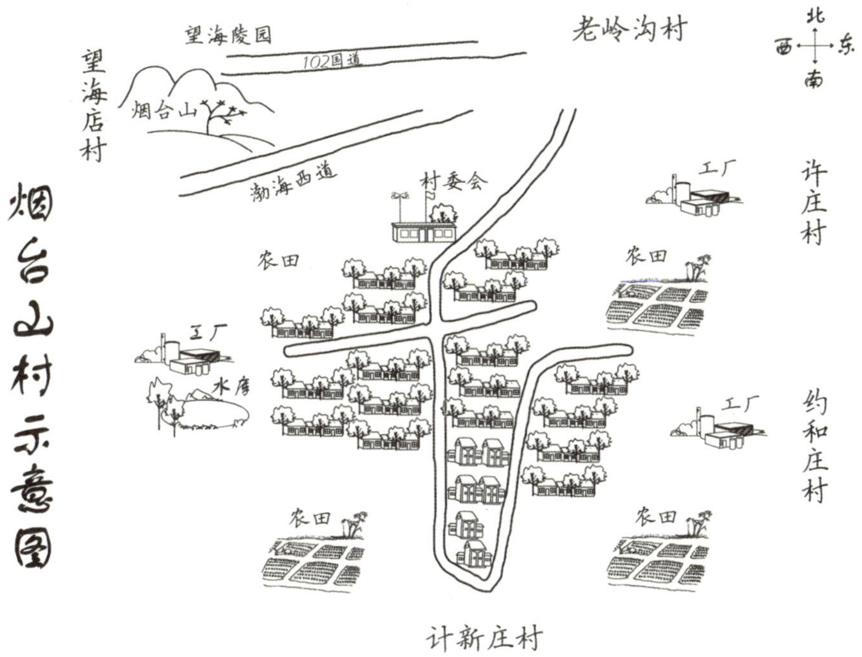

村址 烟台山村位于秦皇岛开发区腾飞路办事处驻地东北 3.9 公里处。烟台山村东临约和庄村、许庄村，南接计新庄村，西到望海店村，北至望海陵园。全村土地面积 1650 亩。烟台山南侧、西侧有部分山地归烟台山村。烟台山村地势北高南低，由西向南方向的河流 1 条。

沿革 明洪武年间（公元 1368～1398 年），山东省济南府草帽子胡同杨乃都、杨带都兄弟 2 人一路来到该地。在此繁衍生息，因在烟台山前建庄，村庄故而得名烟台山村。

村民活动中心

1949 年，许庄村、烟台山村、王约和庄村 3 个村合并为一个大队，归西王岭乡管辖。1951 年，烟台山村归西王岭大公社管辖。1958 年，烟台山村归西张庄公社管辖。1978 年，烟台山村归深河工委管辖。1984 年，烟台山村归西张庄乡管辖。1987 年，烟台山村归海阳镇管辖。2002 年，烟台山村归秦皇岛开发区管辖。2010 年，归秦皇岛开发区腾飞路办事处管辖。

基础设施 1978 年，村民全部用上电灯，结束之前家家点煤油灯照明的历史。1983 年，安装自来水管，解决村民的吃水难题。1992 年，修通至许庄的土路 1 条，路上修筑小桥 2 座，一座为菜沟桥，另一座为石沟桥。1991 年，村民

远眺烟台山

在村南修建河坎1个，名为南河坑。1995年，修建从村北通往望海陵园的土路1条。1995年，烟台山村更换变压器，解决村民照明电流不稳定的难题。1996年，修建小桥1座。2002年，村里每家每户门前都修水泥马路。2007年，烟台山村在村南通往计新庄的路上修建小桥1座。2009年，村里建2栋2层楼房，一栋为村委会办公楼，一栋为村民活动中心。

人口·姓氏 2011年，烟台山村总人口共302人。其中，男151人、女151人。2012年，总人口309人。其中，男154人、女155人。2013年，总人口311人。其中，男158人、女160人。2015年，有127户，总人口316人。其中，男158人、女158人。主要姓氏为杨姓。

村级机构 杨海（1950～1978年）、杨柱（1978～1981年）、杨海（1982～1983年）、杨柱（1984～1994年）、杨全（1995～2005年）、杨国利（2006～2010年）、杨国冬（2012～2016年）相继担任各时期的村书记之职。

杨庆瑞（1950～1978年）、杨国兴（1978～2002年）、杨国栋（2003～2005年）、赵平安（2006～2010年）、杨国栋（2015～2016年），分别担任各时期的村长、生产队大队长、村主任等职务。

教育·文体卫 1974～1976年，烟台山村里成立烟台山小学。有教室2间，设1～4年级。1976年，并入计新庄学校。2009～2016年，在烟台山村村民文体活动中心前面安装了棋牌桌和背肌训练器、单立柱比例训练器、太极柔推器、跷跷板、3人漫步机、健骑机、柔韧训练器、伸展器、肩关节康复器、单杠等健身器材。2009年，在村委会办公楼前面安装了仰卧起坐板、双人漫步机、扭腰器等健身器材，在办公楼东侧安装篮球架1个。

20世纪70年代，烟台山村有村级卫生所1个，“赤脚医生”3名。

农工副业 1996～1998年，村民杨国祯每年养猪30～40头。1973～1976年，烟台山村里有村民开办小卖部。1986～2012年，村民开办小卖部5间。2006～2016年，有村民经营超市1家，取名新娟超市。2009～2016年，有村民开超市1家，取名山前超市。这些小卖部、超市主要经营烟酒茶糖、日用百货等村民生活必需品。2009～2013年，有村民开小吃部，取名众和小吃。2015年，有村民租赁村委会后院加工铝合金塑钢门窗，加工厂名为莱润门窗。

村民生活及社会保障 1983年，烟台山村土地承包之前，村民衣着朴素，大多数人家吃粗粮，油水少，一年到头也吃不上几顿肉。出行一般是自行车。有电视、电冰箱的家庭很少。2002年，烟台山村划归秦皇岛开发区管辖后，失地的村民养老有了保障。村民的生活明显提高，家家有彩电、冰箱，出行一般是电动车和小轿车。全村特困户家庭有2户，五保户家庭1户。

wanghaidian cun

望海店村

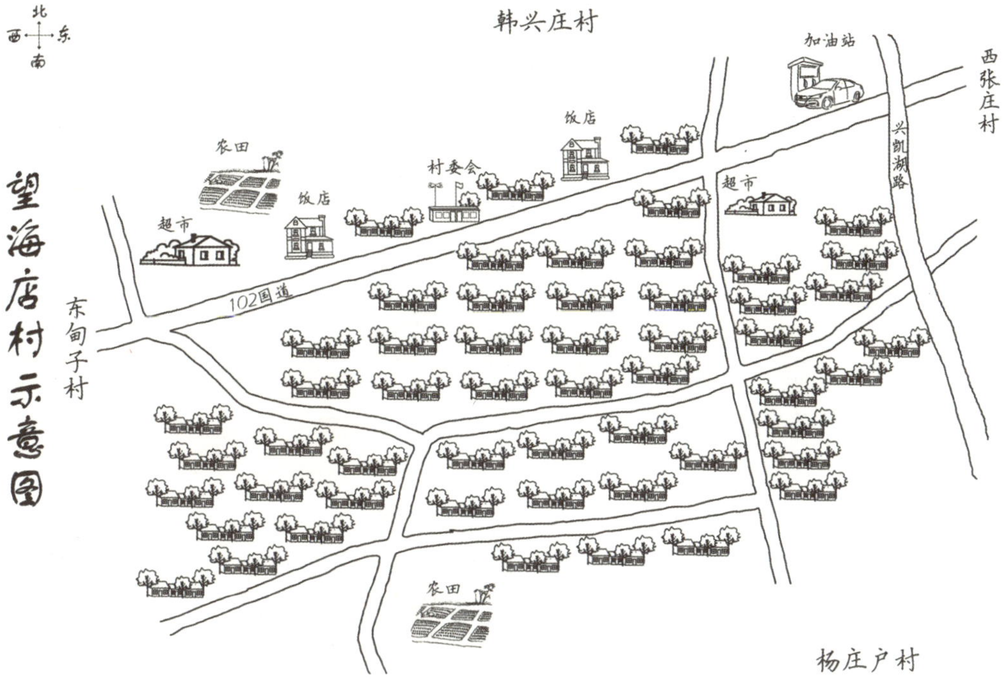

村址 望海店村位于秦皇岛开发区腾飞路办事处驻地东北 2.3 公里处。东临西张庄村，南接杨庄户村，西到东甸子村，北至韩兴庄村。村址地貌呈长方形。全村总面积 4200 亩。其中，耕地 2033 亩、河流 450 亩、林地 1367 亩、民居 350 亩。1984 年，望海店村实行大包干，把地分到户下，实行 3 年一小调。1999 年，望海店村第二轮土地承包，一订 30 年不变，实行 5 年一小调。2015 年，望海店村土地大部分被秦皇岛开发区征用。2008 年、2013 年、2016 年，望海店已经过 3 次拆迁，有 200 多户迁入天成佳境小区居住。

村委会

沿革 明洪武年间（公元 1368 ～ 1398 年）陈姓村民从山东迁入此地落户开店，因地处高岗，能望见渤海，故起名望海店。

1957 年归抚宁县管辖，隶属于河北省抚宁县深河乡。2002 年，望海店村划归秦皇岛开发区管辖。2010 年，望海店村归属秦皇岛开发区腾飞路办事处管理。

基础设施 1949 ～ 2015 年，望海店村内主要道路为土路。1971 年，望海店村在村东小东沟修水库 1 座。1973 年，在村西小西沟修水库 1 座。1975 年，在村东南下沟修浅流 1 个。1980

年，在大南沟修人造湖1个。1969年，在下沟修大口井2眼。1978年，在高粱沟修大口井1眼、在张伯沟修大口井1眼，这些举措改善了土壤，农作物及果树产量有所提高。

1974年，建村委会5间91平方米。1978年，全村联通电网。2003年，新建村委会10间392平方米。2004年，修建老年活动中心和计生用房，共2层，总面积506平方米。1960～1962年，全村饮水靠村里的6眼水井。1980年，在村中最高处新建水塔1座。1983年，村里安装压力罐，定时向村民供应饮水。京哈高速（G1高速）公路自村北穿行而过。村东是京沈高速公路秦皇岛西出口。村域有102国道、兴凯湖路、渤海西道。

人口·姓氏 1951年，村内有农户80户，人口240人，1964年，有农户90户，人口达308人。2001年，人口770人。2015年，全村人口达1050人。该村以陈、赵姓为主。

村级机构 1946年，望海店村建立村党支部。谭开祥（1946～1949年）、赵景顺（1950～1963年）、张万胜（1964～1985年4月）、陈启（1985年5月～1986年7月）、赵彬（1986年8月～2002年3月）、陈 海（2002年4月～），相继担任各时期的村党支部书记之职。

1958年，望海店村成立人民公社，村内有2个生产队。1962年，2个生产队划为4个生产队。1969～1972年，4个生产队调整为1个大队。1973年，1个大队分为3个生产队。新划各队界限，1队地在村东、村东南和村东北；2队地在村西、村西南和村西北；3队在村南。1982～1983年，望海店村实行联产承包责任制。陈景隆（1949～1957年）、张士纯（1958～1961年）、刘永和（1962～1963年）、陈国利（1964～1965年）、陈国华（1966～1975年）、陈 国（1976～1983）、陈启（1984～1985年3月）、赵彬（1985年3月～1986年3月）、单德昌（1986年3月～2000年3月）、陈国生（2000年3月～2009年9月）、陈海丰（2009年9月～），相继担任各时期的村长、生产队大队长、村主任等职务。

教育·文体卫 1950～1953年，望海店村借用村民陈士元家西正房1间为小学校舍，面积20平方米，有教师1名、学生32名。1954～1963年，学校搬迁至村民陈士英家南门

望海店村秧歌队

房，有校舍3间60平方米。四年级以下的适龄儿童在村内上学，五年级以上到计新庄上学。1958年起，五年级以上儿童到深河学校上学。1964年，在村西南新建学校100平方米，学生搬到新教室学习。学校有教师2名、学生45名。1977年，学校迁至村东。新建校舍215平方米，学校有教师2名、学生60名。2011年9月，学校并入秦皇岛开发区第三小学。2004年，望海店村办幼儿班和学前班各1个，新建学校329平方米。学校有教师3名、学生70名、幼儿班和学前班30人。2011年10月，望海店村幼儿园取得省市级农村一类幼儿园资质。学校有校长2名，幼师8名，幼儿学生达到100人。

1968年，望海店村建卫生所1个。1968～1985年，望海店村内有卫生室1个，半

农半医 3 名。1986 ～ 2015 年，望海店村有卫生所 1 个，有医生 2 人。有个体卫生所 3 个，医生 3 人。

2003 年，望海店村成立秧歌队，有队员 50 人。2010 年，自发组织广场舞舞蹈队，有队员 20 人。村内设施有篮球场、乒乓球台，健身场拥有单杠、双杠等各种健身器材。

农工副业 望海店村地形属丘陵，土地为沙壤。主要种植玉米、花生、大豆、白薯等作物，果树以桃、苹果为主，总面积 360 亩。中共十一届三中全会后农业作物以玉米为主，玉米占 50%，花生占 30%，白薯、高粱、大豆占 20%。

1982 年，为了增加村民收入，村书记张万胜带领该村村民到处寻找致富信息。经深河工委领导联系，得知山东省烟台市文登县有优种花生信息。张万胜与深河工委领导一道亲赴文登县，引进优种花生“开农 8”品种 4000 斤，种植新品种使当年花生产量由原来每亩不足 200 斤增至 590 斤，亩产增加 390 斤。望海店村花生丰收的消息传出，抚宁县曹东庄、曹西庄、台营等乡都到望海店村换取优种花生。以 1 斤换 1 斤并多付 0.2 元钱的优惠条件，换取优种花生。村集体及村民因此增加了收入。

1973 ～ 1975 年，为了发展养猪业，搞好农业生产，望海店村执行斤猪斤粮政策。村民到食品厂交猪，奖励养猪饲料。村里按粮库奖励的比例，再增加 1 倍的奖励。另外，村里根据猪圈粪每立方米记 30 工分的奖励政策，调动村民养猪的积极性。此外，个别村民饲养少量的鸡、鸭、鹅等家禽。

1984 ～ 2002 年，村民基本每户饲养一头牲畜用于耕地，有 30% 以上村民买了农用三马车。

1975 年，望海店村建硫酸铜厂，有工人 10 人，由化工专业大学毕业生王正家担任工厂技术员，望海店村大队派干部陈国华担任企业厂长。产品经质检部门检测，均达到国家规定标准。1976 年，由于国外进口硫酸铜价格低，造成产品滞销，1976 年 12 月，工厂停产。

2004 年，望海店村兴办秦皇岛嘉瑞特塑胶科技有限公司，为中外合资企业，与加拿大籍外商张文芳合建。外商出技术，村里出资金，主要生产塑料保鲜袋和肠衣膜。公司有工人 30 人，陈海、陈国生担任公司主管领导。产品生产后，销往北京和东北各地。后由于流动资金不足，2006 年 12 月，公司停产。

1974 ～ 2000 年，望海店村有代销点 1 个，代销员 1 人。2001 ～ 2015 年，望海店村有个体超市 5 个。

村民生活及社会保障 1949 ～ 1970 年，望海店村民主粮以白薯为主，基本能解决温饱问题。1960 ～ 1962 年，全村饮水靠村里的 6 眼水井。其中，村东头 1 眼、下沟 1 眼、村西头 2 眼、龙庙 1 眼、下庄 1 眼。村民平均要行走 300 多米担水吃。1980 年，村里修建自来水水塔。1983 年，由于人口增多，住在高处的村民吃不到水，村里又安装压力罐，定时向村民供应饮水。1992 年，全村停水，村民又开始利用该村原有水井饮水。1994 年，村民开始在自家院内钻深水井，一般

部分村民喜迁新居

都20米深，有的钻到40米深。2005年，全村每户村民家中有水井1眼。

1945～1975年，望海店村民照明用煤油灯。1976年，抚宁县农机局领导下乡到村，村领导得知用柴油机带动电机能发电照明的消息，村书记张万胜、主任陈国主动和农机局技术人员联系，该村出资金用柴油机代动电机等设备发电。一直到1977年，每晚给村民照明2小时。1978年，全村联通电网。

102国道穿村而过

1971～1974年，全国号召农业学大寨，为了辟免水土流失号召村民修梯田，当时有一则顺口溜说明村民修建梯田的干劲：早上3点半，晚上看不见；上至白发苍苍，下至活裤裆，晚上还夜战。

1984～1999年，望海店村有少数村民购买黑白电视机和彩电，到2000年后，全村多数村民看上彩电并安装电话。2003～2015年，村民大部分使用手机。出行是电动车、摩托车。50%的村民购买了汽车。

2002～2015年，望海店村划归秦皇岛开发区管辖后村民生活水平迅速提高。失地后的村民生活也有了保障。女55以下、男60岁以下村民，每月生活费180元。女55以上、男60岁以上村民有养老保险。村民取暖用煤，做饭烧菜都实现了“电气化”。2015年，望海店村80岁以上老人16名，残疾人特困户2户。

有一首民谣，真正表达了该村翻天覆地的变化。“新中国成立初，有闺女不给望海店，白薯汤咸盐面。望海店沙石盖，大光棒子多一半；七沟八梁一道坎，好地只有一点点；看现在，高楼林立不用说，两户就有一台车；电视、空调比比皆是，外来的姑娘多又多；不信亲自看一看，管吃管住管酒喝。”

名人能人 陈国富，烈士，1929年3月出生。1945年参加革命，1946年牺牲于冀东12分区警备团。

陈有余，抗日战争时期军人。

庞士明，1924年出生。1946年7月参军，1951年参加抗美援朝战争，1954年12月退伍。

王汗明，1930年出生，1946年参军，1949年3月退伍。

张玉臣，1933年出生，1948年11月参军，1952年4月退伍。

王金玉，1924年出生，1948年8月参军，1955年3月退伍。

荣誉 2003年，望海店村被秦皇岛市农工委评为2003年农村基层民生政治建设先进单位。2004年，被评为《秦皇岛市人口与计划生育先进集体》。2005年，被秦皇岛市计划生育协会评为《先进单位》。2006年，被秦皇岛市委市政府评为《秦皇岛市人口与计划生育先进集体》。2007年，望海店村被中国计划生育协会评为《全国计划生育先进单位》。2009年，望海店村被秦皇岛市政府评为《秦皇岛市扶残助残工作先进单位》。2012年，望海店村被秦皇岛市群众工作小组办公室评为（星级群众工作室）

2010年，望海店村党支部书记陈海被评为秦皇岛市先锋党员。2011年，望海店村党支部书记陈海被授予河北省农村优秀党支部书记。

shenhe cun
深河村

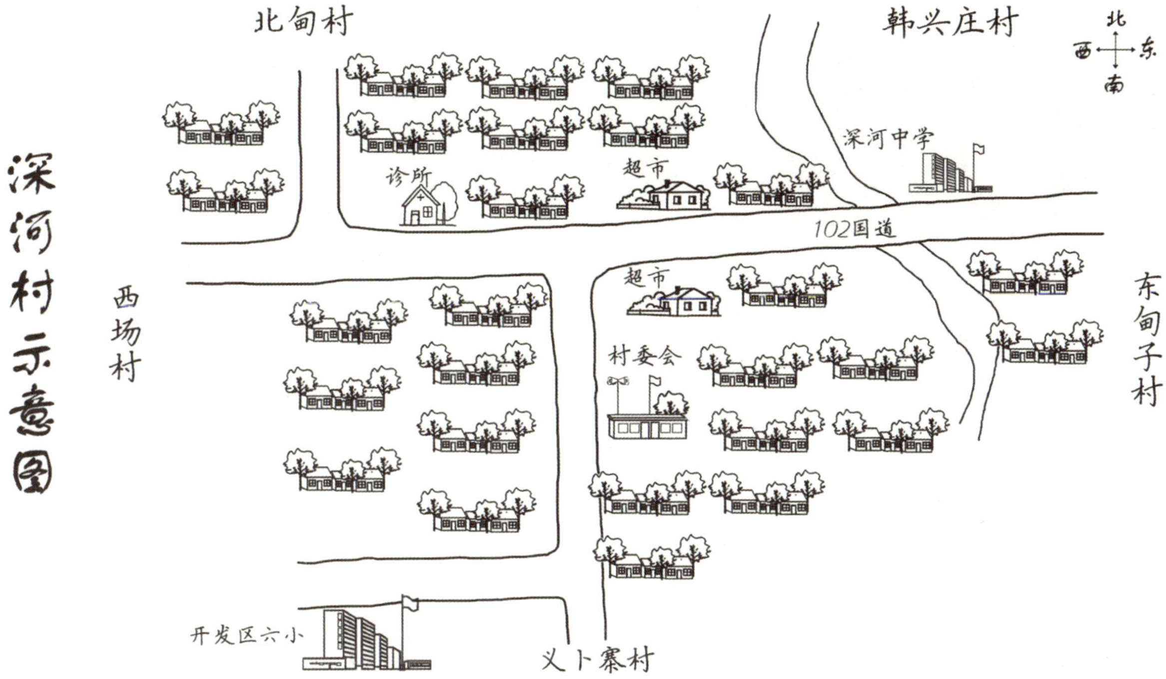

村址 深河村位于秦皇岛开发区腾飞路办事处驻地东北1.3公里处。该村东临东甸子村，南接义卜寨村，西到西场村，北至韩兴庄村。全村土地总面积3580亩。其中，耕地面积2780亩、民居面积800亩。2007年3月，深河村102国道南侧的土地全部被秦皇岛开发区征用。2010年5月，102国道北侧的土地全部流转入秦皇岛开发区农业园。

村委会

沿革 明洪武年间（公元1368～1398年），赵姓村民由山东、王姓村民由山西先后迁到此地落户。因此地有一条河较深，故村庄取名深河。明洪武十四年（公元1381年）至清朝末期，明王朝在此地设置驿站。

1947年，深河村贫苦农民分到土地。1949～2002年，深河村归抚宁县深河乡管辖。1956年以后，深河村经历单干、互助组，初级社转为高级社。1958年，由高级社走向人民公社，后进入“大跃进”时期。1960年12月，取消村集体食堂。2002年11月，深河村划入秦皇岛开发区管辖。

基础设施 1958年，深河村与东甸子村共同修建东甸子村南水库1座。1964年，深河村

深河村秧歌队

兴修水利，挖大口井4个，修水渠2条。1976年，深河村掀起农业学大寨高潮，开始修梯田，兴修水利。深河村修浅流1条，挖大口井7个，修塘坝4座。

1949年，深河村解放以后，国家修建102国道，国道贯穿深河村中心。20世纪50年代，国道为土路。20世纪80年代，国道改成水泥路。20世纪90年代，国道改成沥青路。国道上有多趟客车穿流不息，分别通往抚宁县城和秦皇岛市区。村内主路有3条、路灯80盏。2014年，秦皇岛开发区管委投资50万元修建村级文化广场和办公用房，并硬化道路200米。

人口·姓氏　1980年，深河村总户数242户，总人口993人。其中，男性481人、女性512人，60岁以上68人、17岁以下的390人。2011年，总户数450户，总人口1346人。其中，男性651人、女性695人，60岁以上174人、17岁以下273人。2014年，总户数490户，总人口1363人，其中，男性652人、女性711人，60岁以上的206人、17岁以下的281人。2015年，总户数564户，总人口1377人。其中，男性653人、女性724人。60岁以上的212人、17岁以下的278人。村民姓氏主要以王、张、赵、李、刘、孙、陈、杨、朱、郭、周、徐、于、温等为主。

村级机构　1947年，深河村进行土地改革，村长杨占坡、农会主席赵永合、副主席李友朋，因当时南面义卜寨村还属敌占区，党组织未公开。1949年，深河村党组织由赵槐臣任书记，张荣任村长。

刘长贵（1952～1954年）、赵槐臣（1954～1956年）白恩庆（1956～1958）、赵生（1958～1960年）、张连成（1960～1964年）、王富显（1966～1967年）、徐福祥（1968～1973年）、赵纪祥（1973～1976年）、杨秋成（1976～1977年）、张荣起（1977～1986年）、赵纪如（1986～1990年）、王复海（1990～2003年）、张树利（2012～2015年）、赵凯（2016年～），相继担任各时期的村支部书记之职。

张荣（1952～1954年）、白云祥（1954～1958）、张连成（1958～1960年）、王友生（1960～1964年）、赵生（1964～1966年）、王友生（1966～1967年）、徐福祥（1968～1973年）、王友生（1973～1976年）、王富显（1976～1990年）、王复海（1990～1994年）、白云成（1994～1997年）、王安仲（1997～2003年）、张树利（2003～2012年）、杨晓东（2012～2015年）、杨晓秋（2015～），相继担任各时期的村长、生产队大队长、村主任等职务。1996年，全县实行村务公开制度。1997年，全县村民委员会成立自治组织，村主任由村民无记名投票方式选举产生。

教育·文体卫　1958年，深河村正式成立深河小学。1969年，扩建校舍。1993年，深河小学重建新址。2015年，合并为开发区第六小学。1958年，深河村人民公社成立后每年春节，村部组织秧歌队表演。2014年，村内建文化广场、图书室，配备各种健身器材，并修建篮球场、乒

村南道路

乓球室。成立舞蹈队 4 个。

1973 年，村设医务室 1 间。村民看小病集体负担费用。2008 年，全村实现新农村合作医疗，村民入医保费用由村里统一负担。

农工副业 深河村地处丘陵，气候湿润。农作物主要种植玉米、高粱、大豆和谷子。20 世纪 80 年代，兴修水利，开始耕种水稻，村民吃上大米。1966 ～ 1967 年，深河村开始经营副业，村民利用山地资源办起采石矿，开采建筑石，增加社员的收入。1975 年，深河大队山石矿和山场被深河公社借用，办起深河公社石矿。1984 年，深河村开始第一轮土地承包，一订 15 年不变。1987 年，深河村成立经济合作社，赵启家担任合作社主任。1990 年，由于承包合同不完善，抚宁县出台新文件重新修订合同，由一订 15 年不变改为 3 年一小调整。1999 年 10 月，抚宁县出台 33 号文件，第一轮土地承包到期，第二轮土地延包，由 11 月 1 日开始，一订 30 年合同，10 年一小调整。

开发区第六小学

1967 年，深河村办采石矿 1 个。1974 年村办修配厂 1 个。1976 年村办小卖部 1 个。

村民生活及社会保障 20 世纪 50 ～ 60 年代，深河村社员的生活以玉米、瓜菜为口粮。到 20 世纪 80 年代，深河村兴修水利，种植水稻，村民的口粮以大米为主。

20 世纪 80 年代，有村民干起个体企业。2014 年，开发区管委为全村打了深水井 2 眼，解决了村民的饮用水问题。

20 世纪 50 ～ 60 年代，社员的住房大部分为土坯房，到 20 世纪 80 年代，大部分社员都建成砖混房。玻璃窗、各种电器开始进入家家户户。2002 年，划归秦皇岛开发区管辖后，村里有 10 多户建成楼房，窗户大我用的是铝合金材料。

102 国道贯穿深河村街中心。20 世纪 60 年代，村民出行多数为步行。20 世纪 70 ～ 80 年代，自行车代替步行。20 世纪 90 年代，少数村民有了摩托车和汽车。2016 年，村民出行基本都是电动自行车或小轿车。

2008 年，失地村民享受秦皇岛开发区发放的生活补贴。村里男 60 周岁、女 55 周岁以上的村民，每月领取养老金，村民生活得到保障。2015 年，深河村有五保户 6 户，优抚对象 4 人。

2015 年之后，深河村实现了通信、网络全覆盖。

名人能人 杨春林，烈士，生于 1923 年 3 月，1948 年参军，第四野战军。1948 年，参加锦州战役牺牲。

其他烈士还有李学勤、刘长明、崔宝顺等。

榆关管理区

综　述

秦皇岛经济技术开发区榆关管理区位于开发区西北部。该辖区西起兴福庄村，东至老岭沟村，南临沙河村、铁官营村，北抵上徐各庄、韩兴庄等村。2011 年 3 月 24 日，榆关办事处在韩义庄村委会成立，接收原属抚宁县的 21 个村。管理处下设行政办、计生办、农业办、农经站、信访办、民政办、劳动就业社会保障服务所等 14 个部门。杨森林（2011 ～ 2015 年）、李英军（2015 ～ 2017 年）相继担任该管理处书记；李英军（2011 ～ 2015 年）、卫顺龙（2015 年 12 月）相继担任该管理处主任。榆关管理区办事处辖区主要驻区单位有国土资源二所、司法所、法庭、交警三大队韩义庄中队、计生服务站、运河道派出所等。

榆关管理区办事处下辖沙河村、牛蹄寨村、铁官营村、后庄村、西岭村、下徐各庄村、北杨各庄村、郑家店村、上徐各庄村、紫草坞村、韩义庄村、往子店村、代山头村、东甸村、董庄村、韩兴庄村、陈家庄村、北甸村、后营村、兴福庄村、老岭沟村，共计 21 个村，所辖各村多建于明清时期。2016 年，该辖区总人口为 1.6 万人，共 5896 户。土地总面积为 50357 亩（约 33.6 平方公里）。有满族、蒙古族、侗族、水族等少数民族 334 人。其中，满族占少数民族人口总数的 95% 以上。

榆关管理区办事处

（一）

榆关管理区办事处所辖区域北部为山地，中部为丘陵，南部为平原，呈梯次分布。整个地势西北高，东南低。土壤以褐土为主，兼有黄土、棕壤、沙壤，土地肥沃，比较适合农作物生长。该区域属温带季风气候，四季分明。榆关管理区办事处所辖区域内共有戴河主、支流河道 4 条，全长 9 公里，流经沿岸 15 个村，地下水位高，水资源丰富，水质优良。其中，沙河支流较为有名，发源于抚宁县蚂蚁沟村，自上游开发区牛蹄寨村处，向东南方向流经下徐各庄村、102 国道、沙河村注入戴河主河道，河道全长 3.6 千米，控制流域面积约 17.8 平方公里。

（二）

榆关管理区办事处临近抚宁区和北戴河区。辖区内有津秦铁路、大秦铁路、京沈高速、承秦高速、京哈高速、河北省沿海高速、102 国道等交通主干线穿过，交通便利。20 世纪 50 年代～ 70 年代，各村响应国家兴修水利的号召，大力修建水库、蓄水池和引水渠等水利工程，后由于修建铁路、公路等原因，部分水利工程被废弃。截至 2016 年，该辖区内有在册小型水库共 4 座，分别为后营水库、韩义庄水库、往子店水库、韩兴庄水库，为农业灌溉和百姓饮水提供了便利条件。

2016年，榆关管理区办事处投入资金重点进行了村内道路硬化、街道照明、活动场所完

榆关管理区办事处

善、监控设备安装等工程，董庄村、下徐各庄村、代山头村、兴福庄村、西岭村、后营村、沙河村、铁官营村、牛蹄寨村9个村，工程共投入835276元。陈家庄、董庄、后营、西岭4个村，工程总投入1069946元。同时，结合实际情况，积极与上级有关部门协调，为紫草坞、东甸、韩义庄、下徐各庄、兴福庄、西岭、董庄7个村共1787户居民家中安装了秸秆压块燃烧炉，解决了农户的取暖问题，同时减少了污染物排放，改善了农村到处是秸秆的脏乱现象。在开展美丽乡村建设中，榆关管理区办事处所辖区域造林绿化面积为1217.511亩，并建立了农村垃圾治理长效机制，出台了《榆关管理区办事处农村环境卫生管理办法》等相关制度，共清运村内垃圾600余吨，清理河道2400余延长米，有效改善了各村环境。办事处所辖各村在全市100多个乡镇农村环境卫生评比中进入前10名。

（三）

榆关管理区办事处区域内共有幼儿园4所，小学7所，小学教师98人，小学在校生1078人。

榆关管理区办事处所辖各村充分认识到先进文化对新农村建设的促进作用，切实将农村文化建设抓紧抓实，全力打造美丽乡村“软实力”。上徐各庄村专门成立了文化工作领导小组，每年用于文化开支的经费达万元以上。该村重点打造了室外文体广场、文化科普宣传栏、阅报栏、广播室、图书阅览室、文化活动室等，精心打造乡村文化载体，村图书室藏书2000册以上，深受村民欢迎。为最大限度地把农民吸纳到文化队伍中来，村“两委”引导群众组建了歌唱队、乐队、秧歌队和舞蹈队，上百名村民参与其中。同时，该村注重在提高村民素质上下功夫，2015年，共组织各类培训4场，发放村规民约500余份、学习资料300份，村民的学习力和凝聚力大大增强。与上徐各庄村一样，榆关管理处辖区内21个村均配有农家书屋、文化娱乐广场及各式健身路径，均组建了秧歌队、健美操队、舞蹈队等文艺队伍。东甸村、西岭村、紫草坞村的地秧歌曾远近闻名，惟妙惟肖的表演形式广受百姓欢迎。区域文化的繁荣，还孕育了一批农村优秀文化带头人，后营村的“故事大王”老庞、沙河村的“快板达人”韩兴强、“电影迷”刘宪启等曾活跃于

2013年，榆关管理区农民广场舞汇演活动

农村大舞台，让乡村文化活动遍地开花。

（四）

辖区村民历代以种植业为主。种植农作物的种类丰富，有稻谷、小麦、玉米、谷子、马铃薯、甘薯、花生、油菜籽和大豆等。经济林主要为梨树、桃树、苹果树等。20 世纪 70 ～ 90 年代，随着农机具的增加、新农业技术的推广、生产条件的改善，农作物和林果业的产量大幅提高，部分村成为区域种植技术和收益的排头兵。后营村引进扒堆红薯技术，种植面积由最初的 30 亩扩大到 200 余亩，亩产红薯 800 余斤；沙河村村民到海南学习种子杂交技术，小麦亩产跨千斤；韩兴庄注重科学种田，玉米每亩产量达到 700 公斤以上，花生每亩达到 400 公斤左右；铁官营村粮食作物亩产 455 公斤，总产 468250 公斤；2010 年，上徐各庄村粮食产量提高至 1000 ～ 1500 斤，亩产值由每亩几十元，提高到每亩上千元，甚至上万元。同时，辖区林果业发展迅猛。往子店村的桃、苹果、梨和栗子等林果业种植面积曾达到约 2200 亩，且桃树尤多，可日装桃 20 余车；后营村引入先进管理技术，红薯和仙桃在海洋农副产品批发市场小有名气；韩兴庄成立了果园发展专业队，桃子每年可产 9 万公斤，苹果每年可产 6 万公斤，全村年总收入可达 60 万元；韩义庄仙桃产量最高时，村民每年人均纯收入可达 3000 元以上，2015 年，该村 60 余户果树种植户，只果品收入一项每年可达 7 ～ 8 万元，其中，有 10 余户收入达 10 万元以上，个别户可达 20 万元左右。

（五）

经济的发展带动农村居民生活显著改善。进入 21 世纪以来，村民的饮食结构、生活方式

秦皇岛经济技术开发区榆关管理区管辖区域图

都发生了巨大改变，更加讲究营养和健康。住房由土坯变为砖混结构，各村人均住房面积达到40～100平方米。私家车、电脑、网络电视等高科技产品进入寻常百姓家。辖区内80%的青、壮年村民大都在附近企业上班，年收入可达2～3万元。2010～2015年，中信戴卡、承秦高速、嘉隆高科、戴河治理、北大科技园、京能热电、秦抚快速路和秦佰汇物流等项目相继在该区域开工建设，东甸村、韩义庄村、代山头村、董庄、上徐各庄村、北甸子、往子店村、郑家店村、铁官营村、北杨各庄村、沙河村、紫草坞村和下徐各庄村等土地先后被征用。榆关管理区办事处辖区内失地的农民，男60岁以上、女55岁以上，均领取了失地农民养老保险，每人每月平均千元左右。没有达到年龄的村民，每人每月也可领取失地农民生活费180元，村民生活有了保障。截至2015年底，所辖21个村年满16周岁（不含在校学生）至59周岁的村民共4939人均参加了养老保险，已收缴养老金561900元。此外，榆关管理区办事处积极做好“双创”工作，努力推进开发区的各项新政策，2015年共发放“五好村”“五好家庭”的评选奖励资金15848元；对考入高等院校的各村学生，发放奖励资金214000元。

为完善农村养老服务体系，破解农村养老难题，榆关管理区办事处创新工作思路，以韩义庄村、紫草坞村为试点，大力推进老年幸福院建设，满足农村老年人的养老服务需求，提升空巢老人的幸福指数，实现老有所依、老有所养、老有所乐，促进社会和谐。2016年，榆关管理区办事处辖区内共有低保209户261人，分散供养五保42户45人，通过建档立卡等措施，对低保户进行动态管理，确保其生活有保障。全年共发放低保金、五保金、80岁以上高龄老人补贴、优抚金、60岁以上退役士兵生活补助金、烈士子女生活补助、临时性救助金、新农合大病医疗救助资金等民政救助金9项，涉及1151人次，1438384.92元。

shangxugezhuang cun

上徐各庄村

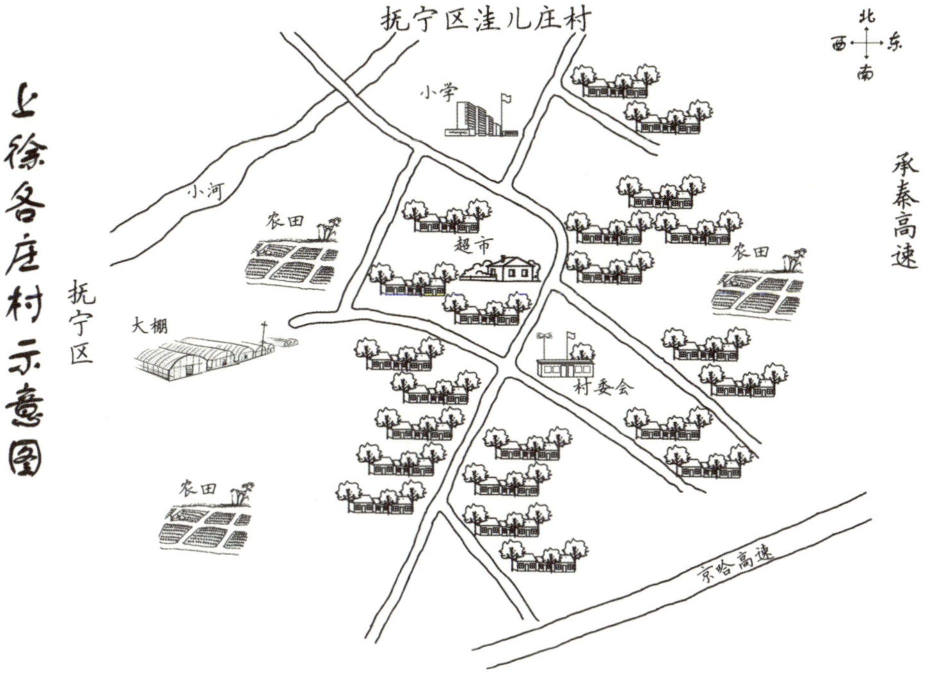

村址 上徐各庄村位于秦皇岛开发区榆关管理区办事处驻地北约 4.3 公里处，该村有 3 条高速公路交汇。该村东临承秦高速公路，南接京哈高速，西到戴河上游东岸，北至抚宁区洼儿庄村。新中国成立初期，该村土地面积为 2328 亩。1976 年，土地面积为 2300 庙。该村先后经历了 3 条高速公路建设占地、热电厂占地等。截至 2015 年，该村土地面积约为 1500 亩。

沿革 唐朝贞观年间（627 ～ 649），徐氏兄弟二人由山西大槐树迁居村北定居。

1953 ～ 1958 年，上徐各庄村归大新立庄乡管辖。1958 ～ 1966 年，该村归上徐各庄人民公社管辖。1966 ～ 1982 年，该村归上徐各庄革命委员会管辖。1982 ～ 1996 年，成立上徐各庄乡，该村归其管辖。1996 年撤乡并镇，该村归抚宁县榆关镇管辖。2010 年 9 月，该村划归秦皇岛经济技术开发区管辖。

基础设施 上徐各庄村有南北方向主干道 1 条。1991 ～ 1992 年期间，该村采取村集体与村民共同出资的方式将主干道硬化，全长 3.98 公里。此外，该村另有街道 15 条，2012 年全部实现硬化，硬化面积为 3000 平方米。开展“农业学大寨”运动时，该村在村北修建水利通道，共修渡槽 2000 米，2016 年遗址尚存。同年，修通河井 1 口，将戴河上游水引入井中，用于农作物灌溉。村东南方向另有水库 1 座，占地 20 余亩，主要用于灌溉。

2010 年，政府出资实施引水上山工程，在上徐各庄村修建 100 平方米大井 5 口，建蓄水大罐 4 个，水站 1 个，引水上山埋设管道 5000 米，全村耕地旱涝保收。2015 年，该村安装路灯。

上徐各庄村处于半丘陵、半平原地带。土质

为沙壤土，适宜种植蔬菜和果树。村东、西、南、北被戴河主流和支流环绕。村东依松山，村南5公里处为戴河生态园。

人口·姓氏 新中国成立初期，上徐各庄村共有人口600余人。1976年，该村人口数量为1000余人。2015年，人口数量为1366人，共600户。2016年，人口数量达到1389人。其中，女性为623人、男性为766人。

上徐各庄村主要姓氏为张、陈、李、周、杨、康、翟、王。

村级机构 1943年，建立上徐各庄村党支部。1943年，全村有共产党员3名，分别为张云阁、栗国恩、郭起英。截至2015年，该村有党员51名，退役和服役军人55人。张云阁（1943～1944年）、杨世太（1944～1954年）、郭殿丰（1955～1956年）、李长路（1956～1958年）、郭启英（1958年）、郭启昌、朱文斌（1958～1974年）、李贵生（1974～1982年）、郭起昌（1982～1989年）、翟斌（1985～1996年）、陈汉成（1996～1998年）、陈合友（1998～2006年）、朱雨强（2007～2010年）、张志金（2010年～）相继担任上徐各庄村党支部书记。

1943年以前，上徐各庄村设立保甲长制，村保长为张绍夷。1947年，成立互助组。1954年，成立初级社。1955年，成立高级社。1958年，成立人民公社。1966年，成立革命委员会。1943年后，栗国恩（1943～1955年）、杨玉双（1955～1957年）、康景荣（1957～1958年）、张耕余（1958～1960年）、陈克满（1960～1974年）、杨玉长（1974～1982年）、周福林（1982～1985年）、陈汉成（1985～1986年）、张怀玉（1986～1999年）、张志成（2000～2005年）、张志金（2006～2009年）、朱雨强（2001年～）相继担任上徐各庄村大队长和村主任。

小学

水利设施

教育·文体卫 新中国成立初期，上徐各庄村建立上徐各庄小学，共4个年级，有教师2名，均在该村庙宇内上课。1972年，该村又建立了上徐各庄中学。截至2015年，上徐各庄中学有教师28名，设3个年级，共6个班。幼儿园和小学学生共300余人，教师19人，教室9个。2015年，该村组建了秧歌队、舞蹈队，共30余人参加，经常巡回演出。2012～2015年，上徐各庄村在村中心建设村办公室10间、文娱大舞台1个、篮球场1个、文化娱乐广场1个、村牌楼1个。

截至2015年，上徐各庄村有卫生院1个、药店2个、医生3名，村民看病方便，可做到小病不出村。

农工副业　1947～1982年，上徐各庄村村民以种植玉米、花生、高粱、小麦、棉花、水稻和大豆等粮食作物为主，亩产300～400斤，人均年收入极少。实行家庭联产承包责任制后，部分农户开始种植果树、大棚蔬菜和发展畜牧业，经济收入逐年提高。2010年，由政府出资修建引水上山工程，全村耕地旱涝保收，同时，土地耕种全部实现电力机械一体化，粮食产量提高至1000～1500斤，亩产值由每亩几十元，提高到每亩上千元，甚至上万元。

2008年以来，上徐各庄村部分村民建起温室大棚3个，另栽植苹果树、桃树、核桃树、栗子树等100余亩，最多年收入可达10万元。有肥羊养殖户17户。其中，肥羊养殖大户每年可出栏2000多只，村民年收入可达20万元左右。此外，该村另有养猪专业户2户、养鸡专业户5户、养牛专业殖户2户、鹌鹑养殖户7户，养殖大户养殖量在几万只以上，年收入为20万元左右。

2010年，上徐各庄村有水泥制品厂、蜂窝煤场、汽车修理厂、修配厂、蛋糕厂、铝合金门窗制品厂、物流有限公司、金融咨询服务公司、纸袋厂各1家，建筑工程队2个。另有超市11家，饭店3家、理发店4家、联通和移动代办点共2个。截至2015年，经营状况良好。

上徐物流园

街道

村民生活及社会保障　新中国成立初期，上徐各庄村民着装以蓝色、黑色粗布衣服为主，每人每年可得供应布票17.3尺。饮食以粗粮为主，细粮为辅。1960～1962年，三年自然灾害期间，全村每人每天仅得供应口粮0.83斤。中共十一届三中全会后，村民生活水平逐年提高，着装讲究时髦、品牌。饮食以细粮为主，更加注重营养和健康。村里10%以上的村民建起了二层小楼，人均住房面积达到40～100平方米。大部分村民家中安装了太阳能、空调、液晶彩电、电脑等。

进入21世纪，全村80%以上的青壮年均外出打工，月工资在3000～4000元左右。村内有土地的男60周岁、女55周岁村民，政府每月发放养老金100元左右。无地村民男60周岁、女55周岁的，每月可领取180元生活费和1000余元的养老保险金。截至2016年，全村特困户25个，优抚户2户、五保户2户，政府均给予高于全村中等水平的生活补助。该村有80岁以上老人50余人，90岁以上老人10人。

风物传说　新中国成立前，上徐各庄村建有天气庙1座，殿内供有佛像，占地面积6160平方米。每年农历3月28日有庙会，热闹非凡，村民烧香拜佛，祈求风调雨顺，五谷丰登。庙前有山门，门内东侧有大铁钟一口，直径1.2米、高1.5米。铁钟旁有口大井，井内有白浆水，甘甜无比。正对山门有正殿5间，正殿后设后殿和东西厢房，院内有大梧桐树1棵。1958年，天气庙被毁坏。

原天气庙东约100米处，另有老爷庙1座，庙内设大殿2座，均有佛像，庙院内有直径1.5米的百年大柏树2棵，1958年全部被毁坏。

名人能人 翟振廷，大连海军某部正师级干部

栗国栋、栗长录、李树新、陈国泰、陈秀全、杨会生6人，先后在抗日战争和解放战争中牺牲。

荣誉 2013年，该村获“秦皇岛市城乡居民社会养老保险经办管理服务规范化达标单位”称号。

2013年，该村获“秦皇岛市文明村镇”称号。

2015年，上徐各庄村党支部获“秦皇岛经济技术开发区优秀农村党支部”称号。

xiaxugezhuang cun

下徐各庄村

下徐各庄村示意图

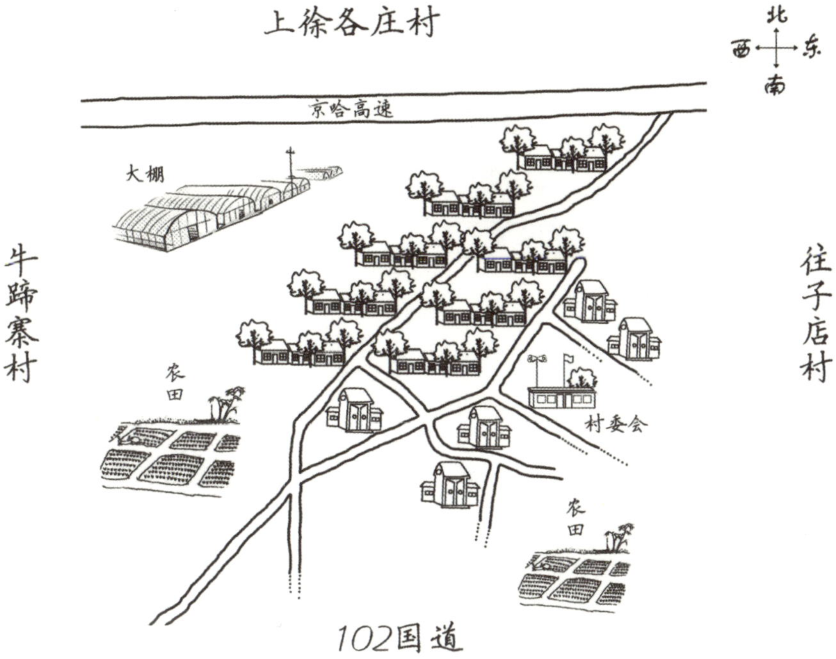

村址 下徐各庄村位于秦皇岛开发区榆关管理区办事处驻地北约 3.3 公里处。该村东临往子店村，南接 102 国道，西到牛蹄寨村，北至上徐各庄村。新中国成立初期，全村共有土地 4000 余亩。后由于建设京沈高速和京能热电项目，先后征用土地 1000 余亩。截至 2016 年，该村土地面积约为 2900 亩。

下徐各庄进村主路

沿革 明朝洪武年间（公元 1368 ～ 1398 年），陈姓村民由山西迁入此地建村，因地势低于邻村徐各庄村，故起名下徐各庄村。

下徐各庄村历代属抚宁县管辖。1953 年，归大新立庄小乡管辖。1982 年，该村划归上徐各庄乡管辖。1996 年，归榆关镇管辖。2010 年，划归秦皇岛经济技术开发区管辖。

基础设施 下徐各庄村有由北至南主路 2 条，2008 年已实现硬化。乡间道路共 4 条，均为土路。该村有大、小机井 100 余眼。有水利灌溉用变压器 1 台。2007 年，由政府出资修建引水上山工程，修筑 500 平方米蓄水大口井 1 眼，引水上山埋管线 2000 余米，建蓄水大罐 2 个，水泵站 1 个，可做到旱涝保收。1995 年，抚宁

村务公开

县政府与村民共同出资，修建了全县首条县级环乡公路，全长2.5公里，村民出行更加便利。1997年，京哈高速公路在村北开工建设，1999年正式通车。2012年，原村南戴河支流桥梁被大雨冲毁，开发区出资修建新桥1座。

该村有河流2条，即村西的戴河主流和村南的戴河东支流。村内有马奔山1座，早年用于开采石矿，2016年已全部停产。村北约7公里处，有小山1座，占地约25亩。

人口·姓氏 新中国成立初期，全村总人口为400人，100余户。截至到2016年，该村总人口为1147人，约410户。村内主要姓氏为陈姓，另有张、刘、李、王、赵、徐、郭、程、韩、周、于等姓。村民有部分满族，其余为汉族。

村级机构 1957年，下徐各庄村建立党支部。截至2015年，下徐各庄村党支部有党员26名。其中，新中国成立前有党员1人。新中国成立后，70岁以上老党员3人，部队入党4人，学校入党1人，厂矿入党2人，村内发展15人。

陈庆贤（1957～1964年）、张余喜（1964～1971年）、陈彦春（1971～1983年）、李明元（1983～1984年）、陈瑞廷（1984～1988年）、陈彦春（1988～1999年）、陈永山（1999～2002年）、陈瑞安（2002～2005年）、张志成（2005～2009年）、张志金（2009～2014年）、陈维生（2014年～）相继担任该村党支部书记。

1943年，实行甲保长制，陈庆春为保长。1943年后，陈宗余（1943～1950年）、陈子新（1950～1955年）、陈如丰（1955～1961年）、陈彦春（1961～1971年）、张余喜（1971～1973年）、李明元（1973～1978年）、陈兴生（1978～1983年）、陈瑞廷（1983～1984年）、陈兴红（1988～1992年）、陈瑞安（1992～1999年）、李万山（1999～2003年）、陈维春（2009～2011年）、陈维生（2012～2014年）、陈清全（2015年～）相继担任村主任。

教育·文体卫 民国时期，下徐各庄村成立下徐各庄小学，设4个年级。2008年9月，该学校合并到上徐各庄小学。2012年10月，下徐各庄村把学校改建为村民活动娱乐中心广场。该村有广场舞队1支，有卫生所1家、村医1名，全体村民都加入了新型农村合作医疗，能够做到小病不出村，大病有保险。此外，村内还设有凉亭、农家书屋、便民服务室、村民娱乐活动中心等。

农工副业 下徐各庄村地处丘陵地带，土壤

家禽养殖

适合种植各种农作物。人民公社期间，下徐各庄村以种植玉米、花生、大豆、高粱、水稻等作物为主。20世纪70年代，该村村集体建有米面加工厂、挂面厂、石矿和油坊，20世纪80年代初，停业。1982年，生产队解体实施土地承包到户制度，部分村民开始栽种果树和大棚蔬菜，个别村民还从事畜牧养殖业或个体经营。截至2015年，该村有果树200多亩，苗圃300多亩，杨树200多亩，蔬菜大棚10个，狐貉养殖户20户，肥羊养殖户5户，牛养殖户7户，肉鸡养殖户6户，散养鸡养殖户20户，猪养殖户4户。

此外，村内有大小超市8个，冷库2个，种植、养殖合作社3个。另有制管厂、石材厂等各种企业10余家。

村民生活及社会保障 中共十一届三中全会前，村民饮食以粗粮为主，细粮为辅，住房全为土坯房，取暖做饭以烧秸秆为主，出行方式多为步行，主要交通工具有牛、马、自行车等。改革开放以来，村民收入和生活水平发生翻天覆地的变化，村民住进了钢筋水泥的砖混房，不少村民还建成了二层小楼，大部分村民购置了高档家用电器，每家每户都拥有摩托车和电动车，有一半的家庭都有私家小轿车，手机的普及率达到80%。1993年，下徐各庄村在全乡安装首个自来水管道。

风物传说 新中国成立前，下徐各庄村中有财神庙1座，正殿中央立有财神像1尊，两边有童男童女佛像，下立四大金刚神像，墙壁绘有二十四孝图，殿外有直径约1米、高约1.5米大钟1口。财神庙东另有五道庙1座。“四清”时期被拆除。

该村马奔山西南角，原有南海慈航菩萨庙1座，有正殿3间，室内有众多佛像，有大钟1顶，石碑龟1个，石碑上刻有建庙时间和陈姓出资建庙人的姓名。后院另有看庙人住房和多棵上百年柏树。每年农历二月二十九日庙会时，烧香、许愿、还愿者众多。1949年后，该庙宇被拆除毁坏。

村民老宅

名人能人 陈兴华，烈士。1928年生人，1947年参加革命，1949年牺牲，为一三六师侦察连战士。

陈占山，烈士。1922年生人，1947年牺牲，时为第四野战军排长。

niutizhai cun

牛蹄寨村

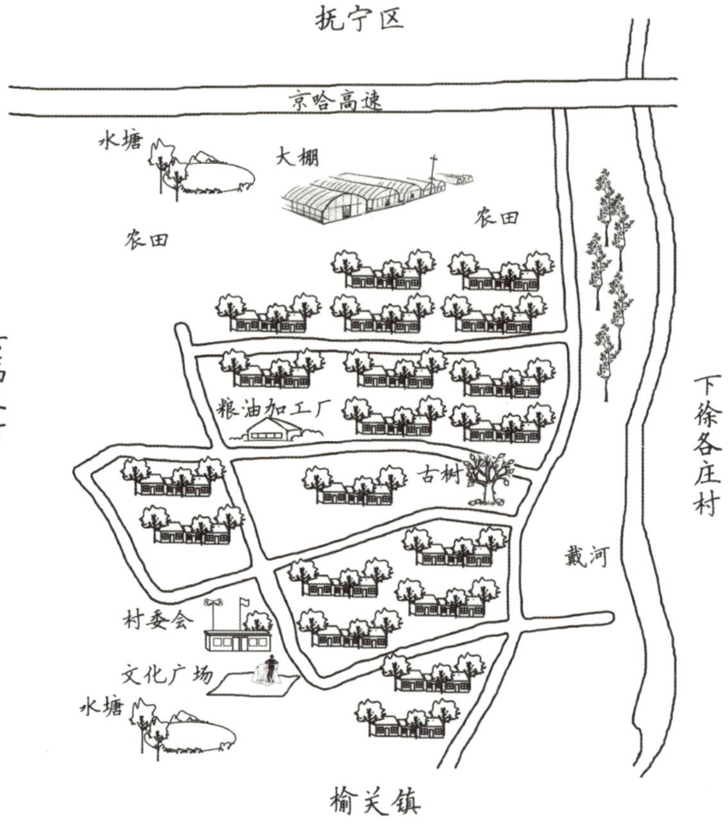

牛蹄寨村示意图

村址　牛蹄寨村位于秦皇岛开发区榆关管理区办事处驻地西北方向约 4.6 公里处，开发区西北部边缘。该村东临下徐各庄村，南接抚宁区榆关镇，西到兴福庄村，北至京哈高速公路。榆平（榆关至平市庄）公路穿村而过。2014 年，该村将 3000 亩土地流转给秦皇岛开发区亿科公司。

沿革　明朝洪武年间（1368 ～ 1398），陈、刘、张三姓村民到此定居耕作。不久，李氏家族也先后由山东和抚宁大所庄迁入此地定居。随着人口的增多，逐渐形成村落。当时，该村西南方向沙丘处有一个卧牛岗，卧牛岗上有一块天然形成的石头，凹处形如牛蹄，故起名为牛蹄寨。

明末清初，牛蹄寨归抚宁县管辖。1949 年至 20 世纪 90 年代末，该村隶属抚宁县。1953 ～ 1957 年，该村归鸭儿峪共耕社管辖。

村委会

古树

1958年，该村归榆关人民公社管辖。20世纪60年代，该村归上徐各庄人民公社管辖。1984年，归上徐各庄乡管辖。1996年，该村划归榆关镇人民政府管辖。2010年10月15日，该村划归秦皇岛经济技术开发区管辖。

基础设施 20世纪90年代初，牛蹄寨村村内道路均为土路，村民雨季出行不便。20世纪90年代期间，原上徐各乡政府修建柏油环乡公路。2013～2015年，该村道路全部实现硬化，从根本上解决了村民出行难题。为解决平原地灌溉问题，该村于1989年修截水闸1座，后因年久失修废弃。1966年，该村实现通电。1986年，该村接通自来水管道。2014年，该村安装路灯80盏。

人口・姓氏 新中国成立初期，牛蹄寨村总人口为500余人，约100户。2015年，全村总人口增加到1054人，共347户。

村内姓氏按人口多少排列为李、陈、王、张、高、杨、赵、温、樊、耿、潘、周、贾、董、于。

村级机构 李印兴（1949～1951年）、杨建秋（1952～1953年初）、李长幸（1953～1955年）、薛敬修、董永发、刘柏勋、王庆山、李长生（1955～1958年）、王庆山、刘柏勋（1959～1964年）、高尚信（1965～1976年）、李学云（1977～1983年）、高尚信（1984～1985年）、李学云（1985～2006年）、杨宝田（2006～2008年底）、杨宝丰（2009年～）先后担任牛蹄寨村党支部书记。

李长太（1950～1953年）、李廷奎（1953～1955年）、薛敬修（1956～1959年）、李学仁（1960～1964年）、张玉英（1965～1975年）、李学云（1976～1977年）、高尚信（1978～1983年）、李学云（1984～1985年）、温炳海（1986～1991年）、王德柱（1992～2009年）、李振和（2009年～）相继担任牛蹄寨村大队长和村主任。

教育・文体卫 1953年，牛蹄寨村建立牛蹄寨村小学，可供1～3年级学生就读。该村适龄儿童4年级后，可到下徐各庄、鸭儿岭、大新立庄和榆关学校就读。1958年，牛蹄寨小学扩建，增至4个年级。1986年该校搬迁，重建校舍12间，办公室3间，增至6个年级。1967年，牛蹄寨村有赤脚医生为村民看病。2013年，该村建起医疗室，村民看小病可不出村。2013年，该村建成文化广场，占地面积1400平方米，配备了各种健身器材，供村民健身娱乐。牛蹄寨村还成立了秧歌队和广场舞队，村民精神生活丰富多彩。

村道

粮油加工作坊

农工副业 牛蹄寨村土地60%为山地丘陵，其余为平原地形。该村属贫水地带，适合种大田作物和果树。土壤为沙土。20世纪60年代～20世纪80年代初，牛蹄寨村以种植玉米、小麦、水稻、花生、白薯等农作物为主，但产量低、收入少，村民生活困难。1983年，家庭联产承包责任制后，该村种植结构逐步优化，村民开始种植桃、苹果、梨等果树，并采取大棚种植、地膜种植等技术提高产量，经济收入逐年增多。

新中国成立后到20世纪80年代，牛蹄寨村基本上没有副业。实行大包干后，该村先后建成了花生油坊、豆腐加工坊等。20世纪60～80年代初，牛蹄寨村仅有养猪、养鸡专业户各1户。2000年，肉鸡养殖户增至13户，规模化养猪、养羊户8户。全村有超市、小卖部共8个。

跳广场舞的村民

村民生活与社会保障 新中国成立前，牛蹄寨村房屋为砖木结构。中共十一届三中全会后，农业收入大幅增长，群众生活质量明显改善，住房改为砖混结构，更讲究建筑风格，人均住房面积达到30～40平方米，全村有100多户家庭拥有私家小轿车。2014年，全村土地全部流转至亿科公司，村民过上了城镇化生活。截至2015年，牛蹄寨村有90岁以上村民2人，80岁左右村民30人。从20世纪90年代末到2006年，该村有五保户7户，低保户14户，优抚对象1人。

风物传说 新中国成立前，牛蹄寨村有五道庙、三关庙等庙宇5座，铁钟1个，300余年皂角树1棵。截至2015年，古树长势良好，是该村的镇村之宝。

名人能人 李居元，清朝光绪年间举人，曾在榆关、牛头崖做官，晚年回乡，在牛蹄寨村病故。

张洪图，烈士，解放军第一一九师战士，在参加解放战争中牺牲。

李长起，烈士，第四野战军战士，在参加辽沈战役中牺牲。

薛维国，20世纪40年代参军，原为武汉空军某部师级干部，现已去世。

张鸿国，解放前，该村村民张启奉家境贫寒，其儿子张鸿国为让病危的母亲吃上一口肉，从自己腿上割下一块肉给母亲吃，当时“割肉孝母”的故事被传为佳话。县府赠匾对其褒奖。

dongdian cun
东甸村

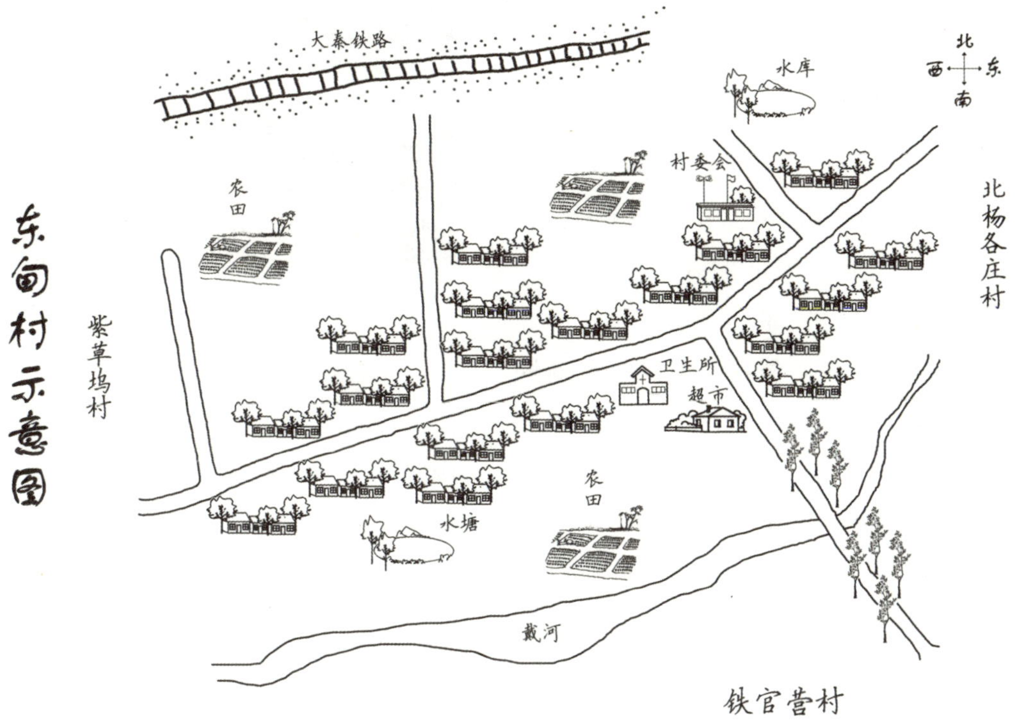

村址 东甸村位于秦皇岛开发区榆关管理区办事处驻地东南方向约 4.7 公里处。该村东北方向与北杨各庄村相邻，东南与铁官营接壤，西与紫草坞村毗邻。截至 2015 年，全村土地面积约为 1500 亩。其中，耕地面积为 1000 余亩。村南有戴河支流环绕。

村道

沿革 明朝洪武年间（1368 ~ 1398），刘、李、潘、史姓等几户村民由山东迁居此地建村，该村最初分为 3 个部落，即东甸、腰牌、西岭。因该村西部泉水旁有两株紫草，遂定村名为紫草坞村。

紫草坞村历代归抚宁县管辖。1959 年，紫草坞村解体，东甸村变为独立行政村。1958 年成立人民公社，属榆关公社管辖。1982 年，建乡体制后，属榆关乡管辖。1996 年撤乡并镇，归榆关镇管辖。2009 年 10 月，划归秦皇岛经济技术开发区管辖。

基础设施 京秦电气化铁路由北穿村而过，秦抚快速路由村南贯通。该村主要街道有 2 条，截至 2015 年已全部实现硬化。村南有戴河支流环绕，河上架桥梁 1 座，为村民生产生活提供了便利。20世纪70年代，东甸村兴修水利，建成水库1座，蓄水量为3000立方米，铺设管道500延长米，用于解决果园灌溉问题。2009年，划归秦皇岛开发区管辖后，全村硬化道路7200平方米，安装路灯70盏，改造节能灶196个，改造厕所215个。

人口·姓氏　截至2015年，东甸村总人口为490人。其中，男性240人，女性250人。80岁以上老人13名，16岁以下未成年人95人。东甸村主要姓氏有史、刘、陈、潘、李等。

村级机构　1950年实施村长制时，东甸村属紫草坞村，第一任村长为衣贵。1956年成立高级社，北杨各庄、郑家店村、铁官营村、东甸村、紫草坞村、西岭村同为一个总支部，王远华担任总支书。1958年成立人民公社，东甸村与紫草坞村、西岭村同为一个大队，大队书记为刘任书。此后，张文林（1959～1962年）、赵文普（1963～1964年）、李振文（1965～1966年）、潘风雨（1968～1974年）、赵文普（1975～1984年）、张东杰（1985～1988年）、史武安（1989～2003年）、潘友生（2004～2011年）、刘正洪（2012年～2015年），相继担任该村党支部书记。截至2015年，该村共有党员18人。

卫生所

东甸村1953年成立互助组，1954年成立小社，1955年成立初级社，1956年编入高级社，1958年成立人民公社。1958年，人民公社期间，东甸村与紫草坞村、西岭村同属一个大队，大队长为王守阳。此后，张文林（兼职至1964年）、陈占清（1965～1966年）、陈俊生（1975～1983年）、潘庆生（1983～1986年）、刘正洪（1987～1989年）、孙存原（1990～1996年）、潘学成（1997～1999年）、郗立洪（2000～2005年）、刘正元（2006～2009年）、李成和（2011年～）相继担任该村村主任。

教育·文体卫　东甸村未设小学，建村以来该村适龄儿童均在紫草坞小学和榆关中学就读。

2014年4月，村民感谢开发区管委为全村解决了用水难题

2014年4月，村民请管委主任胡英杰品尝甘甜的井水

新中国成立以后，全村共有40余人陆续考上大学。2009年后，该村在村南修建文化广场1座，占地约2020平方米，安装各类健身器材30套，

戴河

为村民提供了休闲娱乐的场所。

农工副业 东甸村属半丘陵地带。地形为北高南低。东甸村生产队主要以种植玉米、小麦、水稻、花生、大豆等粮食作物为主，每年向国家粮库缴纳征购粮。20世纪70年代初，支部书记赵文普带领村民开展“农业学大寨”运动，在该村建梯田、修水利、栽果树，建成100余亩苹果园。此外，该村通过多方筹资，与沈阳地毯厂联系、合作，成立了地毯编织厂，拥有机梁21架，带动了村民就业和增收。中共十一届三中全会以来，东甸村农、林、牧、副业全面发展，粮食单产逐年提高，玉米亩产1500斤，花生亩产700斤左右。其中，果树效益尤为突出，每亩收入由几十元增长至上千元，甚至近万元。同时，该村养殖大户逐年增加。20世纪90年代～21世纪，该村有禽蛋鸡专业户4户，规模养猪、养牛专业户8户。该村另有个体企业1家，小卖部3家。

村民生活及社会保障 改革开放前，东甸村村民衣食住行都很落后，住土坯房、烧秸秆、出行靠步行和自行车。改革开放后，东甸村开展科学种田，粮食产量不断提升，青壮年靠外出打工增加收入，村民生活水平逐年提高，住房由土坯房变为砖混结构房，饮食更讲究营养和健康，出行有汽车。截至2015年，东甸村村民拥有私家小汽车40余辆，户户都有农用三轮车和电动车，且大部分村民家中都安装了有线电视、电脑，90%的村民都用上了手机。划归开发区后，村支部书记刘正洪、村主任李成和，与开发区相关部门协调，为村民打深水井1眼，并重新改造了管道，村民生活用水更加便利。同时，村民参加城乡医疗保险，杜绝了因病返贫情况的发生。此外，村中有特困户3户、五保户2户，都实现了应保尽保。截至2015年，东甸村80岁以上老人共13人。

名人能人 史鹏祥，曾参加抗美援朝战争。史占桐，曾任中华供销合作总社总会计师。潘新民，任天津理工大学教授。

村貌

beiyanggezhuang cun

北杨各庄村

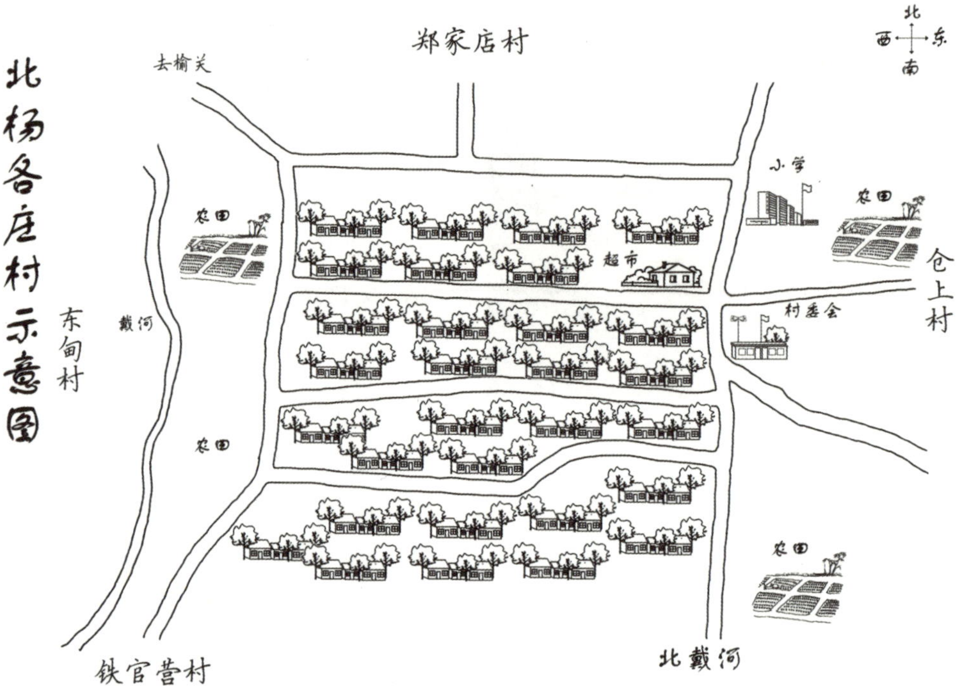

村址　北杨各庄村位于榆关管理区东 7.2 公里处。东临仓上村，南接铁官营村，西到东甸村，北至郑家店村。全村总面积 2700 亩。其中，耕地面积 1600 亩。2012 年，北杨各庄村划归开发区后土地被征用。

沿革　清康熙年间（公元 1644 ～ 1722 年）杨氏村民由山西洪洞县迁入此地开药铺，取名杨各庄。后为与村南的北戴河杨各庄区别，因其位置在北戴河杨各庄北侧，故改名北杨各庄。

俯瞰北杨各庄村

1958 年，成立人民公社，北杨各庄村归榆关公社管辖。此后，榆关公社相继改为乡、镇，北杨各庄属其管辖。2010 年，北杨各庄划归秦皇岛开发区管辖。

基础设施　新中国成立初期，北杨各庄村内有东西走向街道 4 条，南边两街中间有水渠 1 条。1962 年，全村通电安装了电灯。2014 年重新修整，引东河水流进西河。随着人口的增加，新建房屋逐渐增多，该村街道增至 7 条。村西有津秦铁路，向北 2 公里为 102 国道。2015 年底，该村道路全面实现硬化，并安装路灯 30 盏，建文体广场约 420 余平方米。

人口 · 姓氏　新中国成立初期，全村总户数 80 户，420 人。其中，男性 203 人、女性 217 人，

60岁以上73人、17岁以下43人。2000年，全村120户，总人口570人。其中，男性280人、女性290人，60岁以上99人、17岁以下120人。2015年，全村260户，总人口670人。其中，男性330人、女性340人，60岁以上160人、17岁以下200人。

村委会

村内姓氏按人口多少排列，依次为王、张、衣、李、杨、孙、潘、刘、赵、隋、相里、吴、高、陈等。

村级机构 新中国成立后，北杨各庄村建立村党支部，王计武任第一任党支部书记，任期到1953年。新中国成立前，入党的有赵贵生、王存清、杨桂申、张桂婷、李宝顺等14名老党员。赵贵生（1954～1958年）、王存清（1959～1964年）、赵贵生（1965～1967年）、王全忠（1968～1971年）、高志强（1972～1979年）、王贵林（1980～2002年）、王志忠（2002～2013年）、潘德全（2014年～ ）相继担任党支部书记。

1947年，北杨各庄成立农会组织，王昌有任农会主任。1955年成立了高级社。北杨各庄、郑家店、小营、紫草坞（东甸、腰排、西岭）统称旭光社，土地归旭光社所有。1958年成立人民公社，北杨各庄村建立了北杨各庄生产大队，土地所有权归北杨各庄大队所有。

1942年实行保甲制，1942～1944年，王东阁任保长。1945～1946年，赵桂山任保长。新中国成立后，赵贵生任村长。赵贵生（1949～1953年）、张守正（1954～1957年）相继担任村长。1958年，成立人民公社，建立北杨各庄大队，王洪起（1958～1963年）、杨贵臣（1964～1967年）相继担任大队长。1968年，成立村革委会，隋殿秋任革委会主任。杨贵臣（1968～1972年）、王立彬（1973～1980年）相继担任大队长。衣勤（1981～1985年）、王志忠（1986～1996年）、王立彬（1997～2001年）、孙立勇（2012年～）相继担任村主任。

教育·文体卫 1927年，北杨各庄小学在该村圆通庵庙舍的西廊房成立，有1名教师和9名学生。后该村地主王铁柱联系邻村富商捐款，扩建西廊房，增加了教室和教师。1946～1948年，北杨各庄村有教师1名，人称“袁老六”，深河人。他带领学生以大殿、二殿作为教室。1953年，北杨各庄村小学设1～6年级，有教师10名。大毛义庄、小毛义庄、华义庄、孤家子村和仓上村等周边村适龄儿童均在此上学。1951～1954年，北杨各庄小学还设立了自己的剧团，课余时间经常到周边村演出《白毛女》《王秀兰》《小二黑结婚》等剧目。北杨各庄小学曾被评为“抚宁县合格小学”“秦皇岛市德育先进学校”。该

北杨各庄村小学

校学生先后有 60 多人考入大学。

2013 年，村两委投资 23 万元，重新修建了两委办公室、会议室、农家书屋、文艺室。同时，在村大队部门前修建了活动广场，配备了各种体育健身器材供村民锻炼身体。

到 2015 年，村里有小诊所 2 个，村民有小病不出村就可以医治，村医有赵书文和王海明。

农工副业 北杨各庄村东面和西面高（称东岭、西岭）且为丘陵地形，村南和村西附近是平原地，土地肥沃，适于耕种，粮食年年高产。北杨各庄村在“农业学大寨”运动中，重点对东岭、西岭丘陵地带进行了治理，将斜坡地段修成梯田，保住了水土，低产田变为高产田。曾有“一天一带饭（中午在地吃饭），顶着星星打着灯笼干，天天都得来夜战”的民间顺口溜，形容村民干劲十足。

北杨各庄村主要以玉米、甘薯、花生、大豆、谷子、高粱等农作物为主。1962 年，大队还建起了米面加工厂，厂内有工人 4 名。村东岭蕴藏矾石矿，生产队期间村民开采后，送往秦皇岛市矾石厂，增加了生产队的收入。村西小河内有河沙，生产队时期，采挖出来被运送至北戴河车站，也是村民主要收入来源之一。1982 年改革开放后，土地分至各户承包，村民们实施了科学种田，亩产量逐年提高，粮食年年丰收。

此外，北杨各庄村还涌现出了一批专业户。有养羊专业户王大洪、养牛专业户衣洪军、养鸡专业户毛秋香和打顶专业户孙富安、王晓东、王利民及蔬菜大棚专业户王艳华，村民王志江、王大春、王松胜还组建了建筑施工队。截至 2015 年底，全村共有超市 5 家，满足了村民日常需要。

村民生活及社会保障 新中国成立前，北杨各庄村有 70 多户村民，大多数过着“糠菜半年粮”的日子。新中国成立后，家家有地种，一般亩产 200 ～ 300 斤，基本解决了吃饭问题。住房方面，祖孙三代同住一个院子。中共十一届三中全会后，村民均住进了新房，户户有独门院，村内道路增加了 3 条街。耕种方式由过去使用抗犁耕地变为拖拉机、播种机等机械耕种。2012 年后，全村新增轿车 45 辆，有 60 多户村民安装了电话，20 多户安装了电脑，接入了宽带。

戴河

北杨各庄村划归经济技术开发区管辖后，村两委班子按照“美化家乡，造福村民”的要求，实行新的管理模式，将卫生保洁工作常态化，积极开展农村卫生环境整治工作。在各家门前建起了花坛、栽种了花树，做到街道上不堆放杂物。并设立垃圾点若干处，村中每天由 4 名清洁工负责清理垃圾，村容村貌大为改观。

截至 2016 年，该村有 90 岁以上老人 3 名。

风物传说 北杨各庄村东有庙宇 1 座，名为圆通庵。新中国成立前，每年农历二月十九日都有庙会，十里八村的人都到此逛庙会，烧香的、许愿的、拉洋片的（放映幻灯片）、唱戏的，热闹非凡。1946 年以后庙会逐渐取消。

文化大革命前，该村另有 3 座土地庙，村西头叫西小庙，北街西头叫北小庙，南街东头的叫东小庙。新中国成立前，村民初一、十五都到小庙烧香，求土地神保平安，文革后全部拆除。

名人能人 赵又群，大学教授，曾在南京航空航天任教。

王振生，师局级干部，在中华人民共和国邮电部工作。

尹志国，秦皇岛海港区水务局局长。

抗战故事 擒获假八路，1942 年实行保甲制，1942～1944 年，王东阁任保长。1945～1946 年，赵桂山任保长。北杨各庄是共产党和国民党两方拉锯点。保长两方面都得应付，白天给国民党反动派干，晚上给共产党干。当时党的地下工作者王军和韩玉玺，时常住在赵保长家。共产党方面找保长开会都到平市北的荒地老王家，直接领导是临、抚、昌三县县长计明达。当时八路分给北杨各庄村的任务是缴纳公粮、布鞋，一般都送到方家河。1946 年春季的一天，一名背着枪的人到赵保长家，自称是八路军来要钱，第一次如数给了他。没过三天又来要钱要布，而且限期 3 天。这引起了赵保长的怀疑，当晚赵保长就向王军（地下工作者）做了汇报，王军又找到计明达询问，计明达认定这是个骗子，设计捉住他。到了第三天晚上，这个人果然又来了，为了稳住他，赵保长家请他吃饭，跟他交谈，说钱布已凑齐。与此同时，赵保长的大儿子去郑家店找到王军，王军带领 3 名民兵，当场把假八路抓获，这就是当时震动几个村的赵保长抓假八路事件。

处决金翻译，1945 年春季的一天，有 6 名日军从北戴河车站来到北杨各庄，在该村王东阁保长家的房顶上，建起了小炮楼。这 6 个日来往在北杨各庄与大米河头之间。以后又来个金翻译，他经常带领日本兵抢老百姓的鸡、猪和口粮。还联络伪军，送女人到北戴河车站供日本兵娱乐，并把八路军的地下工作者在北杨各庄村和郑家店村的活动情况汇报给日本兵。北杨各庄老百姓给他起了外号叫“万顶真”（即万不人揍、顶不人揍、真不人揍）说他坏透顶了。当时该村的姑娘们都投奔亲戚家藏了起来，青壮年男子白天藏在村西北的栗树沟里，夜间才偷偷回家，以免让日本兵抓住押至深河修战壕。有时八路军的地下工作者在晚上往炮楼上放冷枪来袭扰日本兵，让他们不得安宁。

郑家店的陈一民（汉奸），通过金翻译告知日本兵说：“北杨各庄赵桂山通匪。”（当时的匪就指共产党）还有仓上的周世达、大科坨的李太千等 8 人，被小日本抓去押在日本人居住的王东阁大院，白天这 8 个人挖水井，7 天挖了一丈多深的大水井。夜间审讯灌辣椒水、压杠子。后来这八个人在押往昌黎的途中被八路军解救。汉奸陈一民在 1947 年被八路军枪决。

村貌一角

1945 年 7 月的一天拂晓，八路军地下工作者王军、韩义庄村的王金生等从东、西、北三个方向往炮楼打枪，日本兵还没睡醒，慌里慌张登上炮楼，胡乱开枪。王金生和王军在北边用鞭炮和枪交错打出声音，制造攻打炮楼的假象，小日本也不知道东西南北到底有多少八路军，6 个日军提着枪，从小营往大米河头方向逃跑。这时金翻译也要从村里往南逃跑，被韩玉玺、王军等人抓住。枪声停了，老百姓出来看日本兵跑了抓住金翻译，大家齐喊："打死他！打死他！"上午9点钟，临、抚、昌三县县长计明达到北杨各庄村在全体百姓面前宣布，判处汉奸金翻译死刑，立即执行。金翻译在村西头小庙前被八路军枪毙了。不久日本投降了，藏在外面的人都回来了，家家又过上了团圆的日子。

打跑伪乡长，王东坡是北杨各庄村的大地主。其父王铁铮花钱为其买官，任拨道洼乡长一职。土地革命时期，王东坡的土地和财产被平分。为此，王东坡对共产党和该村百姓怀恨在心，决定带领大乡队到北杨各庄抢劫报复。奸细郑新国则暗中帮助王东坡，一日他在得知王东坡将对北杨各庄进行抢劫时，于是暗中在土地改革积极分子家门上画"十"字做记号，告知王东坡重点抢劫对象。王东坡带领大乡队进村后，抢走三大车粮食和其他各种物资。

八路军小分队得知王东坡又要到北杨各庄抢劫，便在杨各庄村西去东甸的路旁设下埋伏。距埋击地点约200米处有座南窑，此窑高出地面4米。当天，奸细郑新国站在窑上查看到八路军行踪，欲向王东坡通风报信时，被中共地下工作者发现，郑新国右腿被击中，3名八路军战士用木板将其押送至北杨各庄村，后因失血过多而亡。王东坡听到伏击枪声后，如惊弓之鸟，带领20余名大乡队员向小营村南逃窜，八路军小分队追至周营北岭方休。王东坡和大乡队成员逃至北戴河。新中国成立后被人民政府镇压。

beidianzi cun

北甸子村

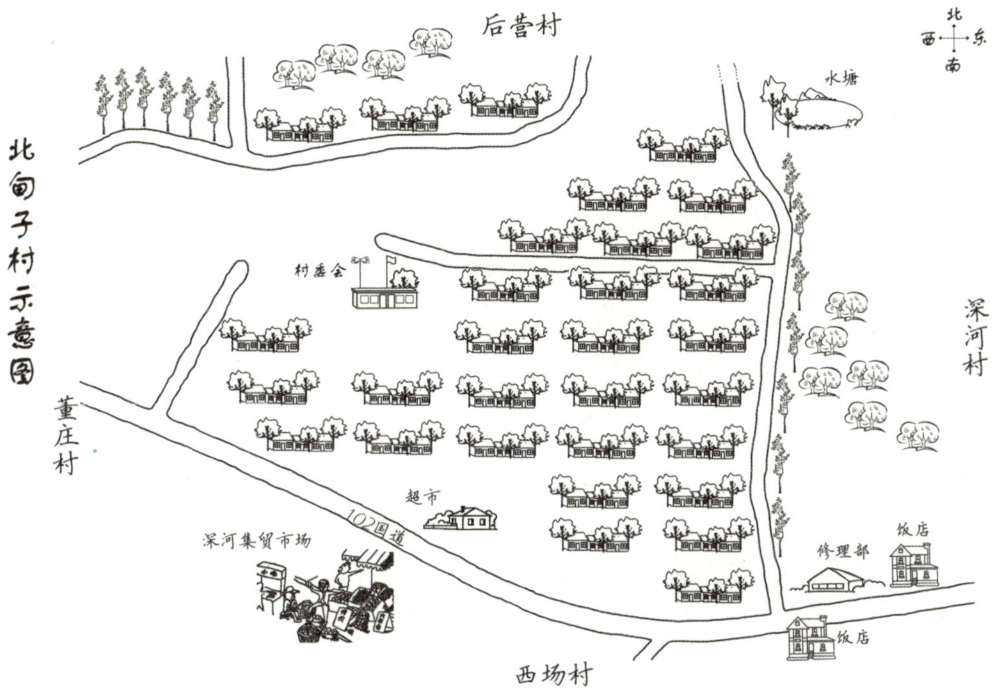

村址 北甸子村位于秦皇岛开发区榆关管理区办事处驻地东北方向约 7.2 公里处，该村与深河集贸市场隔路相邻，东临深河村，南抵 102 国道，西至董庄村，北到后营村与戴河生态园。北甸子村多丘陵，少平原，自然生态条件良好。村内有小型水库 2 座、绿化带 1 条、生态园 1 个，戴河支流途经该村。北甸子村原有土地 600 余亩，2009 年，经抚宁县征地和 2011 年开发区征地，累计征地 200 余亩。2015 年，有耕地及机动地面积 400 余亩。森林覆盖率达到 80% 左右。

沿革 明洪武年间（1368 ～ 1398），张氏兄弟由山东迁至此处，开了一家店铺，取名北甸子。

20 世纪 50 年代初，北甸子村和相邻西场村并为一村。20 世纪 60 年代，北甸子村成为独立行政村。1953 ～ 1968 年，北甸子村隶属抚宁县深河人民公社管辖。1979 年，深河人民公社改为深河乡政府，北甸子村属其管辖。2010 年，该村划归秦皇岛经济技术开发区管辖。

基础设施 20 世纪 70 年代，北甸子村建成二道沟水库，1997 年进行扩建。20 世纪 80 年代，建成北河水库。2012 年，回收北河水库机动地，经村党支部和村委会决议，建成北河村生态园，并修建水库 2 座，种植杨树 350 棵，柳树 150 棵。

村内建有小型广场 1 个。20 世纪 90 年代末至 2011 年期间，该村先后完成街道硬化和自控路灯的建设。2011 ～ 2015 年底，实现了有线电视及联通、电信等宽带信号全覆盖。

人口 · 姓氏 新中国成立后，北甸子村的人口从联产承包责任制以前的 40 多户，195 人，发展至 2015 年的 106 户，258 人。其中，男性 126 人、女性 132 人，18 周岁以下村民 51 人、

87 岁以上长寿老人 4 人。

村民人口姓氏排序主要有王、齐、张、高、郎、李、程、郭、刘、孙、燕等。

村级机构 人民公社期间，高启和孙禄（1949 ～ 1964 年）2 人轮流担任大队党支部书记、队长。其后，齐森（1955 ～ 1983 年）任生产队长，张文琪（1953 ～ 1968 年）任大队党支部书记，王庆华、王庆峰（1979 ～ 1986 年）相继任大队党支部书记、队长。

随行政体制改革，北甸子大队党支部改为北甸子村党支部。此后，高中文（1986 ～ 1997 年）、燕立生和王庆峰（1997 ～ 1999 年）、王奎元（2000 ～ 2003 年）、张久林（2003 ～ 2005 年）、高文中（2006 ～ 2012 年）、郎文良（2012 ～ 2015 年底）相继担任村党支部书记。截止到 2015 年底，北甸子村党支部共有党员 20 人。其中，男性 17 人、女性 3 人。60 周岁以上老党员 6 人。

村委会

郎士永（1985 ～ 2005 年）担任村长、村主任，2000 年，高尚东短期担任村主任。其后，朗文良（2006 ～ 2012 年）、程树禾（2012 ～ 2016 年底）相继担任村主任。

教育·文体卫 北甸子村村西约 200 米处建有深河卫生院，生态园以东设立开发区第六小学，村东约 500 米处建有深河中学及幼儿园。村民及子女可就近就医、上学。2006 年，在开发区驻村干部的帮助下，北甸子村建成农家书屋，有《秦皇岛日报》《燕赵都市报》《新农民》等各类报刊 2000 余册（份）。逢年过节，村民积极自发组织大鼓、秧歌、广场舞等丰富多彩的文化活动。

农工副业 1958 年，北甸子村主要以种植玉米、大豆、花生和小麦等农作物为主，并积极发展林果业、立体养殖（牛、羊）业。同时经营矾石矿开采和铁炉生产，组织车队开展运输。自联产承包责任制以来，村民们自力更生，在已有种植业的基础上，大力开展桃树、苹果树和板栗的种植，收益明显提高。2009 年，北甸子村响应国家植树造林号召，在京沈高速公路南侧栽植了 58 亩绿化林带。

此外，在村干部的积极组织下，村民在该村 102 国道以北区域经营饭店、装潢、冰袋厂、汽修等个体服务业。2000 年，村里还相继创办了粮食加工作坊、空心砖生产厂，并涌现出一批桃树种植专业户、鹌鹑养殖专业户，村民收入实现大幅增长。

村民生活及社会保障 人民公社期间，北甸子大队多次获得优秀生产队称号，摘得流动红旗，不但解决了温饱问题，还积存了余粮。联产承包责任制以来，北甸子村民收入处于历史同期中游水平。2010 年，该村从抚宁县划入开发区，享受到了开发区的各项惠农及征地补偿政策，村里 7 户低保户已撤消。在改善村容村貌方面，垃圾点由原来的 6 个增至 13 个，村街道整洁干净。2011 年，村集体为村民免费安装了有线电视，并为村民缴纳了 2 年的农村合作医疗费。

2012 年，全村共有 49 人享受养老保险政策。其中，男性 20 人、女性 29 人，人均领取数额达到每年 12000 元。此外，全村 172 人享受生活费

活动广场

村道

补贴。其中，男性 83 人、女性 89 人，人均每年可领到 2160 元。

风物传说 北甸子村村北，曾有百年以上老榆树 1 棵，文化大革命期间被砍。

名人能人 齐森，1947 ～ 1955 年参军，1952 年参加抗美援朝战争，担任排长，多次立下战功，1955 年复员后长期担任北甸子生产队队长。

孙禄，原东北野战军军人，1950 ～ 1953 年参军，抗战期间担任机枪连排长、副指导员，多次荣获军功章，复员后曾担任生产队长、支部书记。

王战，原东北野战军军人，1946 ～ 1950 年参军，曾在战斗中负伤，负伤后转业至地方工作。

荣誉 1999 ～ 2011 年，北甸子村被秦皇岛市抚宁县人民政府评为“小康文明生态村”。

daishantou cun

代山头村

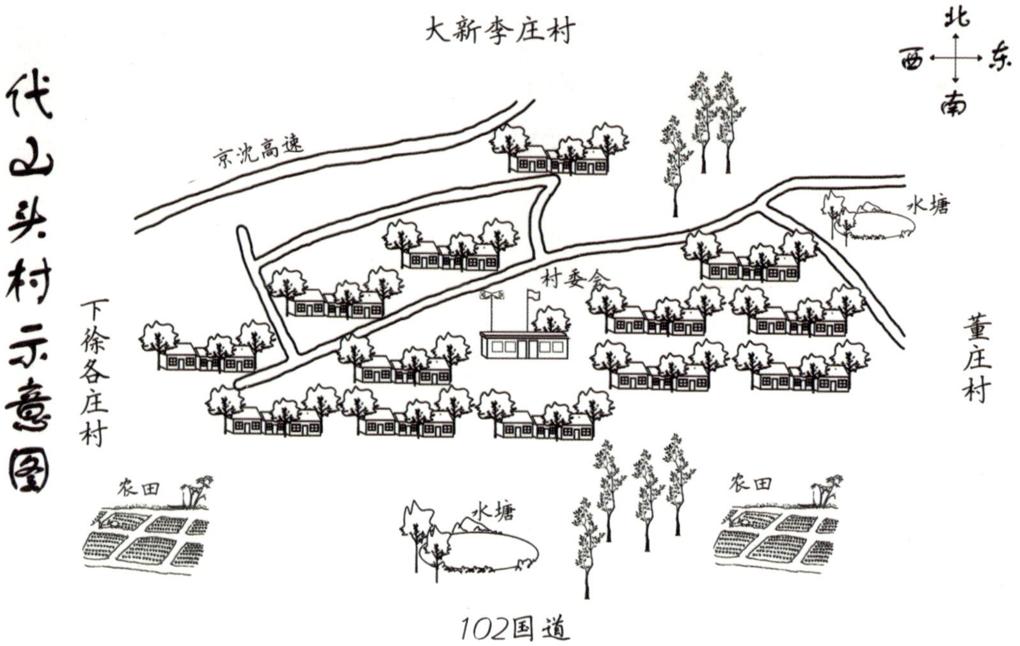

村址　代山头村位于秦皇岛开发区榆关管理区办事处驻地东北方向约 5 公里处。东临董庄村，南接 102 国道，西到上徐各庄村，北至大新立庄村。新中国成立初期，该村有土地 2800 亩。1996 年修建京沈高速、2004 年修建沿海高速、2009 年修建承秦高速公路，先后征占该村土地，土地减少至 2000 亩左右。代山头村村北为丘陵地，村址位于洼地。代山头村南山脚下有 1 条东西走向的小河穿村而过，该河为戴河支流，源头位于董庄村，河水长年不绝。

沿革　明朝洪武年间（1368 ～ 1398），山东袁、李、代三姓村民迁居此地，代姓村民迁至南山，起名为代家山头。1996 年，代家山头改名为代山头村。

代山头村原属秦皇岛市抚宁县榆关镇管辖。2010 年，划归秦皇岛经济技术开发区管辖。

基础设施　20 世纪 70 年代，村东北角曾建水库 1 座，占地约 7 亩。村里有东西贯穿的街道 1 条，后来随人口增加，又增建 4 条道路。2013 ～ 2015 年，开发区出资 7 万元，该村集资 3 万元，对村内道路进行了硬化。

人口 · 姓氏　新中国成立初期，代山头村总人口为 400 人，90 余户。截至 2015 年，代山头

村委会

村总人口为 736 人，310 户。

村内姓氏原有戴、袁、李、窦、王、宋、吴、刘、许、郝、金、赵、张、蒋、陈、温。截至 2015 年，仅剩袁、李、窦、王、刘、金、赵、蒋、陈姓，以袁姓为主，人口约占村总人口的 80%。

村级机构　袁松龄、刘明阁、袁守森、袁国龄、袁墨令、袁守富、袁守本（20 世纪 70 年代末到 1988 年）、袁景桥（1988 ～ 1990 年）、王玉富（1990 ～ 1996 年）、袁有生（1997 ～ 2003 年）、袁守纯（2003 ～ 2005 年）、袁景桥（2006 ～ 2008 年）、李宏达（2009 ～ 2014 年）、袁景桥（2015 ～ 2017 年）相继担任该村党支部书记。

1950 ～ 1953 年，代山头村成立了互助组，1955 年解体。1956 年，成立高级社，称为星火社。1958 年，成立人民公社。1959 ～ 1963 年，遇自然灾害，每人每天限量三两粮食。1964 ～ 1965 年，搞“四清”运动。1966 年，开始文化大革命。袁国龄、李世长、温世杰、袁守祥、袁守纯（1989 ～ 1997 年）、李俊奇（2002 ～ 2005 年）、温守仁（1990 年前后）、陈光（2006 ～2014 年）、袁新（2015 年～）相继担任该村大队长、村主任。

进村入口

电子商务服务社

教育 · 文体卫　1958 年，代山头村建成小学 1 所，累计有教师 6 名，2010 年与上徐各庄小学合并。2010 年，村委会改建成二层小楼，设有农家书屋。20 世纪 70 年代，该村有赤脚医生 3 名，专门为村民诊治小病。截至 2015 年，该村有小型文化广场 1 个，占地 1 亩，配备了各种体育健身器材。

农工副业　自建村以来，代山头村主要以种植玉米、花生等农作物为主。截至 2016 年，该村种植玉米 700 余亩，种植花生 200 余亩。此外，该村有米面加工厂 1 个，农业合作社 1 个，超市 3 个。

村民生活及社会保障　该村村民生活水平逐年提高，多数村民都住进了新建房，家具电器一应俱全，年轻人上下班都有了私家车，村民生活丰衣足食。1972 年，代山头村相继通电和安装了自来水管道，接通了有线电视信号。到 2015 年，村民有 1/3 外出打工，部分村民从事土木工程承包来增加收入。该村有低保户 2 户，残疾低保户 6 户，残疾人 17 人。全村 80 岁以上老人约 10 余名。

风物传说　新中国成立初期，村南有座小山，山上有元宝树 1 棵，树冠犹如一把撑开的大

超市

伞，高约15米，在南、北戴河均可见，1963年被砍伐，村里请木匠王起山做成高脚桌203张，凳子40把，供村里红白喜事用。

新中国成立初期，村东、西各有小庙1座，供村民殡葬使用。村中间有老爷庙1座，每年二月有庙会。庙内有口大钟，钟架高1.5丈，钟上刻有当时捐款捐物者的姓名。此钟毁于1958年，老爷庙也被拆除。

20世纪30年代，代山头村南山上曾建有炮楼。20世纪70年代，还修建了碉堡、战壕等工事，后废弃。

新中国成立前，代山头村中有碉堡3座，防空洞3个，平房8间，曾驻扎过关东军一个连。日伪时期有保甲制，时任保长袁国令、刘福纯及财主温占春，他们名为日伪军办事，实则为共产党县大队、民兵提供情报，筹粮、银、衣、袜、鞋等用品。

名人能人　袁守文，烈士，1927年生人，代山头村担架队民工。20世纪40年代，参加北戴河战役时牺牲。

新中国成立后，村里有张重、袁树仁两位手艺人。张重为熟皮手艺人。袁树仁为焊铁器手艺人。

村民家中陈设的物品

村道

laolinggou cun

老岭沟村

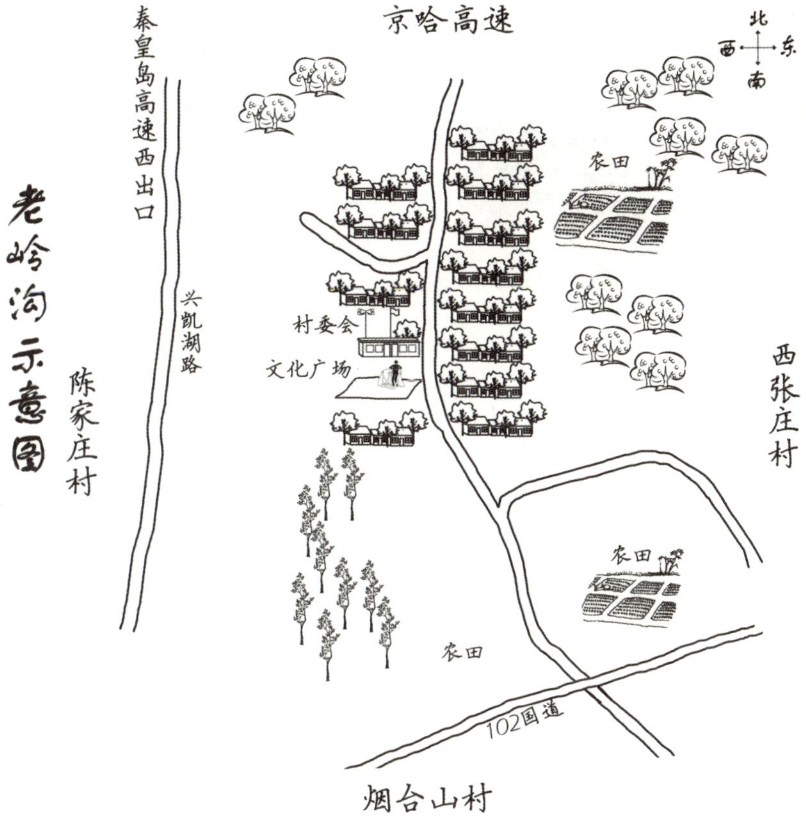

村址　老岭沟村位于秦皇岛开发区榆关管理区办事处驻地东北方向约 12 公里处，距 102 国道南 1 公里。该村东临西张庄，南抵 102 国道，西到秦皇岛高速公路西出口，北至京哈高速公路。老岭沟村属丘陵、山坡地带。土壤为黑土和黄土。

村委会

沿革　新中国成立初期，王氏兄弟从秦皇岛市抚宁县深河乡永宁寨村迁至此地居住，当时该地多丘陵山坡，王氏兄弟遂将房屋建在一条沟壑中，故起名老岭沟。

新中国成立之前，老岭沟村归临榆县管辖。1956 年，该村归深河乡管辖。1958 年，该村归抚宁县深河人民公社永宁寨大队管辖。1960 年，归深河人民公社老岭沟大队管辖。1984 年，该村划归深河乡管辖。2010 年，该村划归秦皇岛

村道

经济技术开发区榆关管理处管辖。

基础设施 新中国成立初期，该村有南北小道1条。20世纪70年代，在村东、西两侧又分别修建小路2条。2005年，该村被评为县级文明村，通过上级拨款和村民自筹款，村中心道路全部实现硬化。2014～2015年，该村东、西两面道路相继实现硬化。

1978年，老岭沟村实现通电。1979年，该村接通自来水管道，1992年，由于自来水井水源不足停止使用。

人口·姓氏 新中国成立初期，老岭沟村共25人，6户。其中，男性13人、女性12人，60岁以上3人、17岁以下6人。1980年，全村总人口为140人，36户。其中，男性75人、女性65人，60岁以上11人、17岁以下32人。2015年，全村总人口为201人，63户。

老岭沟村姓氏按人口多少排列为王、梁、孟、赵、华、刘、李、佟、蒋。

村级机构 新中国成立后，老岭沟村建立党支部，孟宪存（1949～1957年）为第一任村党支部书记。1958年成立人民公社，村党支部更名为大队党支部，刘长荣（1958～1960年）、张希友（1961～1976年）、华忠元（1977～1984年）相继担任大队党支部书记。1984年，该村大队党支部改称村党支部，王宝民（1985～1995年）、孟宪银（1996～2001年）、华忠元（2002～2005年）、王洪民（2006～2009年）、王洪波（2010年～）相继担任村党支部书记。

赵玉合（1953～1958年）任村长。孟宪银（1959～1974年）先后担任大队长、村革委会主任。王宝民（1977～1983年）、华忠元（1975～1976年）相继担任大队长。1984年，老岭沟大队改称老岭沟村，华忠元（1984～2001年）、王焕民（2005～2008年）、王洪伟（2009年～）相继担任村主任。

教育·文体卫 建村以后，老岭沟村未建学校，适龄儿童都去抚宁区永宁寨和深河上小学、中学。2016年，该村适龄儿童都在开发区第四小学就读。生产队期间，该村大队曾派村民梁玉存去海阳东街医院学习，后成为赤脚医生为村民诊治小病。2005年，老岭沟村修建了近200平方米的小广场，并配备了单双杠、象棋盘等体育器材。村民还自发组建了秧歌队和广场舞队自娱自乐。

农工副业 20世纪50年代～2015年，老岭沟村一直以种植玉米、甘薯、花生、大葱等农作物为主。1999年，该村大多数村民均在自家

村内特色大葱种植菜地

责任田内栽植栗子树、核桃树，后被纳入退耕还林范围，国家给予村民相应补贴。2005 年，老岭沟村被定为秦皇岛市城市绿化工程村，给予村民每亩 300 元补助，共补助 8 年。2013 年，该村村民种植大葱的较多，共 200 余亩。截至 2015 年底，该村有核桃树、栗子树约 500 亩。1998 年，原村大队长孟宪银曾开办该村第一家小卖部，2003 年停业。2003 ～ 2015 年，村民张丽杰开办小型超市 1 个。

村民生活及社会保障　1949 年，老岭沟村房屋总面积约 350 平方米。20 世纪 60 年代～ 1990 年，该村多户村民新建住房，增加房屋面积约 2000 余平方米。20 世纪 80 年代，老岭沟村村民人均年收入约为 1500 元。20 世纪 90 年代，人均年收入增至 2000 元。2015 年，人均年收入达到 4500 元。1988 年，老岭沟村村民王宝民购买了第一台黑白电视机。2006 年，村民华志广购买了全村第一台电脑，随后电脑、互联网逐渐在村内普及。

该村优抚对象共 2 人，为村民张希友和王景悦。截至 2015 年底，该村 80 岁以上老人 2 人。

名人能人　王景悦，1951 ～ 1956 年参军，曾参加抗美援朝战争。

张希友，1951 ～ 1963 年入伍，参军期间曾担任排长，曾参加抗美援朝战争。

荣誉　2005 年，该村被评为抚宁县文明村。

西岭村

xiling cun

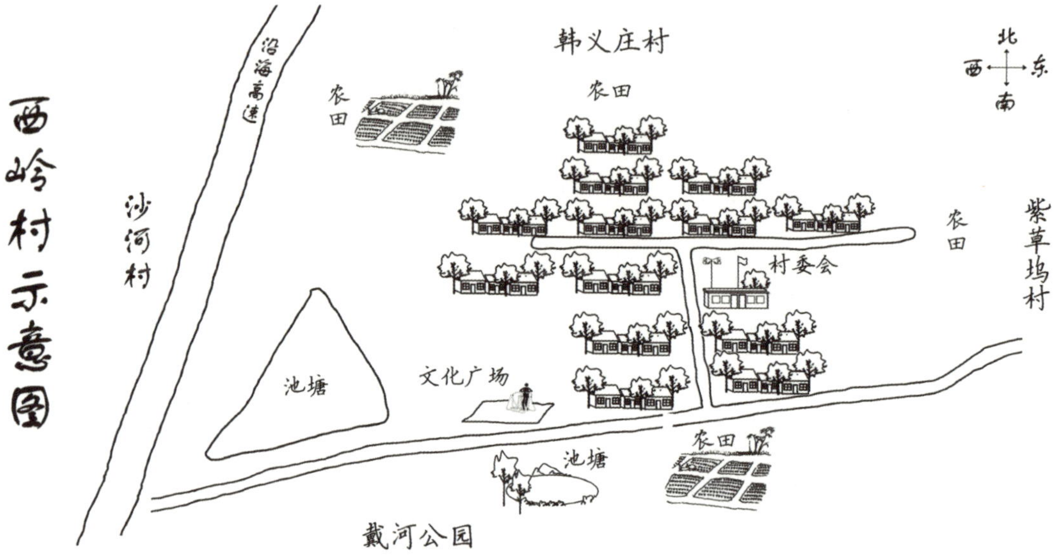

村址 西岭村位于秦皇岛开发区榆关管理区办事处驻地东南方向约 3.8 公里处。西岭村东临紫草坞村，南接戴河公园，西到沿海高速公路，北至韩义庄村。截至 2015 年，全村总面积为 1764 亩。其中，耕地面积为 1524 亩、民居面积为 147 亩。

沿革 西岭村原属紫草坞村。明朝永乐年间（公元 1403 ～ 1424 年），史、刘、王姓村民由山东迁至此地落户，因此地形似坞，且一个泉眼井旁长有紫草（人称宝草），故得名紫草坞。1961 年，紫草坞村逐渐形成西岭、腰排、东甸 3 个行政村。西岭村由于位于西部岭上，故叫西岭。

1950 年，西岭村属紫草坞村，归杨各庄乡管辖。1958 年，归榆关人民公社管辖。1961 年，西岭成为独立行政村，归榆关人民公社管辖。后相继归榆关人民公社、榆关乡、榆关镇管辖。

村委会

进村主干道

文化广场

2010 年 10 月，划归秦皇岛经济技术开发区管辖。

基础设施　1984 年，西岭村接通自来水管道。1991 年，抚宁县为西岭村修建村内道路。该村与沙河村分界处有小河 1 条，该村人称其为狗尿河，并于村东、西两侧各建小桥 1 座。1992 年，该村接通有线电视信号。1994 年，村民自行修建了该村第一条水泥路。1997 年，村内各条道路全部实现硬化。2016 年，西岭村修建了北到韩义庄、南到小米河头村的水泥路，村民出行更加方便。截至 2015 年，西岭村村集体有抽水电机 3 个，解决了日常饮水及抗旱用水问题。

1999 年，该村实现了移动通讯网络全覆盖。2014 年，西岭村安装太阳能路灯。

人口・姓氏　1962 年，西岭村总人口为 300 余人，约 60 户。2015 年，该村总人口为 535 人，共 189 户。其中，男性 273 人、女性 262 人。

西岭村姓氏按人口多少排列为李、张、刘、王、陈、杨、周等。

村级机构　1961 年，西岭村建立党支部，第一任党支部书记为李印长。截至 2015 年，西岭村党员共 17 人，其中预备党员 2 人。其后，李殿文、李国臣、李树芝、刘春（1982 年）、李学儒（1983 ～ 2012 年）、张兴文（2012 ～ 2014 年）、张小提（2015 年～　）相继担任村党支部书记。西岭村第一任村长、大队长、革委会主任为刘廷。李殿文、王少文、李树存、李书明、陈力、张兴文（1982 ～ 2012 年）、陈辉（2012 ～ 2013 年）和王宏（2013 年～）先后担任村主任。

教育・文体卫　1973 年以前，西岭村适龄儿童均在紫草坞小学和沙河小学就读。1973 ～ 1979 年，西岭村成立小学，方便该村适龄儿童上学。1979 年，西岭小学取消，学生分散至紫草坞小学和沙河小学就读，延续到 2015 年底。到 2015 年，西岭村有小学生 20 余人，中学生 20 余人、在校大学生 5 人、毕业大学生 9 人、博士 1 人。2014 年，西岭村修建了村文化广场，建有秧歌队 1 支，共 15 人；舞蹈队 1 支，共 10 人；村民业余文化生活丰富多彩。

农工副业　西岭村土壤以黄土为主。大部分为平原地带，小部分为丘陵。西岭村历代主要以种植玉米、花生、蔬菜及绿化树木为主。1984 年，该村曾建砖厂 1 座，平均年产砖 1000 万块，有效带动了该村劳动力就业。2015 年底，该村响应国家环保号召将砖厂拆除。

截至 2015 年底，西岭村有牛、羊养殖户 3 户，猪养殖户 3 户，鸡养殖户 1 户。

村民生活及社会保障　截至 2015 年，西岭村青壮年均在开发区各企业上班，生活和收入水平明显提升。

截至 2015 年，西岭村有五保户 2 户，低保户 6 户，优抚对象 2 户，残疾人 8 人，80 ～ 85 岁老人 11 人。

名人能人　李书奎，哈尔滨陆军某部师级干部。

houzhuang cun
后庄村

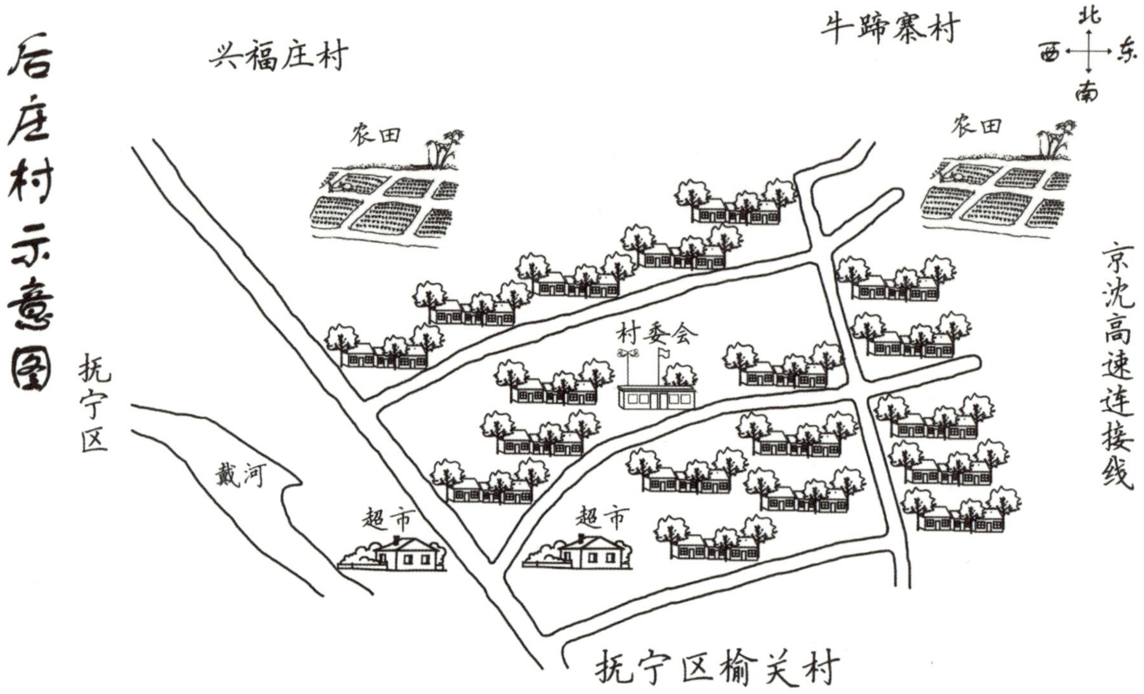

村址 后庄村位于秦皇岛开发区榆关管理区办事处驻地西约2.8公里处。该村东临京沈高速连接线，南接榆关村，西到戴河生态园，北至牛蹄寨村。2016年底，后庄村总面积为1500余亩。其中，民居面积200余亩、耕地面积约为1300亩，人均耕地面积为1.55亩。

村委会

沿革 明朝永乐年间（1403～1424），何、许、孙三户由山西迁居至此，故起名许家庄户。后因该村在榆关北，遂更名为榆关后庄，简称后庄。

明朝永乐年间（1403～1424），后庄村隶属永平府管辖。民国初期，后划归抚宁县管辖。新中国成立后，后庄村归抚宁县榆关区管辖。1958年，后庄村归榆关公社管辖。1996年，后庄村归抚宁县榆关镇管辖。2010年，该村划归秦皇岛经济技术开发区管辖。

基础设施 1970年以前，后庄村住宅房（院）共3排，街道2条。2015年底，该村3条主干道全部实现硬化，其余10条辅路也已纳入硬化计划中。该村村西公路属县级公路，可通往开发区北部各处和台营镇。20世纪60年代，后庄村村西有大口井1眼，1965年废弃。

老房

1961 年，该村全部通电安装电灯。2016 年，后庄村通自来水，村民用水更加便利。

人口·姓氏 新中国成立初期，后庄村共有人口 300 余人，约 80 户。截至 2016 年底，后庄村共有人口 782 人，275 户。

主要姓氏有韩、杨、秦、李、王、高、惠、崔、赵、张、刘、侯、吴、马、贺、薛、徐、田、冯、孙。

村级机构 秦友德、徐丙言（1948 ～ 1954 年）、王广元（1954 ～ 1965 年）、刘范章（1965 ～ 1971 年）、冯占义（1972 ～ 1978 年）、韩有春（1978 ～ 1984 年）、徐宝成（1984 年）、韩德余（1984 ～ 1995 年）、吴允忠、高振川（1996 ～ 2002 年）、赵国金（2003 ～ 2016 年）、徐宝权（2016 ～ 2017 年）相继担任党支部书记。

1947 年底，后庄村成立农会，徐丙炎任农会主任。1948 年土地革命，后庄村按人口均分土地。1949 年，该村成立村公社（即村委会），由村长负责全村事务。1954 ～ 1956 年，后庄村先后成立互助组、初级社、高级社发展农业生产。1958 年，改村为生产大队，韩成（1958 ～ 1965 年）、崔富林（1965 ～ 1983 年）、韩德余（1976 ～ 1980 年）相继任大队长。1983 年，土地承包分到各户，大队部改为村委会。吴允忠（1983 ～ 1995 年）、高振川、赵国金（1995 ～ 2000 年）、刘宪杰（2000 ～ 2003 年）、李连忠（2003 年～ 2006 年）、杨玉春（2006 ～ 2012 年）、杨克顺（2012 年～）相继担任村主任。

教育·文体卫 1949 年，后庄村建立村小学，共设一、二、三年级，约有学生 30 名和教师 1 名。1950 年，该小学并入榆关镇小学。后庄村有卫生所 1 个、村医 1 名。村委会设有全民健身路径和乒乓球室。

农工副业 后庄村地势北高南低，北部为丘陵地形，向南逐渐过渡为平原地带，土壤类型属黄土。以种植玉米等粮食作物为主，品种单一，科学种田能力不足。

改革开放后，村民开始注重科学种田，适应

村貌一角

民居

市场需要，增加了瓜果、蔬菜、花草和苗木的种植，品种日益多样化，村民收入明显提高。1964年，后庄村村民开始大规模种植水稻，并实现电机抽水灌溉，村民吃上了自己种的大米。2001年，部分村民开始进行畜牧养殖，截至2016年底，后庄村有养鸡场5个，养狐貂20余户，养猪场3个，养羊场2个。其中，以养狐貂户为最多，养貂大户养殖量为800～900只。

2000年，村民韩印昌自筹资金建起玻璃纤维厂，接纳该村30多名村民就业，提高了村民收入。此外，2000年，该村陆续有小卖部和超市开张营业。另有农资门市部2个，药店1个。

村民生活及社会保障　20世纪50～60年代，后庄村经济来源单一，以农业、手工业为主。进入21世纪以后，该村青、壮年村民大都在附近企业上班，年收入可达2～3万元。现代平房和楼房日益增多，户户有冰箱、彩电、洗衣机，半数村民家中安装了电脑和空调。截至2015年，全村拥有农用车、运货车及私家轿车共80余辆。

2016年，后庄村有五保户4名，有低保户9户14人。60岁以上村民每人每月可领取80元的养老补助金。村中80岁以上老人为16人。

自2001年起，后庄村积极响应国家植树造林号召，种植杨树等近300亩，村居环境明显改善。

风物传说　后庄村南北两条街道中央曾有百年以上槐树9棵，1975年前后，相继被砍伐。

原村西、村南各有庙宇1座，“文化大革命”时期被拆除。

houying cun

后营村

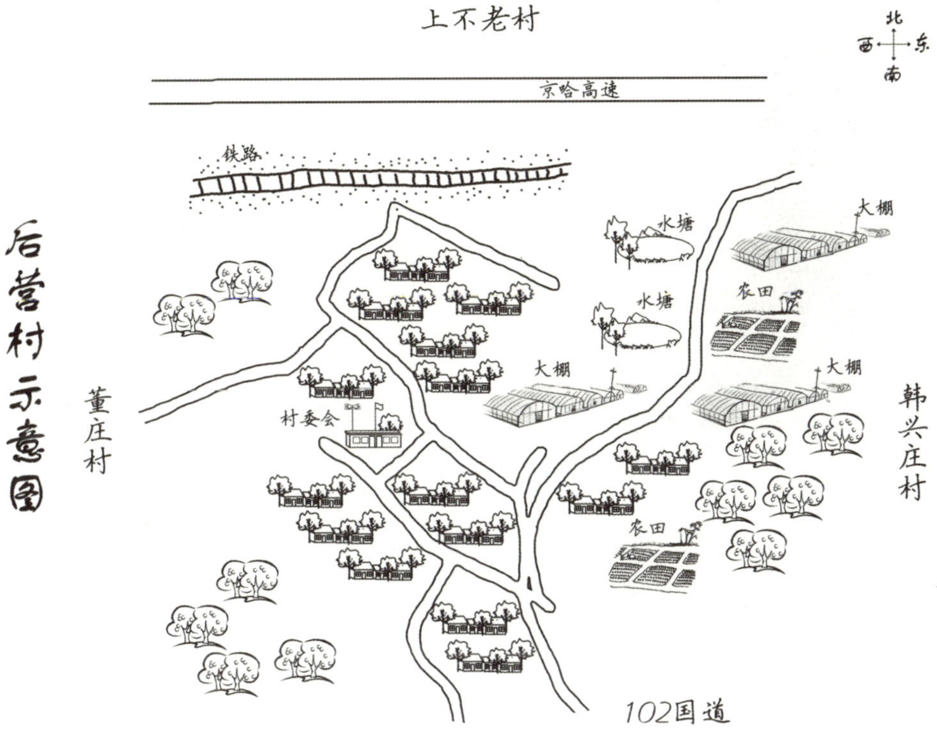

村址 后营村位于秦皇岛开发区榆关管理区办事处驻地东北方向约 7.7 公里处，102 国道北侧。该村东临韩兴庄村，南抵北甸村，西到董庄村，北至上不老村。该村有 2 条小河环村而过，汇入戴河。

后营村入口

土地 1997 年之前，后营村土地面积约 4000 多亩。其中，耕地面积约 2000 余亩、民居面积约 500 亩。1996 ～ 200 年，京沈高速公路的建设和大秦铁路改线征用了该村部分土地（其中，1989 年穿村而过的大秦铁路线占地约 120 余亩。2005 年，大秦铁路改线，建后营站，占地约 100 余亩）。截至 2015 年底，后营村共有土地面积 3500 余亩。其中，农用地面积为 3000 余亩。

沿革 明朝洪武年间（1368 ～ 1398），山东郭姓人挑着担子定居于此，所以后营村郭姓村民最多。后来，村民戏称光有“锅”（郭）没有“灶”（赵）哪行，于是又请来一位赵姓人搬至此地，郭、赵两姓村民在此久居。后由于战乱，

村民老宅

部队后勤人员长期驻扎此村，故得名后营村。

20世纪70年代，后营村属河北省海阳工委深河公社管辖。1979年，属抚宁县深河乡管辖。2010年9月，该村划归秦皇岛经济技术开发区管辖。

基础设施　20世纪70年代初，村西修建水库1座，总库容为13.45立方米。另有小型塘坝1个，小口井7个。20世纪70年代末，在村泉眼沟建自来水供水设施。后营村所处地势较低，多沟坎，南北高，中间低，村民出行不便，2010年，该村修建漫水桥5座、拱桥2座，解决了村民的出行难题。该村主干道共5条，南北2条，东西3条，2006～2015年，村内各道路陆续实现硬化。20世纪80年代，后营村铺设自来水管道，有自来水井4眼，均属浅水井，每逢旱季水位下降，村民生活用水紧缺。2015年，开发区实施惠民工程，为该村打百米深水井2眼，但因地势原因造成水量不足。2015年底，后营村筹资兴建蓄水池1座，并安装自动控水装置，满足了村民的生活用水需求。2014～2016年，该村安装太阳能路灯72盏，村内居住环境得到明显改善。

人口·姓氏　2012年，后营村总人口数为788人，总户数373户。其中，男性404人、女性384人。到2015年底，该村总人口为938人，401户。其中，男性454人、女性484人，60岁以上老人180人。

姓氏按人口多少排序为郭、赵、贾、李、王、党、马、谭、韩、洪等。

村级机构　20世纪60年代，郭宝、赵万长、郭自忠先后担任村党支部书记。20世纪70年代后，党连清（1975～1986年）、郭自林（1987～1999年）、张春坡（2000～2002年）、郭奎（2003～2005年）、郭长江（2006～2008年）、张春清（2009～2011年）、郭长合（2012～2014年）、郭长江（2015～2017年）分别担任村党支部书记。截至2015年底，后营村有党员35名。其中，女党员4名，男党员31名，预备党员2名。

20世纪60年代，洪宝柱、朱宝、谭景程先后担任大队长。20世纪70年代后，郭长江（1984～1999年）、郭海平、郭吉、赵纯平（2000～2002年）、党学忠（2003～2005年）、张春清（2006～2008年）、郭伍权（2009年～）相继担任村主任。

教育·文体卫　后营村原有小学1所，教师3名，学生50～60人，设一至四年级，后因生源逐渐减少，2000年合并至深河小学，统一更名为开发区第六小学。村里有80余名适龄儿童在深河小学就读，上学需途经2个鱼塘，存在安全隐患，2002年村干部筹集资金，对通往小学校的道路进行了硬化，在鱼塘周围设置了围栏和禁示标志。后营村距深河中学 1 公里，学生上学便利。后营村设村级医疗卫生室 1 个，有村医 1 名，村西另有深河卫生院，村民就医方便。2015 年 7 月，后营村建成省级农村综合文体广场，广场面积为 1000 多平方米，安装各类健身器材 18 件，并为村民配备了点歌机、功放机和音响，为村民健身、娱乐提供了便利条件。逢年过节，村民自发组织唱歌、秧歌、器乐演奏等丰富多彩的文艺活动。

2012 年，后营村建起农村书屋，有科技知识读本、实用技术手册和少儿读物等 2000 余册，供村民借阅。

农工副业 后营村属丘陵地带，土质为沙土。20 世纪 60 年代，后营村经济条件落后，做饭、取暖，要靠人拉车走几十里路上山拾柴。后在村干部赵万长的带领下，村民利用该村多沟坎的地形特点栽种刺槐，解决上山砍柴的辛劳。实行联产责任制以后，村民一直以种植玉米和花生为主，但难以脱贫。20 世纪 70 年代后，随着村民勤劳致富意识的增强，村书记党连清带领部分村民，引进了扒堆红薯种植技术，当年收成良好，村民纷纷效仿种植，种植面积由最初的 30 ～ 40 亩，扩大到 200 余亩，每亩产红薯 800 斤左右，后营村逐渐成为区域内红薯种植技术与收益的排头兵。20 世纪 70 年代，后营村部分村民开始种植苹果树，但产量较低。1976 年，该村村民从大科坨村聘请了技术员杜保平，安置其落户后营村，教授村民果树管理技术，有了技术支撑，村内果农数量和收入逐年增多。后营村的红薯和仙桃在海阳农副产品批发市场小有名气。1985 年，后营村党连清、郭吉等村民开始尝试种植桃树，第五年每亩收益 1000 余元，较同年玉米种植收入高出几倍，此批种植果树的村民率先成为村里的万元户。

1999 年，国家实施二轮土地承包政策，村民享有了土地的承包权和经营权。后营村村民各显其能，除种植业外，还以经营小本生意和为正大集团养殖肉鸡等方式提高经济收入。1984 年，在村支部书记郭志忠的带领下，后营村成立了花生蘸厂，以此带动村民就业，提高经济收入。1992 年，该村成立酱油厂，后因管理不善倒闭。2001 年，村民赵金祥、郭海平、赵长胜等相继建起养鸡房，开始大规模养殖正大肉鸡，当时收益良好，但随着养鸡业整体形势下滑，三人先后退出养殖业。

20 世纪 80 年代，后营村贾任青夫妇率先经营小卖部，为村民提供生活日用品。20 世纪 90 年代初到 2015 年，该村相继开办小卖部及超市 5 家，农村电子商务也逐渐兴起。

村民收获向日葵

村民生活及社会保障 新中国成立初期，后营村较贫穷，村民住房和村委会办公用房均为低矮的小平房，村民主要出行工具是自行车。20 世纪 90 年代，村民住房条件和生活水平逐年提升，2009 年，村支部书记张春清筹措资金，新建了 100 多平方米的村委会办公房，并建起小型会议室。村民私家车的拥有量也明显增多。村内已无猪牛羊散养户，耕地播种全部实现机械化。

2012年，开发区人社局驻村工作组申请资金14多万元，帮助后营村硬化道路，修建垃圾收集点7个，减少了垃圾随处乱倒的现象，村内环境得到改善。

自2010年划归开发区以来，村民积极争创五好家庭，享受并领取五好双创奖金。农村合作医疗保险参合农民达到90%以上，养老保险的参保率也达到了90%。2014年3月，该村大部分村民将承包地流转给开发区亿科公司，村民按月享受生活费补贴。

风物传说 后营村曾有庙宇2座，村东、村西各1座。村民家中逢老人过世，该家族需按辈分大小先后前往庙中祭祀。文化大革命期间被拆除。

后营村村东，曾有百年老树1棵。2015年，树心已长空，村里小孩都喜欢到树洞里藏猫猫。此树生命力旺盛，每到春季依旧会长出新枝条，因其年久，虽长在路中央，但至今保存完好。

名人能人 郭有，烈士，1926年生人，1946年入伍，原为中国人民解放军第四野战军九中队二十五师七十三团二营五连战士，1948年2月在解放战争中牺牲。在村北立碑，2013年移至山海关烈士陵园。

郭生，1947年12月在解放抚宁县田各庄战役中牺牲。

王和、马凤春，曾在冀东军区210师警备营一连任炊事员，1948年在解放战争中失踪，1980年6月追认为烈士。村里曾有烈士墓2座。2014年，开发区将烈士墓移至山海关烈士陵园。

郭燕，企业家，20世纪80年代在村内成立海南机械厂。

xingfuzhuang cun

兴福庄村

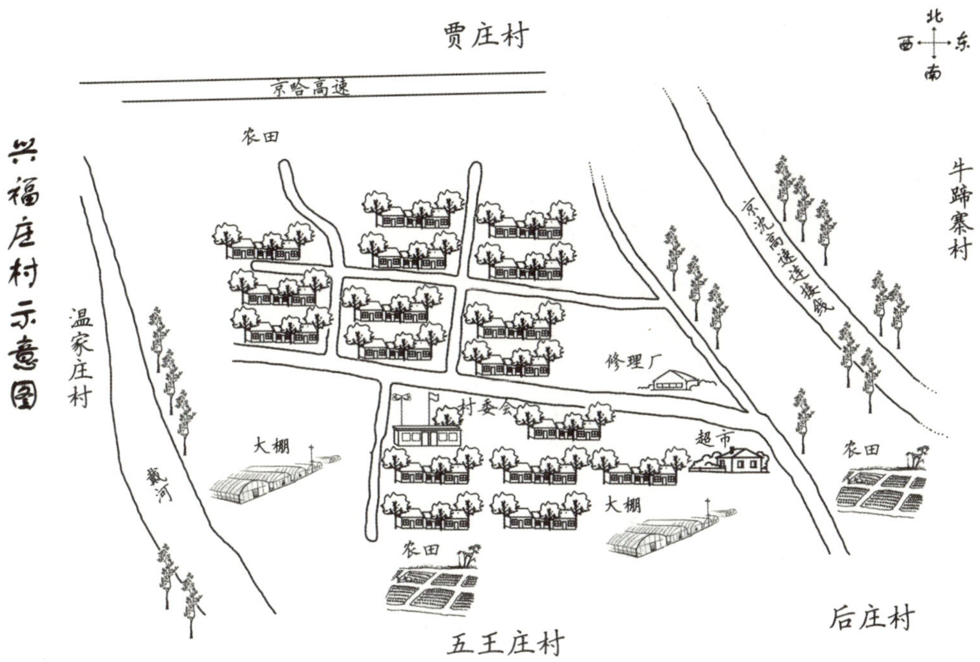

村址 兴福庄村位于秦皇岛开发区榆关管理区办事处驻地西北方向约4.5公里处。东临牛蹄寨、后庄村，南接五王庄村，西到温家庄村，北至贾庄村。截至2015年，全村耕地面积约1600亩，林地面积约1000亩。村西有戴河支流1条。

村委会

沿革 明嘉靖年间（公元1522～1566年），兴福庄村属温庄。由于戴河分支从温庄村东头经过，每到汛期河水泛滥，各家各户土炕都被冲塌。后来有部分村民举家搬迁，迁至河对岸地势较高的地方居住，起名叫新温庄。随外迁村民逐渐增多，村民便把新温庄改名为兴福庄，取兴起旺盛、幸福永存之意。

兴福庄村原属秦皇岛市抚宁县榆关镇管辖。2013年，划归秦皇岛经济技术开发区管辖。

基础设施 兴福庄村原有1条东西走向的土路，约30米宽，2000米长。20世纪70年代，修筑了由抚宁县城到大新寨的公路，由街中心穿过。20世纪80年代，修筑京沈高速路，由村东头通过，村里两条街道也修成了柏油路。抚宁县城到大新寨的公路改造时，柏油路又改造成了水

民居

泥路。20世纪60年代到2015年，兴福庄村由原来的1条街道增至5条街道。

村西的戴河支流，由于上游修建了洋河水库，水量变小。近几年建筑行业发展较快，沙子热销，有村民从河里捞沙出售，使河道变深。20世纪80年代，兴福庄与温庄中间的河流上，修建水泥桥1座，百姓出行便利。

人口·姓氏 兴福庄村总人口为805人。其中，男性414人、女性391人，80～89岁50人，90～99岁5人。

该村姓氏按人口多少排列为李、王、韩、温、刘、乔、杨、郭、陈、赵、董、俞、陆、周、张、魏、白、安、冯、呼、方、薛、侯、肖、蒋。

村级机构 新中国成立后，兴福庄成立村党支部。1958年，成立兴福庄村大队党支部。1984年，兴福庄村大队党支部改称兴福庄村党支部。张玉祥、赵连文、赵文义、温家宝、韩春胜、王耀武（2002年～）先后担任过该村党支部书记。截至2015年，有党员35名。

1947年，兴福庄村实行土地改革，成立农会组织。1953年，建立村级政权，设村长职务。1958年，成立人民公社，建立兴福庄村大队部。1968年，成立村革委会，设立革委主任之职。1984年7月，兴福庄村大队改称兴福庄村委会，设立村主任之职。新中国成立后，乔廷贵、温学礼、温凌云、才忠礼、张耀文、温殿军、赵云海、李国林、谢立军、梁宝忠（2012年～）曾担任该村村长、大队长、村主任。

教育·文体卫 1900年，兴福庄小学成立，设在于村东的大庙里，据说该小学由村中李姓财主捐助成立，设1～4个年级，后改为村委会办公用房。1962年，村里重新建小学校。其后兴

开发区感恩教育进农村暨文化惠民演出活动

积极参演的村民

福庄小学并入五王庄小学。1970 年，小学从五王庄小学分离，继续回村办学。1984 年，兴福庄小学再次并入五王庄小学。1988 年，该小学再次从五王庄小学分离回村办学。2005 年，兴福庄小学因缺少生源而撤消，该村学生全部到榆关小学上学。

1968 年，村里有赤脚医生 2 名，专门为百姓诊治小病。截至 2015 年，兴福庄村有诊所 1 家，由村医张志辉为附近村民看病。

村里有秧歌队 1 支，广场舞演出队 1 支，家庭音乐合唱演出队 1 支。经常在村委会广场为村民演出。

农工副业　兴福庄村地处平原与丘陵混合地带。地势由西向东逐渐升高，东部与北部为丘陵地带，土质沙化，贫瘠，粮食产量较低。人民公社期间，兴福庄村以种植玉米、小麦、高粱、

穿村乡道

大豆、花生等农作物为主。实行农业联产承包责任制后，各户以种植玉米、花生和大豆为主。截至 2015 年，兴福庄村有养猪大户 5 家，养鸡大

村内道路

户 3 家（养鸡 4000 只的 2 家、8000 只的 1 家）、养牛大户 6 家、养羊大户 10 家、养骆子 3 家、养鹌鹑 1 家。

村里有米面加工厂 3 个，馒头加工厂 1 家、汽车修理厂 1 家、机械修配厂 1 家、机砖厂 1 家、养马场 1 个。另有商店 1 家，超市 2 家，小卖部 2 家。此外，兴福庄村从事木工、瓦工、管工、电工、制模工等土建工程的村民较多，成为村民的经济收入来源之一。

村民生活及社会保障　改革开放以来，兴福庄村村民生活水平逐步提高。房屋用材由木质变为水泥浇筑。截至 2015 年，全村已有 30 多栋两层小楼。街道整齐干净，卫生有专人打扫，垃圾定点清运。电脑宽带的普及率占全村的 60%。人均收入 1.5 万元左右。长寿老人较多，70 岁以上 91 人，80 岁以上 50 人，90 岁以上 5 人。但该村较缺水，村民每周一、三、五才可用上自来水。

名人能人　温桂云，曾任海港区区委书记

乔廷革，师级干部，曾在北京空军某部任职。

shahe cun

沙河村

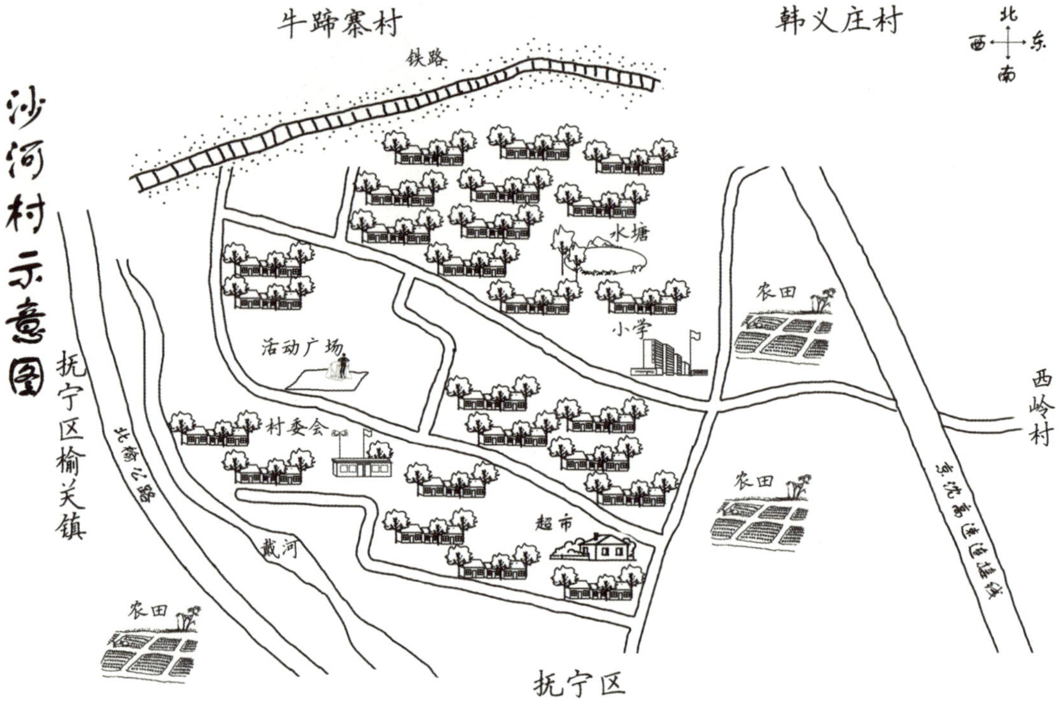

村址 沙河村位于秦皇岛开发区榆关管理区办事处驻地西南方向约 2.4 公里处。该村东临西岭村，南接抚宁区崔李庄村，西到榆关镇，北至韩义庄村和牛蹄寨村。戴河从村西由北向南注入渤海。在沙河村建村以前，这里属于边关地带。沙河村地貌为北高南低。全村土地面积 4985 亩。其中，民居面积 1200 亩、耕地面积为 2760 亩、河岸及道路面积 480 亩。村西、南被戴河环绕，村东有米河（俗称狗尿河）由北向南汇入戴河。村北为丘岭，村西、南、东为平原。岭地占四分之一，平地占四分之三。

沿革 明朝永乐年间（1403～1424 年），罗、韩、冯、李、赵五姓百姓由山西迁至乐亭县，又由乐亭县迁至抚宁建此村。村落位于戴河东岸，上游有 2 条支流在村西汇集，戴河由此变得宽阔、平缓，大量的河沙在此淤积，故起名为沙河村。

明代，沙河村属抚宁县榆关里管辖。清光绪三年（1877 年），沙河村属抚宁县沙河堡管辖。1941 年，改建大乡，沙河村归大米河头乡管辖。后沙河村归抚宁县榆关镇管辖。2010 年 10 月，划归秦皇岛经济技术开发区管辖。

村委会

基础设施 沙河村交通便利，古有京沈御道从村西、村北通过。到2015年有102国道、京沈高速北戴河连接线、沿海高速、榆平公路、大秦铁路等从村周边通过。

1953年，沙河村成立互助合作组。政府号召大修水利，沙河村在各种植区域打洋灰圈井8眼，以利春季抗旱播种。1958年大跃进时期，沙河村以小冯庄后坑为起点，修建通往村东的大渠，干渠总长1400米，支渠2500米，动用劳力746人，动土方3375立方米，干渠上建倒虹吸1座，落差2.4米，建总闸口12个，分闸口33个，1962年秋建成，但由于没有配套设施，一直未通水。1963年春，村书记齐方庭组织下，该村开始为大渠安装电力配套设施，使村东670亩低产田改为水稻田。1971～1972年，沙河村打机井20余眼，并在村东雀头地、村西李老坟各修建大口井1个，全村除北岭外全部可以进行水利浇灌，为大面积种植小麦奠定了基础。1976年秋，又在村北修建引水上山工程，在戴河边上建10米高水塔，将水引到北岭制高点，实行岭地自流灌溉，使北岭也具备了灌溉条件，为大面积发展林果业奠定了水利基础。1962～1963年，沙河村在该村小冯庄、李老坟各建扬水站1座。1978年，改造引水上山工程，废除水塔，

俯瞰村貌

改用扬程15米的高压水泵，并将高压管道延长至750米。1975年冬，在村北沟修小塘坝1座，蓄水量为5万立方米。1963年，在村西李老坟处打成第一眼大口井。1977年，在戴河岸边打机井14眼。1981年，沙河村开展自来水入户工程，村民告别了挑水吃的日子。2005年，因戴河污染，自来水井停用。后改为在北岭打深水井作为饮用水源。由于生活条件改善，用水需求增加，2014～2016年，该村又增加深水井2眼。

由于戴河河床高，为防止河水泛滥，周边村民在岸边用沙子筑起防洪坝。1964～1969年，解放军一个工兵连和汽车连分别住在沙河村和榆关村，挖取戴河河沙运至北戴河，由火车运往天津、北京，由此将河床降低了3～4米。部队撤

村道

沙河村跨河大桥

走后，戴河沿岸村庄继续挖沙出售，并作为主要副业增加收入。由于常年挖沙，戴河逐年变深、变宽，虽然洪水不再泛滥，但导致地下水位降低，农业和村民用水成了难题。1990 年，市人大代表齐方庭提出在戴河建永久型拦水工程的提案，后由国家出资 110 万元，在沙河修建了橡胶拦水大坝，为该村农业丰收起到了关键性作用。

沙河村建村伊始，只有赵、罗、韩、李、冯 5 个姓氏，因此街区名定为赵家街（街发“排”或“ｇáｉ”音）、罗家街、韩家街、李家街、小李家街、大冯庄、小冯庄。沙河村不但街区有名字，每块田地皆有名字，有流水沟、大港、大盖子等 29 个田地名。

人口·姓氏 1947 年，该村总人口为 878 人。1983 年，总人口为 1543 人，总户数 398 户。1999 年，总人口为 1543 人。该村主要姓氏为罗、韩、冯、李、赵等。

村级机构 1948 年 10 月，沙河村建立党支部，第一任党支部书记李风翔。齐芳廷（1953 ～ 1956 年）、李文（1956 ～ 1964 年）、冯永江（1964 ～ 1965 年）、李梦林（1965 ～ 1966 年）、冯克林（1966 ～ 1967 年）、李春垣（1970 ～ 1977 年）、冯克林（1978 年）、李文（1978 ～ 1980 年）、赵开文（1980 ～ 1985 年）、李亚文（1986 ～ 1987 年）、王精彬（1988 ～ 1991 年）、冯尚成（1992 ～ 1995 年）、李亚文（1996 年）、李会先（1997 年）、韩玉安（2000 ～ 2005 年）、李建强（2006 ～ 2008 年）、冯克莹（2009 年～）相继担任村书记。

1945 年 2 月 15 日，共产党的五区区长金子修带 8 人到村召开群众会议，宣布委派齐芳廷为沙河村村长兼粮秣委员。1947 年，在党的领导下，沙河村进行了土地改革，建立了人民政权。第一任贫协主席是韩凤桐。

过境铁路

1949 年 10 月 15 日，村公所建立，齐芳廷担任村长。李汉臣（1958 ～ 1964 年）、李炎山（1965 ～ 1966 年）、冯尚明（1966 ～ 1980）、李汉臣（1981 ～ 1983 年）相继担任大队长。1983 年，生产队解体，建立村民委员会。李汉臣（1983 ～ 1985 年）、韩玉安（1986 ～ 1988 年）、李连忠（1988 ～ 1991 年）、罗金声（1992 ～ 1995 年）、赵延凯（1995 ～ 1996 年）、韩平（1997 ～ 1998 年）、韩玉安（1998 ～ 1999 年）、李向阳（1999 ～ 2008 年）、刘平（2009 年～）相继担任该村村主任。

教育·文体卫 明清时期，沙河村已有私塾。私塾设在私人宅院或庙堂内，教学内容为《百家姓》《三字经》等。1938 年停办。民国初年，国家提倡办公立学校。1912 年，沙河村借用北大庙 4 间房舍，创办四年制初级小学，共 4 个班，60 余名学生，开设语文、算数、常识、修身 4 门主课。初期建立的公立学校均招收男生。1939 年，在该村商人温佩然的资助下，在村南大庙创办了一所女子小学，招收了 20 余名女学生，在当时小有名气。1941 年，女校停办。女生转入男校，从此实现男、女同校。1953 年底，沙河小学学生已达到 100 余人。1965 年，沙河村将北大庙改建为小学，设 6 个年级，有学生 200 余人。

1976年，唐山大地震，沙河村小学校舍损毁严重。1985年，在村北建设新标准化小学，占地6400平方米，教学楼2层，教室18间。2010年，又对小学进行了重建。

1954年，志愿军在沙河村休整时，抚宁县电影队来村放映电影慰问，村民第一次观看电影。随后，公社成立放映队，巡回在各大队放映电影。1977年，正值农村电影普及期，沙河村购置了一台8.75毫米的电影放映机，王家冀为放映员，首场放映影片为《我们村里的年轻人》，到2015年，有的村民还印象深刻。当年的“电影迷”刘宪启还留有他当年积攒的电影演员画片。

晚清，私塾先生孙秉庄自学中医，专业行医，结束了村中无医生的历史。1945年，孙秉庄之孙继承祖父医术，自办药房，1969年病逝。1966年，村民李国顺成为该村首位半农半医的“赤脚医生”。1969年，该村建卫生室，有村医2名。1984年后，另建个人诊所4家。

农工副业　沙河村平原区土壤分为红壤土和沙壤土。村西大部分区域为沙土，土层0.5米，

民居

底下沙层可达3～4米，是典型的戴河冲刷淤积形成的平原。村东及东南为红壤土，黏度较大。丘岭地一般土层较薄，底下多为沙石板。由于有戴河、米河环绕，地下水资源丰富。沙河村主要

沙河村砖厂

以种植玉米、高粱、薯类、粳稻为主。原始的种植品种和耕作条件，导致农业产量极低，亩产量200～300斤。1962年，村书记齐方廷组织全村8个生产队把村东670亩水淹低洼地改造成水稻田，并修渠通电发展水利。1963年，水稻初种获得大丰收，全村有史以来第一次以大米为主要口粮。20世纪60年代中期，高粱种植从大高粱逐步改种八岔子高粱，产量成倍增长。玉米品种也逐步调整为白马牙、东陵白，产量逐步提高，1966年秋播小麦首次超过730余亩，扩大了复种面积。

1967年，沙河村响应县里号召，赴海南岛学习和引进先进的农业种植技术。20世纪70年代中期，该村小麦种植面积达1486亩，实现了“所有旱田全部带、所有带田全部麦”的目标。1975年，该村粮食亩产跨千斤，1980年，沙河村粮食亩产1300余斤，粮食产量较1962年翻了5翻。北岭种植果树18000棵，村民经济收入逐年提高。1982年粮食亩产达到高峰，为1331斤。该村成为区域农业先进典型，对抚宁县及周边地区的农业增产起到了带动作用。

粮食产量逐年提高，人们生活水平也大步迈进。村民口粮由1963年的每人每年455斤逐步提高到470斤。20世纪70年代中后期，沙河村

成为远近闻名的富裕村，外村姑娘以嫁到沙河村为荣，下乡青年为到沙河村而自豪。

1975年，村书记齐芳廷的“隔离层客土育秧”技术取得成功，这一新技术随后在抚宁县推广，水稻每亩可增产282斤。1982年，该村“旱育秧技术”实验成功，并在抚宁县全面推广。1983年，沙河村成立技术推广站，齐芳廷兼站长，建立17户科技示范户。全年举办农业技术培训班34次，参训人数4000人次。

1963年，沙河村统一购买大杨树树苗1万株、小杨柳树苗1万株，村庄道路及狗尿河、戴河全部绿化。1975年春，在北岭梯田栽苹果树8600棵，桃树1400棵。1982年，在北岭空地栽植由北京果研所提供的新品种桃树5200棵。1982年底，北岭果园占地600亩，共栽植果树18000棵。1985～1988年，部分村民在自己承包的土地上栽植桃树8100棵，山楂树1350棵。该村在果树盛果期时，苹果产量达160万斤，桃产量达164万斤。后随树龄老化，产量逐年下降，2000年，村委会从村民手中收回了剩余果树地的承包权，承包期为10年。2011年，承包到期后，村委会将北岭地的经营权承包给开发区的亿科公司。至此，沙河村规模种植果树的历史结束。

村民生活及社会保障 沙河村旧时的房屋多为石坯墙上加椽檩泥顶平房。近年来，新建的房屋多为钢筋水泥结构，有的建起了楼房。1949年以前，村民的口粮为高粱米、玉米面、红薯。1963～1976年，口粮以大米、白面为主，部分副食品凭票供应，年人均得花生油2斤左右、猪肉5斤。“文化大革命”结束后，副食品取消凭票供应，品种和数量逐步增加。沙河村村民过去

沙河村舞蹈队积极参与开发区广场舞比赛活动

穿衣主要是土布。1964年开始，发布票，每人17尺，可买些机织布。家用电器从无到有，由收音机到液晶电视机。出行从以步行为主到骑自行车再到开小汽车。

2012～2013年，沙河村有91.85%的村民进行了土地流转，有722名村民按月领取养老保

沙河村全景图

险金，其他村民按月领取了生活费。截至2015年，该村有100%的村民享受医保。

风物传说　墩台，位于该村北岭制高点，为古道传递信息之用。现墩台建筑已毁，但地基遗址尚存。

捣米石，村内有捣米石2个，现存于北岭。

南大庙，位于该村小李家街西、小罗庄南。占地1500多平方米。始建于明代，正名为真武庙。庙内供真武大帝坐像，神龛上有磬，下塑站立神像若干。楹联为：以三十六修而成道德，得八十二化以伏龟蛇，威震北极。距正殿南约5米处建有一间坐南朝北的殿堂，内塑三眼王灵官站像，楹联为：欺心难瞒三眼，做恶须招一鞭，神目如电。庙院东南有石钟架和大铁钟。阴历三月初三为庙会。1951年彻底拆除，木料用于小学课桌。

北大庙，位于村北，庙名“慈恩寺”，占地1500多平方米。正殿3间，西平房2间，院东有学堂4间，院东南角有石钟架一座，上有大铁钟一口。大殿正中供观世音菩萨、弥勒佛。楹联：芙蓉花面春风暖，杨柳枝头甘露香，南海慈航。笑到几时方合口，看来无日不开怀，笑口常开。佛龛上放一磬。西神龛上供比干坐像，旁立两侍者，楹联为：昔日商朝为宰相，今作人间福禄神，招财进宝。东神龛上供关羽坐像，关平、周苍站像。楹联为：兄玄德弟冀德威震孟德，师卧龙将子龙扶保真龙，亘古一人。北大庙在农历二月十九举办庙会。1934年，该村小学占用5间房舍，1954年作为归国志愿军工房，1957年作为高级社饲养处，1958年作为村幼儿园，1961年作为村部，1965年改建成小学，自此北大庙的原建筑彻底消失。

此外，村内还有小庙4座，“文化大革命”中全部拆除。

名人能人　李梦庚，光绪二十六年（1900年）中举。中举后，李梦庚曾到齐齐哈尔等地任职，民国时期在天津任海关税务司司长。1943年去世。

齐芳廷，河北省水稻专家、沙河村老支部书记。

韩兴强，农民快板演员。

农民快板演员—韩兴强

王忠明，省书协会员。

李风文，烈士，1935年生人，1955年3月参加革命，解放军第0217部队军事教导营学员，1956年5月牺牲于秦皇岛北大营。

卢桂先，烈士，1944年参加革命，解放军第19旅47团2营6连班长，1945年在山海关某战役中牺牲。

高景和，烈士，1924年生人，1948年参加革命。（牺牲时间不详）

王希圣，1920年生人，1945年牺牲。

chenjiazhuang cun

陈家庄村

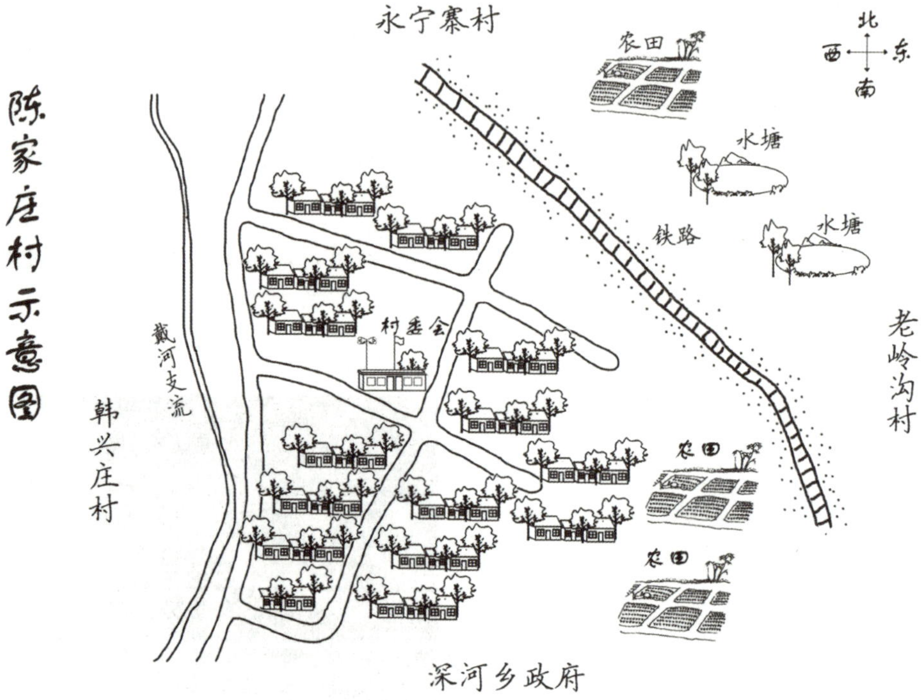

村址 陈家庄村位于秦皇岛开发区榆关管理区办事处驻地东北方向约 9.6 公里处，102 国道北侧。东临老岭沟村，南接深河乡政府，西到韩兴庄村，北至永宁寨村。全村土地总面积 1350 亩。其中，民居面积 130 亩、耕地面积 650 亩、村东蚂蚁山 150 亩。该村地形属于长方形，呈块状聚落。陈家庄村村西有 1 条远古时期留下的大河——黄花河（戴河支流），韩兴庄村与其隔河相望，河东是陈家庄，河西是韩兴庄。

进村道路

沿革 明洪武年间（1368 ～ 1398 年），陈姓村民由山东迁居至此，搭窝棚居住，取名陈家窝棚。清顺治年间（1644 ～ 1661 年），改名为陈庄。1982 年，更名为陈家庄村。

1958 年，陈家庄村归永茂社管辖。1958 年，陈家庄村归永茂社管辖，共有 2 个生产小队。成立深河人民公社后，由深河人民公社统管。1984 年，陈家庄大队正式更名为陈家庄村委会。2010 年，陈家庄村由深河乡划归秦皇岛经济技术开发区管辖。

基础设施 1958 年，深河人民公社组织周边 4 个村的村民在村北修建水库 1 座，历时 8 个

村北水库

月，占地 30 亩。另有小水库 1 座，占地 10 亩。1962 年，村里只有 1 条南北走向的主街道，可通往深河乡。后随住房的增多，逐渐增加了 8 条东西走向街道。2008 年，村内主要街道全部实现硬化，并安装了路灯。1975 年，陈家庄村掀起“农业学大寨”运动，在丘陵、地岭、坡地修建梯田，利用村里水库资源兴修水利，引水上山，扩大水浇地面积。同时，积极响应国家植树造林号召，在村西黄花河东岸栽种杨树和柳树共 100 亩。1989 年，村北修建大秦铁路，占地 100 余亩。

2013 年，村委会申请对黄花河（戴河支流）进行治理改造，修缮河道两岸护坡，并修建跨河桥 1 座。后在河边修建活动广场，占地 200 平方米。

人口·姓氏 新中国成立初期，全村总人口 102 人，23 户。其中，男性 55 人、女性 47 人。1980 年，全村总人口 235 人，共 85 户。其中，男性 130 人、女性 105 人。2010 年，全村总人口 378 人，共 150 户。其中，男性 200 人、女性 178 人。截至 2015 年，陈家庄村总人口为 413 人。

村内姓氏按人口多少排序为陈、张、曹、胡、王、李、华、周、冯。

村级机构 新中国成立后，陈家庄村成立党支部，1958 年，陈家庄村有党员 6 名。2015 年底，党员人数增至 17 人，并成立党小组 1 个。1949 年，成立农会组织。陈玉田（1949 ～ 1964 年）、陈录田（1965 ～ 1975 年）、张殿纯（1976 ～ 1982 年）、陈密云（1983 ～ 1985 年）、张庆吉（1986 ～ 1989 年）、张东余（1990 ～ 2007 年）、张志民（2008 ～ 2014 年）、陈奇（2014 ～ 2015 年）相继担任党支部书记。

1949 年，成立农会组织，陈宝国任农会主席，任期到 1952 年；1953 年成立村级组织，陈录怀任村长，任职到 1957 年；1958 年建立人民公社，成立陈庄大队，陈录田任大队长。1968 年成立村革委会，张殿纯任革委会主任。陈连秋（1984 ～ 1987 年）、张东余（1988 ～ 1990 年）、张庆吉（1991 ～ 1996 年）、陈密云（1997 ～ 1999 年）、张庆吉（2000 ～ 2008 年），张东民（2009 ～ 2015 年底）相继担任村委会主任。

教育·文体卫 1970 年，陈家庄村有村医 1 名，可诊治感冒、发烧等小病。1980 年，陈家庄村正式建立卫生室，有村医 1 名。

1960 年，陈家庄村的适龄儿童都去永宁寨小学上学，共有 6 个班。1989 年，该村与韩兴庄村合资共建韩兴庄小学，共设 6 个班，有学生 150 人，教师 15 名。2010 ～ 2015 年，该村考上大、中专院校的学生共有 15 人。

2013 年，陈家庄村在该村黄花河河边修建

陈家庄村秧歌队

村民活动广场，占地200平方米，有20余名村民经常在广场上扭秧歌、跳广场舞。

农工副业 20世纪50年代，陈家庄村主要种植玉米、大豆、花生，由生产队统一管理，向国家交征收粮，村民口粮每人每年414斤，油料8斤。1975年，大队组织村民从事编织业，有4名村民常年编织土筐，卖给秦皇岛渔业公司，为村里增加经济收入。20世纪70年代，陈家庄村兴起养猪业，村里统一为各家各户拉土垫圈。1984年，村委会成立米面加工厂，后承包给村民经营。1989年，村委会组织村民开荒栽植果树，在蚂蚁山上种植苹果树、桃树共5500株。2006年，6户村民在承包地内搭建蔬菜大棚，占地面积约40亩，由村民自行经营管理，增加了经济收入。2010年，成立养猪场1家和运输专业户1家，有大型运输车3辆。该村有超市1家，经营日用百货、儿童玩具等。

村民生活及保障 1958年，全村共有50户村民，住房面积约3000平方米。1975～1984年，有30余户村民建起新房。2010年，共有120户村民建起新房，房屋总面积达到2万平方米。房屋结构由最初的砖木结构变成砖混结构，部分居民有多套住房，并安装了空调、暖气等设施。建筑风格由传统的老三间转变为城市风格的多房

活动广场

间。1965年，陈家庄村正式通电。

1989～2010年，村委会投资3万元，先后2次对大队办公场所进行了翻修，新办公场所建筑面积700平方米。2010年，陈家庄村全部安装有线电视，村委会为每户村民补助安装费200元。安装互联网宽带的村民也逐年增多，截止到2010年，已达到80余户。全村80周岁以上老人12人，有五保户4名，优抚对象1名，五保及优抚对象由政府统一供养补贴。

风物传说 新中国成立后，陈家庄村村中央有1口老井，村民生产生活用水皆来源于此。村南有1座小庙，村民时常去庙里烧香拜佛祈求平安。村南有1条水沟，因此地曾建过寺庙，故称小庙沟。

民居

河道

名人能人 陈德才，烈士，1925年生人，为陈家庄村民兵中队长，1948年在抗日战争中牺牲，遗体被埋在村北。2013年，开发区统一将烈士墓移至山海关烈士陵园。

此外，该村先后共有15人参加革命军队。

荣誉 2008年，陈家庄村被抚宁县政府评为小康村。

2016年，陈家庄村被秦皇岛经济技术开发区授予“美丽乡村”荣誉称号。

村道

村北铁路涵洞

wangdianzi cun

往子店村

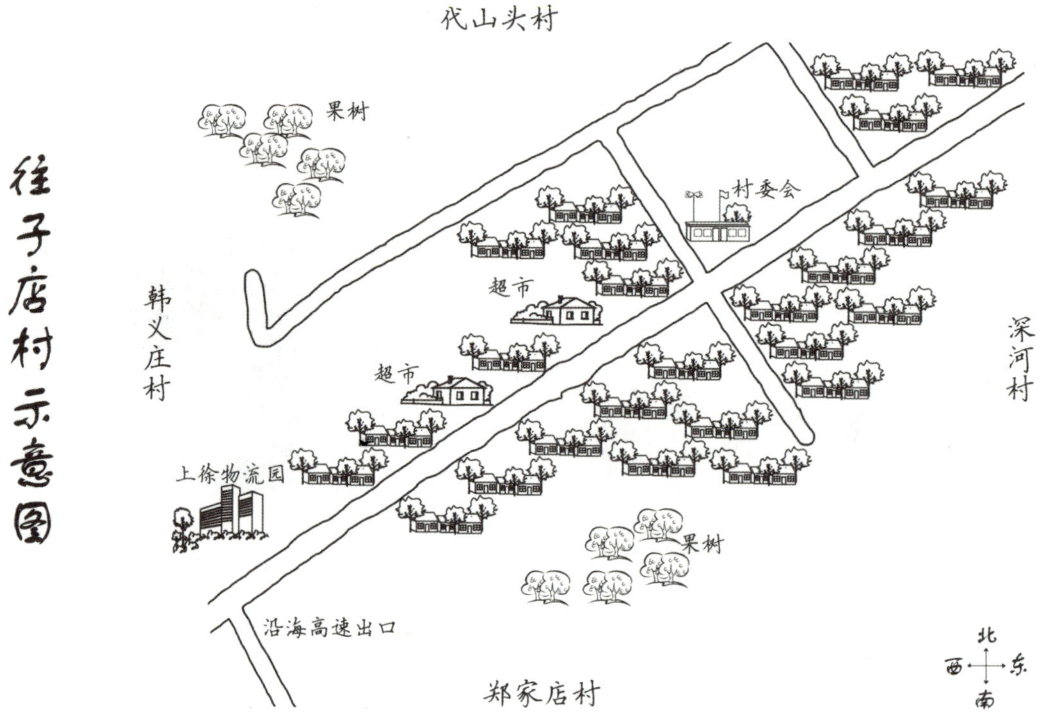

村址　往子店村位于秦皇岛开发区榆关管理区办事处驻地东北方向约 2.7 公里处。该村东临深河村，南接郑家店村，西到韩义庄村，北至代山头村。2015 年，全村土地总面积 2500 亩。其中，民居面积为 209 亩，其余为耕地。

村委会

沿革　明清时期，山东郭姓村民和山西安姓村民先后迁至此地建村，原名为“网子店”（榆关的谐音为“鱼关”，取名网子店，意为渔网，要把“鱼关”的鱼网住）。文化大革命期间，曾叫前进村。20 世纪 70 年代末，正式改为往子店村。

1958 年，往子店村归榆关人民公社管辖，共 3 个生产小队。1985 年，该村归上徐各庄乡管辖。1996 年，上徐各庄乡并入榆关镇，往子店村归榆关镇管辖。2010 年，划归秦皇岛经济技术开发区管辖。

基础设施　往子店村有东西走向街道 8 条，且有 102 国道穿村而过。1958 年，榆关人民公社组织村民在村南修建水库 2 座，库容为 10 万立方米和 5 万立方米。1965 年，全村通电。2005 ～ 2008 年，村西修建南北走向沿海高速，占地近300余亩。2008年，往子店村主要街道全部实现硬化。1970年，全村通电、通自来水。1984年，因自来水水源不足自来水管道而废弃。后来村民安玉春在往子店村打下第一口深水井，全村村民纷纷效仿在自家门前打井，自行解决了吃水难题。2008年，往子店村安装路灯。

人口·姓氏 新中国成立初期，全村总人口为280人，总户数50户。以汉族为主，有少量满族（内迁）。截至2015年，该村总人口为980人，360余户。村内主要姓氏有王、陈、张、马、李等。

村级机构 新中国成立后，往子店成立村党支部。2015年，村内党员共计30名。胡宝田、杨芝山、王树新、马淑芹、张双玖、杨庆林（1961～1977年）、杨庆义、安柱（1979年）、杨庆义（1978～1991年）、安平（1991～2001年）、王彦伟（2000～2002年）、朱祥（2002～2008年）、安玉春（2008年～）相继担任该村党支部书记。

王宝林、王弼臣、王景新、杨芝山、张广林、王有林、王斌、安平、安俊、杨福安、安庆轩（2000～2003年）、安志国（2003～2005）、王志新（2005～2008年）、马合（2012～2015年）、邢连山（2015年～）相继担任该村大队长、村主任。

教育·文体卫 文化大革命前，往子店村曾

文化墙

穿村而过的102国道

有小学，设1～4年级。文化大革命后，该学校撤销。适龄儿童主要在上徐各庄小学和大新立庄小学就读。1980年，该村建立卫生室，有村医1名。2008年，往子店村修建活动广场。2013年，村委会修缮办公室并修建村民活动中心，村民在活动广场扭秧歌，跳广场舞，参加人数达20多人。

农工副业 往子店村北部为山地，中部为丘陵，南部为平原梯次分布。整个地势西北高，东南低。土壤以褐土为主，兼有黄土、棕壤、沙壤，比较适合农作物生长。该村地下水位低，水资源短缺，水质碱性高。20世纪50年代，往子店村主要种植白薯、大豆、花生等农作物，同时发展桃、苹果、梨和栗子等林果业，种植面积约2200亩。其中，桃树种植尤多。青龙县某罐头厂曾派人常驻该村，日装桃20余车，加工后运往哈尔滨、吉林、长春等地销售。

20世纪60年代，村西有硅石矿1座，20世纪80年代停产。2005年，有村民成立了靖康红薯种植合作社开展个体经营。截至2015年，该村有超市3家，可满足村民的日常生活需求。

村民生活及社会保障 全村住房面积3.6万平方米。房屋结构由原始的砖本结构变成砖混结构。部分居民有多套住房，安装了空调、暖气等

村貌一角

高档电器设备。2010年，全村全部安装有线电视，村委会为每户村民补助有线电视安装费200元。随着互联网的发展，安装宽带的240户。村里的运输业也发展起来，有运输专业户1户，有大型运输车3辆。

到2015年，全村有80～90岁老人16人。其中，90岁以上3人。有五保户4人，优抚对象1人，五保及优抚对象由政府统一供养补贴。开发区每年春节对特困户、优抚对象、五保户等进行慰问走访，发放米面油和现金等。

风物传说　明朝时期，往子店村村西有古井1眼，直径3米，含水量很大，截至2015年井水仍用于浇地。

古井西侧原有4米高，直径5米左右的百年老槐树1棵，20世纪70年代，被雷击倒。

明朝时期，村东、西各有五道庙1座。

抗战时期，村东山有碉堡、烽火台1座。

20世纪60年代，村中建有指挥所、机枪阵地、战壕等备战工程，20世纪80年代，废弃损毁。

名人能人　杨庆昌，曾任吉林长春空军某部政委。

安民，海军航空兵，团级干部。

安志国，致富能手，建立企业生产环保设备，带动部分村民就业。

杨福，投资100余万元经营果品批发，已带领该村5户村民致富。

荣誉　2008年，往子店村被抚宁县政府评为小康村。

zhengjiadian cun

郑家店村

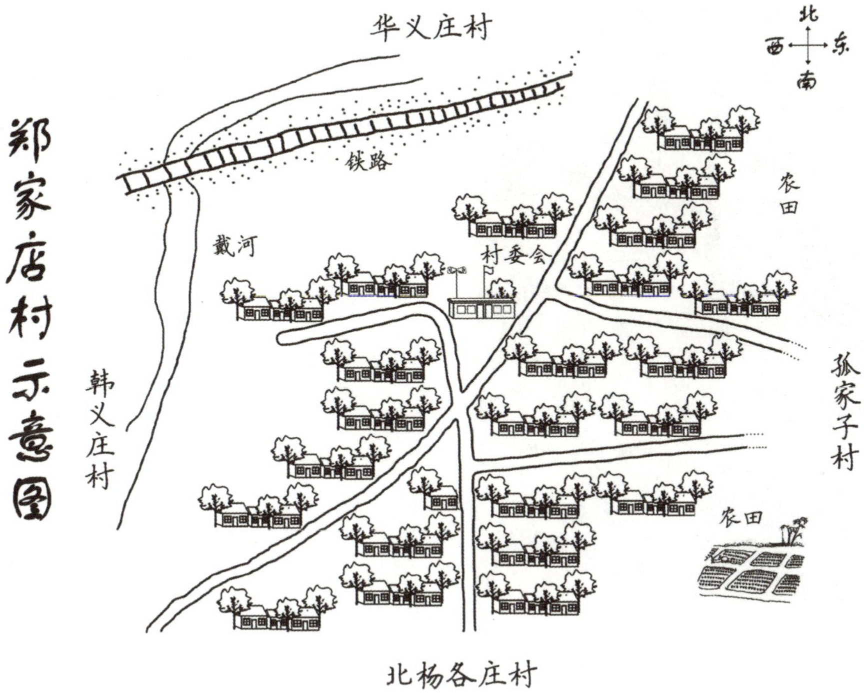

村址 郑家店村位于秦皇岛开发区榆关管理区办事处驻地东约6.4公里处。该村东临孤家子村，南接北杨各庄村，西到韩义庄村，北至华义庄村。1953年，该村土地面积为1800.78亩，庭院45处。1969年，土地面积为1504亩。1986年，土地总面积为1367亩。其中，水浇地面积为300亩，水稻田面积为200亩。1991年，国家修建大秦铁路线从该村通过，占用土地137亩。2013年，全村2300亩土地全部被开发区征收。截至2015年，该村有庭院300处。村西有戴河流经该村。

沿革 明宣德年间（1428～1435），郑世旺兄弟3人由山西洪洞县大槐树迁入此地落户，开办大车店，故起名为郑家店。

新中国成立到1953年，郑家店村属临榆县管辖。1954年，由抚宁县榆关乡管辖。2010年10月，该村划归秦皇岛经济技术开发区管辖。

基础设施 1957年，党中央号召开展“农业学大寨”运动，郑家店旭光农业高级合作社大兴“引水上山”工程，聘请西岑村王绍文担任工程设计员，采取人工开渠的方式，从郑家店村向村东南的果树园开挖大渠，将东戴河河水引入果园储存池。1958年秋，该村成立人民公社后，大渠废弃，此后逐渐塌陷消失。1964年，郑家店村开始安装电灯。1971年，该村修马子沟水塘1座。1976年，该村建卧泥井9眼，修主渠300米。1979年，因北杨各庄村电流不足、电容量有限，郑家店村各户电灯昏暗，该村申请自立变压器。1991年，该村出资17.9万元在深河水域修建拦河闸。国家补偿10万元，世界银贷7万元，村自筹9000元，工程总面积为26450平方米，水容量为12万立方米，总用工数为5487

村貌

人，使用机械台班206台（次），可灌溉农田1000余亩及果树500余株。1999年，郑家店村修筑从村委会直通榆关镇的水泥路。2011年，该村再次修建引水上山渠，总长700米。2012年，该村修建了北至东戴河南岸，南至与北杨各庄交界地的水泥路。截至2015年，该村有主路4条，基本实现硬化，村民出行更加方便。2016年，村内安装太阳能路灯54盏。

人口·姓氏 1953年，郑家店村总人口为401人，共91户。其中，男性187人、女性214人。1969年，该村总人口为562人，共122户。其中，男性306人、女性256人。1986年，该村总人口为649人，共185户。其中，男性322人、女性327人。2015年，该村总人口为772人，共325户。其中，男性373人、女性399人。

村内姓氏有郑、杨、王、赵、刘、靳、范、祖、张、温、卢、高、任、查、段、尹、洪、康、万、胡、梁、田、岳、董、史、孙、路、马、曹、牛、庞、苏、夏。

村级机构 1940年，郑家店村建立村党支部。李明（1945年初～1948年）、郑有华（1948～1953年）、郑存先（1953～1958年）、郑兆庆（1959～1960年）、郑有春（1961～1965年）、王庭必（1966～1968年）、王宝勤（1968～1974年）、李辅林（1975～1985年）、范柏林（1986～1987年）、李辅林（1988～1991年）、范柏林（1992～1994年）、赵玉军（1998～2005年）、范柏林（2006～2008年）、王殿顺（2009～2014年）郑有春、杨洪颖（2015～2017年）相继担任该村党支部书记。1945～2016年底，郑家店村党支部共发展党员67名，截至2016年底，有党员41名。

1930年，杨晴荣任郑家店村闾长。1945年，郑吉星任保长、郑万祥任伪保长。1947年成立农舍，张德发任主席。1968～1997年，王宝勤、李辅林相继担任革委会主任。日本投降后到1947年，郑吉贵担任农会主任。1956～1958年，该村成立高级社。1957成立联村大队。郑玉堂（1947～1955年）、郑兆庆（1955～1958年）先后担任村长。郑有春（1958～1960年）、杨德荣（1961～1965年）、杨印福（1966～1967年）相继担任该村大队长。王宝勤（1967～1974年）、李辅林（1975～1978年）相继担任村革委会主任。杨德安（1979～1983年）、范柏林（1984～1985年）、郑吉财（1985～1986年）、杨万学（1987年）、杨德安（1988～1994年）、王殿顺（1995～1997年）、范柏林（1998～2005年）、王殿云（2006～2008年）、杨德满（2009～2014年）、郑富民（2015～2017年）相继担任村主任。

教育·文体卫 清朝光绪年间和民国时期，郑家店村立有私塾，由该村村民赵师傅（赵香巨的大伯父）和秀才郑辅国执教，设2～3年级，1947～1948年，郑家店村、北杨各庄村和铁官营村联合在一个庙宇内建立北杨各庄小学，开设1～3年级，聘请深河村袁老六父女两人担任教

幼儿园

师。学校将原和尚做佛事的房间改为教室，全校学生挤在一间教室上课，后学校向抚宁抗联五区提出申请，又将庙宇部分房间扩建为教室，并立为民办学校。

1949年，北杨各庄小学解体，郑家店村建立小学，开设1～3年级，有教室1间，史怀纯、

村民活动中心

李柏君相继担任教师，后停办。此外，村内还创办了民校扫盲班，由赵达文担任教师。

1952年秋，北杨各庄村成立公办小学，招收1～6年级学生，郑家店村适龄儿童均在此上学。

1968年，郑家店村成立青年之家，室内设有乒乓球、象棋、台球设施。1992年，该村成立秧歌队，郑存民任队长兼任艺术指导，有30余人参加。2012年，郑存民组建了村舞蹈队，有20余名队员，在开发区文艺汇演中曾获得第四名。

2011年，郑家店村成立农家书屋，并建成休闲广场，有健身器材17件。2012年，村民自发成立中老年自行车骑行队，有7名队员。2014年，该村设台球案2个，村民参与人员众多。

农工副业 郑家店村地貌为北高南低，村北、村西有东戴河环绕，河两岸为平地，附近属丘陵地带，村东属山坡地貌。土质为山石土、碎砂石，河南岸是沙滩地带，土层仅0.5米，土下沙层可达3米深，为东戴河冲刷淤积而成。

1950年以来，郑家店村主要以种植玉米、高粱、谷子、白薯、花生为主。1976年，开始大面积栽植苹果、桃树约500亩，并建立了果树专业队。1976年后，该村成立米面加工厂1家、铁匠炉1家、挂面房1家。同时，村大队建成养猪场，养猪200余头。1986年，郑家店村修建水利工程，修筑水渠300米，改建水稻田260亩，种小麦500亩。农作物产量由原来的亩产300余斤增至500斤。1986年，交纳公粮17万斤，创历史纪录。1981年，该村建有小卖铺2个。2015年底，共有超市3家、小卖铺1家。

村民生活及社会保障 新中国成立初期，郑家店村土地实施分包到户，村民温饱问题未能解决。1976年，该村发展水稻种植，村民可吃上

细粮。1981年，实行包产到户，村民生活水平明显改善。2010年10月，该村划归秦皇岛经济技术开发区管辖后，村民生活条件再次提高。开发区征收土地后，每户均领到了征地补偿款。凡有土地的村民，男60岁以上，女55岁以上，均领取了失地农民养老保险，每人每月平均千元左右。没有达到年龄的村民，每人每月也可领取失地农民生活费180元，村民生活有了保障。

截至2015年底，该村有运输大汽车10辆、小双排型运输车3辆、三轮电动车13辆、小轿车130辆，摩托车甚多。村民的居住环境也大为改观，如郑雅亭的老院，原来居住过6户、37人，人均居住面积只有1.4平方米。如今各户已由原来的一院多户变为独门独院，部分村民住进新楼，生活条件今非昔比。

划归开发区管辖后，郑家店村的卫生环境也明显改善，开发区为每村配备了垃圾清运农用三轮车，分给每户两个胶轮桶盛放垃圾污水，村内设有固定垃圾点。村东头至西头的流水渠两侧，也已被平整清理，栽植花草，各户门前干净整洁，草绿花香，院墙整齐划一。

1956年，加入旭光高级社时，村民王凤林为郑佐然组装了一台矿石收音机，在高级社院内，

村道

过境铁路

用两根高竹竿架天线，收听中央人民广播电台的节目。1978年春节前，村民赵志民在唐山用工业券为郑佐然代买了一台14寸黑白电视机，农闲时村民纷纷自带马扎前来观看电视节目，大家都觉得很新鲜。1981年，村民郑吉纯购买了全村第一台彩色电视机。1991年，全村有线电视普及。截至2015年，全村安装电脑宽带的住户已达到40%。

截至2015年，郑家店村80～89岁老人有杨德安、王瑞芬、赵香巨、王金娥等16人。村民王宝钏96岁。

名人能人　始祖郑世宝、郑世旺从洪洞县大槐树落户此地后，截至2001年，家谱有31代人，立字辈。

郑调凤为清朝康熙晚年举人，康熙帝御赐"恩举人"功名匾，挂于郑调凤家大门外，并赠送其官纱和举人衣帽。郑调凤为郑氏家族第18代子孙，他曾以打油诗的形式为郑氏家族编写辈分排序诗，共6句诗，每句5字，这30个字成为郑氏家族起名的依据。

郑庭宣，第19代先人，企业家，开办烧锅（制酒厂）和砖窑，修建财神庙（大影壁）和烧锅坟。

郑辅国，清朝光绪年代的秀才，朝廷曾赠送

其官纱和秀才衣帽。

王巨福，驴皮影雕刻艺人，有人物、古代兵器等皮影作品300余件。他还是表演高手，每到节日和农闲时，经常在村公所举办大型皮影戏，广受村民欢迎。

郑雅亭，出身中医世家，颇有医德，对贫困户少收或不收治疗费。与当时大刘村的齐北南、高家岭村的陈明阁被誉为当地“三大名中医”。

李明，1915年2月11日生人，1946年参加革命。全国解放以后，曾在中央军委工作。

范锡贵，1919年4月17日生人，1943年参加革命，曾担任东海部队队长。后任秦皇岛市公安局第三科科长。1965年，任秦皇岛市法院院长。“文化大革命时”为秦皇岛市被批斗的“四大金刚”之一，免去一切职务。1978年平反后在法院当门卫，1980年彻底平反。

郑吉仁、王庭栋。1947年冬参加东海部队。

王振喜，1928年生人，烈士。1946年入伍，第四野战军九纵队四二五团战士，同年参加辽锦战役，攻打锦州战役时牺牲，其名字刻于锦州烈士陵园烈士碑。

黄玉良，烈士，1905年生人，1943年参加革命，为临抚昌联合县支队战士，1943年11月牺牲。

杨德平，在1951年抗美援朝战场上曾立三等功，乡政府和该村书记带领北杨各庄学校师生，敲锣打鼓报喜讯。

郑存彦，1953年参军立三等功一次。

郑万成，吉林市政协处级干部。

郑玉成，秦皇岛市政协办事处主任。

郑吉贵，在连队受嘉奖2次。

郑子珍，是当时抚宁、临榆2个县有名的绅士，与榆关村的杨小坡、石兰坡齐名。1944年，他成为日本武田机关的特务，管辖权限从山海关至天津一带。郑子珍曾暗中给八路军从天津买药品、医疗设备和白布，并向冀东地区共产党干部老赵头传递唐山一带日本军的情报。战争时期，郑家店村是八路军最前沿的根据地，一次，日本兵包围了郑家店村，抓走了赵老头的警卫员杨秉康，郑子珍亲自到山海关找武田要人，救出了杨秉康。

郑佐然，撰写郑氏家谱和郑家店村史。1966年，党中央提出“一定要根治海河”的伟大号召，郑佐然在海河工地从事后勤工作，他设立了“民工服务点”，承诺为民工开展10项服务，并创办连队食堂，伙食粗粮细作，菜品七天不重样。1966年，郑佐然被授予省级“后勤标兵”称号。此外，郑佐然还是河北省兴修水利标兵，1966～1981年期间，郑佐然曾参与海河工程、北庄河水库、潮白河、海河、大黑汀、洋河、鸽子塘等的修建工作，15年坚持不懈。

王庭栋，离休干部，行政级别为18级。

风物传说　明朝末期，郑家店、北杨各庄、铁官营3个村联合修建庙宇1座，年年有庙会。建有大殿、二殿各3间，东厢房共3间。殿内供有佛像，庙内曾住有多名僧人。

明朝年间，郑氏家族兄弟从山西省移民迁入，人丁兴旺，子孙家家富裕，形成郑氏八大家。郑国勋，1951年宅院门牌编号第6号。郑国文，原宅院门牌编号第40号。郑辅世原宅院门牌编号第41号。郑有曾，原宅院门牌编号第42号。郑汝周的爷爷，原宅院门牌编号第43号。郑辅有，原宅院门牌编号第44号。郑辅国，原宅院门牌编号第45号。杨雨令的上代人，原门牌号第5号。

经1953年查实，郑氏家族第一座老坟，在村东南方向，碑文模糊不清，设虚祖一座，老大和老三并排，往下土葬先人共11代。明、清时期，清明节祭祖仪式由德高望重的族长主持，每户选派 1 ～ 2 名郑家男丁参加。祭祖期间杀猪宰羊、举行全家会餐，热闹非凡。清朝光绪年间（1875 ～ 1908），国内政局动乱，祭典仪式取消。1944 年，郑家坟祖 40 余亩遗地被分给村内无地户耕作。1975 年，政府号召平整坟墓为耕地。第二座坟，设虚祖坟头，石碑一座，土葬大门人第 13 ～ 18 代世孙和三门人第 12 ～ 19 代世孙。其位置在京秦铁路涵洞中间北侧，距铁路约 100 米。1975 年，此坟地统一平整坟为耕地。2014 年，此地被建成戴河生态园。第三座称为烧锅坟，设虚祖石碑 1 座，碑文均为繁体字，土葬郑氏家族庭字辈至吉字辈 8 代人。1975 年，平坟为耕地，只剩吉字辈两座坟墓，2013 年 12 月 12 日被迁往望海陵园。截至 2015 年，郑氏有 7 代人健在。

郑家店村第一眼井，被村民称为“石头水晶”，为全村人饮水井，位于该村中心；第二眼井在郑家店大车店院内，1951 年村貌示意图显示门牌编号为 37 ～ 39 号；第三眼井为旧时屠杀专业户专用水井，原门牌编号为 25 号；第四眼井为烧酒专用水井，水质好、碱性小，附近为酒厂，原门牌编号为 27 号。

始祖老三郑世旺在郑家店村北，曾建有烧砖窑 1 座。

郑家店村的最东头有一条沟，沟东面有一四季流水不断的泉眼，冬季永不结冻，村民传说此泉眼可保风水。后一才人用大碗将泉眼口盖上，泉眼此后再无水流，郑氏八大家从此开始败落。

烧锅坟第一个坟墓为郑廷宣之墓，郑廷宣为郑氏家谱中第二代人，其头脑灵活，善于搞企业，开办烧锅（制酒厂）1 家、建砖窑 1 座，企业兴旺，财源广进。据说郑廷宣的母亲曾失手打死家中丫鬟，为掩人耳目，连夜将丫鬟尸体埋于院内，上放一碾盘遮掩，从此家境、事业开始逐渐衰败。后请风水先生选坟地镇宅，取名“烧锅坟”，此坟地坐南朝北，道旁两侧各立石柱 1 根，上雕刻石狗，中间设置大石香炉，石头供桌，在西南、西北、东北、东南各立石柱 1 根，很是气派。郑庭宣还筹集捐款，在村中修建大影壁墙 1 座，在中间墙内镶嵌了一座石刻财神庙，意为保住财气。1958 年，各种石头物件被人移走。

旧时郑氏家族人多在吉林市德胜门地带和江沿地带经商，在外地商人之间流传着郑氏家族的生活景况：八大家、家家五正六厢、起倚门楼、六大石桥、四十流水窟（全村四十五家宅院的流水墙洞）、四坑（东大水坑、西大水坑、农场坑、黄土坑）、一庙（土地小庙）的繁盛景象。

荣誉　1982 年，郑家店村被抚宁县委、县政府命名为县级文明村。

tieguanying cun

铁官营村

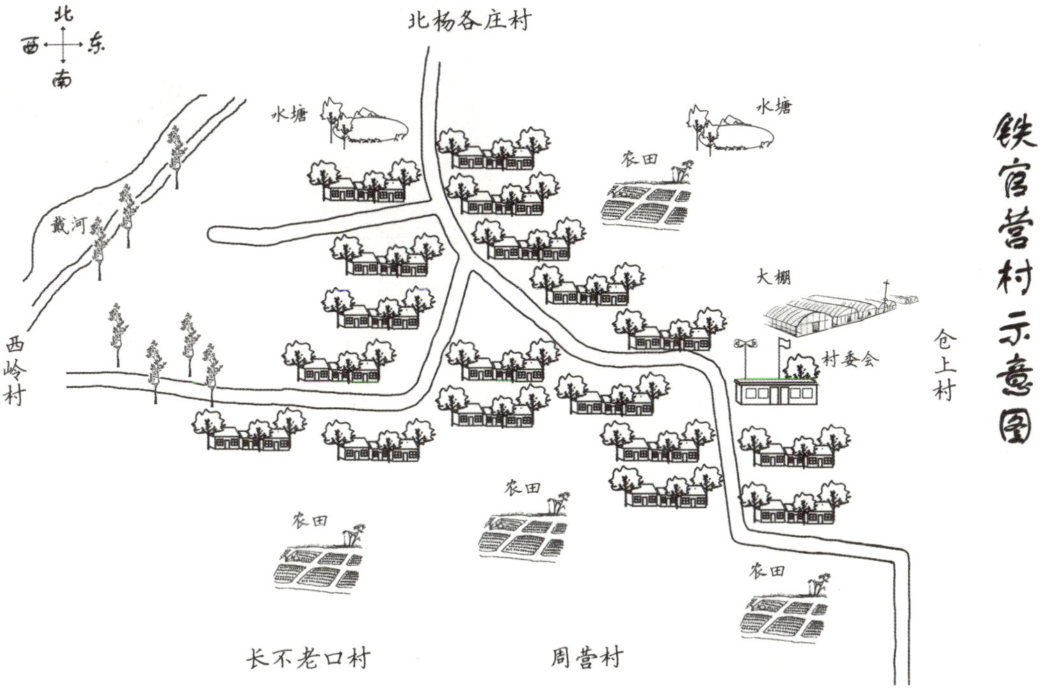

村址　铁官营村位于秦皇岛开发区榆关管理区办事处驻地东南约 5.4 公里处。东临深河乡仓上村，南接牛头崖镇周营村、长不老口村，西与东甸村隔河相望，北至北杨各庄村。2013 年 8 月 15 日，该村除 130 亩民居面积外，1500 余亩土地全部被开发区征用。铁官营地势低洼，且多为平原，所以河流较多，流经该村的有 3 条河，分别为南河、北河、北沟（亦称北后坑）。

村委会

沿革　清朝顺治年间（公元 1644 ～ 1661 年），汪、温、袁、马四姓村民由山东迁此定居，唐山市乐亭人林天寿与林自亮叔侄二人到该地做买卖，也定居于此。明朝天启年间，明朝军队在村南河岸建有铁匠铺打造兵器，故取名铁官营。由于面积小，人口少，又称小营。1982 年 3 月，正式定名为铁官营。

清乾隆二年（公元 1737 年），铁官营村隶属临榆县北戴河堡管辖。1937 年，日伪军设立北杨各庄乡，该村划属其管辖。1949 年，铁官营村属抚宁县第五区（驻榆关街里）北杨各庄乡管辖。1956 年，抚宁县第五区北杨各庄乡撤销，属榆关乡管辖。1958 年，榆关人民公社成立后，该村属榆关公社郑家店大队。1996 年，榆关乡改为镇，属榆关镇管辖。2010年，该村划归秦皇岛经济技术开发区管辖。

基础设施 村南百米处曾有小石桥1座，由于地势低，又叫爬桥子。1972年，种水稻，打机井，修引水渠，在此建倒虹吸槽，石桥被埋于地下。1992年，榆关镇政府投资20万元修建了一座长30米的钢筋混凝土大桥，一直沿用。

铁官营村早年有3条主路。一条是从村南，经周营到北戴河的土路；一条是从村西，经紫草坞、沙河或韩义庄到榆关的土路；一条是从村北，经北杨各庄、郑家店、华义庄和大、小毛义庄到深河的土路。2004年，实施“村村通工程”后，全部硬化为水泥路。

人口·姓氏 1948年，该村总人口为223人，约48户。截至到2015年底，该村总人口为464人，约166户。该村60周岁以上的老人约有110人，约占全村人口总数的四分之一，18周岁以下村民有80多人。

该村主要姓氏有李、潘、王、张、周、徐、马、林8大姓。建村之初的汪、温、袁3姓已无后人。

村级机构 1945年5月12日，铁官营村民潘作芝加入中国共产党，开始建立该村党组织。

村道

1947年11月，该村设立党支部，截至2015年，该村有党员14名。

周兆龙（1947～1951年）、杨润身（1951～1956年）、杨守先（1956～1961年）、马永林（1959～1961年）、杨守先（1961～1962年）、杨润身（1962～1963年）、李文光（1963～1965年）、张永贵（1965～1968年）、李庆雨（1968～1971年）、李彦吉（1972～1976年）、杨守先（1976～1993年）、林尚琪（1994～2007年）、潘瑞（2007～2009年）、马保安（2009～2012年）、周秉成（2012年～）先后担任铁官营村党支部书记。

1947年，该村设立村公所。1968年3月3

2013年8月，村民高兴地领到了征地补偿款

2013年8月，开发区为村民发放征地补偿款

日，小营大队革命委员会成立。1984年，铁官营生产大队改名为铁官营村村民委员会。李文光（1961～1965年）、杨守先（1965～1966年）、李庆雨（1966～1976）相继担任村大队长。杨守先（1976～1983年）、林尚琪（1985～1993年）、陈祥（1993～1994年）、林尚琪（1994～2007年）、李彦吉（2007～2009年）、林尚坡（2009～2012年）、潘德新（2012年～）相继担任村委会主任。

教育·文体卫 铁官营未设立过学校，适龄儿童都到北杨各庄小学就读，初中到榆关中学就读。新中国成立初期，铁官营村子女，上不起学，故而考上大学的人数较少。1977年恢复高考制度以后，人们对文化的重视程度普遍提高，大中专学生逐年增多。

1968年，村内建有卫生所，推行农村合作医疗制度，由大队和社员集资，为社员群众提供费用较低的医疗保障。担任“赤脚医生”的有杨成吉、潘彩盈。

村大队原有图书室，购置各种图书供群众阅读。20世纪60～70年代，大队有锣、鼓、镲、二胡、手风琴等。20世纪80年代以后，村民开始对言情小说，金庸、梁羽生等武打小说和农业技术书籍等颇感兴趣。2000年普及网络后，村民文化娱乐活动多样化。

农工副业 铁官营村大部分为平原，仅东南部为丘陵，约占总面积的1/5，其土壤类型为淋溶性褐色土，通透性好，适合种植玉米、白薯、水稻、花生等作物。该村地势比较低洼，地下水源充足，但过去都是旱田，制约了粮食产量的提高。新中国成立前，铁官营经济是自给自足的小农经济，人们为了吃饱肚子经年劳碌，多数青壮年背井离乡，“闯关东”到东北谋生。1962年，该村农作物播种面积1071亩，其中，粮食及大豆播种面积1048亩，此外还耕种了冬小麦、豌豆、玉米等。为提高粮食单位面积产量，该村采取相应措施。2009年，全村作物播种面积为1289亩，粮食作物1030亩，亩产455公斤，总产468250公斤。

除种植业外，铁官营村部分村民还从事养牛、养猪和养鸡等养殖业。1970年，该村成立村办企业——大队磨米厂，截至2015年底，仍在生产经营。1973年，该村成立供销合作社，以后逐渐发展成为榆关东片的中心供销社，供应农药、种子、化肥及日用百货等。2007年3月，中心供销社卖给潘庆章个人。20世纪80年代后，徐会平、杨守先、王金海等人先后在村内开设小卖店，经销日常用品。20世纪90年代，村东、西两侧开设大型超市2个，有蔬菜、肉食、粮食等等，品种齐全，花样繁多。截至2015年，该村2家超市仍在正常运营。

村民生活一景

村民生活及社会保障 新中国成立前，铁官营村家家户户搞纺织，穿衣全是家织布。新中国成立初期，群众生活困难，个别家庭一家人盖一床棉被，冬天穿单衣。20世纪70年代，条件好的可穿“的确良”衣服，都是中山装。买衣服穿的较少，一般都是自家买布，请裁缝做衣服。实行家庭联产承包责任制后，群众生活逐步改善，穿西服、戴领带、穿皮鞋，逐步“洋气”起来。改革开放以后，村民生活更是发生了翻天覆地的

民居

变化。私家车、电脑、网络电视等高科技产品进入寻常百姓家。特别是划入开发区后，该村失地农民享受到了征地生活补助金。2014 年，男 60 周岁、女 55 周岁的村民还享受到了开发区管委发放的养老保险金，村民真正实现了老有所养，衣食无忧。

风物传说　铁官营村曾经有 1 座坐北朝南的小庙，无雕像，屋内壁画有鬼神图像，桌案上摆放有 7 个大香炉，庙前挂有一口大铁钟，据说为清光绪年间建造。当时，村中如有老人故去，常在小庙一带领魂，烧车马人，农村称为“炒庙”。据此推测，小庙就是供奉五道将军的五道庙（五道将军，是东岳大帝的属神，执掌人间的生死、荣禄、是阴间的大神）。

名人能人　马仲林，革命烈士，1927 年出生。1951 年，随中国人民志愿军入朝作战，同年 3 月 8 日，在抢修铁路过程中，遇到敌机轰炸，英勇牺牲，安葬于朝鲜。

王克俭，1921 年生人。王克俭在山里劳动时，结识了武工队员，深受共产党和八路军抗日救亡的先进思想和爱国精神影响，后来，经常为八路军提供情报，筹集粮饷，成为中国共产党在滦东地区第一位秘密联系人。

庞玉安，故事大王，1924 年生人。他记忆力好，喜爱读书，会讲故事。1962 年，大队部南侧有一棵大柳树，每天干完农活儿，孩子大人都聚集在树下，围得里三层外三层，听“老庞”讲《三国演义》《水浒传》《封神榜》等故事，当时人们以听老庞讲故事为乐趣。

dongzhuang cun
董庄村

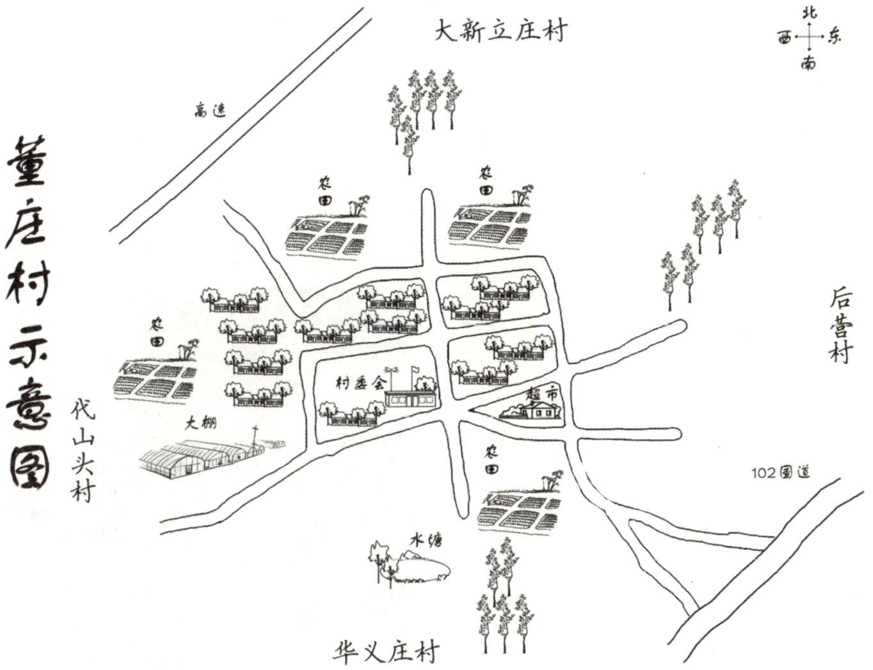

村址 董庄村位于秦皇岛开发区榆关管理区办事处驻地东北方向约5.2公里处，102国道北侧。该村东临后营村，南接华义庄村，西到代山头村，北至大新立庄村。1990～2016年，京沈高速、承秦高速、大秦铁路扩能改造工程等项目先后征占董庄村土地。截至2016年底，该村总面积约2100亩。其中，耕地面积约1000余亩。该村村南有1条季节性小河—小南河。

沿革 明末清初，董、郑两姓村民由山西洪洞县迁此定居，最初分为董庄、郑庄2个村，东头的叫董庄，西头叫郑庄，后改名郑董庄，2015年以后称董庄。

董庄原属抚宁县榆关镇大新立庄乡管辖。后大新立庄乡政府驻地迁至上徐各庄村。1956年，大新立庄乡改为抚宁县榆关镇上徐各庄高级公社。1958年，上徐各庄高级公社改为抚宁县榆关镇上徐各庄乡。1995年，上徐各庄乡撤销，并入榆关镇，董庄村属抚宁县榆关镇管辖。2010年，董庄村划归开发区管辖。

基础设施 村内有南北走向主路1条，连接102国道，2016年对路面实施硬化。村西与代山头村交界处，有1座小桥。该村村北、村南共有涵洞6个。村东有水库1个，占地约10亩，主要用于灌溉。

人口·姓氏 新中国成立初期，全村总人口402人，共100户。其中，男性242人、女性160人，60岁以上村民70人、17岁以下村民75人。1980年，全村总人口600人，共210户。其中，男性340人、女性260人，60岁以上村民110人，17岁以下村民80人。1993年，全村总人口830人，共260户。其中，男性430人，女性400人，60岁以上村民120人，17岁以下村民100人。2015年，全村总人口878人，共310户。其中，男性470人，女性418人，60岁以上村民150人，

17岁以下村民130人。董庄村主要姓氏为张、王、李、杨、陈、郭、赵。

村级机构 董庄村第一任书记为张有存（1943～1954年）、冯尚友、张友密、张太山、郭汉元、张春华、张德林、张德起（1988～1989年）、张德全、张德同（2003～2005年）、张德全（2006～2009年）、张新彬（2009～2011年）、张振江（2012年～）相继担任村书记。

新中国成立后，张有芹担任第一任村长。此后，李宝顺、张和印、郭汉元、温守德、张清泉、高连、张德起、王富中、张艳英（2001～2005年）、张振江（2006～2014年）、张新彬（2015～2017年）相继在不同时期担任大队长、村主任。

教育·文体卫 1999年以前，董庄村建有小学，设一至四年级，五、六年级学生需去大新立庄小学上学。2000年，董庄小学合并到大新立庄小学和上徐各庄小学。2015年，该村配备了1辆校车，安排了2名司机和2名安全员，保障学生出行安全。2007年，该村设卫生所1个，有村医1名。村民积极开展广场舞、羽毛球等文体活动，积极参加开发区举办的广场舞比赛。逢年过节，村民常自发组织大鼓、秧歌、广场舞等文化活动，丰富业余生活。划归开发区后，建成农家书屋1个。到2015年，藏书超过2300册，可供村民借阅。

农工副业 董庄村主要为丘陵地貌，村里主要为沙土地和黄土地。新中国成立以来，董庄村就以种植苹果树、桃树、梨树为主，同时种植玉米等粮食作物。1986～1992年，该村果树种植达到顶峰，种植面积约2000余亩，销量可观。1986年，依托该村水果种植优势，董庄村成立邻海罐头厂，以罐头加工，促进果品销售，有效带动村民就业。1988年，罐头厂翻新厂房，后因成本投入过高等原因于1995年停产。2010年，该村建冷库10余个，用于储存水果。此外，该村有10余户家庭从事养猪、鸡、羊等养殖业。另有商店和小卖部多家，为村民购物提供便利。

村民生活及保障 董庄村村民收入主要以农业收入为主，兼做零工活为辅。全村新建房屋较多，有现代平房和楼房。全村有汽车100多辆，户户有冰箱、彩电、洗衣机，多数家庭安装了电脑和空调。2008年，该村已实现电视及移动通信网络全覆盖。2010年10月，董庄村划归开发区后，积极参加美丽乡村建设，进一步加强环境卫生管理，每天安排3名保洁员清理村内卫生，村容村貌焕然一新。

董庄街道

该村有特困户8家，优抚户2家，五保户3家。有郭汉元、温守印、温凤琴、张有征等多名长寿老人。

名人能人 温守印，1946年参军，一直随部队作战。1949年入党，1955年复员回乡，从军期间立二等功3次。

张继顺，1979年入伍，1985年入党。参军4年，参加过对越自卫反击战。

荣誉 2007年，董庄村被评为抚宁县文明生态村。

hanyizhuang cun

韩义庄村

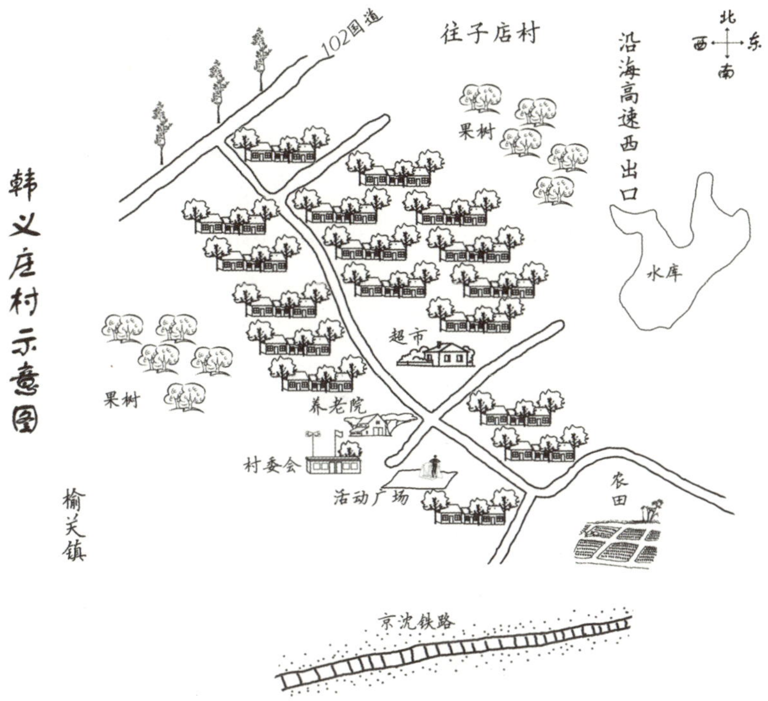

村址　韩义庄村位于秦皇岛开发区榆关管理区办事处驻地东约 1.1 公里处。该村东临京沈高速秦皇岛西入口，南抵京沈铁路，西到抚宁县榆关镇，北至大秦铁路及 102 国道。

新中国成立时，全村耕地面积为 1800 亩。1957 年，全村耕地由高级社统一划分，村北划分给下徐各庄村 150 亩，村南划分给西岭村 50 亩，剩余耕地 1600 亩。2015 年底，全村土地总面积为 2460 亩。其中，耕地面积 1680 亩，民居、道路占地 220 亩，荒坡荒埂占地 510 亩，水地面积 50 亩。

沿革　明朝崇祯年间（1628 ～ 1644），山

102 国道穿村而过

村民活动中心

东荒民闯关东，路过此地，部分人留下开荒种地，繁衍生息。因当时村民中韩姓居多，故取名韩义庄。

1952年，韩义庄村将“土地改革”时各户分得的土地归在一起成立互助组。1958年，该村成立人民公社，归属榆关公社管辖。1982年，榆关公社改为榆关乡，韩义庄村归属榆关乡管辖。1996年，榆关乡撤乡并镇，韩义庄归属抚宁县榆关镇管辖。2009年，该村划归秦皇岛经济技术开发区管辖。

基础设施 韩义庄共有主干道2条，其中南北1条，东西1条，2008年实现硬化。1973～1982年，韩义庄村新建水库3座，分别位于村东和村北，总面积约90亩，主要用于果树灌溉。同时，打石砌大口井9口。修建水库灌

村道

溉渠2000米。1972年，该村通电。1982～2015年，该村全面开展街道硬化和田间路修缮工作。2014年，该村通自来水。截至2015年底，该村有水库2座，大口井7眼，喷灌机70台，安装路灯40盏。2009年，安装自来水供水设施，硬化街道11000平方米，安装路灯40盏。该村投资30万元建老年幸福院1座，占地1200平方米可供周边各村孤寡老人居住；建文化娱乐广场2个，占地120平方米，健身、娱乐器材齐全。1982～2015年底，韩义庄村相继修建垃圾池10个，村民生活环境明显改观。

人口·姓氏 明朝崇祯年间，韩义庄人口只有10余人。新中国成立前，该村总人口到达300余人，约100余户。1957年，人口约610人左右。人民公社期间，该村人口数量呈逐年增加趋势。截至2015年底，已达到710人。村内主要姓氏有韩、石、孙。

村级机构 1945年，韩义庄村成立第一任党支部，李唯贤（1945～1951年）、孙秘元（1951～1963年）相继担任党支部书记。1963～1968年，韩义庄村归革委会管理。韩永昌、郭海珍（1968～1976年）、韩守礼（1976～1983年）、薛俊鹏（1983～2005年）、李友（2005年～）相继担任党支部书记。截至2015年，韩义庄村党员总数为23人，党小组3个。

韩喜林（1951～1965年）、陈志昌（1966～1983年）、张连符（1984～1989年）、韩守营（1989～2002年）、秦奎（2002～2006年）、秦义（2006～）分别在不同时期担任韩义庄村村长、大队长和村主任。

教育·文体卫 1950年，韩义庄村内建小学1所。2010年，小学因生源不足撤销，村里适龄儿童在榆关小学上学。

20世纪90年代初，韩义庄村与往子店村、西岭村共建联村诊所2个。2014年，该村建成文体广场，供村民娱乐健身。

农工副业 新中国成立前，由于韩义庄村地下水短缺，土质瘠薄，粮食产量极低，大部分青壮年以打短工维持生计。新中国成立后，韩义庄村先后成立了互助组、初级社、高级社、人民公社，农作物产量逐年提高。中共十一届三中全会后，该村实行以家庭为主的联产承包责任制，村党支部组织村民栽植桃树等果树1000余亩。1986年，

超市

老年幸福院

果树进入初果期，村民人均纯收入比往年翻了一倍。为提高村民果树管理水平，村党支部利用每年冬闲，邀请北戴河果树研究所技术员为村民教授果树栽培技术，大大提升了果树管理水平。1990年，大部分家庭妇女均熟知果树兑药、打药、疏花疏果等技术，水果产量已达年产200万斤以上。为解决卖果难问题，村班子跑遍东北市场找销路、请客商。韩义庄村仙桃产量最高时，可日装仙桃8卡车，该村逐渐成为远近闻名的果树专业村、富裕村，村民每年人均纯收入可达3000元以上。进入21世纪，该村适应市场新形势，引进果树新品种，注重果品产量和质量的提升，村民经济收入实现再次翻番。2015年底，该村60余户果树种植户，仅果品收入一项每年可达7～8万元。其中，有10余户年收入达10万元以上，个别户可达20万元左右。

此外，韩义庄村村民种植玉米400亩、花生200亩。村民建养鸡房7个，年出栏15万只。养牛30头，养羊400只。建蔬菜大棚15亩。

截至2015年，韩义庄村有农机修理站3个、农资服务店1个、小型超市2个。

村民生活及社会保障　20世纪80年代～21世纪，修建老年幸福院1座，占地1200平方米，可供周边各村孤寡老人居住；2007年，全村普及有线电视。2013年，全村实现移动通信网络信号全覆盖。截至2015年底，该村有三马车80台、大货运输车7台、面包车30台，小轿车20台。

2015年底，韩义庄村有80～90岁老人10余名。有优抚对象1户，五保户1户，低保户5户；各类残疾人35人，重度残疾13人；均享有生活补贴金。

风物传说　新中国成立初期，村内有小寺庙2座，铁钟2口，后在文化大革命中被全部拆除。

明清时期，韩义庄村村西曾有百年老槐树，直径约90厘米。

名人能人　韩义庄村有韩守信、秦东来2位烈士，均为1947年参军，分别在辽沈战役和平津战役中牺牲。

荣誉　1987年，村书记薛俊鹏被抚宁县委评为“优秀共产党员”荣誉称号。2016年，村书记李友被秦皇岛经济技术开发区评为“优秀农村干部”荣誉称号。

hanxingzhuang cun

韩兴庄村

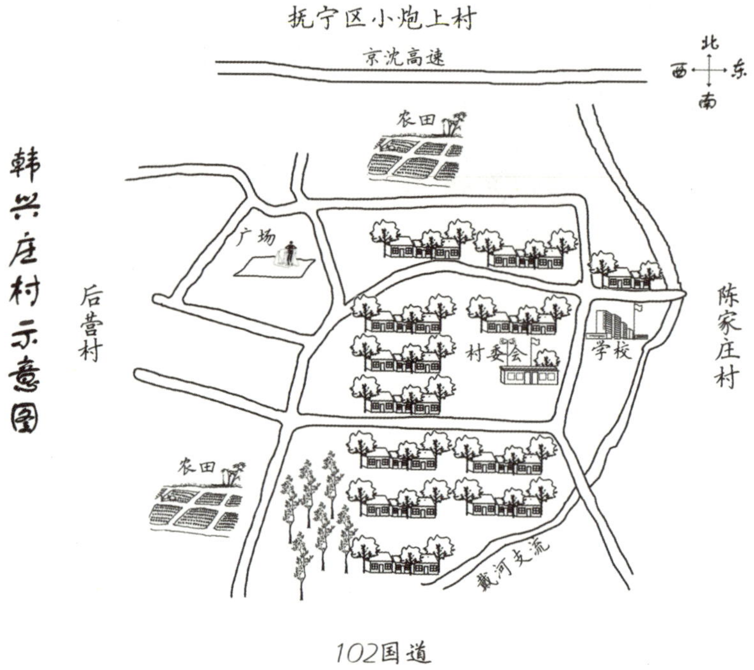

村址　韩兴庄位于秦皇岛开发区榆关管理区办事处驻地东北方向约 9.3 公里处。东临陈家庄村，南接东甸子村及 102 国道，西到后营村，北至抚宁区小炮上村。1949 年，全村土地面积为 3500 亩。其中，民居面积约 650 亩，荒地及道路面积 500 亩，耕地面积 2350 亩。2014 年，该村土地流转给开发区亿科公司 2308 亩。2016 年，再次流转 320 亩。该村只剩余土地面积 650 亩。

沿革　明代，张氏兄弟由山东迁此定居建村，村名不详。清代至民国期间，村名立为韩义庄。1972 年，县内不允许存在重名村，韩义庄村改名为韩兴庄大队。1975 年，韩兴庄大队更名为韩兴庄村。

1936 年，韩义庄大队属临榆县管辖。1950 年，

村委会

文化广场

民居

临抚合并，韩义庄划分至抚宁县，归永茂社管辖。1953年，韩义庄属抚宁县深河人民公社管辖。1984年，深河人民公社改为深河乡，该村归其管辖。2010年，韩兴庄村划入秦皇岛经济技术开发区管辖。

基础设施　20世纪50年代，韩兴庄村有东西走向道路4条。1981～2010年，该村村民陆续建起新居民区，每年增加村民约20户，居民区道路增至16条。2008～2009年，该村土路全部实现硬化。

1971年，韩兴庄村响应国家兴修水利号召，修建了蓄水量为1万立方米的小型水库1座。1973年，该村在村东南方向再次修建蓄水量为26000立方米小型水库1座，可灌溉500多亩农田，为农业发展创造了有利条件。1988年，大秦铁路的建设由此经过，1971年修建的水库被废弃。截至2015年，村东南水库犹存。

民居

20世纪80年代，韩兴庄村修建了通往深河和东甸子村的大桥2座。

人口·姓氏　新中国成立时，韩兴庄村总人口650人。其中，男性352人、女性298人，60岁以上村民80人、17岁以下村民110人。1980年，全村总人口1020人，共350户。其中，男性530人、女性490人，60岁以上村民130人、17岁以下村民140人。2009年，全村总人口1128人，共380户。其中，男性570人、女性558人，60岁以上村民180人、17岁以下村民600人。2015年，全村总人口1248人，共450户。其中，男性634人、女性614人，60岁以上村民200人、17岁以下村民650人。

该村姓氏按人口多少排列为陈、李、杨、张、王、赵、梁、刘、韩、胡、罗、郭、贾、温、卢、田、倪、陆等。

村级机构　新中国成立后，韩义庄村建立党支部，皮忠林（1949～1957年）任大队党支部书记。李印林（1958～1960年）、韩永胜（1961～1964年）、罗玉久（1965～1972年）、陈春林（1973～1983年）、陈兴林（1984～1993年）、陈宜禄（1994～1999年）、陈志敏（2000～2011年）、陈贺（2012年～）相继担任党支部书记。

新中国成立前，韩兴庄村实行保甲制，设保长。1949年成立农会组织，许长合（1949～1958年）、陈开芳（1949～1964年）先后担任农会主任。1953年建立村级政权，陈开芳（1953～1964年）任村长。陈录林（1965～1980年）任大队长。陈开春（1981～1983年）、杨振平（1984～2000年）、陈永时（2001～2002年）、杨守平

小学

（2003～2005年）、杨守华（2006～2008年）、陈立志（2009年～）相继担任村主任。

教育·文体卫 新中国成立前，韩兴庄村创办小学1所，设1个班，共有20名学生。20世纪50年代，增至2个班级，有教师2名，学生40名。20世纪80年代，筹建了新学校，共设6个班级，学生150余名，教师10名，且教师大多为大、中专毕业生。

1974年，该村兴建卫生所1个，有半农半医赤脚医生2名，为村民诊治常见病。截至到2015年，村内共设卫生所2个，条件设施明显改善，村民均享受医保。

2014年，韩兴庄村修建活动广场650平方米，供村民开展健身娱乐活动。2015年，该村成立秧歌队，村民业余生活更加丰富多彩。

农工副业 韩兴庄村属丘陵地带，水土易流失。新中国成立初期，农作物产量较低。原村东有河环村而过，起名为小米河，属戴河支流，源头为大炮上村。20世纪50年代后，韩兴庄村主要种植玉米、高粱、小麦、甘薯、花生、旱稻及蔬菜等农作物，粮食产量较低，亩产粮200～300斤。20世纪70年代，该村开展“农业学大寨”运动，村民注重科学种田，农作物产量大幅提高。玉米每亩达产700公斤以上，花生每亩达产400公斤左右。

1971年，韩兴庄村成立了果园发展专业队，搞多种水果种植。其中，桃和苹果产量较高，桃子9万公斤/年，苹果6万公斤/年，全村年总收入可达60万元。后期由于管理不善，果园被拆除。

1978年，韩兴庄村养殖业兴起，发展规模日益壮大，养鸡户每户养鸡均在1万只以上，村民收入实现再次提升。

1979年，韩兴庄村建砖厂1个。1968年，韩兴庄村建米面加工厂1个，配有煤油机等设备。改革开放后，又建起米面加工厂2个。

1980年，韩兴庄村生产队解体，3户村民建起了小商店，截至2015年底经营状况良好。

村民生活及社会保障 新中国成立后，韩兴庄村住房结构为一院多户，且交通出行不便。1980年，村民生活条件改善，大部分村民家中添置了电视和摩托车。同时，每年约有200余名青壮年村民外出务工，村民收入逐年增加。

韩兴庄村共有五保户9人，低保户38户，优抚对象2人，特困户13户，残疾人27人。80岁以上村民30余人。

1965年，韩兴庄村开始陆续安装电话。20世纪80年代，全村60%的住户都安装了电话。2013年，韩兴庄村安装了路灯。截至到2015年底，该村已实现手机、电话通讯设备全覆盖。

新中国成立初期，韩兴庄村有村民160户，房屋面积约15000平方米。20世纪80年代，增加房屋面积8000平方米。20世纪90年代，修建村委会办公室。截至到2015年底，该村又增加房屋面积1万平方米。

名人能人 陈志忠，化名陈启民，1946年参军。1948年沈阳解放后，留在沈阳军区工作，1988年离休，享受将军待遇。

张庆祥，1947年，在抗日战争中牺牲。

此外，新中国成立前，参加过抗日战争、抗美援朝战争的有陈万春、韩永魁、陈宜平、张长久、陈开山等。

风物传说　建村时，村中东西各有五道庙1座，庙东还有大钟1口，“文化大革命”期间被拆除。

建村时，村中央原有古井1口，为村民饮用水来源。

河道

民居

zicaowu cun

紫草坞村

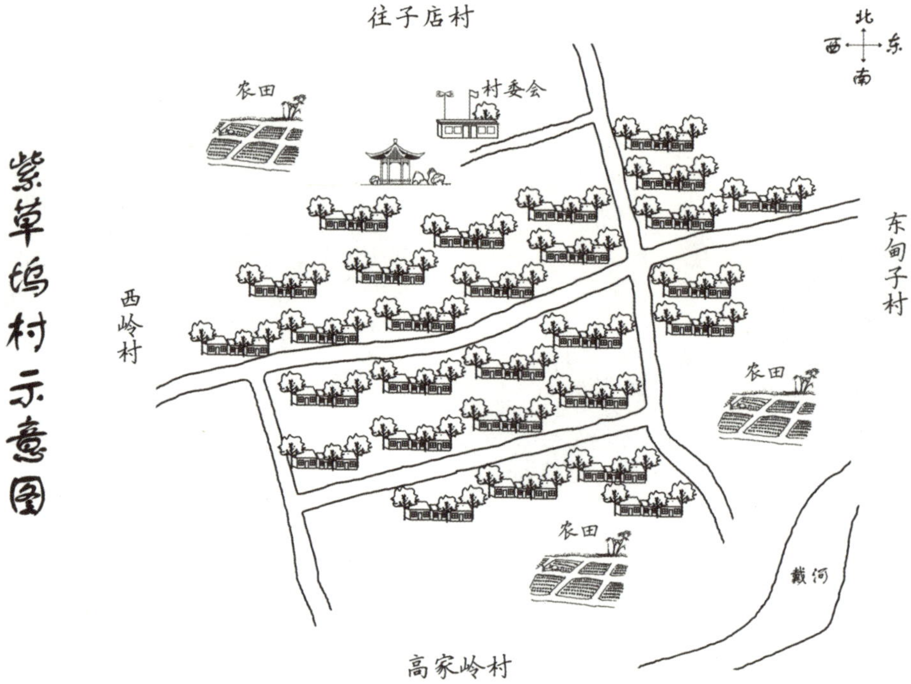

村址　紫草坞村位于秦皇岛开发区榆关管理区办事处驻地东南方向约3.5公里处。该村东临东甸村，南接高家岭村，西到西岭村，北至往子店村。截至2015年底，全村耕地面积为1500亩。紫草坞村村北700亩地为丘陵，有1尺深优质土，下为山皮土质。村南有600亩沙土地，有深油沙土1米深，下为沙子。西戴河有800延长米环村而过。2014年，治理戴河征占土地220亩。

沿革　据县志考证，明永乐年间（公元1403～1424），史、刘、王三姓村民从山东迁入此地建庄，因此地坑边有一个泉眼井，井边长着紫草（人称宝草），加之地形似坞，故取名紫

小学

街道

街道

草坞（传说在明帝东征过辽西沼泽地时，毒雾弥漫，高人指点需口含紫草方可过沼泽，紫草被摘取后所剩无几，后逐渐消失）。

1949 年，紫草坞村与西岭村、东甸村同属一个行政村（即紫草坞村）。2015 年 10 月 15 日，紫草坞村划归秦皇岛开发区管辖。

基础设施　1957 年，党中央号召开展“农业学大寨”运动，紫草坞村民人工开挖泄洪大渠，将东甸、紫草坞、西岭村内的水成功引入戴河。1971 年秋，村民挖大口井 1 眼，修筑 700 米引水渠，引水上山至村东岭果园，并铺设 600 米钢管灌溉果园。1959 年下半年，该村 200 亩土地归秦皇岛电机厂种植，以解决电机厂职工生活温饱问题。1960 年，电机厂将照明电和动力电由北戴河海滨一直架到紫草坞村。1992 年，紫草坞村重新打深水井 1 眼，出资 10 万元为村民通上了自来水，并为每户安装了水表、电表。1995 年，紫草坞村在戴河支流修建小桥 2 座，后开发区在征地时拆除。2000 年，该村重新架设电线，接通了三项动力电。2013 年，该村村书记李惠民维修老村委会房屋 6 间。同年，为解决村西村民排水问题，铺设排污管道 300 余米。2004 年，该村村委会将主干道修筑为水泥路，约 7000 平方米，交通状况大为改观。2015 年，村委会将村内剩余道路全部修筑为水泥路，面积约为 4200 平方米，方便村民出行。2014 年，又打 200 米深水井 1 口。2015 年，该村安装路灯 60 盏，改造厕所 197 个，为村民安装采暖炉 318 个。同年，该村建幸福院 1 座，用于供养独居老人。

人口 · 姓氏　新中国成立前，紫草坞村有村民约 400 人，共 100 户。其中，男性 230 人、女性 170 人。1990 年，该村总人口为 595 人。其中，男性 310 人、女性 285 人。1992 年，该村总人口为 560 人，共 170 户。截至 2016 年底，全村总户数 280 户，总人口为 699 人。其中，男性 359 人、女性 340 人。

村内姓氏主要有安、鲍、蔡、曹、陈、程、崔、代、单、邓、丁、董、杜、方、付、高、韩、郭、何、侯、胡、黄、贾、金、姜、孔、李、梁、刘、娄、陆、马、毛、潘、齐、石、史、宋、田、唐、孙、杨、衣、于、岳、张、赵、郑、周、祖、邸、郗、闫。

村级机构　新中国成立前，紫草坞村分为东西二排，以正中间分界，往东是东腰排，赵亭任保长；西为西腰排，李宽任保长。新中国成立后，衣贵任紫草坞村书记。1996 年，榆关镇委派陈武桐任村书记。刘玉书（1962 ～ 1969 年）、张守成（1970 ～ 1979 年）、杜文贵（1980 ～ 1983 年）、

村委会

刘玉书（1984～1993年）、李惠民（1994～1999年）、张守成（1999.10～2005年）、王维臣（2006～2011年）、李惠民（2011～　）相继担任该村党支部书记。

1956～1958年，紫草坞村成立高级社。1957年，该村成立联村大队。1959年底，紫草坞村从北杨各庄高级社分家，西岭和东甸单独立行政村。新中国成立后，李云峰担任紫草坞村村长。王秉恒（1962～1964年）、李印德（1965～1969年）、杜文贵（1970～1979年）相继担任该村大队长。刘宝信（1980～1983年）、王维臣（1984～1988年）、李春和（1989～1990年）、李印德（1991～1995年）、刘宇鑫（1996～1997年）、刘兴盛（1998～1999年）、李春和（2003～2006年3月）、刘晓齐（2006年4月～　）任该村村主任。

教育·文体卫　20世纪40年代，紫草坞村建立紫草坞小学。1960年，紫草坞小学设1～6个年级，最早的教师有王庆祥、王守礼和负责人刘兴礼、王绍清、李书汉。截至2015年，紫草坞小学共设3个年级，共有学生30余人，四年级以上，适龄儿童可到北杨各庄小学和深河小学就读。2012年，该村成立农家书屋，张丽任图书管理员。2015年，紫草坞村新建文化广场，

村貌

占地约2000平方米，安装了各类健身器材供村民娱乐健身。

农工副业　1970年，紫草坞村掀起“农业学大寨”运动，在东岭种植水平梯田100亩，并开始栽植果树。1983年，苹果树、桃树分归各户管理。1984年，村民杨仲光建蔬菜大棚，种植西红柿、豆角、黄瓜、萝卜等，占地约4亩；2002年，村民王维臣、李海峰、刘宝全分别种植核桃树，合计25亩。侯学政种植栗子树6亩，均已结果。

1960年通电后，紫草坞村成立了第一家米面加工厂。20世纪60～80年代，村内相继成立代购、代销点。1994年，村民杜双义和衣占廷、李会东开办超市。李忠、李宏建豆制品加工

老房

开发区管委为村民钻井解决用水难题

点，每日在秦皇岛市批发市场销售干豆腐300斤左右。20世纪90年代，村民李东养殖蛋鸡5000余只；刘宏、周秉启各养殖母猪100头，可繁育仔猪2000头；刘丽霞养羊500只。2015～2016年，村民刘萍养鹅2000余只；李太和养猪场1年销售生猪30头；

改革开放后，村民刘春东开办的压杂面坊1个，2013年停业。2014年，村民刘秀文开办杂面坊1个，截至2016年一直在加工。2005年，村民刘晓齐开办了一家水泥制品厂，截至2016年仍在生产水泥板。2015年，村民张邵云开办水泥制品厂1个，专业生产空心砖，截至2016年仍在生产销售。

2002年，国家号召栽植生态林，涉及8户，共栽植生态林27亩，国家每亩补偿原粮150斤。2004年，紫草坞村又增植生态林180亩，前8年国家每亩补偿160元，从第9年始，每亩补偿90元。

正在认真上课的小学生

风物传说 紫草坞村中央原有庙宇1座，为古人消灾赐福之用。村民从千里之外请回佛像（半身立体像）一尊，原计划将佛像安放于村东北丘坡上，但当众人把佛像抬到村中央时，佛像仿佛突然变重，无法移动，村民认为此乃天意，遂将佛像立于村中央，并修建庙宇1座，围墙长70米，宽45米。在院北坐北朝南修大殿1座，为正殿。殿东西长12米，南北长8米，佛像立于殿中央。佛像高约2米，宽约1.5米，佛像面部微笑，表情安善慈祥。佛像前有一圆形香炉。殿内有四根立柱，四周墙上雕有神像若干，有的面容怒目，有的慈悲，形态各异。立柱上各种花纹相互映衬，古朴典雅。正殿两侧各有厢房1座，内部均为木质结构，瓦棱尖顶，东厢房另有诸多佛经和藏书，西厢房为存放工具和守庙人住处。院中有绒花树一棵（此树为该村村民刘秀才从河南移来），南大门两侧各有大钟一口，用石梁悬挂，两边钟体高1.5米，下口径1.2米。钟声铿锵洪亮，余音绵延不断，方圆5里可闻。

名人能人 王庆昌，烈士，1981年生人，1948年参加革命，后为中国人民志愿军38军113师339团战士，1950年11月牺牲于朝鲜、

刘殿甲，烈士，1922年生人，1946年4月参加革命工作，后为中国人民志愿军38军113师339团战士，1951年牺牲于朝鲜。

王权，解放前参军，1965年任牛头崖法庭庭长，后调至北寨乡任书记，后又抽调到留守营安水厂工作至退休，于1985年去世。

侯天成，解放战争时期参军，于1988年故去。

王奎杰，由村抽调到乡里任职，后调到抚宁县老干部局退休，于2004年故去。

牛头崖管理区

综　述

牛头崖管理区办事处辖区东临杨户屯村，南接太和寨村，西到高家店村，北至仓上村。2010年10月，从抚宁县牛头崖镇、榆关镇、深河乡划入19个行政村归秦皇岛经济技术开发区牛头崖管理区办事处管辖。19个村分别是杨户屯、马坊甸、郭高马坊、药马坊、刘马坊、张马坊、朱马坊、富新庄、周营、长不老口、高家岭、小米河头、孙家庄、太和寨、闪水庄、孤家子、仓上、大米河头、高家店。小米河头村是牛头崖管理区办事处辖区内第一个整村征地拆迁的行政村。辖区各村总面积24.68平方公里，常住人口1.6万人，5900余户，党员814人。

牛头崖管理区办事处驻地位于北戴河火车站北侧，临近抚宁区和北戴河区，牛头崖管理区办事处成立于2010年10月，2015年10月正式独立，更名为牛头崖管理区办事处。管理处有工作人员40人，内设行政办、党办、信访、人力资源和社会保障、民政、计生、农业、经发等8个科室。办事处历任书记有赵伟（2010年10月～2013年5月），杨建宇（2013年5月～2016年11月）张效（2016年11月至今）。历任主任有王志超　（2010年10月～2015年9月），张效（2015年9月～2016年11月），王冀南（2016年11至今）

办事处

（一）

牛头崖管理区办事处所辖区域属于温带季风气候，干湿相宜，四季分明，冬暖夏凉，平均气温10℃，尤以夏季凉爽宜人，可谓避暑休疗之胜地。辖区大部分为平原地势，较少一部分为丘陵地带，为中性土壤，辖区内流经戴河、新河，戴河全长8.21公里，流经小米河头、高家店、大米河头、孙家庄、长不老口、太和寨等6个村，新河全长2.5公里，主要流经杨户屯村。其中戴河较为有名，戴河位于开发区新区中西部地区，过区河道总长约22千米，区内主河道长6千米，分别有两条支流深河、沙河注入其中。深河支流，发源于抚宁县北坊子，自上游开发区韩兴庄处开始，向西南方向流经深河、大、小毛义庄，于小米河头村村西南汇入戴河主河道，河道全长12.37千米，控制流域面积约40平方千米。2011年以来治理河道长2.3千米，修建蓄水拦河坝3座，蓄水总量约50万立方米。随着戴河生态园及沿河景观带的建设，崭新戴河将呈现在世人的面前。

（二）

辖区内有津秦铁路、秦抚快速路，距离京哈高速开发区口仅五公里。辖区内有杨户屯水库1

座，为周围村落农业灌溉和百姓饮水提供了便利。2016年，辖区19个村全部完成垃圾市场化管理，并牵头配合城发局建设垃圾中转站12个。

辖区涉及美丽乡村建设项目5个，包括周营村村民中心地暖建设工程、村民中心周围路灯建设工程、村民中心会议室和村史馆购置桌椅项目、周营村墙体美化建设工程、周营村广告牌及宣传栏建设；农业办牵头开始长不老口建设项目3个，包括长不老口村村民中心建设工程、长不老口村墙体美化建设工程。此外，朱马坊污水管网改造项目工程建设，所有工程项目共涉及资金56万。通过美丽乡村建设，周营村农村面貌得到极大提升，农村环境得到改善，成为美丽宜居的村庄。

2013年度农村面貌改造提升涉及高家岭、高家店、孙家庄、周营4个村。在面貌改造提升工作组的悉心规划指导下，各村规划科学合理，村内街道整齐标准，没有侵街占道的现象。在农村面貌改造中，4个村分别进行了村庄绿化，在各村街道两侧栽植了泡桐，并安排专人定期养护管理，绿化覆盖率达到45%。各村街道两侧均安装了太阳能路灯，方便村民夜间出行。此外，各村村民均安装了新型节能采暖炉，将秋收后的秸秆进行压块处理，降低环境污染的同时，给村民也带来了极大的方便，减少了取暖支出。

秦皇岛经济技术开发区牛头崖管理区办事处管辖区域图

戴河是牛头崖管理区辖区内一条重要河流，从2016开始，管理处严格落实“河长制”工作方案，建立了日常管理机制和工作台账。沿河群众的生活习惯得以改善，环保意识得到提升。河长制激发“内生动力”得到中央媒体持续关注，2016年8月30日，中央人民广播电台记者到戴河治理工程核心区采访戴河“河长制”工作落实情况。原乡级河长、管理区党工委书记杨建宇和村级河长、小米河头村党支部书记高俊平接受采访。到2016年，辖区戴河及干流已完成整治工作，管理区在有关部门的积极配合下，解决了辖区河流流域污水直排地点3处，新建生活污水集中处理设施3个，解决垃圾堆放7处，清理临河养殖19处，清理临河厕所2处，拆除清理临河违建11处，外迁坟茔288处，累计清理沿河垃圾约3300立方。

（三）

1950年辖区内曾有师范学校1座（南戴河外国语学院前身），女子学校1座（初小）。2016年共有小学8所，中学2所，分别为大米河头小学、郭高马坊小学、长不老口小学、太和寨小学、药马坊小学、仓上小学、杨户屯小学和郭高马坊中学、太和寨中学。在校生千余人，入学率达100%，教职工共计100余人。

开发区对农民子弟升入全日制高等院校的大学生实行奖励，升入一本院校的每人奖励5000元，升入二本、三本院校的每人奖励3000元，升入大专院校的每人奖励2000元。大学毕业后连续攻读硕士研究生的，继续奖励5000元，硕士研究生毕业后连续攻读博士研究生的，继续奖励5000元。2016年，牛头崖管理区办事处共计奖大学生66人，涉及奖励资金173000元。

辖区内共有诊所19个，药店7个，诊所覆盖率达100%。

辖区内共村民自发组织的秧歌队9个，秧歌队积极参与市、区组织的各项文艺活动，在各类比赛中也都取得了较好的成绩。各村体育设施覆盖率100%，保证了村民锻炼身体的需要。

（四）

辖区村民主要以种植业为主，种植农作物比较丰富，有稻谷、小麦、玉米、马铃薯和大豆等。经济林主要为梨树、桃树、苹果树等。管理处林业采伐蓄积1641.2372立方米，出材量820.6182立方米。其中退耕还林采伐蓄积453.725立方米，出材量226.8625立方米。

大米河头村从2012年开始发展草莓养殖业，目前村里共有3户从事草莓的采摘养殖，面积达到10多亩。由于土质好，种植的草莓口感好，得到远近客人的一致好评。每户年收入能达到10多万元。村民养殖的富硒草莓，此品种甜，糖尿病人均可食用。村民大力发展种植多样化，在草莓种植棚里夹杂西红柿种植，口感绵甜，销售量良好。每年采摘季从1月持续到5月。

辖区内高家岭村、老不老口村的豆制品加工、扫帚制作以及肉牛养殖都小具规模；郭高马坊和大米河头村的草莓采摘种植，声名远播，这些经济发展带动了村民的收入，使人民的生活水平得到了改善提升。

（五）

小米河头村是牛头崖管理区办事处辖区内第一个整村征地拆迁的行政村，共涉及728人198户300多亩宅基地。截至2016年，村民共选取返迁房房源679套，其中公园里小区451套，铂悦山小区228套。2016年，辖区内有孤家子村在等待拆迁。

2010年初，辖区内太和寨村西65户第一批村民完成新农村改造。以前的师范学校校址建成了绿茵港湾住宅小区，过去的加油站、煤厂

2015年前后建设成了泰和鑫家园，65户返迁户入住华都驿郡，太和寨新农村建设在辖区内是发展较好的一个村。

2015年，辖区有低保户144户，共计221人，每年发放补助款69万余元；五保户现52人，每年发放补助款31万余元。困难家庭户97户，累计每年发放救助款六万余元。辖区内有350名80岁以上老人，每年发放老龄补贴款10万余元。每年办理老年证百余份。

辖区内有优抚对象34人。每年发放残疾军人、退伍、老复员军人残疾抚恤金、定期抚恤金达40万余元。2015年辖区内60岁以上农村籍退伍义务兵共191人，年发放生活补助款共计289175元。义务兵优待金共发放128772元。

辖区有重度残疾人共计145人，每人每月50元，共计发放21650元；困难残疾人共计73人，每人每月发放55元，共计发放11990元。

农村特困残疾人扶贫资金，发放20人，共计发放10000元；残疾人重度护理补贴，发放32人，共计9600元；重度残疾人居家托养补贴，发放9人，共计5400元；残疾人专职委员工资，发放19人，共计11400元；残疾人信息数据动态更新工作调查员工作补贴，发放19人，2260元；少数民族特困家庭慰问金，发放2人，共计1000元；残疾人职业技能与实用技术培训人员补贴，发放210人，共计10500元。

困难残疾人辅助器具发放23人；组织残疾人参加手语、按摩、创业等各类培训6次；组织残疾人参加文艺汇演、读书征文、志愿助残等各类活动6次；按规定回收残疾人代步车标识、牌照7份。

随着经济的快速发展，辖区村民的生活得到了显著的改善。村里的土坯房都变成了砖混房，私家车、网络电视等走进百姓家里。近些年来，津秦高速、嘉隆高科、戴河生态园、园博会等项目相继在牛头崖辖区内开工建设，小米河头村、刘马坊村、高家岭村、张马坊村、周营村、孙家庄村、富新庄村、高家店村、朱马坊村、郭高马坊村、马坊甸村、长不老口村、太和寨村、药马坊村、孤家子村、仓上村、杨户屯村土地先后被征用。土地征收后，村民领到了征地补偿款。凡有土地的村民，男60岁以上，女55岁以上，均领取了失地农民养老保险金，每人每月平均千元左右。没有达到领取养老金年龄的村民，每人每月可领取失地农民生活费180元，村民生活得到了有效保障。2016年，参保人员2550人，已收缴养老金8693万元。

xiaomihetou cun

小米河头村

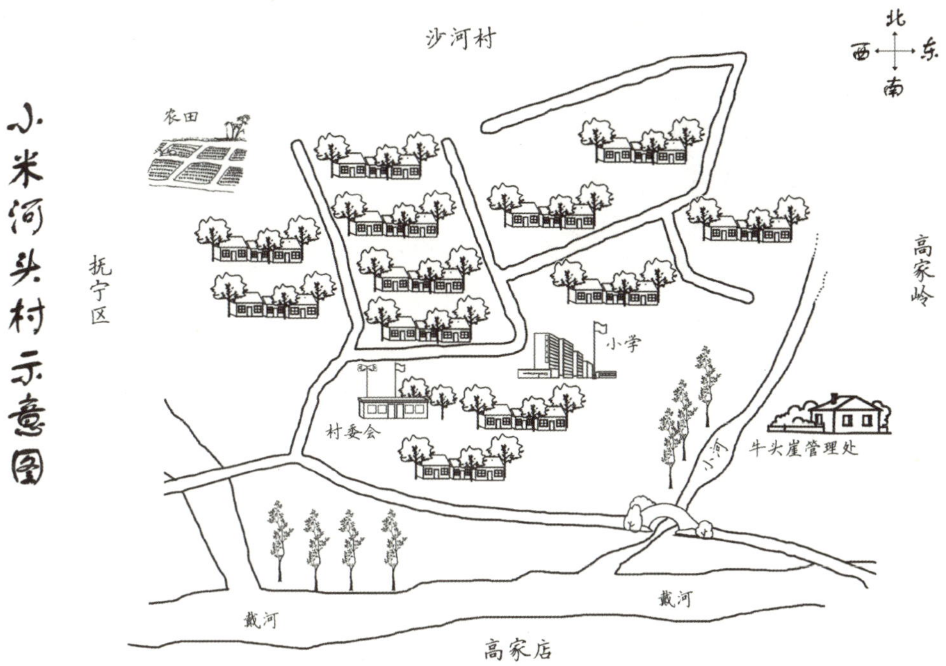

村址 小米河头村位于秦皇岛开发区牛头崖管理区办事处驻地西800米处，与抚宁区接壤。东临高家岭村，西南接高家店村，西到抚宁区崔李庄村，北至沙河村。1949年，全村土地总面积1485亩。2015年，全村土地面积1750.5亩。2015年，小米河头村土地被征用，村民领着失地生活费，养老保险。2016年全村整体拆迁。全村属平原地形，村内有河流3股，分别为西河、东河、狗尿河。

沿革 明永乐元年（1403），高氏三兄弟由山东迁入。老大和老二定居此地，老三后来迁出。村西有河（西戴河），据村里老人回忆，在很久以前，小米河头村是戴河的源头，戴河船只只能行至于此。当时交通极为落后，所以先人就在小米河头设立码头，船只所运的货物大都为小米，在码头卸货，商人从这里将小米运往各地。2015年的狗尿河，就是过去人们常来常往必经之路，所以得出“千年的古道熬成河，千年的媳妇熬成婆”的说法。

村碑

1945年以前，小米河头村归大米河头乡管，属于榆关区管辖。到1958年，归太和寨管理区。后归牛头崖人民公社。1984年，牛头崖人民公社变为牛头崖乡，1988年，改为牛头崖镇，归抚宁县管辖。 2010年，小米河头村正式从抚宁县牛头崖镇划归秦皇岛经济技术开发区管辖。

基础设施 1963年，省工作组进村，为全村重新修整电力设施，解决了照明问题，全村告别

2012 年 8 月，小米河头村民感谢开发区驻村干部在洪水到来时，不畏险情，惊心动魄保群众平安

了煤油灯时代，同时也解决了村民吃粮靠碾子推的时代。同年 5 月，在工作组的帮扶下，修建了第一座扬水站，并装上了口径 10 寸高的扬注水泵，204 瓦电动机，修建了长 600 米、下底宽 5 米，上底宽 2.5 米的干渠，支渠 200 余米，旱改水田面积 300 余亩，从此改变了多年小米河头村没有细粮的历史。1966 年，农业学大寨，经村支部、革委会决定，人工开挖 150 延长米的人工河，改变史上狗尿河从村中央穿过的历史。2015 年，村域有 4 座桥，分别为西河大桥、河东桥、康平桥、南河桥。全村道路都是土路，无水泥硬化，村内不通公交。

人口·姓氏　1949 年，全村总户数是 69 户，总人口 345 人。其中，男性 214 人、女性 131 人，60 岁以上人口 50 人、16 岁以下 30 人；1996 年，全村总户数 182 户，总人口 614 人。其中，男性 345 人、女性 269 人，60 岁以上人口 95 人、16 岁以下 70 人；2015 年底，全村总人口 695 人，总户数 225 户。其中，男性 382 人、女性 313 人，60 岁以上人口 139 人、16 岁以下人口 90 人。村内久居的三大姓氏有高、林、王。

村级机构　新中国成立后，建立中共小米河头党支部，高元（复员军人）担任小米河头村党支部书记。1958 年，成立了人民公社后，村党支部更名为村大队党支部，高元继续担任党支部书记，陈立堂由 1960 ～ 1964 年担任党支部书记。此后，高年山（1967 ～ 1969 年）、陈立堂（1969 ～ 1972 年）、高年山（1973 ～ 1975 年）、高俊山（1976 ～ 1980 年）、高文普（1981 ～ 1985 年）、陈立堂（1986 ～ 1988 年）、林友生（1989 ～ 1995 年）、王林（1995 ～ 2002 年）、杨玉春（2002 ～ 2012 年）、高俊平（2009 ～ 2016 年）相继担任党支部书记。

“四清”运动以后，1965 年成立了革命委员会，1965 ～ 1967 年高凤池担任革命委员会主任。此后，刘玉先（1967 ～ 1975 年）、高世万（1976 ～ 1980 年）、王林（1981 ～ 1985 年）、苏玉恩（1986 ～ 1988 年）、高占元（1989 ～ 1995 年）、高世万（1995 ～ 2000 年）、高俊平（2000 ～ 2009 年）、林珠生（2014 ～ 2016 年）相继担任各时期的大队长和村主任。

进村主干道

村貌

教育·文体卫 1962年，村内有小学，由郭长善任教师。1963年，并入高家岭小学，后归长不老口小学。1969～1975年，全村适龄儿童（1～6年级）在长不老口小学就读。1975～2011年，（1～3年级）在该村就读。2012年，该村小学又并入长不老口村。

1967～1973年，林珠生任村赤脚医生。1974～1978年，邓洪志任赤脚医生。1979～2015年，高立周任村赤脚医生，在自家行医，无正式诊所。2012年，由上级安排资金建成了农家书屋，在村民中营造了学文化、学科学、学技术的良好学习氛围。2014年，村里成立广场舞队。2016年4月，村里安装了健身器材。

正在上课的小学生

村里成立了50多人的广场舞表演队，曾多次参加开发区文艺汇演。

农工副业 村里以种植玉米、小麦、粳稻、土豆、高粱为主要，合作社时期以种植玉米、小麦、粳稻、土豆、花生、高粱为主的农作物。1964年人民公社时期，驻村工作组从省里给争取一套机泵，从而调整了种植模式，由过去种植粳稻改为种植高产水稻。至2015年，该村以种植以玉米、水稻为主。

1974年，村里成立地毯厂。村内有小卖部1个，有超市1个，有种子化肥经销点1个。2015～2016年，因戴河治理工程施工，全村18个养殖场全部拆除，畜牧业消失。

1970年，发展多种经济，一队有干豆腐坊1个、二队有干豆腐坊1个、挂面坊1个。

1973年，村里组建了副业试验场。由高凤池负责，有种植、养殖、豆制品加工等试验场。

改革开放以后，曾在公社基建队工作后回村的瓦工林长吉、苏友军、高柱山、高振山、高如生、高士金、陶振生等人组建了基建队，在秦皇岛市、唐山市、北戴河区等地承揽大批基建工程，并培养了较专业的瓦工队伍。到2015年，村民中有30余人从事瓦工。该村还有“王氏木工”，在周边各村口碑很好，做工精美，手艺超群。主要从事建民房、做家具等木工活。王氏曾在大薄荷寨木器加工厂工作10余年，生产出自各种型号的木器家具，畅销全国各地。

村民生活及社会保障 自2006年开始，村民参加农村医疗保险。2009年，村民开始参加了农村居民养老保险，两险基本全覆盖。

从“土地改革”到人民公社成立阶段，村民穿着简单，食用粗粮为主，6～7口人挤在不到30平方米的小屋子里，户户基本上没有象样的家具，没交通工具，没电视。1960年，全村

村委会

共计 30 个大门，到 2015 年，达到 170 个大门，比 1960 年增加近 6 倍，村民住房条件有较大的改善。电视及移动通讯网络基本普及，经济收入比 1980 年翻了 10 倍，人们的生活观念从过去想吃大鱼大肉改为吃素、吃菜、吃粗粮、杂粮。80 岁以上老人共计 15 人。其中，百岁老人 1 人。优抚对象 2 人，特困户基本为零。2015～2016 年，因戴河治理工程的需要，全村土地全部被征用。2016 年，全村整体拆迁。

名人能人 高元，1917 年 11 月 16 日出生，1944 年，参加八路军，抗日战争结束后，加入解放军第四野战军，参加了辽沈战役。1946 年，加入中国共产党，跟随大军南下，参加了渡江战役，征战广东、广西、湖南、湖北等地，直到解放海南岛。1953 年，复员回村。任榆关镇河西村支部书记。1955～1971 年，连续任小米河头村党支部书记 16 年。2017 年 2 月 3 日早晨 7 时 30 分，因病医治无效去世，享年 100 岁。

damihetou cun
大米河头村

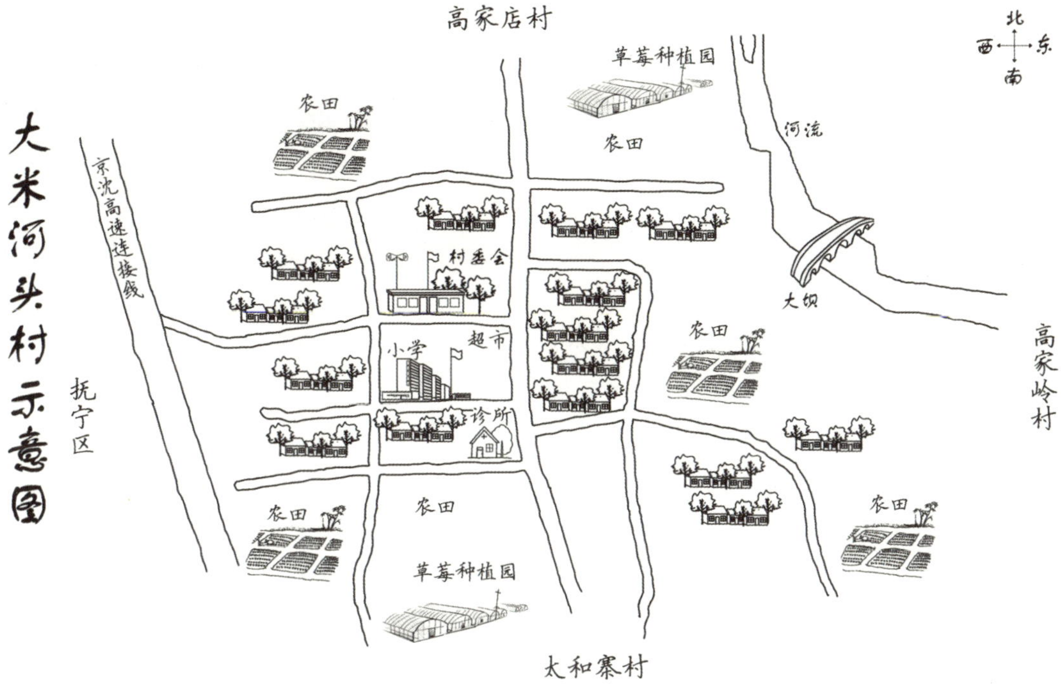

村址 大米河头村位于秦皇岛开发区牛头崖管理区办事处驻地西南方向 1.6 公里处。东临戴河，南接太和寨村，西到抚宁区渠子口村，北至高家店。北戴河至榆关公路穿境而过，距离北戴河区只有 6 公里，京哈高速北戴河支线紧临该村。

该村有戴河由北向南流经村庄。全村土地面积 4000 多亩。其中，耕地面积 2270 亩、平原耕地仅占 600 亩左右，其余均为丘陵性质土地。

大米河头村民居

沿革 明朝洪武年间（1368～1398），赵氏、郑氏、周氏村民由山东迁往此地定居建村。古时曾是商贾云集装卸大米之地，大米河头村由此得名。

清代乾隆二年（1737 年）属抚宁县管辖，1948 年大米河头村解放，1950 年，归太和寨乡管辖。2010 年 10 月，秦皇岛经济技术开发区第三次扩区，大米河头村划入秦皇岛经济技术开发区管辖。

基础设施 20 世纪 50 年代，村内只有一条由抚宁县至北戴河区的县级公路，其余是通往邻村的小路。2009 年村里街道水泥路硬化。1967 年，大米河头村接通电源，为村民供电。1998 年，固定电话、有线电视进村，实现村内部分覆盖。2008 年，网络建设进入大米河头村，部分家庭开始享受互联网带来的便利。

2000年4月，该村开始修建村东大坝，历时4个多月，于7月底完工。总投资50多万元。大坝长118米，解决了该村300亩稻田的灌溉问题。

2014年，大米河头村列为开发区农村面貌改造提升工程重点村，村内3条巷道与主干道被接通，重新整修道路1公里，硬化道路2972.4平方米，并安装了路灯，改善了村民出行的交通条件。2014年，全村各户安装了自来水供水设备。

农村面貌改造提升活动期间，还为大米河头村新增145米深的水井1眼，铺设自来水主管道6000余米，管道入户，挨家挨户安装自来水供水设施。农村面貌改造提升活动期间，村内种植乔木100株，共清运积存垃圾、杂物4000余立方米，配备村庄保洁员3名，建立了长效的村庄保洁机制。修建60座双瓮式家庭卫生厕所，并在村内建立互助幸福院，解决村内“空巢老人”的养老困境。

人口·姓氏 第三次农业普查显示，全村户籍人口数1055人，户籍415户。村内姓氏按人口多少排列的顺序为周、郑、赵、程、王、李、陈。

村级机构 1948年，成立中共大米河头村党支部，2016年有党员48人。贲殿明任第一任

大米河头村小学

穿村主干道

村党支部书记。杨占山（1965～1975年）、王印忠（1975～1977年）、杨春山（1977年4月～1977年10月，1982～1985年）、周克权（1977～1982年，1991～1998年）、陈振平（1985～1988年）、赵书民（1998～2006）、周克新（2006～2012年）、奔延安（2012～2013年）、刘春风（2013年～　）相继担任村书记。

1950年进入初级社，1952年进入高级社，1958年成立抚宁县榆关人民公社。“文化大革命”期间为大米河头革命委员会。1984年更名为大米河头村村民委员会。新中国成立后，成立村民代表委员会。杨春山、周克权、赵书民、周克新、奔延安、赵凤合相继担任不同时期村长、大队长和村主任。

教育·文体卫 大米河头小学位于大米河头村，成立于20世纪40年代。占地面积为4343平方米，建筑面积1006平方米。2016年，全校有教职工14人，有6个教学班，在校生120多人。学校招生范围为大米河头村、孙家庄村、高家店村、闪水庄村、崔李庄村、邓家洼村、渠子口村、老鸦窝村（抚宁县）的适龄儿童。该村有幼儿园1个。

20世纪60年代，村里建有卫生室、诊所。2010年，在小学前小广场，陆续增添健身器材。

村貌一景

2004 年，大米河头村委会到县里参加国庆 25 周年活动，组建秧歌舞蹈队，成员人数长期保持在 10 多人，配有音响、电子琴、架子鼓、镲等设备。划归开发区后文娱活动增多，主要参加了开发区组织的各项文艺活动，如正月十五扭秧歌活动、牛头崖管理处“七一文艺汇演”等。

农工副业　大米河头村海拔较高，多丘陵地形，平原较少。大米河头村主要种植水稻、玉米、花生。玉米种植面积为 1900 亩左右，水稻种植面积 300 亩左右。该村水稻种植历史悠久，自 1975 年开始插秧种植水稻，到 2016 年已有 42 年的种植历史。二轮土地承包后，全村水稻实行村委会统一管理，村委会负责统一的种植，浇灌、收割、分配。每亩水稻产量为 1200 斤左右。

20 世纪 50 年代，大米河头村有供销社 1 个。2016 年，有超市 2 个。分别为福旭源超市和广大超市，方便日常村民生活。大米河头村集体经济以承包土地为主要收入来源。河东有承包土地 132 亩，承包人以每亩 1000 元的价格从村委会承包，承包期为 10 年，承包费一次性付清。村西有果园 120 亩，每亩地 500 元，承包期 15 年，承包费用一次性付清。还有一些机动地的承包费用，自 2000 年以来，每年所得款项均用于支付大米河头村的日常开销。

2012 年，成立了山杰合作社示范基地，位于大米河头村南，占地 10 亩左右，主要种植草莓（春香、白雪公主）、李子、大樱桃、黄桃、西红柿等。合作社的经营特色是草莓采摘与零售相结合，草莓与西红柿套种，均为富硒果，果实香甜可口，远近闻名，收入颇丰。

村民生活及社会保障　大米河头村村民以外出打工为主，有油工、瓦工等，主要打工地点为村周边地区。村民文化程度大多为初中毕业，

村民踊跃领取文化活动宣传材料

年轻一代多为高中大学毕业。到 2016 年，村内 60 岁以上村民有 247 人。大米河头村低保户有 11 人、五保户 2 人。

名人能人　刘春风，是牛头崖地区远近闻名的唢呐匠。从 15 岁就随师父开始学习吹唢呐，

唢呐匠刘春风（右一）

1992年开始组建自己的队伍，到2016年已25年。乐队成员来自大米河头村、小米河头村、郭高马坊村等不同村庄，主要参加周边地区红、白事的操办，并根据办事家庭的要求组成相应规模的乐队。

唐吉，1933年8月出生。李桂林，1931年4月出生。二人均为新中国成立后在乡复员军人。

赵景利，1963年4月出生，为参加核试验的退役人员。

郑立成，1969年7月退休，为参战退役人员。

村民积极参加文艺汇演活动

mafangdian cun

马坊甸村

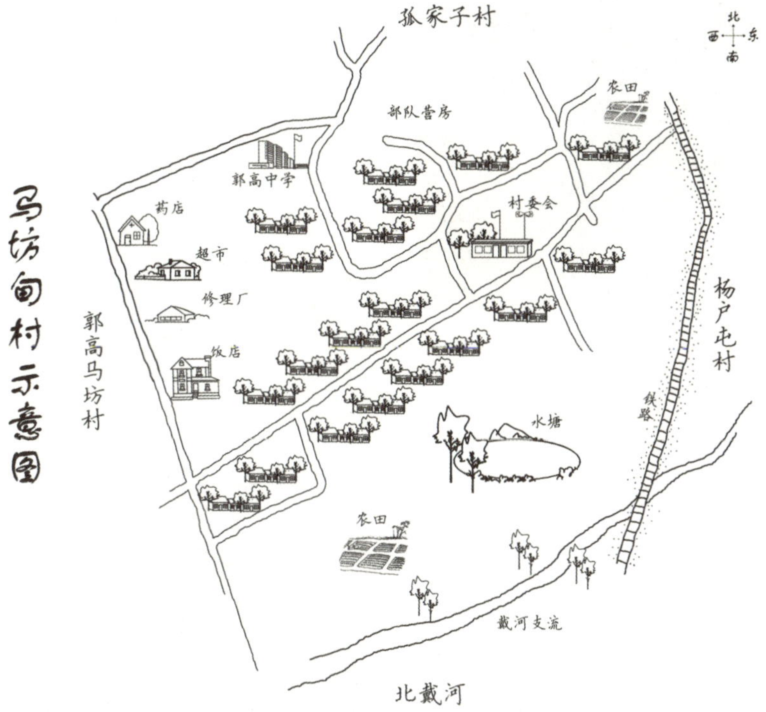

村址　马坊甸村位于秦皇岛开发区牛头崖管理区办事处驻地东5.4公里处。东临杨户屯村，南接北戴河镇甘各庄村，西到郭高马坊村，北至孤家子村。

土地　1949年，全村总面积160公顷(2400亩)。其中，民居450亩、耕地面积80公顷。到2015年，全村土地面积130公顷。

村委会

2009～2013年，津秦客专铁路占用该村土地200余亩。2012年，环保学院占地40亩。

沿革　明永乐（1413年）刘氏一家由山东迁入，定居在村址东，开设大车店1处。由于村内交通顺畅，车辆很多，最后演变为马坊甸村。

明代马坊甸村属山海卫管辖，清乾隆二年（1737年）属临榆县管辖。1952年，秦抚分家，正式划归抚宁县管辖。1956年，成立牛头崖乡，归其管辖，1958年成立牛头崖人民公社，1984年生产队解体后，牛头崖人民公社改成牛头崖镇，后归其管辖。2010年10月，划归秦皇岛经济技术开发区管辖。

基础设施　20世纪50年代，村内有东西大道1条，由于该路属于交通要道，全村其他村级道路与其相连，交通四通八达。1958年，成立人民公社，就是当时的东风公社，所辖2015年的北戴河区和牛头崖镇。同年，接通电源为村民

村内主干道

送电，告别了使用油灯和蜡烛照明的历史。

人口·姓氏 新中国成立初期，全村总户数100户，总人口396人。其中，男230人、女166人，60岁以上66人、17岁以下45人；1980年，全村总户数200户，总人口592人。其中，男340人、女252人，60岁以上80人、17岁以上49人；2009年，全村总户数240户，总人口780人。其中，男355人、女325人，60岁以上100人；2010年，全村总户数270户，总人口801人。其中，男411人、女390人，60岁以上185人、17岁以下76人。

村内姓氏为韩、杨、刘、马、张、李、魏、孙、王、宋、蒋。

村级机构 新中国成立后，建立马坊甸村党

进村主干道

支部，第一任书记为刘国太，任期到1965年。1965～1967年，刘少忱任第二任党支部书记，1967～1973年，改为革委会，革委会主任由毕金久担任。此后，韩少海（1973～1979年）、杨春柱（1979～1985年）、张彦祥（1985～）相继担任党支部书记。

新中国成立前，该村属敌占区，村内只有一名保长，韩国君任保长。到1948年、1949年成立农会组织，魏宝树、李臣任农会干部。到1952年，成立村级政权，韩景春任村长直至1958年。此后，刘凤桐（1959～1964年）、杨

村内环境

玉春（1965～1972年）、马志方（1973～1978年）、张彦祥（1979～1985年）、杨玉春（1986～1995年）、张桂敏（1996～1997年）、张彦祥（1997～2009年）、杨东元（2010年～）等人相继担任各时期的大队长和村长、村主任。

农工副业 20世纪50年代，村内主要种植花生、玉米、大豆、甘薯。20世纪70年代，在农业学大寨推动下，村内大面积种植各种树木，包括杨树、柳树、苹果树、桃树、梨树；村内创办了米面加工厂、养猪场。20世纪80年代，创办牛场，后因亏本解体。

村内有大批发部1个、小卖部4个，为村民的日常生活提供了很大的便利。近年来又新增了

联通营业网点1个，可以代缴手机话费，销售手机。改革开放以后，村里有了翻天覆地的变化，运输业、养殖业、花卉、苗木、草坪、大棚等发展迅猛，人民生活不断提高。

教育·文体卫 20世纪50年代，适龄儿童在马坊甸村西有郭高马坊小学就读。20世纪80年代，村北又建起了郭高马坊中学。中小学学生汇集了附近8个村的学生，为国家输送了大批的人才。到2015年，马坊甸村大中专院校的就有40多人。

20世纪70年代，村内开始有半农半医的赤脚医生为村民治疗常见病和多发病。到2015年，

卫生室

村西主干道上有杨玉洁诊所。村民都加入了新型农村合作医疗，有病可以及时报销，“辛辛苦苦一辈子，一病回到解放前，救护车一响，三年猪白养”的时代已经远去，村民有了更多的保障。2015年，该村建文化广场1座。

村民生活及社会保障 新中国成立初期，马坊甸村有100户村民，住房建筑面积6000平方米。20世纪50年代，6户村民建新房，房屋面积增加400平方米。20世纪70年代，75户盖新

村内老宅

房，面积增加4800平方米。2015年，马坊甸村有五保户2人，低保户11户，都享受国家补助。国家因重大项目建设征占村民土地除按规定给予合理补偿以外，男满60周岁、女满55周岁的村民都可以享受开发区城镇职工一样的退休待遇，按月领取养老金。

2015年，村民家中电视、电话、手机、电脑普及，交通出行由以前的步行到现在可以使用自行车、电动车等多种交通工具出行，条件较好的村民还开上了轿车。

到2015年，该村80岁以上老人有12人。

名人能人 杨家宝，北京陆军某部师级干部。

杨德宝，科学家，在深圳工作。

韩西文，北京协和医院院长。

杨毕芬，80岁，陕西民政厅厅级干部，已退休。

杨英宝，74岁，唐山计量局局长，副县级干部，已退休。

此外，新中国成立之前马坊甸村参军的有韩少海。

cangshang cun
仓上村

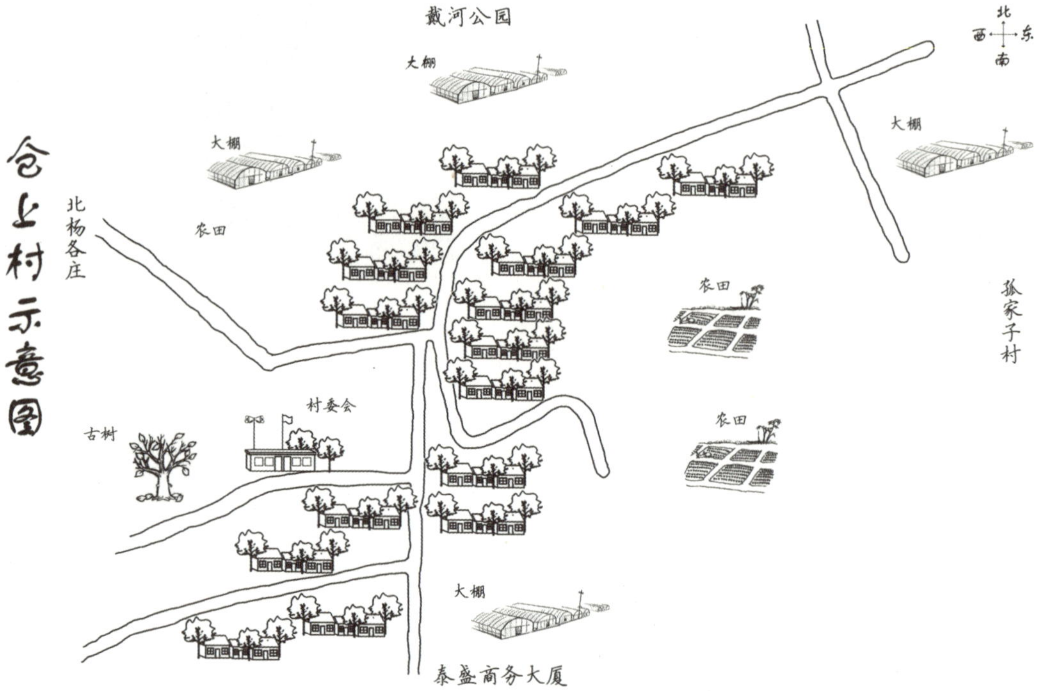

村址 仓上村位于秦皇岛开发区牛头崖管理区办事处驻地东北方向3.4公里处。东临孤家子村，南曾与张马坊村接壤，到2015年与在建的宁海大道相邻，西接北杨各庄村和铁官营村，北至戴河公园。全村面积2500亩。其中，民居面积125亩。村南小河1条，村民称之为“南河”，东西走向，东起孤家子村，西至铁官营村。

沿革 相传明洪武年间（1368～1398），御前四品带刀护卫周斌随燕王扫北路过此地，见此地有粮仓，故此得名仓上村。后经百姓书写习惯一直沿用为“苍上”。2010年，划归开发区后，正式更名为仓上村。

明代，仓上村和附近村庄同属山海卫管辖，在清乾隆二年（公元1737年）属临榆县管辖。新中国成立后，归抚宁县深河乡管辖。2010年10月，划归秦皇岛经济技术开发区管辖。

村内街道

村委会

文化广场

基础设施 2007年，村民对“南河”进行了修缮，保证了河道的畅通，河流的水质优良，该村因河建小桥4座，村内沿南河种植了大片杨树，绿化村内环境。1970年，村内完善了电力设施，家家户户用上了电灯。仓上村有主干道1条，穿村而过。通向外界周边村庄的道路有3条，分别通往深河、榆关和牛头崖，都是土路。2007年，村里修建了第一条柏油路，通往深河。2010年又修建了通往榆关北杨各庄的马路。2014年，村外栖云山路通车，公交公司开通了905路公交线路，在村西栖云山路设站点，村民往返于市区变得方便快捷。2016年，村南宁海大道通车，东行可直达秦皇西大街。村东有水库2座，一大一小。

人口·姓氏 新中国成立前，全村有50户左右，因村址面积并不大。新中国成立初期，人口也不足百户，总人口不足200人。到1999年，人口增长到460人，民居面积也增加到125亩。2016年，仓上村的总户数为226户，人口为571人；住房面积达到4万平方米。

村内姓氏按人口多少排列的顺序为周、孙、杜、张、李、王。

村级机构 新中国成立后，建立仓上村党支部，周维林任党支部书记。新中国成立后，周长滨任党支部书记，第三任书记为周铁良，任期到1963年。此后，孙长珍（1963～1978年）、周铁良（1972年）、孙长珍、周洪祥，周明兴相继担任村支部书记记一职；2003年，上级指派书记周玉文到村任职，2004～2016年，由孙文平任村书记，2015年，村委会党支部共有3人。

周仕永，周洪光（1983～1986年）、周世新（1986～2000年）、孙文平（2000～2003年）、周红国（2004）、周明华（2006～2009年）、杜宝佳（2009～ ）在不同时期相继担任村主任。

教育·文体卫 新中国成立后，村内有小学1个，名为仓上小学。20世纪80年代仓上小学学与北杨各庄小学合并。2015年，村内适龄儿童到北杨各庄小学入学，中学到深河中学和榆关中学入学。20世纪80年代，村内开始有赤脚医生从事医疗工作，为村民诊治常见病，到2016年，

村内老宅

该医生年龄较大，其女继承母业。

农工副业 仓上村地形北部较高，南面较低，东面比西面稍高。土壤存在多样化，有褐土、黄土、棕壤和沙壤，比较适合农作物生长。自古以来，仓上村以种植玉米、花生和红薯为主。

进村主干道

2016 年 4 月，开发区开展整村征地，不再种植任何作物。

在新中国成立初期，村内生产队成立了规模较小的矾石开采厂，位于村东方向，后因经营不善停产。

村民生活及社会保障 村内老百姓的主要靠种地和外出务工为生，民风淳朴。村内的五保户有 8 人、低保户 22 户、残疾人共有 28 人。五保户都是孤寡老人，低保户多是因残、因病致贫。2016 年开发区征地后，老百姓分到了征地款，符合政策的村民都缴纳了城镇养老保险，男性年满 60 周岁、女性年满 55 周岁都可享受开发区城镇职工退休待遇，按月领取养老金。村民收入增加，尤其是低保、五保和残疾人的生活得到了改善。该村 80 岁以上老人有 10 多人。

风物传说 建村时位于村中有一棵酸枣树，到 2015 年枯死，该树距今有 500 多年历史，树干直径需 2 个成年人合抱。在附近村落该树的树种和历史都比较有名，曾有河北省某报刊记者前来拍照采访。

名人能人 周世达，老秀才，清朝末年举人，曾在北戴河拔道庄中学任教。20 世纪 70 年代，去世。

taihezhai cun

太和寨村

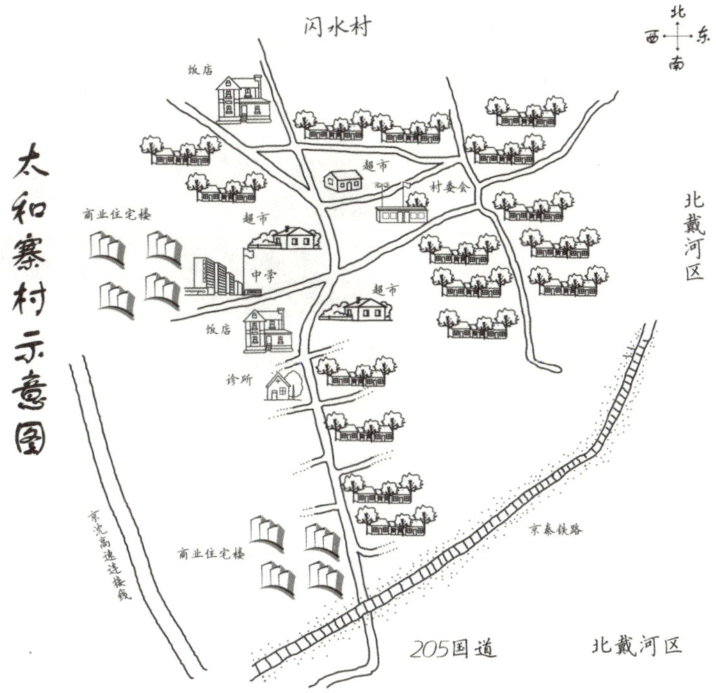

村址 太和寨村位于秦皇岛开发区牛头崖管理区办事处驻地西南方向4公里处。东临北戴河区小朱庄村，南接205国道、京山铁路（京秦高速铁路），西到京沈高速连接线，北到闪水村。京沈高速公路从村西穿过，毗邻北戴河、南戴河旅游区。1978年，全村土地总面积4.02平方公里（6325亩）。其中，耕地面积为3600亩、民居面积为753亩、河道面积为1972亩。戴河由村东穿过。

沿革 相传，辽时萧太后路过此地安营扎寨数月之久，曾留下一块石牌命名为“太后寨”。当时全村分陈家街、马家街、王家街、朱家街、张家街。满清中期，该村有村民进京赶考，一人中举，叫王太和，因“后”与“和”谐音，村名演变为太和寨。

1950年，归太和寨乡管辖。2010年10月，划归秦皇岛经济技术开发区管辖。

基础设施 20世纪50年代，村内有南北走向路1条，路面由土路实现硬化。20世纪80年代，村内有深水井5口。之后，村内接通自来水管道。新中国成立前至2012年，村南有大型12孔桥1座。20世纪60年代中苏关系紧张时期，抚宁县将该村列为战备村，修建地道3条，总长3000米。

村中心路口

人口·姓氏 新中国成立初期，全村总户数200户，总人口1200人。其中，男性726人、女性474人，60岁以上212人、17岁以下110人。1999年，全村总户数872户，总人口2536人。其中，男性1270人、女性1260人，60岁以上423人、17岁以下140人。2010年，全村总户数911户，总人口2726人。到2015年底，太和寨村总户数达到906户。其中，常住人口2800多人。村内姓氏按人口多少排列的顺序为张、王、李、杨、朱、马、陈、赵、徐、孙、刘、晋、彭、于、郭、田、温、何、靳、周。

村级机构 新中国成立前村里有老党员1

村内开发的华都驿郡商业住宅小区

人。新中国成立后，建立中共太和寨村党支部，2015年全村有党员135人。“土地改革”后，第一任书记，吴珠林（女）、1955年郭淑荣任书记，1956年改称为太和寨党支部。1960年王煜长任书记、1964年“四清运动”后张忠任书记。“文化大革命”期间，张树林、张德祥、刘永进任书记。之后，李平安（1966～1982年）、于福林（1982～1996年）、李荣友（1996～2009年）、孙永利（2009～2015年）、吕超（2016年）、苏志刚（2017年～）相继担任各时期的党支部书记。

1950年进入初级社。1952年进入高级社。

村内开发的泰和鑫家园商业住宅小区

1961年为太和寨村。1965年“文化大革命”期间为太和寨革委会。1978年改为太和寨大队，1984年，更名为太和寨村村民委员会。“土地改革”后，成立农民协会，白井海任农民主任，之后，成立村公所。1949年，蔡左占任第一任村长。之后，由张浩然、朱瑞昌、张俊生等人陆续任村长。1957年实行公社化，太和寨为长虹社所在地，成立太和寨乡，后为东风公社。1961年，公社下放，改为牛头崖公社太和寨大队，张忠任太和寨大队大队长，李平安（1964～1966年）、张德祥（1966～1970年）、于福林（1971～1994年）、伦有宽（1995～1997年）、谷力（1997年）、胡彦东（1997～2010年）、王庆国（2010～2015年）、郭水（2015～2016）、

太和寨中学

朱玉全（2017年）相继任村长、大队长和村主任。

教育·文体卫 1950年有师范学校1个（南戴河外国语学院前身）。同时有女子学校1座（初小）。1942年成立太和寨高中，20世纪80年代停办，后迁入榆关镇中学。1942年成立太和寨小学，其前身为师范学校第二附属小学和临抚小学，1994年师范学校迁往南戴河区。1970年建村医务室。

村内有健身场地4个、篮球场1个、乒乓球室1个、图书室1个。广场舞蹈队1个、交际舞队1个。村民们劳作之余，晚上跳广场舞、读书看报、打篮球，乒乓球。该村的乒乓球女队自划归开发区以来一直保持团体冠军的殊荣。

农工副业 20世纪50年代，主要种植玉米、小麦、水稻和蔬菜等农作物。2010年末，玉米

村内主干道

旱田面积3400亩、水流地面积52亩、林地400亩、蔬菜地面积50亩。全村有养殖户45户（包括养猪、鸡、牛、羊、貉子、鹌鹑）。

该村于1985年建砖厂3个，1968年建灰厂1个，1988年建加油站1个，1982年建振华商店，1965年成立修配厂、基建队，1992年建板厂。2009年后，村内集体企业承包给个人。

村民生活及社会保障 2015年，村民主要

村内开发的绿茵港湾商业住宅小区

收入以外出务工为主，劳务输出1000人。新中国成立初期，太和寨有房屋面积近13000平方米。20世纪50年代，房屋面积增加1200平方米。20世纪70年代，总人口户数增加至600多户，有100户盖新房，增加房屋面积6000平方米，1986年1月1日前，房屋面积增加9000平方米。1982年秋，全村安上自来水供水设备。1999年，全村实现电视、移动通信、网络全覆盖。

2015年，全村有五保户7户、低保户35户、优抚对象6人、残疾人70多人、移民31户、现役军人8人、在读大学生50人，80～100岁老人85人，特困户40户。师范学校原址建成了绿茵港湾住宅小区，过去的加油站、煤厂自2008～2015年增加了绿茵港湾、泰和鑫家园、华都驿郡3个居民小区。2010年初，村西65户第一批村民完成新农村改造。65户返迁户入住华都驿郡。3个小区居住人口高达4000多人。

风物传说 该村有庙3座，分别位于村西、村东、村南，名为老爷庙、三观庙、菩萨庙。

荣誉 太和寨村两委班子建设成绩突出，其党支部在1990年被评为全省先进党支部，2010年又被评为省级先进村。

changbulaokou cun

长不老口村

村址 长不老口村位于秦皇岛开发区牛头崖管理区办事处驻地东南方向 1.5 公里处，距北戴河车站北 2.5 公里。东临周营村，南接戴河村和闪水庄村，西到高家岭村，北至铁官营村和紫草坞村。1949 年，全村总面积 366 公顷。其中，耕地面积 253 公顷。2015 年全村可耕面积 166 公顷，自然面积 266 公顷。新中国成立初期，村民住房面积近 7420 平方米。1984 年以后有 460 户，房屋面积近 36800 平方米。村南有戴河穿过。

沿革 明朝洪武元年（1368），山西村民迁入定居，因村中心位置有南北通行大道一条，为北部山区村民赶牛头崖大集必经之路，因此这条路也被大家俗称为赶集道。该路横穿戴河，在河北侧道边有自然形成的一座高土坡，在戴河涨水时，每次都超不过道口的土坡，所以铸在该村大庙铁钟上写的是“长不道口”指戴河水涨不过道口，后改称长不老口村。

新中国成立前，以周营村东石桥为界，西为抚宁县，东为临榆县。新中国成立后，临榆县被分化，此地从杨户屯西划归抚宁县管辖。1950 年归太和寨乡管辖。1958 年，归牛头崖人民公社管辖。2010 年 10 月，划归秦皇岛经济技术开发区管辖。

戴河新居

村委会

基础设施 村中有东西走向主路贯穿全村，南北通道 3 条，以前全是土路，2002 年实现了部分道路硬化。2009 年，全村道路实现全面硬化。1963 年，全村通电，家家户户可以通电灯照明，村大队部设电话总机。2015 年，安装路灯 66 盏。2016 年，墙面全面粉刷。村北有水库 1 座，占地约 10 亩。

成立人民公社后，在村西修戴河到高家岭村门前土渠 1 条，长 1 公里；村南由戴河到周营村门前修土渠 1 条，长 0.5 公里。这两条水渠因生产队解体后失修废弃。

人口 · 姓氏 新中国成立初期，全村总户数 212 户，总人口 824 人。其中，男性 424 人、女性 400 人，60 岁以上 142 人、17 岁以下 83 人。1980 年，全村总户数 456 户，总人口 1354 人。其中，男性 701 人、女性 653 人，60 岁以上 341 人、17 岁以下 228 人。2009 年，全村总户数 468 户，总人口 1324 人。其中，男性 683 人、女性 641 人，60 岁以上 321 人、17 岁以下 196 人。2016 年，全村总户数 498 户，总人口 1247 人。

村内姓氏按人口多少顺序排列为陈、李、张、王、郭、高、刘、石、赵、祖、杨、吴、牛、云、魏、韩、尚、马、程、董、郑、单、洪、付、秦、君、朱、崔、赍、于、周、徐、沈、孙、宋、冯、陆、黄、霍、方、谢、袁、潘、薛、侯、贾、贺、温、罗、叶、龚、吕、银、佟、聂、姜、邢、许、姚、武、娄、卜、唐、范、史、夏、依、林、樊。

村级机构 新中国成立后，长不老口村党支部成立，1958 年成立人民公社，由村党支部改为大队党支部，1984 年随行政机构改革，又由大队党支部改为村党支部。

村党支部历任书记为洪文波（1948 ～ 1951 年）、郑书田（1952 ～ 1953 年）、陈彦文（1954 ～ 1956 年）、马进东（1957 ～ 1959 年），云贺怀（1960 ～ 1963 年）、陈青（1964 ～ 1965 年）、郭纯维（1966 ～ 1975 年），1965 年成立村革委会，李彦来（1975 ～ 1977 年）任革委会主任，沈喜江（1978 ～ 1984 年）、陈明生（1985 ～ 1991 年）、陈志元（1992 ～ 2002 年）、李国权（2003 ～ 2011 年）、陈东升（2012 ～ 2013 年）、李伟（2013 ～）。

1950 年建初级社，1952 年进入高级社，1958 年成立人民公社，为长不老口村，1978 年为长不老口大队。1984 ～ 2015 年，更名为长不老口村村民委员会。1931 年 8 月，实行闾邻制，村设闾长。1940 年，实行保甲制，村保长李凤林任保长。到 1948 年后，村成立农会组织。1949 年，陈井起任农会主任。村政权成立后，由许世合任村长到 1951 年，陈绍增（1952 ～ 1953 年）、云贺怀（1954 ～ 1963 年）任村长和大队长。陈维树（1964 ～ 1965 年）任大队长，陈青（1966 ～ 1984 年）大队长。此后，陈志元（1985 ～ 1991 年）、李国权（1992 ～ 1999 年）、李宝忠（2000 ～ 2002 年）、陈东升（2003 ～ 2011 年）、云亚力（2012 年～）相继担任村长一职。

农工副业 长不老口村是少有的风水宝地，戴河水贯穿东西，沿河边耕地土壤肥沃。村北是丘陵地，秋季下雨，村北地很少有积水，反而丰收，是旱涝保收的风水宝地。村民主要以种植玉米、大豆为主。1920年间，天气大旱，到六月底没下一场“透雨”，全村多次求雨无效。因当地种的是大高粱，生长周期长，如果在这种大旱天气持续的情况下，继续播种大高粱不会有好的收成。村民一年主要靠这点粮食来养活自己，眼看生存无望，有人提出好的建议，说东北有玉米籽，播这种子可能会有好收成。部分村民采纳了他的意见，落雨后，大家齐心协力，备足干粮，步行三天三夜前往东北找到了玉米种。播种后，没想到那年玉米大丰收，从此本地开始种植玉米农作物。

新中国成立前，本地主要种植大高粱，亩产200斤左右。新中国成立后到生产队解体，每亩产300斤左右。解体后，实行了大包干，2015年亩产可达到1200斤左右。

2014～2016年间，村民开始大面积种植苗圃增加收入，总共占地约3900亩。

1958年以后，大队办起了榨油厂、绳麻加工厂、挂面厂，修配厂，由于多种经营，有了资金，大队购进了全套生产犁尖螺丝的机械设备，修配厂改为螺丝厂，后因螺丝厂地块批给村民做了宅基地，螺丝厂被拆。其他副业因生产队解体而消失。1965年，该村通电，村里办起了米面加工厂。

村民生活及保障 新中国成立前后，农民外出做客，大多数借衣服穿。人民公社后，每人每年国家发布票13.8尺，夏天男人洗衣服要到戴河先把衣服洗干净，晒在戴河边的沙滩上，之后再猫到水里，等衣服晒干后，再穿上衣服下地干活。新中国成立前，该村中心小庙附近有工夫市一个（干农活讲工钱的地方），通过雇佣关系产生交易，不以金钱作为主要劳动报酬，而是以每天付多少米或中午吃的粥（趟粥瓢或立粥瓢）作为劳动报酬为主。如果讲的是立粥瓢的中午盆中的粥稠的必须把粥瓢立起来，讲趟粥瓢的就是稀粥。每天工钱讲的不是粥而是米，每天工钱是半升（3斤米）还是1升（6斤米）。新中国成立前后，本地有一句民俗语，人们见面都礼貌地说，

村民排队领取养老金

长不老口小学

正在认真听课的小学生

您早吃了（意思是早上有饭吃我就欣慰了）。新中国成立后，特别是现代，村民生活逐渐提高，润物细无声，这句民俗语再也听不到了。

2010年，新农村住房改造，建成楼房，取名长不老口村新居。2015年，已有100户村民搬进楼房居住。到2015年，村民生活水平创历史最好水平。

教育·文体卫 1925年1月，该村寺庙创办长不老口小学，隶属于抚宁县。新中国成立前夕，长不老口小学招收长不老口、周营、高家岭三村学生共有1～3年级3个班，有36名学生，只有关兆连为教书先生。新中国成立初期，学校发展到1～6年级，6个班学生200人左右，教师8人。1985年，有9个教学班、289名学生、11名教师。2010年10月，划归秦皇岛经济技术开发区管辖。2015年，有教学班6个、学生157人、教师15人，学校占地面积10000平方米，教学仪器设备值达44.89万元。2010年，划归秦皇岛经济技术开发区管辖后，购置了健身器材、篮球筐、乒乓球台，大大丰富了村民的文体生活。

1965年，村集体培养张素芝、王荣石、冯文霞、张子臣到外地学医，回村后成为赤脚医生。

风物传说 1949年前，村西有观菩庙1座，占地5亩，院内有多棵百年松柏古树，庙正殿供奉大佛是手拿柳枝的观音菩萨，两旁有六尊勇士大佛。大殿两边墙壁上画有精美彩画、内容为二十四孝等。进大殿抬头看正前方有一块木刻大匾，写有普渡众生的字样，可见佛教悟知渊博。庙东有两座大铁钟，有几吨重，上有石梁铁钩悬挂，铁钟铸有文字，写明建庙时间和各地商号、个人捐赠银两数目。庙西有两眼透龙石碑，上写建庙时间和经过。此庙在1950年被拆，大钟打碎卖铁，石料大多用于村里水利建设，庙占地用于建长不老口小学。

村前街中心有一棵几百年古树，学名为皂荚树，俗名鳔胶树，此树是公树，只开花不结果，春季开花时，花香千里。在前街陈兆平门前和后街张森院后，各有一颗母鳔胶树，开花后秋季结20公分长的大豆角。成熟后，可食用，有一种特别的香气。两棵母树因多年无人管理，现已枯死。村中心公树，2015年，1/4树枝存活，3/4树枝早已干枯，此树围长210公分，因树长在路边，树身多处有伤。

村前街有一口古井，深四丈多，井下有泉眼，是该村大旱时唯一不干井。井边有一个石臼，重千斤，上口直径90公分，臼深40公分，是远古时最早的舂米器具。臼边有流米槽，用于在舂米前把粮食和杂物分开。因舂米费时费力，以后人们发明了碾子，因碾子比舂米加工效率高，舂米退出了使用。

名人能人 陈景文，1903年生人，经县、两级考中秀才，因染上吸食鸦片的恶习，于1933年病逝，享年58岁。至2015年老人还称他是文先生家。

陈坚（其祖父为陈景文），原名陈禹卿，1922年2月生，10岁在该村小学就读，1936年升入太和寨高级小学，1938年就读山海关田氏中学，1943年转入北京大同中学，1944年高中

村内主干道

毕业。由于经济条件所限，投考海军学校，学杂费全部为公费。1945年日本投降，学校解散，在进步同学的启动下，他们20位同学投奔了苏北解放区，参加了新四军，这是他一生最大的转折，改名陈坚，表示参加革命坚决到底，不久被分配到建设大学。经过一年学习，分配到东北哈尔滨工作，过海由烟台到大连的海上时，船被国民党军舰击沉，他和会游泳的3位同学得救了。后第二次乘苏联商船过海成功。1947年秋，绕道朝鲜回到哈尔滨，负责财贸工作。东北解放战争形势发展很快，1948年11月沈阳解放，陈坚和朱其文市长带队接收了沈阳市。1983年，1961岁离休，享受地师级待遇。

村内老房

陈维军，1959年考入天津大学，1964年毕业，同年参加工作，1986年入党，享受厅级待遇。

陈雁，1938年7月18日出生，1958年3月参军，历任战士、班长、排长、参谋等职，多次立功受奖。于1964年被选拔到南京军事院校学习深造，学期三年，毕业后回原部队工作。1969年3月，奉命参加珍宝岛自卫还击作战，参加了三次战斗，于3月20日负伤住院治疗。战斗中由于表现突出，荣立了战功，出席了沈阳军区召开的珍宝岛自卫反击作战英模代表大会并发言。同年被选为沈阳军区国庆十周年观礼代表。1969年9月底赴北京天安门观礼台参加了国庆20周年庆祝大会，于10月1日晚参加了在人民大会堂参加由周恩来总理主持的国庆招待会（国宴），在北京观礼期间，受到了毛泽东主席等党和国家领导人的亲切接见，使他倍受鼓舞和终生难忘。

1969～1985年期间，任军区司令部参谋、副处长、雷锋团参谋长、作战处处长等职，1985～1995年，参加总参谋部组织编写的战史等军事专著，并获总参谋部科技进步二等奖，晋升为师级干部，后调入沈阳军区司令部工程勘察设计院工作，1995年退休。

shanshuizhuang cun

闪水庄村

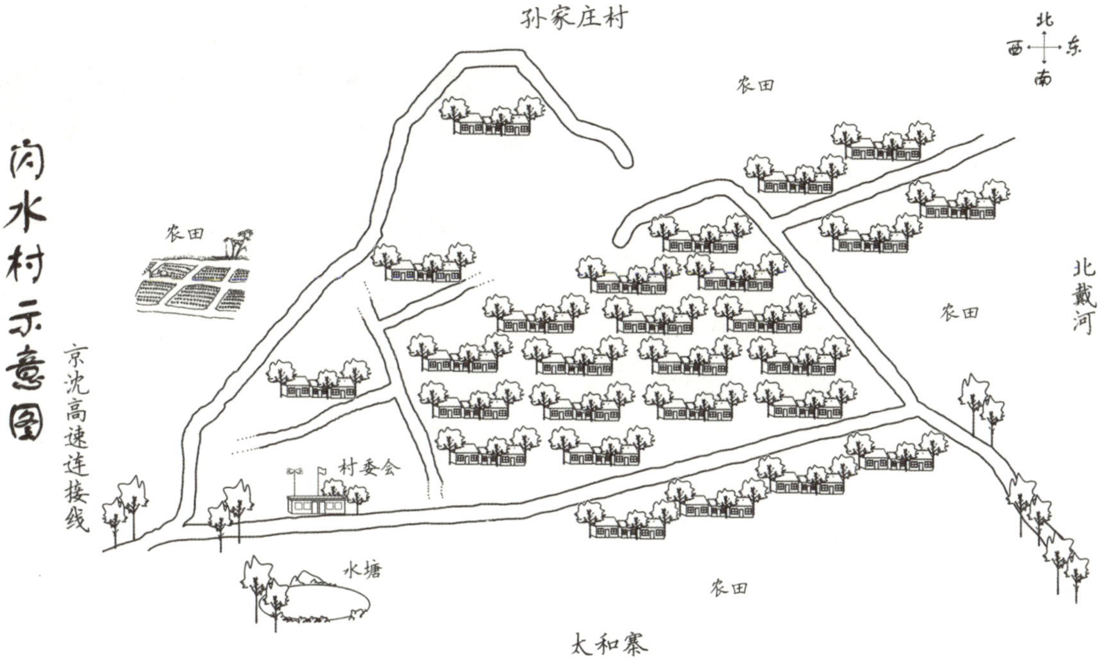

村址 闪水庄村位于秦皇岛开发区牛头崖管理区办事处驻地南 3.2 公里处。东临北戴河区大苏庄村，南接太和寨村、京山铁路（京秦高速铁路），西到京沈高速连接线，北至孙家庄村。该村毗邻北戴河区、南戴河旅游区。全村总面积约 1180 亩。其中，耕地面积约为 1000 亩、民居占地面积约为 150 亩、河道面积约为 30 亩。戴河从村北穿过。

沿革 该村因能多次躲避水灾，起名闪水庄村。1950 年初级社时归太和寨乡管辖。2010 年 10 月，划归秦皇岛经济技术开发区管辖。

基础设施 1985 年春，全村安装自来水供

村委会

村道

水设施。2001年，实现电视、移动通信、网络全覆盖。2004年，村正南修建了通往太和寨的主路。2005年年底，政府实行“村村通政策，修建了村内主路。2010年，安装路灯20盏，实现了全村照明。2013年，村内各条辅路也实现了硬化，并修建了文化广场及健身器材。戴河从村北穿过，村内建有水坝1座。

人口·姓氏 新中国成立初期，闪水村有人口200人，户数20户。2015年，全村总户数200户，总人口560人。其中，男性270人、女性290人，60岁以上110人、16岁以下80人。村内姓氏按人口多少排列的顺序为苏、张、刘、徐、李、王、赵、陈、马、孟、陆。1996年，村内迁入2户桃林水库移民。

村级机构 新中国成立后，建立中共闪水庄村党支部。2015年，有党员26人。陈瑞兴任第一任村党支部书记。许满（1963～1968年）、苏佑春（1968～1978年）、张国全（1978～1982年底）、孟宪平（1983年春～1993年）、张国华（1994年初～2005年底）、苏胖春（2006年初～2007年6月）、苏吉宝（2007年6月～2008年底）、张建成（2009～2016年6月）、刘进

村貌

民居

（2016年6月～　　）任村党支部书记。

1950年，进入初级社。1952年，进入高级社。1965年，“文化大革命”期间为闪水革委会。1978年，改为闪水庄大队。1984年，更名为闪水庄村村民委员会。1957年开始，马全林时任第一届生产队长。苏彦章（1960～1965年）、孟宪平（1965～1973年），（1973～1982年）未选出村长，直到1983年苏国春开始担任村中村主任。苏又春（1990～1994年）、苏国春（1994～2000年）、徐志卫（2003～2006年）、张树丰（2006～2007年初）、刘进（2009～　）相继任村主任。

农工副业 20世纪50年代，主要种植玉米、小麦、棉花、水稻和蔬菜等。2010年末，玉米旱田1000亩、树地30亩、养殖户4户（包括养猪、羊、鹌鹑）。1985年，组建第一个砖厂。

教育·文体卫 1949年以后，创办闪水庄小学，设1～3年级，1983年合并到太和寨小学。1970年，建村医务室。2013年，修建了文化广场及健身器材。

liumafang cun

刘马坊村

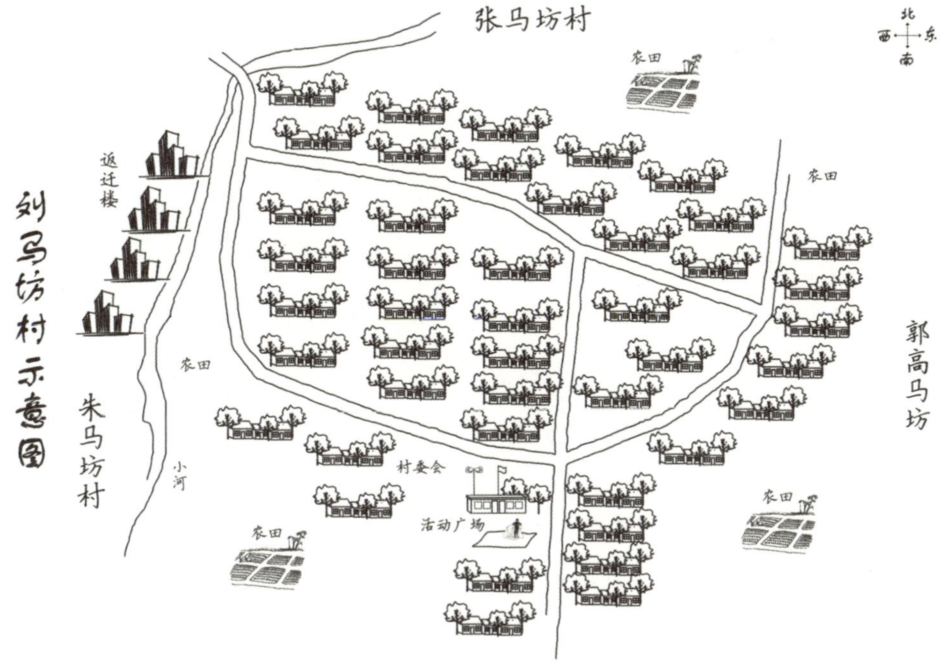

村址 刘马坊村位于秦皇岛开发区牛头崖管理区办事处驻地东 3.6 公里处。东临郭高马坊村，南接北戴河林场京哈铁路，西到朱马坊村，北至张马坊村。全村占地 1300 亩。其中，耕地 1100 亩、民居面积 200 亩。村中有小河 1 条，由村北途经村西向南流出。

沿革 明正德年间（1506 ～ 1521），马和、马森、马远三户村民由贵州迁到此地建村。明永乐元年（1403），因此地驻军养马，河边有大垂柳树而得名，故村名定为大柳树马坊。1952 年，因村中刘姓人占多数，新中国成立后，改名为刘马坊村。

新中国成立前，该村隶属临榆县，原名大柳树村。该村原隶属于抚宁县牛头崖镇。2010 年 9 月，正式从抚宁县牛头崖镇划归秦皇岛经济技术开发区管辖。

基础设施 村南有水库 1 座、大口井 1 个，位于村北。村中有小河 1 条，因河建桥 3 座。其中，2 个漫水桥，1 个防洪桥。全村主路 1 条，南北走向。2015 年，全村实现了通水、通电、通网，道路硬化 1000 多米，安装了 20 多盏路灯及村内监控。村民中心内设有农家书屋，电子阅览室，并配备电脑、复印机等设备。新建村民中心、文

村委会

化广场。内设有篮球场、乒乓球台、多种健身器材。为保障村内环境整治，村内设有垃圾清理池等垃圾处理设施。

人口·姓氏 新中国成立初期，该村有人口400人左右，由于流出人口和孤寡老人占一定比例，人口增长缓慢。2015年，有人口450人左右，202户。村中姓氏以刘姓居多，刘、苏、祖、张为大家族，少数为王、陈、李姓。

村级机构 新中国成立后第一任书记为苏如林，1956年，刘丙权上学毕业之后回村任团书记，受到重点培养，1963年，任第二届村支部书记，共任职10余年。1975年，苏如江接任第三届村支部书记，任职至1984年；随后，张振玲（1985～1995年）、刘滨红（1995～2009年）、魏晓兰（2009～2012年）、刘金柱（2012年～　）任村支部书记一职。到2016年，村党支部有党小组3个，有党员30名、入党积极分子4名。

新中国成立初期，成立互助组。1953年，成立合作社。1958年，成立人民公社。1982年，生产队解体，变为一个大队，土地承包包产到户。刘炳权为刘马坊村第一任大队长，任职10余年。随后，刘金柱（1995～2006年）、刘吉成（2006～2012年）、苏来权（2012年～　）任村主任一职。2016年，全村共有13个村民小组、13名村民代表。

进村主干道

农工副业 该村地形为平原，土质肥沃。20世纪60～70年代生产队时期，村中副业有豆腐坊、米面加工、弹棉花坊、粉条房、开石矿。耕地主要种植玉米、大豆、白薯、小麦等农作物。果树主要以桃、梨、苹果为主。蔬菜自给自足。

2015年，村内耕地以种植大田玉米、大棚蔬菜、干果树、绿化苗圃为主。养殖业以养殖羊、鸡为主。村中有木炭厂1个，杂货商店2个。

教育·文体卫 民国时期，建有小学1所。供该村以及张马坊、朱马坊、药马坊村适龄儿童上学。1980年左右，因生源减少，经牛头崖镇文教局同意合并到富新庄小学。2012年，由上级安排资金建成了农家书屋。

近年来，全村村民整体受教育水平有所提高，基本达到初中文化程度，子女升学情况良好，每年考入专科以上学校的应届生明显增多。村民的业余文化生活主要集中在村委会前的文化广场，内设有篮球、乒乓球设施和健身器材，并有村民自发组织的广场舞、秧歌舞等。村内设有村级卫生所1个，医保实现全覆盖。

村民生活及社会保障 2012年11月，开发区征用村中590亩土地。一部分村民成失地农民，享受失地补助或养老保险。2013年，开发区征收部分集体土地。2016年，集体土地被全部征用，村民领到了失地生活费，享受了城镇居民待遇，有了养老保险。全村有低保户2个、残疾人10名。

风物传说 村内共有百年古宅4个，为新中国成立前所建土坯房，经过1976年唐山大地震和一百多年的洗礼，依旧保存比较完整；另外，在村中心十字路口处，仍保留有近二百年的碾盘1座，直径约2米，历史悠久。

sunjiazhuang cun

孙家庄村

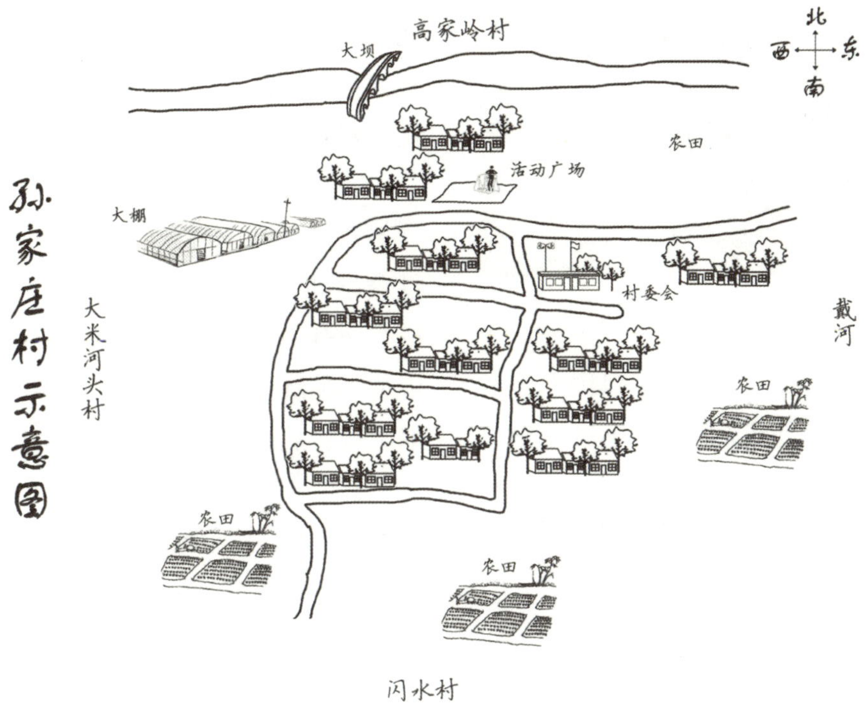

村址 孙家庄村位于秦皇岛开发区牛头崖管理区办事处驻地南 1.5 公里处。东临戴河，南接闪水村，西到大米河头村，北至高家岭村。1949 年，全村总面积大约 1700 亩。其中，耕地面积 800 亩、戴河两岸及河滩荒地 750 亩、民居占地 150 亩。该村地处丘陵地带。

沿革 孙家庄村位于戴河南岸，据老人回忆，明朝后期，有孙姓和王姓 2 户人家从山西洪洞县大槐树迁入，取名孙庄。1976 年，更名改为孙家庄。

清乾隆二年属临榆县管辖。1954 年，归牛头崖大乡管辖。1958 年，成立人民公社，孙家庄村属大东风人民公社。1963 年，秦抚分家，孙家庄村归抚宁县管辖，成立牛头崖人民公社。1983 年，改牛头崖人民政府，孙家庄村归牛头崖镇管辖。2010 年，划归秦皇岛开发区管辖。

村委会

基础设施 20 世纪 50 年代，该村有 3 条街，东西走向 2 条、南北走向 1 条。2015 年，发展到 6 条街。20 世纪 70 年代，孙家庄村在戴河两岸栽满了树木，到了春夏两季，整个村庄好像置于林海之中。1969 年，全村通电。1974 年，安装上自来水管道。2013 年，全村路面全部水泥硬化。2014 年，安装太阳能路灯 21 盏。2016 年，开展省级美丽乡村建设，污水得到有效处理改造，新建了篮球场、图书室、健身广场，道路实现硬

戴河河坝

化并加宽，街道墙面进行了粉刷，全村用上了无污染的厕所，卫生条件得到了明显的改善。

人口·姓氏 新中国成立初期，全村总户数72户，总人口320人。1990年，全村总户数125户，总人口390人。2015年，全村总户数174户，总人口435人。姓氏根据人口多少排列为孙、王、杨、白、李、张、赵、耿、闫。

村级机构 新中国成立后，建立了孙家庄村党支部，郭海楼任支部书记。1959年，大东风人民公社成立，王成元任村支部书记。1965年，经历了“文化大革命”。1968年，孙焕仁任革命委员会主任。1975年，孙少杨任村支部书记。1978年，孙少志任村支部书记。1983年，王成元任村支部书记、孙才新任村主任。1986年，孙焕忠任村支部书记、孙才新任村主任。1990年，孙焕祥任村支书、孙焕忠任村长。2001年，郭建军任村支部书记。2012～2015年，孙焕祥任村支部书记、郭建军任村主任。2015年后，郭建军任村支部书记，王立柱任村主任。

教育·文体卫 从新中国成立前到2015年，适龄儿童都在邻村大米河头小学就读，初中在太和寨中学就读。村内有篮球场1个，村民活动中心1个，内设基础健身器材，村民劳作之余积极参与体育锻炼。

农工副业 20世纪50年代，孙家庄村以种植玉米、白薯、花生为生，玉米亩产量700多斤，花生亩产量300多斤。新中国成立后，经历了“土地改革”、互助组、合作社、高级社、到人民公社，再到孙家庄村委会，孙家庄村有了天翻地覆的变化，粮食从亩产量600多斤增到2015年的1200斤，花生从亩产量300多斤到2015年的600斤。改革开放以后，孙家庄村各户大力发展养殖业，以养殖猪、牛、羊、貉为主。1982年以后，种植大约有400亩地的果园，以桃树为主，为农民创造了经济效益，群众的住房条件也从过去的老旧土坯房盖起了钢筋和水泥结构的房子。

孙家庄村依靠距离北戴河、南戴河区较近的地理优势，有部分村民搞起了加工业，如干豆腐、粉皮加工等发展副业。其余村民靠外出劳动打工，群众的收入得到了增加，生活水平得到明显提高。

村民生活及社会保障 2015年，有五保户1户、特困户6户。村内有南北向的水泥路1条。全村基本实现了电气化和移动通信网络的覆盖。

风物传说 1925年，村东建大庙1座，庙前有大松树2棵，到1968年树直径有1.5米，在1968年文化大革命期间庙被拆毁，树被砍伐。

名人能人 参加过入朝作战志愿军有1人，名为孙绍武。

进村主干道

zhumafang cun

朱马坊村

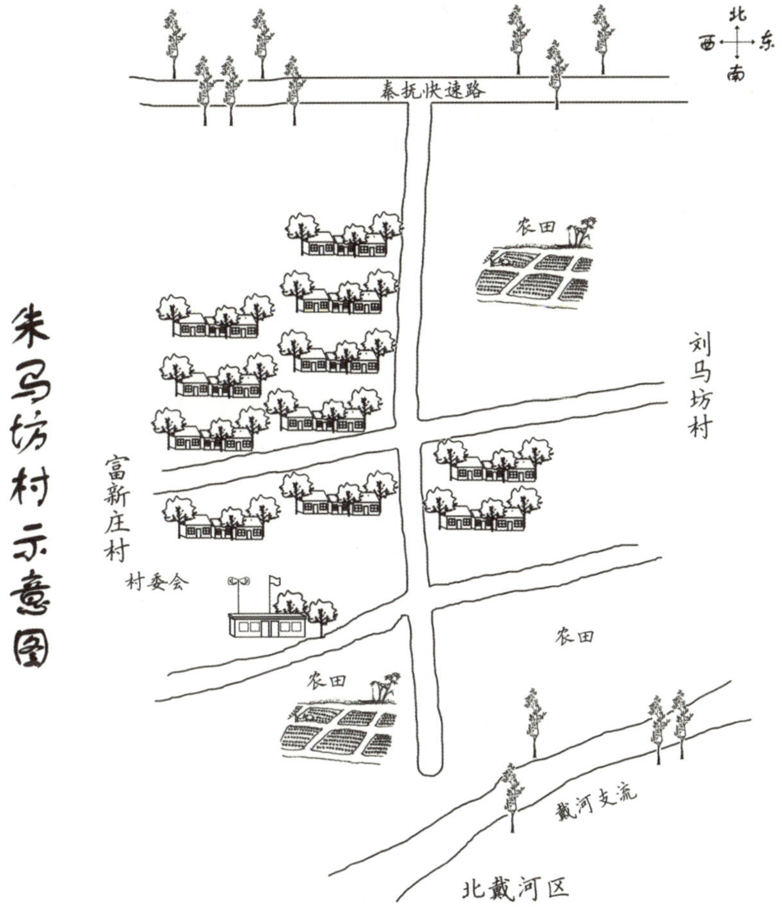

村址 朱马坊村位于秦皇岛开发区牛头崖管理区办事处驻地东3.2公里处。东临刘马坊村，南接北戴河区北戴河村，西到富新庄村，北至秦抚快速路。据原抚宁县地名志记载，朱马坊村位于原牛头崖公社驻地东北偏北5公里处。新中国成立初期，有土地260亩，截至2015年，全村行政区域面积460亩。其中，民居70亩、耕地390亩。村南有河流1条，为人工挖掘形成，有40年历史，汇入戴河。全村地处丘陵地带。

村内环境

沿革 清嘉庆年间（公元1796～1820年），由秦皇岛市西头坨朱姓人家迁入此地落户，归大柳树马坊管辖。光绪末年（公元1908年）该村从大柳树马坊分出单独建村，以姓氏取名，朱马

文化墙

墙面彩绘

坊。2010 年，划归秦皇岛经济技术开发区，属其管辖。

基础设施 2005 年，该村通水泥马路。2006 年，村内小路铺水泥板。2008 年，文明生态村建设中新建村民中心 1 座、文化广场 1 个、公共厕所 1 个，垃圾集中处理站 1 个、安装安全监控设备 1 套、安装 30 多盏路灯和光伏发电系统。2015 年，开发区投资种草栽树、美化环境、刷新墙面、书写标语、安装路灯等，使该村面貌发生了很大的变化，彻底改变以前“脏乱差”的现象，将该村建成了文明生态村。

人口·姓氏 2015 年，全村总户数 69 户，总人口 178 人。其中，男性 84 人、女性 92 人。村内姓氏按人口多少排列顺序为魏、朱、刘、张、李、赵、王、袁、欧、戴、马、苏、陈、祖、袭。全村村民均为汉族。

村级机构 新中国成立后，建立中共朱马坊村党支部，魏至炎担任朱马坊村第一任党支部书记。此后，朱履平、魏永年、朱志田、朱运平、魏永年、魏艳瑞（2002 ～ 2004 年）、刘宝双（2004 ～ 2008 年）、魏柏军（2008 ～ 2015 年）、魏柏杰（2015 年～ ）相继担任村支部书记。2015 年，全村共有党员 23 名。

1950 年初，成立初级社。1952 年，进入高级社。1955 年改名村公所。1966 年，改为朱马坊大队。1984 年，更名为朱马坊村村民委员会。魏永年、朱运平（1999 ～ 2001 年）、朱海庭（2002 ～ ）相继担任村主任。

村道

民居

农工副业　20世纪50年代，主要以种植玉米、花生为主。20世纪80年代，政府支持大棚养殖，村民先后建立起大棚多座，主要养殖貉子、鹌鹑等家禽。村里唯一一家种子站也经营得十分红火。

该村有超市1个、电子商务服务站1个，为村民提供便利的医疗和生活条件。

村民生活及社会保障　2007年开始，村民自主出资建起2层小楼，完成了从平房到楼房的初步转变。2015年，该村有低保户5户、五保户1户。年龄最大的王文昌老人已经有89岁了。此外，该村设村级卫生所1个、

名人能人　朱志宽，北京中华联合总社经理，后任唐山市委政协主席。

zhangmafang cun

张马坊村

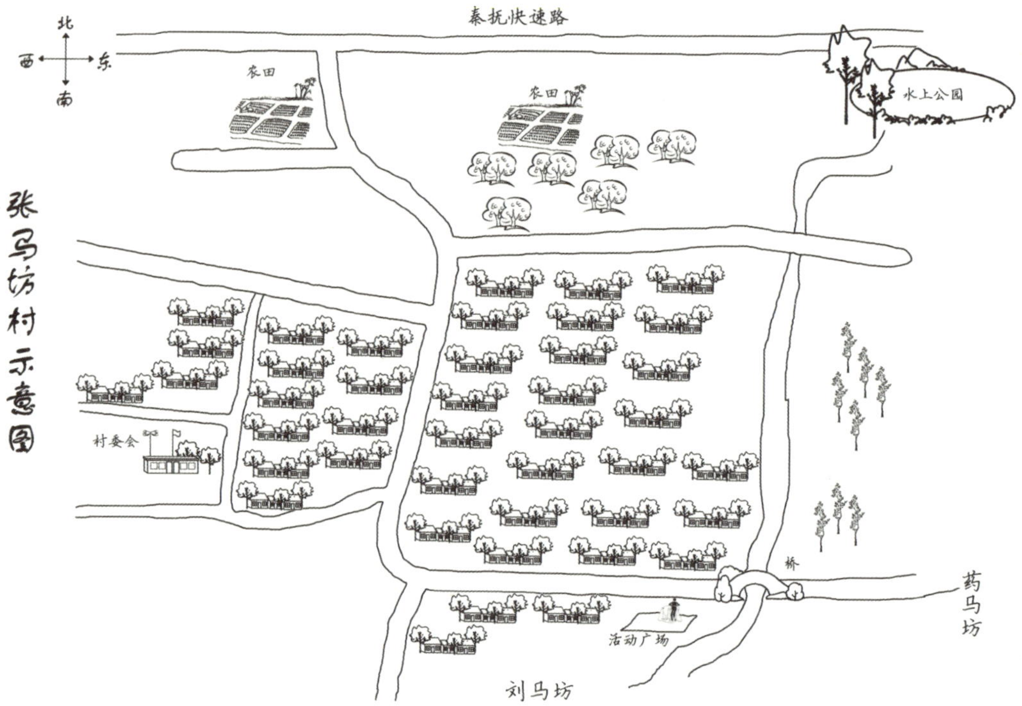

村址 张马坊村位于秦皇岛开发区牛头崖管理区办事处驻地东3.5公里处。东南临药马坊、刘马坊，南接刘马坊，西到北与秦抚快速路相邻，属丘陵地带。

1949年，全村土地面积为900亩。其中，耕地面积为800亩。1978年，全村总面积为1.5平方公里（900亩）。其中，耕地面积为800亩、村占地面积为92亩、河道面积为8亩。2015年全村有土地1000余亩。其中，民居面积100余亩、耕地700余亩。

沿革 明崇祯年间、清顺治年间，张氏兄弟3人由永宁穴村先后迁入此地，因此地为古代马

进村主干道

村内主干道

坊旧址，故取名张家马坊村，后改为张马坊村。

明代张马坊村归山海关管辖，清乾隆二年（1737）归林榆县管辖。1953年，北戴河区成立，归其管辖。1959年，归抚宁县牛头崖人民公社管辖。2010年10月，划归秦皇岛经济技术开发区管辖。

基础设施 20世纪50年代，全村共有土路3条。2004年，修建水泥路2条。1986年1月1日前，增加房屋面积12平方米，村内基本实现了电器化。1999年，实现移动通信网络全覆盖。2014年，修建秦抚快速路征占92亩。2015年，该村是面貌提升改造村，安装路灯20余盏、街

村内主干道

道全部硬化，修建了文化广场1个，内设篮球场、乒乓球场。全村用上了现代化厕所、采暖炉，饮上了无污染水。2015年，村委会办公场所得到了修缮，文化墙全面粉刷。挖深水井1眼，位于村中心。

人口·姓氏 新中国成立初期，全村有32户，总人口142人。其中，男性83人、女性59人；其中，60岁以上32人、17岁以下18人。1980年，全村有86户，270人。1999年，全村总人口270人，82户。其中，60岁以上61人、17岁以下45人，男性142人、女性128人。2015年，有人口322人。村内人口姓氏排列顺序为王、张、刘、李、杨。

村委会

村级机构 中华人民共和国成立后，建立中共张马坊村党支部。2015年，有党员35人。历届村党支部书记有张福印、张福齐、张福来、张永思、张慕华、张福昌、张永丰、张福广、王河泉、王国余（2006～2008年）、张福生（2009～2011年）、张永红（2012年～　）。

1961年，为张马坊村。1978年，改为张马坊大队。1984～2015年，改为张马坊村民委员会。村长、社长、大队长、革委会主任、村主任按任职时间先后排列为王清柏、王永年、王清才、杨纯礼、王鹤年、王开富（2006～2008年）、张永红（2009～2011年）、王海（2012年～　）。

农工副业 20世纪50年代，主要种植玉米、高粱、白薯、棉花、花生等。栽植果树45亩。

文化墙

2010年玉米旱地500亩，树地200亩，养殖户13户，养殖包括养猪、羊、鸡、牛、貉子。

1963年，建采石场。1964年，建粉坊、豆腐坊。1973年，建肠衣加工厂1个。1992年，建砖厂1座。2015年，有水泥构件厂1个、小商店2个。

教育·文体卫 1970年，建张马坊小学1所。后期小学生在药马坊小学或郭高马坊小学就读，中学在郭高马坊中学就读，部分高中生考入秦皇岛一中、北戴河区一中就读。村里文化广场、路灯、文化器材齐全，内设篮球场1个、乒乓球场1个。该村有4户村民信仰基督教。

村民生活及社会保障 村民多以外出务农为主。劳务输出达100人，家庭收入约8000元/人/年。富裕家庭约占5%，一般家庭约占85%，困难家庭约占10%。全村有五保户为1人，低保6人，全村除新生儿均有医保。1999年，实现移动通信网络全覆盖。全村用上了现代化厕所、采暖炉，饮上了无污染水源。50%家庭通网。

文化广场

名人能人 王清相，清朝秀才。

张启泰，武术大师。

王清润，革命烈士，1920年生人，1947年参加革命工作，后为中国人民志愿军工兵四团机械连，1953年牺牲于朝鲜。

孤家子村
gujiazi cun

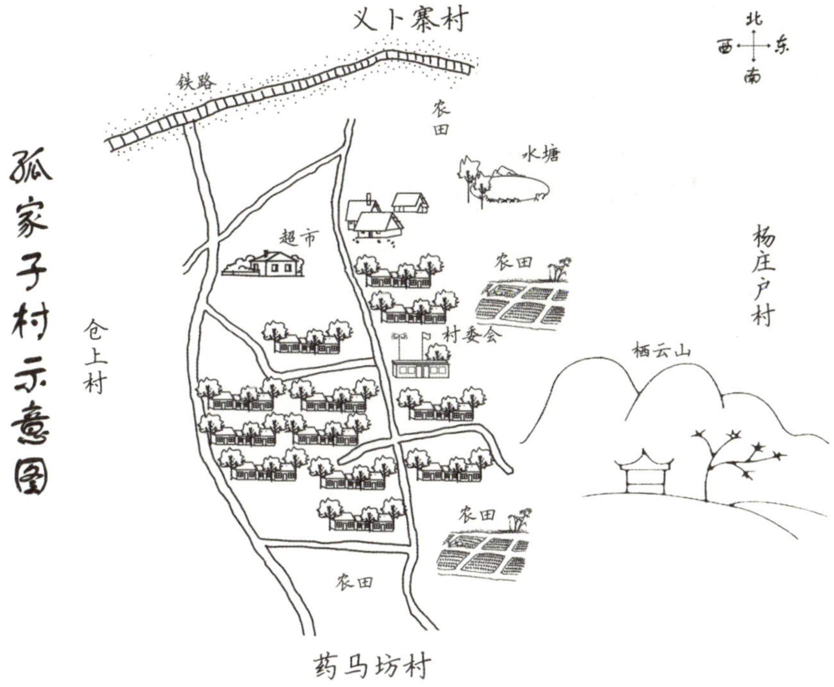

村址 孤家子村位于秦皇岛开发区牛头崖管理区办事处驻地东北方向4.9公里处。东临栖云山，南接药马坊村，西到仓上村，北至义卜寨村。2015年，民居面积约158亩，耕地及山地面积2400亩，已全部被开发区征用。

村委会

沿革 明洪武年间，山东付姓一家到此处落户建村。因仅此一户，比较孤单，刀耕火种，日出而作，日落而息，故取名孤家子村。

1952年前，属临榆县管辖。1952年，归属抚宁县管辖。2010年，孤家子村划归秦皇岛经济技术开发区管辖，隶属牛头崖管理区。

基础设施 1965年，该村在村南修建水库1座。1969年，安装自来水管道，全村用上自来水。1971年，全村通电。1980年，修建村西大水库1座。1989年，修大口井5个。2000年，修通往深河乡方向土路2000米。2005年，修建村委会办公用房。2009年，修村村通水泥路南至药马坊，北至义卜寨。2010年，修饮水上山管道3000米，黄冈岩砌坡，大口井5个。2016年，修建文化广场。到2016年，全村有深水井20个，

人口·姓氏 新中国成立初期，全村总人口200人，总户数20户。1990年，全村138户，469人。2015年，全村总户数200户，总人口537人。孤家子村姓氏按人口多少排列顺序为赵、毛、刘、陈、王、李、马、张、郭、孙、温、隋、庞、郑、靳、周、杨、祖、袁、石、陆、费、韩、武、曹、胡、潘、揣、边、沈、林。

村道

村级机构 2015年，孤家子村设党支部1个，党员25名。其中，男23人、女3人，60岁以上党员14人、30岁以下党员3人。村党支部书记历任情况为赵显忠（1959～1964年）、赵显勤1965年、陈启1966～1969年、陈义荣（1970～1973年）、陈启1974年、赵长兴（1975～1978年）、赵长有（1979～1995年）、赵长虹（1996～2015年）。

1955年，进入初级社。1956年，进入高级社（归属义卜寨建群社，共5个村）。1958年，加入人民公社（孤家子村为抚宁县深河乡孤家子生产大队）。1985年，人民公社解体，更名为抚宁县深河乡孤家子村村民委员会。1993年，2个生产小队合并。历任村长、村主任情况如下。第一任村长为赵显忠。此后，赵长有（1979～1984年）、陈启（1985～1995年）、刘文安（1996～1999年）、赵长虹（2000～2009年）、毛立波（2010～2015年）相继担任村主任。

教育·文体卫 1952年，孤家子成立第一所小学。1972年，迁移校址。1978年，合并到义卜寨联村办学，该村无学校。2015年，适龄儿童又集中到深河小学就读，撤销了义卜寨小学（开发区六小）。全村有在读大学生16人。村里有健身场地1个，篮球场1个，图书室1个，广场舞蹈队1个。村民们劳作之余，跳广场舞、读书看报、打篮球、乒乓球。该村跳广场舞的队伍青春洋溢，多次在比赛中取得优异成绩。

农工副业 孤家子村东高西低，大部分是山坡、丘陵地。土质是砂土地、土层薄，以种玉米花生为主，粮食平均亩产500斤。改革开放后，村民调整了种植结构，大葱种植面积500亩，收入4000元/亩。以后几年间大葱种植面积逐年增加，在2000年注册“孤家子大葱”商标，成为抚宁县大葱种植基地，到2009年全村大葱种植面积达到900亩，种大葱成为该村村民一项重要收入来源。

孤家子村有传统的钢锉加工行业。新中国成立前，沈阳市“毛家炉”第一代人有毛万常、毛有武、毛有全、毛有财、毛有安、毛文和。新中国成立后，“毛家炉”第二代人有陈焕章、毛文成、刘志发、刘志有、毛文番、刘志财。生产的钢锉

栖云山

有扁型、角型、半圆型、刀型，规格达20多种，产品远销东北锦州、沈阳、阜新和唐山等地。早在1979年，孤家子村取得了抚宁县地矿局授予的采矿权，成立了村办企业，与北戴河区小谢庄、刘马坊在栖云山上联合办矿2个，采矿业蓬勃发展。

村民生活及社会保障 新中国成立初期，孤家子村房屋面积近5000平方米。20世纪50年代，增加房屋面积100平方米。20世纪70年代，总人口户数增加至200多户，全村有100户盖新房，增加房屋面积2000平方米，1986年1月1日前，增加房屋面积4500平方米。村内各家各户基本上实现了电气化。1982年秋全村安上自来水。1999年实现电视、移动通信、网络全覆盖。到2015年底，太和寨村有优抚对象1人、残疾人25人、现役军人8人、80～90岁老人11人。2013年，孤家子村完成整村征地工作，村民过上了富裕生活，没有低保及五保户。2015年，全村有271人参加农村养老保险，实现老有所养。

yanghutun cun
杨户屯村

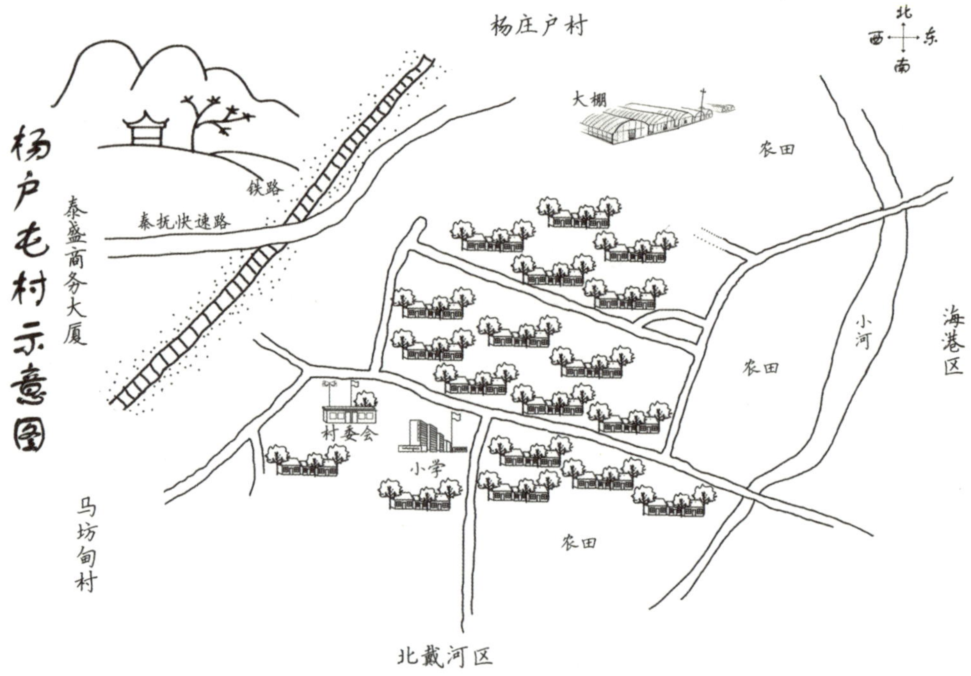

村址 杨户屯村位于秦皇岛开发区牛头崖管理区办事处驻地东6.4公里处。东临海港区大乐安寨村，南接北戴河区甘各庄村，西到马坊甸村，北至著名的栖云山。全村面积4000余亩。其中，耕地面积1800亩、栖云山占地2000亩。村北有栖云山，海拔200多米，站在山顶可以俯瞰整个秦皇岛城区，山上树木繁茂。山内有很多由于战争年代遗留下来的防空洞和碉堡。该村有南北走向的杨戴新河1条。

沿革 明永乐年间（1403～1424），山东移民到此，取名杨户屯村。

1948年，杨户屯村解放，归临榆县管辖，乡政府位于蔡各庄。1950年，划归抚宁县管辖。1959年，大公社解体，秦抚分家，杨户屯村划归牛头崖公社管辖。2010年10月划归开发区管辖。

基础设施 农业生产的发展从新中国成立初期搞“土地改革”、合作社、人民公社和农业学大寨，尤其是学大寨，村党支部带领村民起早贪黑修梯田、搞水利。到2015年，村西还有屯梯田，时称人造平原。在那个年代，常年修水利，杨户屯村当时修了4个塘坎，到2015年还有3

村委会

远眺栖云山

个塘坎保持完好。1958 年，全村通电，告别了过去点油灯、蜡烛照明的历史。1983 年，家家户户用上了自来水。2005 年，实现全村土路硬化。该村有水库 4 座，位于村西北方向。2013 年，重新修建河坝，并按时进行河堤河道清理。2014 年，开始修建路灯 40 盏，使村民晚上出行更加方便。2015 年，开发区修建秦抚快速路征占了该村部分土地。

人口 · 姓氏　新中国成立初期，全村有 400 余人、100 多户。到 2015 年，全村有人口 1300 人、户数 470 户。其中，男 630 人、女 670 人。主要姓氏为杨、王、韩、马、田、张、梁、李、赵、刘。

村级机构　新中国成立后，成立了党支部。第一任书记是刘金波（1948 ～ 1963 年）。之后，历任书记分别为付庆田（1963 ～ 1966 年）、李春恩（1969 ～ 1977 年）、马长志（1978 ～ 1994 年）、王启加（1994 ～ 2005 年）、马玉川（2006 年～　）。

1953 年，成立初级社。农民带着自家的土地和牲畜入社，加入了当时的初级社，走上了集体劳动。1956 年，成立高级社。与其他 8 个村一起组成新华大队。1958 年，成立人民公社。当时成立的是大公社，取名东风公社，所辖 2015 年的北戴河区和牛头崖镇，1958 年，成立人民公社。1967 年，成立革委会。革委会主任为李春恩，1978 年，成立大队。杨泽春任大队长。后成立村民委员会。王启加任主任。之后，历任村主任有李玉滨（1994 ～ 1997 年）、杨会林（1997 ～ 1999 年）、王启加（2000 ～ 2003 年）、李玉滨（2003 ～ 2005 年）、杨立新（2009 ～ 2011 年）、马延军（2012 年～　）任村主任。

教育 · 文体卫　新中国成立前，村里成立杨户屯小学，有学生 60 多名，教师 2 名，校舍破旧。随着社会的发展，小学经过多次搬迁修建，安上了暖气，学习环境明显改善。村里有一支妇女舞蹈队即杨户屯舞蹈队，每天晚上排练，遇到重大节日代表该村参加演出活动。

农工副业　该村农业主要靠种植玉米，后期全村将大部分耕地用于种植果树来增加收入，村内还有部分村民从事养殖业。

1978 ～ 1982 年，村里办起了农机站。在搞农业生产以外的时间搞运输，当时有汽车 1 辆、大拖拉机 5 台、小四轮 2 台、推土机 5 台。村办塑料厂 1 个、采石加工厂 1 个、采石厂 3 个。1984 年，村南建砖厂 1 个，1996 年停办。1991 年，在村北建空心砖厂 1 个，2007 年停办。2003 年，村建工艺玻璃厂 1 个，属个体企业。2015 年，已发展到了 4 家，从业人员达 100 多人。2015 年，

村内古树

部分村民从事运输业和工程机械租赁业。汽车修理厂 2 家。

从 1966 年起，办起了小卖部，属村集体。1982 年，开始有个体小卖部 1 个。从 1991 年起到 2015 年，全村小卖部已发展到了 9 个，村民买生活用品基本不用出村。

村民生活及社会保障 “土地改革”后，先是成立了互助组、初级社、高级社和人民公社，后又撤社建乡、撤乡建镇。农业生产从一家一户到集体耕作，由笨重的体力劳动到机械化。人们的生活由新中国成立时的糠菜半年粮到 2015 年的大米白面，山珍海味也上了农民的餐桌，老百姓都说现在真是天天在过年，过上了小康生活。

党的十一届五中全会后，人们的口粮由以前的自产自食发展到 2015 年的卖粗粮买大米。过去是吃了上顿没下顿，一件衣服是“新三年旧三年，缝缝补补又三年”。人们赶集上店全靠两条腿，条件好的骑自行车，到 2015 年都骑上了电动自行车，几乎家家都有小汽车，有彩电冰箱，很多村民都安装了电脑，真正进入了信息化时代。

在医疗方面，村民都加入新型农村合作医疗，有病可以及时报销；凡年满 60 周岁的村民都可以享受国家发放的基础性养老金。2015 年，全村共有五保户 8 人，低保户 9 户共 12 人，都享受国家补助。

国家因重大项目建设征占村民土地，除按规定给予合理补偿以外，男的年满 60 周岁，女的年满 55 周岁都可以享受开发区城镇职工一样的退休待遇，按月领取养老金。

风物传说 村北的栖云寺山是因山下有一座庙得名，庙名称“栖云寺”，号称“京东第一刹”，庙内当时有院落，分正殿和偏殿，有佛像十八罗汉，庙内有铸鉠大钟，后散落民间不知去向。有僧众数人，还有 10 亩地供僧人们生活所用。每年的农历四月初八庙会香火非常旺盛。栖云寺的产权属四庄会。1948 年，八路军在栖云寺寺庙修建道路、炮楼来抵挡敌军对附近百姓的残害，栖云寺庙也因此在战乱中被毁。

栖云山历史悠久，文化底蕴深厚，有不少关于此山的传说。新中国成立初期，栖云寺经政府大修依旧保存较好，山也因此而得名，有人说曹操观沧海应该就是此山（是否属实待查）。此山地理位置独特，站在山顶秦皇岛全貌一览无余。此山有不少名胜。其一是鸡冠石，它是该山的第二高峰，因山顶的石头经常年风化，形状如“鸡冠”，从尔得名。据老年人讲，在很久以前，山顶上每天早晨都有“金鸡”鸣叫，后来，“金鸡”被八国联军掠夺，下落不明。其二是白牛渠、黑牛渠。传说，在很久以前，有一头白色和黑色神牛住在这里。每当大雨来临前，它们都出来吃草。其实，白牛渠和黑牛渠就是相邻的两条山沟。其三是响石坡。在山的西北方向一个向阳的山坡，有一块大石头，用小石块敲打它，这个大石头就会发出金属的声音，故名为“响石坡”。其四是大狱沟。在山的西侧，山势险峻，村民认为此沟“风水好”。在很久以前，有个在当地有权有势的恶人，看上了这个风水宝地，把自己的祖坟移到了该处，附近的老百姓看在眼里，气在心上，拿他没有办法。有个秀才给当地老百姓出了一个好主意，告诉大家，以后这里改名叫“大狱沟”，让他的祖宗永远在“大狱”里住吧！其五是栖云寺。在山的东脚下，原来有一座气势恢宏的寺院，古木参天，寺院里有一眼常年不息的清泉，寺院当时香火很旺。另外，这个山还有个极特别之处，无论你从山的哪个方向看这座山，它的山型都很相似。

zhouying cun
周营村

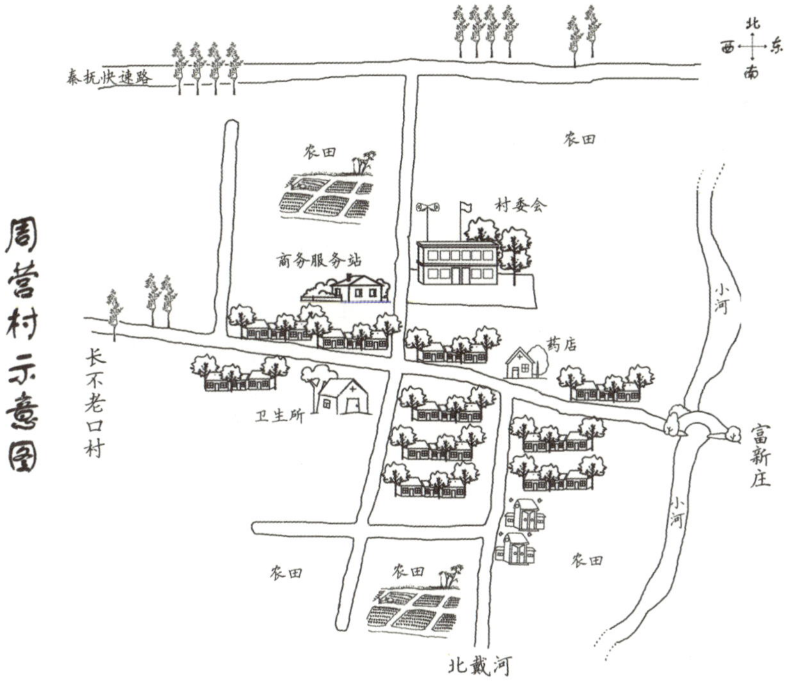

村址 周营村位于秦皇岛开发区牛头崖管理区办事处驻地东南方向 2.3 公里处。距北戴河火车站约 3 公里。东临富新庄村，南接戴河村，西到长不老口村，北至秦抚快速路。全村耕地面积 801 亩、机动地 300 亩。村东有河 1 条，名为小东河，戴河流经村西南。全村属丘陵地带。

村委会

沿革 明永乐年间（1403 ～ 1424），周大田、周先贵两人由山东迁入此地建庄，取名周先营。1961 年，因周姓人口增多，改名为周家营，后简称周营。

1950 年初，初级社时归太和寨乡管辖。1955 年，改名村公所。2010 年，划归秦皇岛经济技术开发区管辖。

基础设施 2005 年，全村主干道实现硬化；2006 年，村内小路铺成水泥板。2015 年，美丽乡村建设新建村民中心 1 座、文化广场 1 个、污水处理终端 1 个，大街小巷全部硬化，对小东河实施景观整治，安装 40 多盏路灯，粉刷了全部墙面。村北有水库 3 座，村南有水库 3 座。

人口 · 姓氏 新中国成立初期，全村有 13 户、80 余人。2015 年，全村共有 182 户、422 人。村内姓氏主要有王、刘、唐、张。

街道

村级机构 新中国成立后，建立中共周营村党支部。1949 年，有党员 3 人，到 2015 年村内有党员 22 人。刘长海任第一任村党支部书记。1956 年，改称为周营村党支部。之后，有王焕和（1951 ～ 1975 年）、王印芝（1976 ～ 1982 年）、王桐（1983 ～ 2005 年）、刘长连（2006 ～ 2007 年）、魏广顺（2008 年～）相继任党支部书记。

1950 年初，进入初级社。1952 年，进入高级社。1955 年，改名村公所。1966 年，改为周营大队。1984 ～ 2015 年，更名为周营村村民委员会。刘明臣、刘长连、王文义（2008 ～ 2010）、王东阁（2010 ～ 2014）、王红丹（2015 ～）相继担任村委会主任。2015 年，有村民代表 11 人。

农工副业 村民主要靠种植业维持生活，主要种植玉米，有少许种植草莓大棚，可对外采摘。村内有个别村民养殖貉子、金鱼、牛等。该村有超市 2 个。

村民生活及社会保障 村内有低保户 6 个，五保户 4 个，残疾人 11 名。周营村虽然与北戴河区毗邻，但生产生活条件和村容村貌多年来一直落后。2015 年，该村被列入全省美丽乡村建设村，并作为秦皇岛开发区重点村进行打造。通过驻村工作组和全体村民的共同努力，村民生产生活条件和精神文化风貌发生了巨大变化。新建村民中心 1 座、文化广场 1 个、污水处理终端 1 个，大街小巷全部硬化，小东河进行了景观整治，40 多盏路灯照亮了村庄，近千棵果树扮靓了村庄，光伏发电系统支撑了村庄的长期发展。在污水处理方面，驻村工作组帮助周营村铺设了 2000 余米污水排放管道，并在各家都设置了污水排放池，实现了污水的“户收集，村处理”。2015 年，全村共新建双翁式厕所 136 个，实现了清洁厕所全覆盖。同时还为村民安装了节能炉具，驻村工作组不但多次组织全村群众开展大规模清垃圾、清杂物、清庭院工作，还为全村配备了保洁员和一辆垃圾清运车。为了让每位村民自觉维护环境卫生，驻村工作组为每户配备了垃圾桶，并倡导垃圾分类，逐步建立起村内环境卫生长效管理机制。

村里有了图书室、幸福院、村民学校和文艺表演队，之前旧的村民中心内也新建了农家书屋、电子阅览室和村民学校，并配备了电脑、投影仪等设备，为全村的精神文明建设营造了良好氛围，村民精神文化生活日益丰富多彩。村设有村级卫生所 2 个，为村民提供了便利的医疗和生活条件。

为把村里的大事小事及时传递给每一位村民，驻村工作组协调秦皇岛市电信公司开展“智

文化墙

慧乡村”建设活动。如今，村民活动集中的场所已实现无线网覆盖，每户家中都配有一部手机。村民的手机里有一个易信平台，便于村两委与村民的沟通。对于村务信息，村民能够及时提出反馈意见，方便村务管理。

在驻村工作组的支持下，周营村绘制文化墙宣传道德规范，在村民心中树牢文明礼仪；推荐村民参加秦皇岛市“平民偶像”评选，以身边人的先进事迹培树典型；组织全村妇女开展“美丽庭院”争创活动，让每个家庭都争做爱清洁、讲文明、树新风的模范家庭。

风物传说 村有 3 处具有文化底蕴的物品，碾子、百年老井以及钉马掌处，都是群众淳朴生活的最直接反映。

名人能人 王兴绪，1954 年 5 月出生，以种植和养殖养家。家庭比较特殊，其妻子患有间

街道

歇性精神疾病，四叔和哥哥都是五保户。多年来，照顾一家人的重担就压在他一个人身上，他细心

卫生所

照顾培养两个孩子的同时又耐心照顾两个孤寡老人。他就像照顾自己父亲一样照顾两位老人，一位年龄已到 83 岁、常年吃药的四叔，一位是患有脑出血后遗症的大哥。他就是一位普通的农民，但凭着自己坚强的意志、乐观的态度、勤劳肯干的精神，供养着一家人，还培养了 2 名大学生。2015 年被评为孝老爱亲市级道德模范。

许玉静，女，1975 年出生，2008 年的一天，丈夫刘继成在建筑工地施工时，因为施工单位提供的防范措施不到位，致使他从三楼高空坠落，造成高位截瘫。自从丈夫瘫痪后，她就再也没有出门务工，一心照顾家庭。公公靠捡废品支撑一家人的开支。要强的许玉静一心想用一个好的心态影响家人，总是把家里收拾的井井有条，干净清新，无论谁去家里，都感觉不到家里会有一个重症的病人。家庭的不幸，让她变得坚强，她用柔弱的双肩承担了生活的重压，为高位截瘫的丈夫撑起了生存的希望。

yaomafang cun

药马坊村

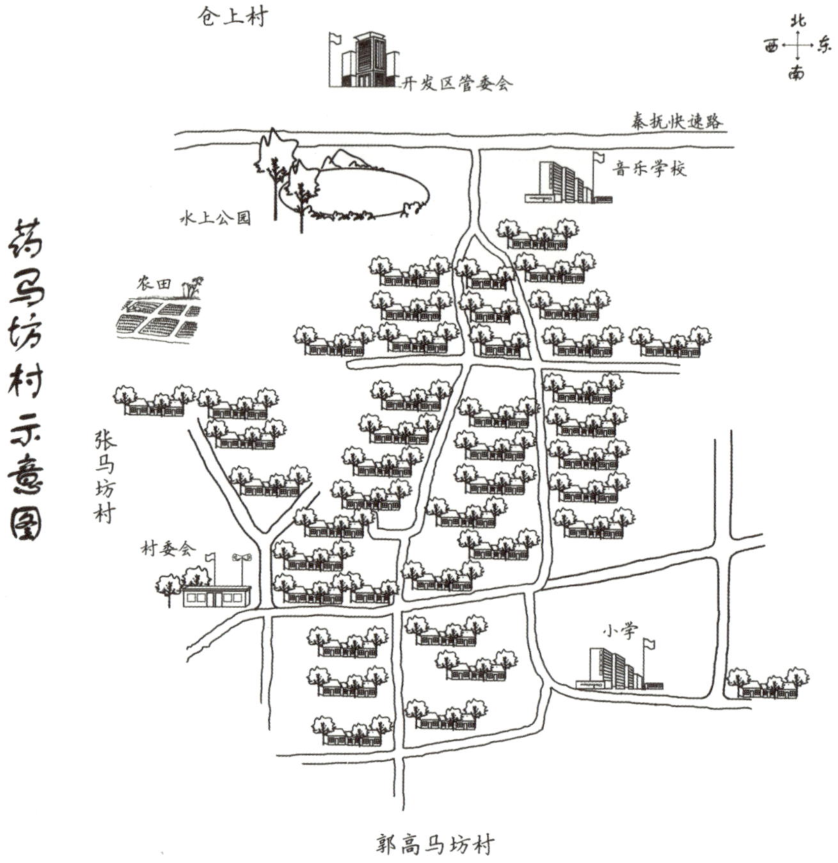

村址　药马坊村位于秦皇岛开发区牛头崖管理区办事处驻地东 4 公里处。东临马坊甸村，南接郭高马坊村，西到张马坊村，北至秦抚快速路。全村共有土地 3000 亩。其中，民居面积 350 亩、其余面积为耕地。2010 年，开发区征地 270 亩，修建秦抚快速路。2014 ～ 2015 年，开发区征地 700 余亩建开发区科技馆和开发区公安分局。2016 年开发区征地 500 余亩建水上公园、音乐学校。村西有小河 1 条。

沿革　相传建于明朝崇祯年间（1628 ～ 1644），山东移民到此落户建村。村内有座药王庙，故取名药王庙马坊。

1958 年，隶属东风（牛头崖）人民公社，称药马坊大队。1984 年 3 月，牛头崖公社改为牛头崖乡，改称药马坊村民委员会。2010 年，划归秦皇岛经济技术开发区管辖。

基础设施　2014 年，全村主路 2 条。之前村内仅一条水泥马路，其余均为土路。2014 年，被列入省农村面貌改造提升工作重点村，修建了村民中心和活动广场，安装路灯 70 余盏。村内重新铺设了水泥道路，对村内的墙体进行了美化，统一着色，并在墙体上绘制宣传了中华民族优良传统美德，重新选址建设了新村委会办公场所，方便了百姓办事。

村北有水库 3 座，已建开发区水上公园。有

村委会

小学

泉眼 1 个位于村西北方向。

人口 · 姓氏 20 世纪 70 年代，有人口总数 500 余人，总户数 70 余户。2015 年，有人口总数 1050 人，总户数 380 户。药马坊村以刘姓为主，占总人口的 80% 以上。其他姓氏有王、李、钟、郭、赵、张、杨、高、康、孙。

村级机构 2015 年，村内有党员 42 人，村历任村党支部书记有刘丙汉（1948 ~ 1952 年）、王立柱（1952 ~ 1954 年）、刘明贵（1954 ~ 1978 年） 刘宝庚（1978 ~ 1983 年）、刘喜汉（1983 ~ 1991 年）、刘权汉（1991 ~ 1996 年）、刘鹏国（1996 ~ 2003 年）、刘得壮（2003 ~ 2015 年）、刘权汉（2016 ~ ）。

1984 年 3 月，成立药马坊村民委员会。历年大队长、村主任有李煦权、刘丙汉、刘秋成（1983 ~ 1991 年）、高会奇（1991 ~ 1996 年）、刘得壮（1996 ~ 2003 年）、刘鹏国（2003 ~ 2012 年）、刘向宇（2012 ~ 2015 年）、王成翔（2016 ~ ）。

教育 · 文体卫 20 世纪 60 年代初，成立了药马坊小学，到 2015 年有学生 60 余人。2014 年，建立了农家书屋。2015 年，有图书 2100 余册。2014 年，修建村民文化活动广场，配备了音箱、投影仪等设备，每天有 50 余人在村文化广场活动。有秧歌队和广场舞队 2 支，队员有 40 余人，是有史以来最活跃的文娱队伍。

农工副业 村内以种植玉米、大豆、花生为主，约有 30% 户种植各种果树，以苹果、梨为主，是村民的主要收入。大多数适龄村民在周边不同企业务工。1984 年，村集体修建占地 50 余亩的砖厂 1 座，位于村西，2015 年底拆除。2015 年村内有超市 4 家。

村民生活及社会保障 2015 年，村民生活较为富裕，年人均收入达到 9300 元。村内约有 320 人已享受生活补助费及养老保险待遇。

风物传说 药马坊有将近 400 年的历史，建于明朝崇祯年间（1628 ~ 1644）。明末时期的著名农民起义领袖李自成，1629 年起义，后为闯王高迎祥部下的闯将，勇猛有识略。高迎祥牺牲后，他继称闯王。当时中原灾荒严重，社会阶级矛盾极度尖锐，李自成麾下李岩提出“均田免赋”等口号，获得广大百姓的拥护，部队很快

村碑

发展到百万之众，成为起义军中的主力军。1643年在襄阳称新顺王，并在河南汝州歼灭明陕西总督孙传庭的主力，旋乘胜进占西安。次年正月，建立大顺政权，年号永昌，不久攻克北京，推翻明王朝。岂料好事不久，当年四月，多尔衮率八旗军与明总兵吴三桂合兵，在山海关内外会战李自成。李自成战败，败走的大将刘忠敏的手下刘田顺兄弟在如今的秦抚快速路北侧展览馆用地建村，此地当时有一座药王庙，位于2015年的药马坊小学西侧。据村中老人回忆，药王庙供奉了13个佛像，供奉民间称之为药王爷孙思邈。周围村民常到这里上香，以求肖病祛灾的村民，上香后非常灵验。据传，药王爷“显灵”时五官可以抖动。“四清”运动中药王庙被拆除。

明清时期，此地划归永平府管辖，永平府治所是现今的卢龙县。地域包括现唐山市大部地区、秦皇岛大部地区和辽宁西南部地区，明朝时期永平府，境内管辖卢龙县（永平府所在地）、抚宁县、昌黎县、永平卫、山海卫。县下实行里甲制，里亦称社、屯，当地民编为社，迁来者编为屯。当时此地地处边关，又是连接山海关和京师的交通要冲，因此地又成为了一座军事重镇。药马坊地处军事重镇的后方，用于养马，故有马坊之称，义卜寨、乐安寨、慕义寨等寨子拱卫四方，明末时，清朝皇太极因屡次攻宁城不克，就是从这一带的隘口突袭得手，从而兵临北京城下的。清朝时，此地仍归永平府管辖。清廷在此地长期驻守重兵，以拱卫京师和保卫皇陵（清东陵）。在明、清两朝，永平府一直是京东地区的政治、经济和文化的中心，因而这里也就有了“京东第一府”之称。

名人能人 郭海长，参加过抗美援朝战争，据村里老人讲，战争中此人机智勇敢，杀了不少敌人，回来后还有一身的戾气，生气时村民都不敢与其正面对峙。

李春林，抗美援朝战争中，为汽车运输兵，已去世。

刘垦禄，红楼梦总编，中共中央党校文史课教授。

荣誉 2014年，该村获“秦皇岛市美丽乡村”称号。2015年，该村获“秦皇岛市宣传文化示范村”称号。

进村主干道

药马坊村舞蹈队

guogaomafang cun

郭高马坊村

郭高马坊村示意图

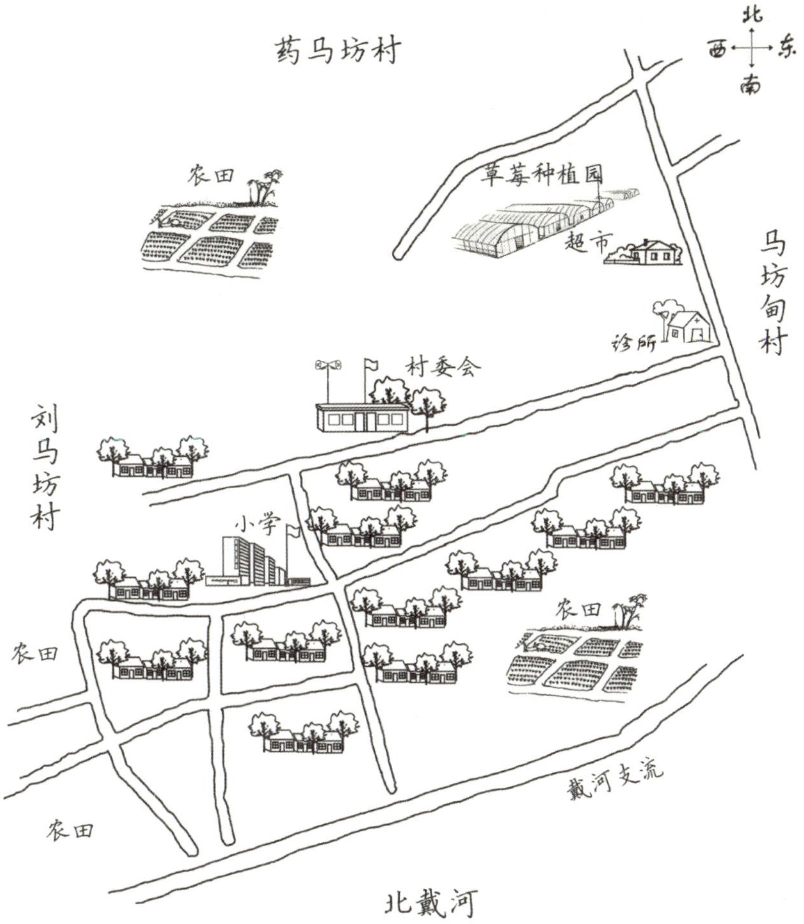

村址 郭高马坊村位于秦皇岛开发区牛头崖管理区办事处驻地东 4.5 公里处。郭高马坊村东临马坊甸村，南接北戴河区甘各庄村，西到刘马坊村，北至药马坊村。全村总面积 1800 亩。其中，民居面积为 480 亩、征地后二轮承包确权土地 909.7 亩。

沿革 明朝永乐元年（1403），由山东黄县迁徙至此的郭姓、高姓移民在此建立村落。

1960 年，划归牛头崖公社（东风公社），称为牛头崖公社郭高马坊大队。1984 年，牛头崖为牛头崖乡，改称郭高马坊村。2010 年 10 月，划归秦皇岛经济技术开发区管辖。

基础设施 1981 年前，村民饮水主要靠井水。1981 年后，全村接通自来水管道。2004 年

村委会

街道

以前，村内村外都是土路，晴天扬飞土，雨天泥泞不堪。2004年，修建了经村的水泥联村公路1条。2014年，全村道路全部硬化为水泥路，并且安装路灯48盏。

村级机构 该村历任党支部书记有赵增（1950～1955年）、王连山（1955～1957年）、胡国栋（1957～1961年）、王连山（1961～1962年）马坊总支书记兼郭高马坊村党支部书记、胡国栋（1962～1963年）、赵国柱（1963～1966年）、杨德胜（1966～1968年）、郭运洪（1968～1975年）、杨德胜（1975～1977年）、郭运洪（1977～1984年）、王东良（1984～2002年）、郭运洪（2002～2006年）、刘德才（2006～2015年）王久良（2015～ ）

1955年，组建农业生产初级合作社。1957年，成立高级生产合作社。1958年末～1959年初，成立人民公社，改为郭高马坊生产大队。1959年10月，划为海滨人民公社，为第九大队。历任村长、大队长、村主任为郭凤羽（1950～1954年）、（1954～1959年）缺职、胡国栋（1959～1965年）生产大队长、（1966～1977年）缺职、郭运洪（1977～1980年）、胡太维（1980～1984年）、胡太维（1984～2002年）、（2002～2004年）缺职、王久良（2004～2006年）、（2006～2009年）缺职、李建民（2009～2015年）、王成柱（2015～ ）。

人口·姓氏 新中国成立初期，全村有人口700人，户数110户。2015年，全村总户数420户，总人口1142人。其中，男性579人、女性563人，16岁以上801人、16岁以下341人。初中以上文化170人、高中以上文化45人、大专以上文化37人。有党员52人。该村有六大姓氏为高、郭、胡、杨、刘、王。

教育·文体卫 新中国成立前，无公立学校。只有大户王家开办的私塾小学，新中国成立后改大庙为学校，建立郭高马坊村小学。1955年，成立中心小学。1991年，村里出资建教学楼，改善了办学条件。划归开发区后学校各方面条件得到完善，办学条件得到进一步提高。1949年，村中只有乡医。1958年，成立村诊所一直延续到2015年。

农工副业 改革开放以前，郭高马坊村没有集体工业，村集体只有油坊、修理部，由于规模小、收入低，没有发展起来。

改革开放后，主要种植玉米。2004年，后建立温室大棚80多座，主要以草莓种植为主，有40多户村民受益，提高收入。通过调整种植结构，部分村民种植草坪、花卉、苗木，30多

街道

小学

户村民因此脱贫致富。

村民生活及社会保障　2015年，全村有五保户6户，低保户18户22人，村内医疗保险全覆盖。村中有残疾证残疾人28人。其中，一级、二级残疾人享受重度残疾人护理补贴金有10人，享受困难残疾人生活补贴金的9人。

名人能人　高荣先，清末民初，高氏族人中举人，由于才能出众，官至黑龙江省税捐局局长，因其清廉，所领俸禄不够自己用还需家人补贴，当时社会贪腐之风盛行，税务局长更是肥差，他却没有借机贪污，同僚戏称其为“高白薯”。回乡后，村中父老称其为薯老爷。

抗战时期，高氏族中高继成、高士成两兄弟双双为国捐躯，特别是高继成，到北戴河车站伪警所夺枪，夺枪后撤退时负伤被俘，受尽酷刑。为保护村民宁死不说出自己是郭高马坊村人。面对敌人逼问，他大声说：“姓八路，住在八路村”，大义凛然，英勇就义。

曹宝齐，烈士，1933年生人，1951年参加革命工作，为公安第三预备学校学员，1957年6月在桂林市因公牺牲。

风物传说　该村曾有京东第一庙，名为关帝庙，位于该村村中，占地约10亩，有口大钟，能传出10多里地，门口有百年老杨树1棵，大庙有正殿、前殿、山门，东西有廊坊，长年香火不断。

村南有小庙1座，名为沈仙庙，占地50平方。

gaojialing cun
高家岭村

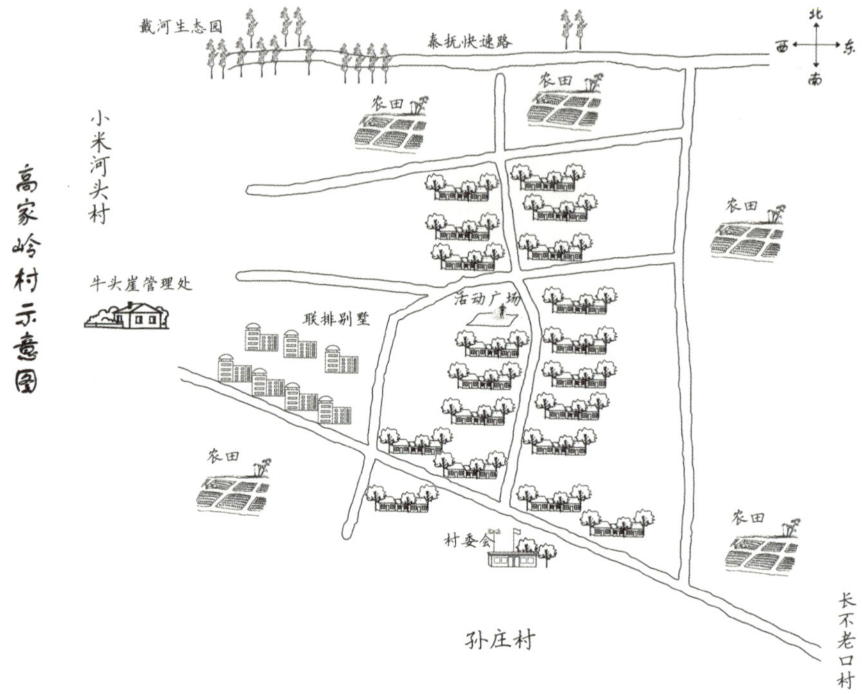

村址 高家岭村位于秦皇岛开发区牛头崖管理区办事处驻地东800米处。东、南临长不老口村，西北到小米河头村，北至秦抚快速路。全村面积1700余亩。2016年7月，秦抚快速路征地和北大医院建设征用部分土地。2009年，秦抚快速路征地160多亩。2014年，北大医院征地100多亩、开发区大协议征地400多亩。历史上小米河头村和高家岭村同为一片土地，后因发洪水将两村分开，积水在两村之间形成一条河流，此河水终日绵延不息，俗称为“狗尿河”。

沿革 明朝永乐年间（1403～1424）建村，原名曹家岭，后因高氏家族由小米河头迁来此地并繁衍生息。该村北、西、南地势低洼，只有东边高出为岭，因此得名高家岭。

1945年以前，高家岭村归北戴河大乡管辖。到1958年，归太和寨管理区管辖。然后归牛头崖人民公社。1984年，变牛头崖乡，归其管辖。1988年，改为牛头崖镇，归其管辖。2010年10月，划归秦皇岛经济技术开发区管辖。

基础设施 1962年，全村通电，每户以电灯照明。1973～1975年，全民号召农业学大寨普及大寨县搞农田基本建设——修梯田。该村西河建引水工程，修引水管道500米供全村300亩

村委会

村内主干道

稻田、300 亩小米、100 亩果园用水。村里自力更生搞建设没向国家要一分钱。1984 年，全村用上自来水。1985 年，村内出资重修村委会办公用房，共 6 间房。1997 年，全村外网电线更换，村内电压提高，满足了村民用电需求。2004 年，修村村通道路。2008 年，修户户通道路，并开始建设村级文化广场。2013 年，完善文化广场、重修马路。全村现有水泥硬化路 1 条，路灯 24 盏，并修建多座文化墙。

2012 ～ 2013 年，在河北省开展的农村面貌改造提升活动中，该村开展了村庄的环境治理工作，设立了 8 个垃圾点、建污水治理沉淀池 1 个、铺设污水管道 500 米、硬化路面约 1 公里、栽植绿化树木 120 多棵、建成了 700 多平方米的文化广场。并配有活动设施、图书馆、党员活动室和远程教育网站，各项制度齐全。村民的生活环境和生活质量有了很大提高和改善。

人口 · 姓氏　新中国成立初期，有人口 300 人，户数 100 户。2015 年，全村有人口 706 人、258 户。村内主要姓氏为高、陈、郭三大姓氏，三大姓氏为久居。

村级机构　新中国成立后，陈凤昌在此任保长，陈凤祥后任村长。1950 ～ 1952 年，高兆章任村长，党员有陈凤昌、陈凤祥、王福长、王泽升、高瑞彬 5 人。抚宁县成立后，1953 ～ 1958 年，王福长任高家岭和小米河头联村书记。1958 ～ 1960 年，高作舟任书记、高纪舟任村长。1960 ～ 1965 年，陈宝坤任书记，张孟任村长。1964 年“四清运动”开始，书记、主任被判为“四不清”干部，1965 年曹永俊任贫协主席，1966 年取消贫协，高兴周任革命委员会主任。1967 年，“文化大革命”后取消革命委员会。高志儒（1967 ～ 1969）任村支部书记、郭志成任村支部书记、陈怀明任村长、张孟任生产大队长（1969 ～ 1970 年）、陈怀明任村支部书记、张孟任大队长（1971 ～ 1973 年）、高新儒任村支部书记（1973 ～ 2004 年）、（1996 年下半年到 2004 年）郭俊友任村主任。郭俊友任村支部

村民感谢开发区驻村干部为民办实事并赠送锦旗

街道

书记、村主任（2004～2006年）、高茂儒任村主任（2006～2012年）。郭俊友任村支部书记（2006年～ ）、白立荣任村主任（2012年～ ）。2015年，全村有党员25人，村民代表13人。

教育·文体卫 1963～1964年，村内3天播放1场电影，10天演出一场皮影戏，附近村民都来高家岭村观看，当时票价2角1张。1966年，建小学1所，共4个班，后扩建到6个班。1967年，小学五、六年级转入长不老口小学就读，四年级以下在该村上小学。1969年，“文化大革命”时期成为知青点。1977年，建村卫生所1个。有陈宝申、陈宝山2名医生，曹柏珍负责接生。1980年以后，卫生所解散，赤脚医生单独从医。2015年，有乡村赤脚医生2名，分别是陈宝山和高兆龙。2008年，村里安装了健身器材。2014年，村里成立了广场舞队。2013年，开发区管委充实更新了部分器材，新建篮球场1个。

农工副业 该村以种植作物以玉米为主。村内有小卖部4家、传统手工扎扫帚专业户6户、干豆腐加工厂8户。养殖业以牛、猪、羊特种养殖为主。1999年，村委会代村民交“三提五统”农业税，减轻村民种地负担，同年村内开始第二轮土地承包。

村民生活及社会保障 2006年开始，村民都参加农村医疗保险。2009年，村民参加了农村居民养老保险。2016年7月，在秦抚快速路征地和北大医院征地，失地的农民领到了生活费。2016年10月，失地农民享受到了失地养老保险。

名人能人 郭俊友，1954年11月出生，1997年6月10日加入中共党员，现任秦皇岛经济技术开发区高家岭村党支部书记。在发展该村种养殖业、巩固基础设施建设、改变村容村貌、提升村民素质、改善村级经济状况等方面做出了突出的贡献。1997～2003年，连年荣获“优秀村主任”称号;2005年获得“科技兴国带头人”“发家致富带头人”称号；2014年，被评为开发区第二届“感恩之星”；2004～2016年，均荣获“优秀党支部书记”称号。

村西联排别墅

郭连生，烈士，1927年生人，1947年参加革命工作，时为野战十旅38团3营4连战士，1948年在辽宁绥中县万家屯牺牲。

郭述发，烈士，1923年生人，1941年参加工作，为解放军第四野战军战士，1948年在辽宁省兴城市牺牲。

荣誉 2008年，创建生态文明村，被秦皇岛市评为市级一等奖。2010年12月，被评为开发区“接收工作先进村”；2016年3月，被评为开发区“优秀农村党支部”；2016年7月，被评为开发区“先进基层党组织”；2015年，被评为牛头崖管理区“先进村集体”。

gaojiadian cun
高家店村

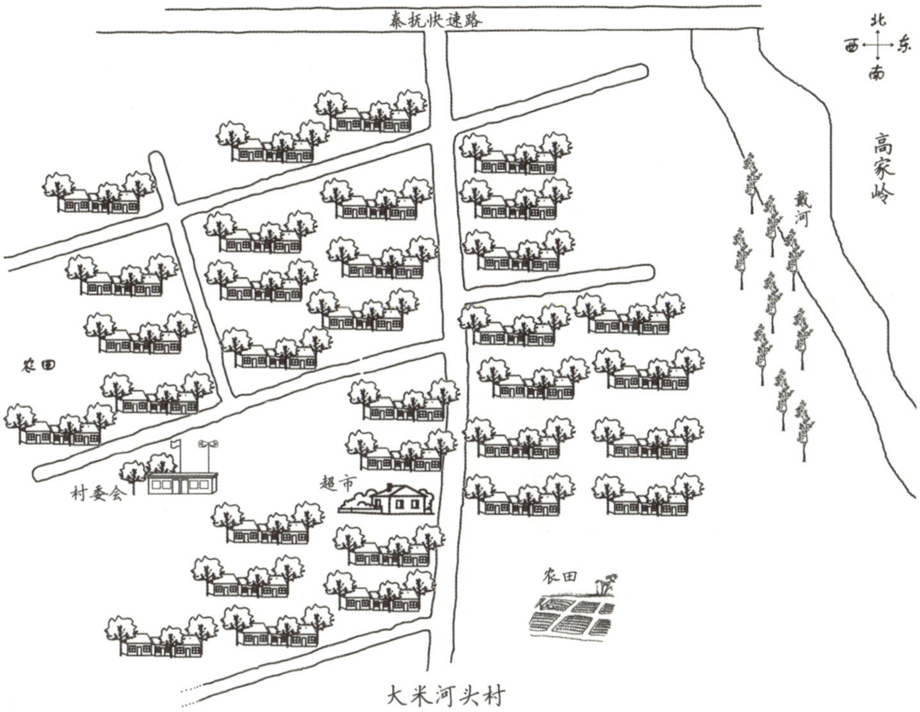

村址 高家店村位于秦皇岛开发区牛头崖管理区办事处驻地西 1 公里处。东临高家岭村，南接大米河头村，西到抚宁区朝阳庄，北至秦抚快速路。全村民居面积 240 亩，耕地面积 1400 亩。村西有戴河流经该村。

村委会

沿革 清永庆年间（1403 ～ 1424），高氏三兄弟从山东移民来此开店，故取名高家店。

2010 年以前高家店村隶属于抚宁县。2010 年 10 月，划归秦皇岛经济技术开发区管辖。

基础设施 20 世纪 50 年代，村内有主要道路 2 条，一条东西走向路，一条南北走向路。2013 年，开发区开展农村面貌提升工作，该村作为重点帮扶村，村内包括主路在内的 7 条道路全部硬化并融汇贯通，并修建了村委会、活动广场、图书室，建造深水井 1 座，自来水管道接到每家每户，解决了村民用水问题。

人口 · 姓氏 新中国成立初期，全村总户数 70 户，总人口 90 人。其中，男性 60 人、女性 30 人，60 以上 11 人、17 岁以下 29 人。1980 年，全村总户数 101 户，总人口 402 人。其中，男性 210 人、女性192人，60岁以上40人、17岁以下72人。2015年，全村总户数187户，总人口504人。其中，男性232人、女性272人，60岁以上75人、17岁以下82人。

村内姓氏按人口多少排列的顺序为高、王、周、张、韩、孙。

村级机构 新中国成立后，高家店村建立党支部。1958年，成立人民公社高家店大

街道

队。1984年，高家店大队改称高家店村委会。高凤瑞任第一任村党支部书记。1955～1957年，高殿荣任第二任村党支部书记。1958年，

穿村主干道

街道

成立人民公社高家店村党支部高家店大队。1961～1968年，高家店划分为各小队。同时成立大队管理委员会。高凤岐任主任委员，高逢时任主任委员，委员有高殿玉、高凤仁、高学知、高凤和。1963～1964年，高家店大队开始“四清”运动。1967年，开始文化大革命，当时成立2个造反队。1969～1975年，2小队合并成立个一个大队，高凤和任大队长。1976年～1984年，高彦任大队长。1984年，高家店大队改称高家店村。高彦任村主任。1984年，实行家庭联产承包责任制。1985年，高杨生任村主任。之后有高杨生（1986～2008年）、高建国（2009～2014年）、高敬明2015年任村主任。

教育·文体卫 村内适龄儿童到大米河头小学入学。2013年，开发区开展农村面貌提升工作，全村实现了马路硬化，主干道安装了照明路灯。村委会院内建立娱乐中心、图书室、中老年人活动中心等。老百姓自发组建一支舞蹈队，利用农闲时间排练演出，丰富业余生活。

fuxinzhuang cun

富新庄村

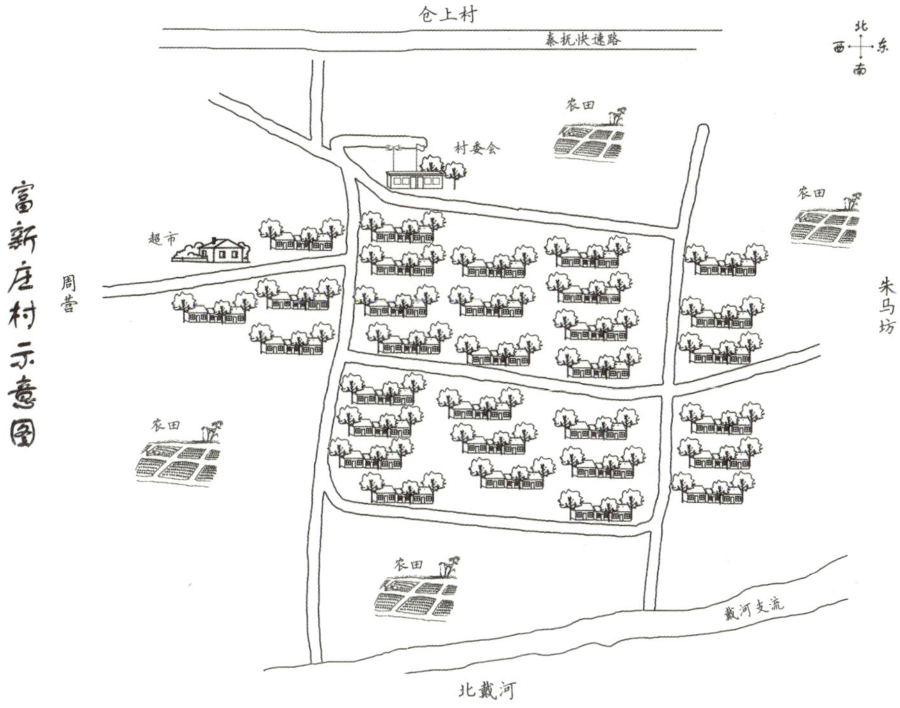

村址 富新庄村位于秦皇岛开发区牛头崖管理区办事处驻地东3公里处。东临朱马坊村，南接北戴河村，西到周营村，北至仓上村、秦抚快速路。村土地总面积2075亩。其中，耕地面积1500亩、住房面积450亩、沟坎零散面积占125亩。村北地形地貌为半丘陵地带，村南属于平原。

村委会

沿革 明朝末年，有两户村民逃荒至此，在靠周营村河东建住房2处，取名为“陆家马坊”。此后，从外地来人陆续建房，但由于地势低洼，又迁至现庄址。因此处多为新房，故周边人称此处为“新庄”。不同辖村的居民对于“新庄”的具体称呼也不同，榆关区的人们称此村为“东新庄”，马坊片区的人们称此村为“小新庄”，北戴河区的人们称为“北新庄”。而“北新庄”的叫法流传最广。20世纪70年代，同一县区内不允许存在两个相同的村名，而海阳镇有一村庄也为“北新庄”，故1984年，“北新庄”正式更名为“富新庄”村。

富新庄村原隶属于北戴河区。1949年，划归到临榆县，后归抚宁县管辖。1958年，富新庄村划归东风公社。1962年，划归为牛头崖人

文化广场

民公社。1984年，牛头崖人民公社更名为牛头崖镇，隶属于抚宁县。2010年10月，富新庄村划归开发区管辖。

基础设施　村内有东西、南北走向主干道2条，小路7条，均为水泥路面。村北有水库1座，占地3亩。20世纪70年代，在村南人工挖掘一条河道，用于灌溉附近村庄，取名为杨戴新河。该河上游为朱马坊村，下游为北戴河村，与戴河交汇。

2016年底，国家投资对全村土路进行改造，村内各街道全部硬化。村内由东向西主路已全部安装路灯，夜晚道路不再漆黑一片，村民可在晚饭后在街道散步。

人口·姓氏　截至2015年，富新庄村有334户，900人。2010年10月划归开发区后，富新庄村有291户、835人。其中。男性427人、女性408人，60岁以上193人、18岁以下103人。

村内姓氏按人口多少排列的顺序为李、王、张、赵、刘、杨、马、聂、魏、陈、高、陈、郭、胡、董、孙、靳、付、田、苏、周、吴、郑、曹、程、冯、单、温、杜。

村级机构　新中国成立后，郭廷向（1953～1963年）、张乃舜（1958～1963年）、王太丰（1964～1974年）、聂学勤（1975～1976年上半年）、胡小生（1976年下半年～1977年年初）、王吉丰（1977～1982年）、王吉丰（1983～1986年）、安云海（1987～1990年）、安云海（1991～1992年）、刘星（1993～1994年）、安云海（1995～1996年）、张和存（1997～1998年）、安云海（1999～2001年）、王吉丰（2002～2005年）、李国进（2006～2008年）、李国进（2009～　）相继担任村支部书记。

新中国成立后，第一任村主任为谢全志。之后，有赵子臣、郭廷向（1953～1963年）、王连生（1964～1965年）、李占和（1966～1976年）、李春仲（1977～1982年）、高航（1983～1986年）、高航（1987～1990）、刘星（1991～1992年）、李井征（1993～1994年）、刘星（1995～1996年）、李国进（1997～1998年）、李国进（1999～2001年）、李国进（2002～2005年）、王君（2006～2008年）、王克成（2009～　）相继担任各时期大队长和村主任。

教育·文体卫　富新庄村小学成立于20世纪50年代，第一任校长为王爱华，有教师8人、来自刘马坊村、朱马坊等村的学生八九十人。2005年，因国家政策调整，富新庄村小学与郭高马坊小学合并。

农工副业　村内种植梨树44亩、栗子树8

街道

民居

亩，根据国家退耕还林政策，村内种植杨树 113 亩、玉米 1000 多亩。村内有豆腐坊 2 家、超市 7 家、车辆维修部 1 家。

村民生活及社会保障　2015 年，村内居民普遍购买了手机和电脑，基本实现网络全覆盖。自建村民活动中心 168 平方米，会议室、图书馆等一应俱全，村内有文化广场 1000 平方米，村民可在文化广场健身和开展娱乐活动，丰富了村民的业余文化生活。

国家合作医疗制度惠及全村每位村民，解决了因病致穷的社会问题。60 岁以上老人每月享受 90 元的养老补贴，80 岁以上老人每月可享受高龄补贴。

名人能人　李士杰（生辰不详），参加过抗日战争、解放战争，曾任中国人民解放军第四野战军某军副军长。

渤海乡

综　述

渤海乡位于秦皇岛开发区东区，东接辽宁省，南临渤海，西以老龙头铁门关为界，北以京沈铁路为界。全乡面积21.64平方公里，辖梅庄村、小吴庄村、赵庄村、单岭村、孙庄村、东洼子村、褚庄村、徐庄村、姚山村、薛庄村、大巫庄村、金庄村、小刘庄村、侯岭村、周庄村、东姜庄村、郭庄村、杨庄村、大刘庄村、西姜庄村、黄庄村、赵牛庄村、张庄村、南水井村共24个行政村。1995年，全乡人口8267人，比1987年增长11.2%；耕地面积827.47公顷，比1987年增长13.2%。截至2016年1月，有人口10288人，支部26个，党员430人。绝大多数是汉族，少数满族主要分布在东洼子、南水井、金庄3个自然村。

1956年9月，由马头庄村、赵牛庄村、大刘庄乡合并为渤海乡，隶属于山海关区。1958年9月，撤乡建制，改为渤海人民公社。1964年1月，“四清”运动工作队入驻渤海公社。1979年，渤海公社整体划入秦皇岛市郊区管辖。1984年6月，撤郊区，渤海公社再次划归山海关区管辖，并改公社为乡建制，复建渤海乡。1995年1月，渤海乡整体划入山海关经济技术开发区（以下简称山海关开发区）。2000年山海关开发区由秦皇岛开发区代管，由秦皇岛开发区统一管理。两区合并以后，渤海乡从2003年开始拆迁，为秦皇岛开发区的项目建设、跨越发展做出了积极贡献，渤海乡在短短的几年内发生了翻天覆地的变化，农民的生活环境和生活水平得到了大幅提升。

渤海乡政府位于上海道（原船厂路）。机构配置有党政办公室、社会事务办公室、经济发展办公室、综合治理办公室、农村经济管理站、公共事务服务站、劳动就业指导服务站。历届乡党委书记有宋丽君、赵伟、李文魁（2011～2015年）、赵晓光（2016年～）。历届乡长有宋丽君、寇宝宁、赵晓光（2011～2015年）、王焕文（2016年～）。

（一）

渤海乡属暖温带半湿润大陆性季风气候，具有明显的海洋性气候特点，四季分明、冬无严寒，夏无酷暑，雨热同季，气候宜人。自然环境不足之处是气象灾害时有发生，如旱灾、水灾、风灾等，海洋生物灾害成灾概率较大。

渤海乡紧邻铁门关，海洋生物资源丰富，知名鱼类87种。海岸地貌主要为侵剥蚀台地，岩体被侵剥蚀形成孤丘台地，海拔20～40米，构成典型的海湾式海岸。海底地貌主要有水下三角洲、滨海浅滩、海流堆积平原。渤海乡海水表层温度年平均值为14.38摄氏度，最低的1月份平均值为零下1.3摄氏度，最高的8月份平均值为25.6摄氏度，温差26.9摄氏度；年极大值（30摄氏度）出现在7月底～8月初，极小值（零下2摄氏度）出现在1月底～2月初。3～8月海水增温，海水温度近岸高远岸低，9月到次年2月海水降温，海水温度近岸低远岸高；潮汐类型有正规全日潮和不正规全日潮两种类型，平均潮差很小，仅0.74米，是河北沿海潮差最小的区域。

渤海乡内有小潮河，上游发源于南水井村以北及小吴庄村以北辽宁省境内山区，下游区内沿河村庄及主要企业有南水井村、大刘庄村、小吴庄村、梅庄村、郭庄村、姜庄村、金海食品公司、山海关船厂等大中型企事业单位，最终于船厂家属区汇入渤海。境内河道全长约 10 千米，最大河宽 20 米，上游最小处 5 ～ 10 米。2002 年修建堤防 2748 米。

渤海乡政府

（二）

截至2016年底，渤海乡姚山、小刘庄、张庄、褚庄、薛庄、徐庄、大巫庄、赵牛庄、单岭、侯岭、赵庄、周庄、东洼子、金庄、大刘庄、黄庄、南水井共 17 个村已整体返迁入住返迁楼，其余村基本拆迁完成处在过渡时期。在渤海乡形成了以渤海家园、金江家园、金水家园、双龙花苑和悦海花园为主的交通便利、环境优美、功能完备的五大生活区。

返迁上楼之后，失地农民享受征地生活补助费，男 60 周岁，女 55 周岁以上的村民以城中村模式发放养老金。同时实施取暖补助政策，每年财政投入 300 万元为返迁农民报销 50% 取暖费，让利于民，进一步减轻农民负担。部分失地农民依靠在周边企业务工增加收入，也有一部分村里的能人，自己创业发家致富，他们创办的企业积极吸纳该村及周边村村民就业，为失地农民就业做出了积极贡献。此外，村民还可以每人领取失地土地补偿费 120 元 / 月，2011 年以后每人增加为 180 元，残疾人为 320 元。

渤海家园是秦皇岛开发区在东区实施的第一期民生工程，建于2003年。共返迁入住15个村，分别居住在渤海家园一至六区。2012年，黄庄村、大刘庄村村民入住金江家园，南水井村、金庄村、东洼子村村民入住金水家园。2016 年初，渤海乡抽调精干力量着手准备全乡百姓关心的双龙花苑和悦海花园返迁安置工作。历经 2 个多月精心的准备，从 5 月 6 日开始，对双龙花苑各户型房屋进行了返迁，返迁对象为 70 平方米户型的平价房及未返迁村提前申请上楼的村民，返迁房屋 483 套，并全部办理了入住手续。悦海花园作为渤海乡的返迁安置房，主要用于渤海乡已返迁村大龄子女平价房及前期返迁村货币补偿要求置换房屋的村民。经过前期签订协议和户型核定工作，对于返迁各户进行了核实并收款，并于 2016 年 10 月 27、28 日进行了返迁抽签 858 套。1341 套返迁房任务的完成，标志着渤海乡返迁工作上了一个新的台阶，返迁村民的居住条件得到大幅改善，社会和谐稳定得以巩固。

民生持续改善，就业取得实效，认真落实

村民喜迁新居

就业扶持政策，大力发展职业培训、就地培训、创业培训，帮助失地农民和困难人员就业。社会保障水平不断提高，完善社会养老服务体系，建成多所幸福院。加大对社会特殊群体的救助，发放社会救助及优抚保障金，成立志愿者服务队。2004 年，对农村实行了双创活动奖励政策，年底每位村民可获得双创奖金 400 元，每年考入技校、中专、大专和参加培训的村民都能获得奖励，每位考入大学和研究生的学生，可获得一次性奖励 2000 ～ 5000 元不等。2007 ～ 2008 年由开发区政府、村集体、村民三方出资为男 45 周岁、女 40 周岁以上及超龄村民上缴养老保险，解决了失地农民的后顾之忧，结束了老人以儿女养老的生活模式。

渤海乡辖区内道路主要有江苏路、北京道、上海道。辖区内有公交线路 3 条。其中，35 路由秦皇岛市四道桥汽车站到渤海家园、301 路由山海关博兴物流到渤海家园、13 路由山海关汽车站到天威保变公司。公共汽车的开通，方便了村民出行。

（三）

1981 年，建乡文化站，工作人员 1 人，房舍 3 间。1987 年，有小学 4 所，教学班 21 个，学生 661 人，教职工 44 人；中学 1 所，班级 11 个，

渤海家园彩色周末活动

渤海家园第六小区乔迁新居的村民

学生 334 人，教职工 35 人。1994 年，投入 14.5 万元改善办学条件，中心校教学仪器配备达到二类标准，其他 3 校达到三类标准。1995 年，4 所小学入学率、巩固率和升学率均达到 100%。

截至 2015 年底，渤海乡有中学 1 所、小学 1 所、医院 1 所。开发区第二中学占地 50466 平方米，建筑面积 20257 平方米，总班数 12 个，学生人数 472 人，教师 42 人，开发区二中附属小学总班数 27 个，学生人数 1344 人，教师 102 人。秦皇岛开发区第二医院，为村民解决了看病远的问题。

五大社区中，渤海家园成立较早，各项配套设施也比较完善，设有渤海家园图书室，有藏书近万册，另外还设有阅览室、乒乓球室、书画室，

常年参加业余文化活动的群众上千人，丰富了农民业余文化生活。黄庄村、姚山村、大刘庄村等村都有秧歌队、老年舞蹈队，长期活跃在社区、奉献在社区、快乐在社区。

（四）

1986年，全乡农作物播种面积940公顷。其中，粮食作物面积786.7公顷，总产量4406吨；油料作物面积34.5公顷，总产量39吨；蔬菜面积49.7公顷，占农作物总面积的5.3%，总产量1611吨。1987年，桑果产品产值5万元，牧业产值145万元，渔业产值45万元。2003年以后，全乡大部分耕地被征用，只有少数村民种植大棚蔬菜、玉米等。

1987年，全乡农业机械总动力3354千瓦，机耕面积250.7公顷，农村用电量38万千瓦小时，农田水利有效灌溉面积30公顷，农用薄膜覆盖面积0.87公顷。1995年，自来水受益村21个；通汽车村24个；通电话村21个；农用机械总动力5211千瓦，比1987年增长55.4%；机耕面积8.7公顷；机播面积28.7公顷；农村用电量125万千瓦小时；农田水利有效灌溉面积106.3公顷，比1987年增长254%；有配套电井17眼；农用塑料薄膜使用量0.69吨。

科技工作坚持为农业服务，全乡每村每户有种田专业户1名，杨庄村建成果树种植示范村，东姜庄村建成海水养殖示范村，培养种植养殖示范户105户。乡技术推广站结合农时季节进行科普宣传，发挥科技生产力作用，杨庄村果树产量

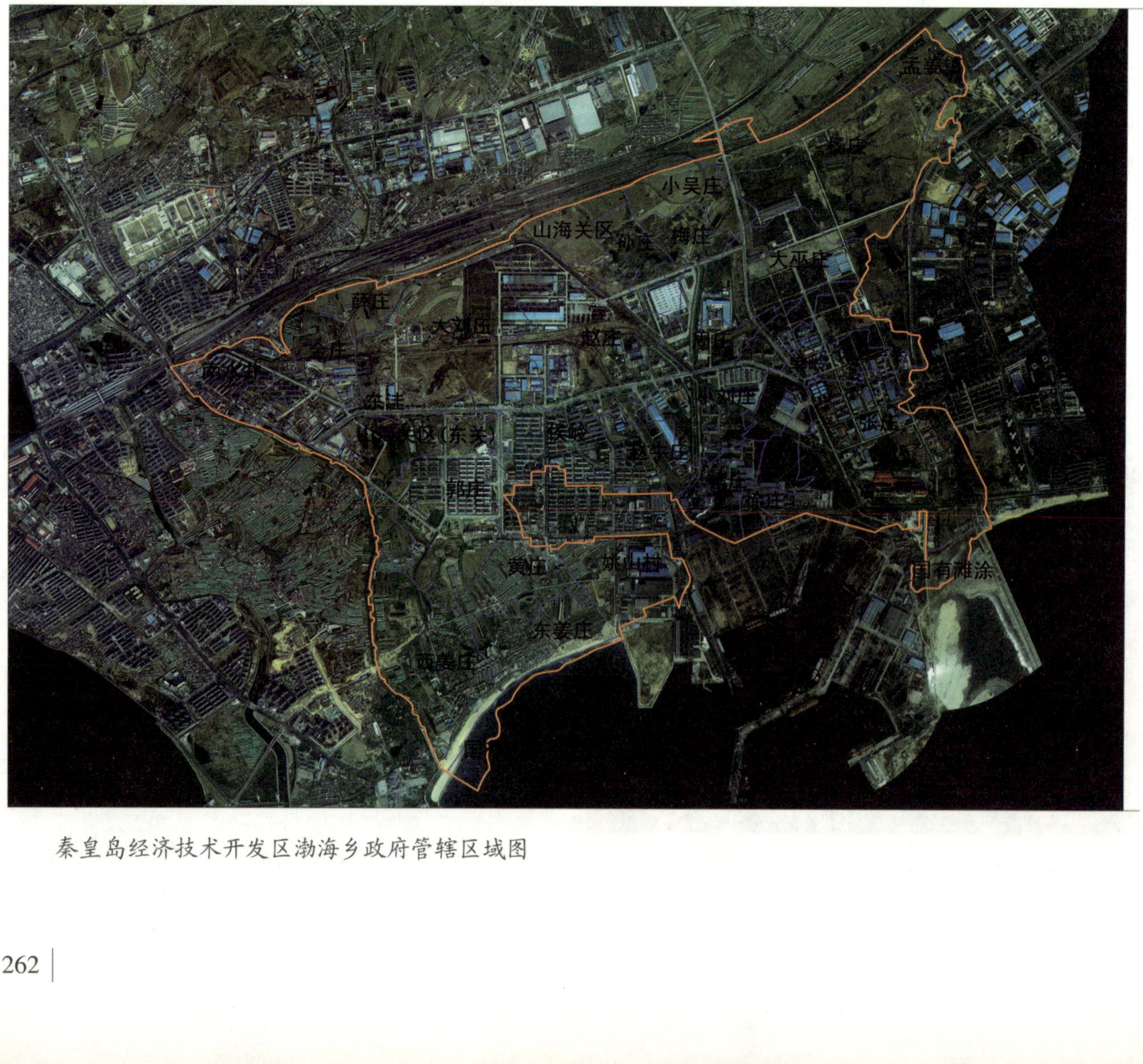

秦皇岛经济技术开发区渤海乡政府管辖区域图

排练节目的村民

平均每株 150 公斤；在海水养殖示范村、示范户的带动下，全乡贝类总产量 2642 吨。

乡辖区的单位有秦皇岛市山渤铁路器材有限公司、山海关凤竹纸制品厂等。由于征地拆迁，村民主要经济来源为外出务工。乡、村企业有纸制品厂、装卸队、除锈队、农机站、海水养殖场、化工厂等。

乡辖区内 24 个村中姚山村在征地拆迁后转型比较成功，为发展壮大集体经济，2001 年，姚山村书记兼主任周杰组织村民于山船路修建商业综合楼一期工程，建筑面积 677 平方米；2003 年，于山船路南修建商业综合楼二期工程，建筑面积 600 平方米；2007 年，于河北中路建设商业综合楼三期工程，建筑面积 430 平方米。村委会负责管理商业综合楼对外出租、维修、检修、管理等工作，截至 2016 年底，村集体资产突破 1 亿元，村集体年收入达 280 万元，村民人均集体年收入达 4100 元。

（五）

渤海乡历史悠久，曾有很多珍贵的文物遗迹，但是由于年代久远，保护措施不当，很多遗迹受到不同程度的损坏。八国联军入侵时，郭庄村曾建营盘 1 座，位于村北，遗址位于开发区第二中学附近，初建时占地 30 亩。20 世纪 70 年代，该村建砖厂，营盘围墙遭到不同程度破坏，后期受到国家文物单位保护，列为重点遗址。薛庄村内原有烽火台 2 座，系建山海关长城时一同修建。其中，一座位于原址周家窝棚前面，为泥土砌成，生产队时期村民取土遭破坏；另一座位于村南十二头地，隔漕河与薛庄村址相望，名马台营，1975 年农业学大寨时期遭破坏。两座烽火台现仅存土台子。单岭村西有 600 多年的大柏树 2 棵，占地后大柏树未被毁坏，位于哈动力物流企业院内，保存完好，其树杆直径约 2 米。

xiaoliuzhuang cun

小刘庄村

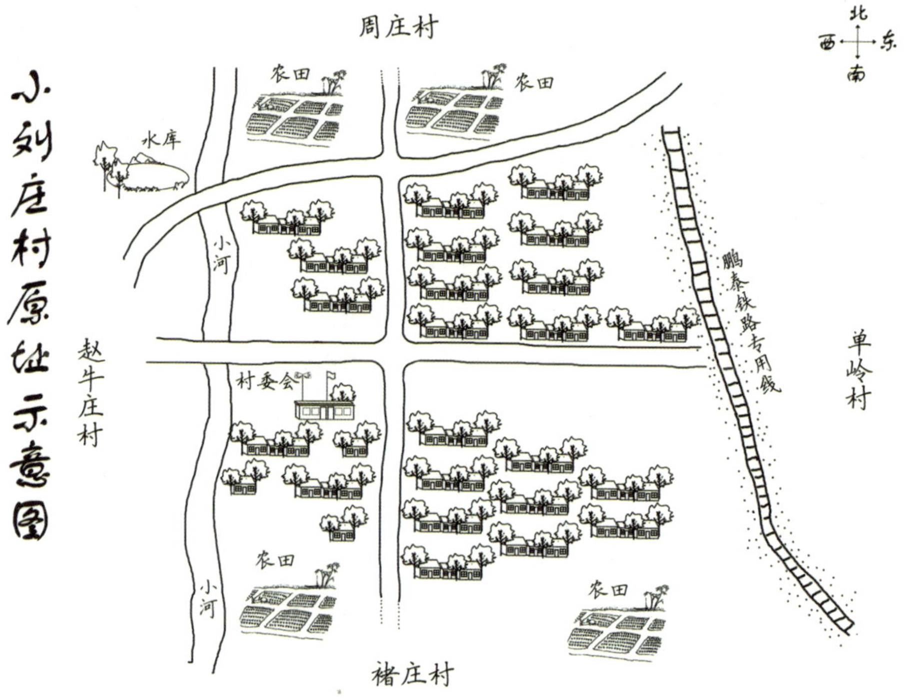

及家人共8人讨饭路过此地，见这里土地肥沃、河水清澈，故在此建村，名为小刘庄村。

1956年1月，归赵牛庄合作社管辖。1995年，划归山海关开发区管辖。2000年，划归秦皇岛经济技术开发区管辖。

村址 小刘庄村位于秦皇岛开发区东区渤海乡政府东北1.7公里处。小刘庄村东临单岭村，南接褚庄村，西接赵牛庄村，北至周庄村。全村有土地2200亩。其中，民居100亩、耕地1900亩、沟壕荒地100亩、河道100亩。2000年12月，全村拆迁。村西有由北向南流向小河3条，名为头道河、二道河、三道河。

沿革 明末清初，山东刘氏兄弟刘金、刘银

小区幼儿园

基础设施 小刘庄有土路2条，南北、东西各1条。1966年，全村通电。20世纪70年代，铺设水泥路。1986年，增加房屋面积3000平方米，村内基本实现电气化。1990年，全村安装自来水供水设施。村西有由北向南流向小河3条，名为头道河、二道河、三道河。1976年，村民修整河道将其余两条河并入头道河。20世纪80年代于头道河上修建水泥桥4座。

人口·姓氏 截至2016年底，全村160户，450人。其中，男性207人、女性243人，60岁以上100人、17岁以下50人、成年人300人。村里姓氏有刘、潘、董、施、褚、周等。

村级机构 新中国成立后，建立中共小刘庄村党支部。施向阳（1953～1958年）为第一任村支部书记，之后历任村支部书记有刘凤鸣（1958～1960年）、褚德刚（1961～1965年）、刘春波（1966～1997年）、刘春青（1997年～）。

全村有党员9名。

1952年，成立互助组。1953年，成立初级社。1956年1月，发展成立高级社，农民100%入社。互助组、初级社、高级社归赵牛庄合作社管辖。1975年，与周庄、单岭成立小刘庄联村生产大队。1979年，联村大队解散。1984年，成立小刘庄村村民委员会。1983年，李永和担任大队长，之后，历任村主任有吕树臣（1984～1991年）、李林勋（1992～1998年）、刘春田（1998年～）。

教育·文体卫 小刘庄村适龄儿童到张庄小学或褚庄小学就读，初中到黄庄中学或八里铺中学就读。拆迁后到开发区二中就读小学和初中。生产队时期村里有赤脚医生1名。入住返迁房后，小区内有幼儿园1所、健身场地1个、乒乓球室1个。居民还自发组织了广场舞队，丰富了人们的生活。

农工副业 新中国成立后，全村多为旱田，以种植玉米为主，辅以蔬菜、花生、大豆，红薯，产量较低，亩产300～400斤。20世纪70年代以后，村民开始尝试种植水稻，收入明显提高。

1985年，村民刘春祥建个体机械化万只养鸡场，投资12万元。1989年，全村80%的农户养蛋鸡。人均年收入2000元。另外，有养猪户5户、养羊户1户、养奶牛户7户、从事渔业捕捞5户、劳动输出50人。一轮土地承包后，有部分村民开始尝试种植苹果树，种植面积100亩。

村民住宅

20世纪60年代，村集体成立米面加工厂1个。一轮土地承包后，村民个人开设小卖部3个。

村民生活及社会保障 1980年，村民刘春祥自主创业，开设养殖场饲养蛋鸡，并带动亲朋好友发家致富，成为全村第一个万元户，他也是村里第一个安装电话、第一个购买电视机、第一个购买小汽车的村民，成为了带动全体村民奔小康的致富能手。1982年，在刘春祥养殖业的带领下，村民纷纷加入到了养殖业的大军，养蛋鸡、养肉鸡、养奶牛、养猪致富热情空前高涨。到1990年，80%的村民都在经营养殖业，村内基本实现电气化，安装有线电视、自来水，增加新房面积3000平方米。1999年，实现电视、移动通信、网络全覆盖。老百姓的生活焕然一新。

2003年，开发区征地拆迁，为失地农民发放每人120元/月的生活补助费。2013年1月，生活补助费增加到每人180元/月。2008年1月，由秦皇岛开发区管委、村集体、村民个人三方出资为村民上缴了社会养老保险（管委财政出30%、村集体出40%、村民出30%）。老人们有了生活保障安度晚年，年轻人不必为失地后赡养父母的重担而担心，孩子们在干净卫生的环境中健康成长，生活甜美而幸福，长寿老人逐年增多。全村残疾人、五保户、贫困户都得到了政府的特殊照顾，每季度可以领取到生活补助，保障基本生活。

风物传说 村内有古井3眼，村东2眼、村中央1眼，至拆迁时填埋。

名人能人 施宝财，1924年生人，1945年参军，1948在辽沈战役中光荣牺牲，牺牲地为吉林省四平市，其家属享受军烈属待遇。

xiaowuzhuang cun

小吴庄村

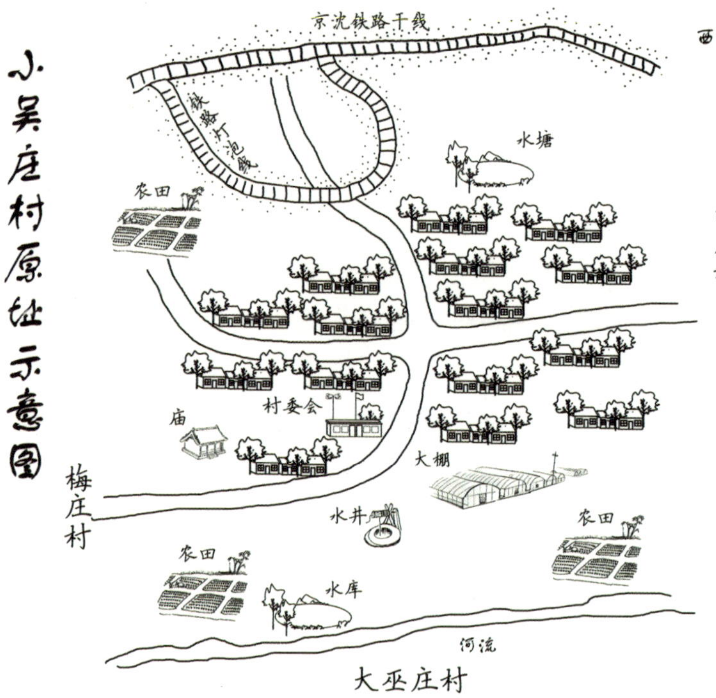

村址 小吴庄村位于秦皇岛开发区东区渤海乡政府东北3公里处。东临杨庄，南接大巫庄村，西到梅庄村，北隔京沈铁路与东吕洼子村相望。全村有土地550亩左右。其中，耕地410亩、水库3座共80亩、民居40亩、河道20亩。2009年，该村整体拆迁。村南有从东向西南的南村湾河1条。

沿革 1958年，成立渤海公社，归其管辖。1995年，划归山海关开发区管辖。2000年，划归秦皇岛经济技术开发区管辖。

基础设施 村内有东西走向土路1条。全村有水库3座，占地80亩。1967年，在南村湾河北面修建水库1座，占地8亩，水库上有水坝1座；1990年，于村南修建水库1座；1991年，于村东修建水库1座。1968年，全村通电。1973年，在水井上安装高压罐装置，实行限时供水。1976年，由石河水库引水入村修干渠，方向为东北至西南。1977年，由干渠修支渠通大巫庄。1998年，从周庄接水管入村安装自来水供水设施。2000年，蔬菜大棚配套通电。

旧址农田

人口·姓氏 截至2016年底，全村共83户、177人。其中，60岁以上40人，男性20人、女性20人；未成年人37人，男性20人、女性17人；成年人100人，男性56人、女性44人。全村人口姓氏分别有许、王、罗、李、赵、马、石、刘。

村级机构 1952年，小吴庄村成立互助组。中农组织义互助。1953年，成立初级社。1956年1月，小吴庄村成立高级社。高级社是社会主义集体经济组织，将生产工具和生产资料全部归集体所有，领导社员统一出工、集体劳动，实行“各尽所能按劳分配”的原则。男女同工同酬，强壮劳力一天 7.5 ～ 10 分，分值最高时可达每分 1.2 元。1958 年，成立渤海公社，归其管辖。1974 年，与梅庄、孙庄、大巫庄、杨庄成立梅庄联村大队。1979 年，联村大队解散。1984 年，成立小吴庄村村民委员会。1981 年，设立党支部，之前，由联村大队管理。历届村支部书记有罗洪财（1981 ～ 1983 年）、胡志英（1983 ～ 2000 年）、罗洪财（2000 年～）。

许合（1958 ～ 1979 年）为第一任生产队长，马洪林（1979 ～ 1983 年）为第二任大队长。之后历任村主任有：王彬（1984 ～ 1999 年）、许国海（2000 年～）。

旧址紧临京沈铁路

教育 · 文体卫 村中适龄儿童到梅庄小学和黄庄中学就读。1970 年，村里有赤脚医生，共 2 名。1979 年，村南有篮球场 1 个，供村民休闲娱乐。2004 年，成立秧歌队，管委驻村工作组帮助解决购买秧歌用品事宜。

农工副业 小吴庄村共有耕地面积 410 亩，主要种植玉米，辅以高粱、红薯、大豆等农作物，亩产 400 多斤。1978 年，村集体开办明漆厂 1 个，马洪林任厂长，1982 年停办。1983 年，村民个人开设面粉加工厂 1 个。

1974 年，与杨庄、孙庄、大巫庄、杨庄、梅庄一同改为东五村果区，全村有果树万余棵。2000 年，全村所有村民开始种植果树。生产队时期，村集体有马车 3 架、拖拉机 1 台。一轮土地承包后，全村有大棚 4 个；养鸡 1 户，共 800 多只鸡。

村民生活及社会保障 20 世纪 80 年代，村民罗海山家购买了全村第一台黑白电视机，每当夜幕降临，村民们都去看电视，罗海山干脆将电视机搬到院子里供大家观看，小院儿异常热闹，笑声连连。

2003 年，由开发区管委、村集体、村民个人三方出资为男 45 周岁以上、女 40 周岁以上失地农民上缴养老保险，解决了老人的后顾之忧。

五保户王富、刘汉清两位老人生前一直都得到特殊照顾，按时发放生活补助。健在的长寿老人有罗海山（1920 年 2 月 5 日生）、许合（1927 年 10 月 15 日生）、陶玉珍（1933 年 5 月 6 日生）、宋美英（1934 年 10 月 6 日生）、董秀兰（1936 年 4 月 19 日生）、石运清（1937 年 1 月 14 日生）、陈桂芝（1938 年 2 月 19 日生）。已故 80 岁以上的长寿老人有王富、刘汉清、罗洪恩、马合珍、李洪生。

风物传说 村中有土地庙 1 座，传说为吴家先祖所造，1983 年拆除。古井 3 口，村中、村北、村南各 1 口。

名人能人 王彬，1940 年生人，远近闻名的理发手艺人。

许国志，1963 年生人，广州军区后勤部，正团级干部。

daliuzhuang cun

大刘庄村

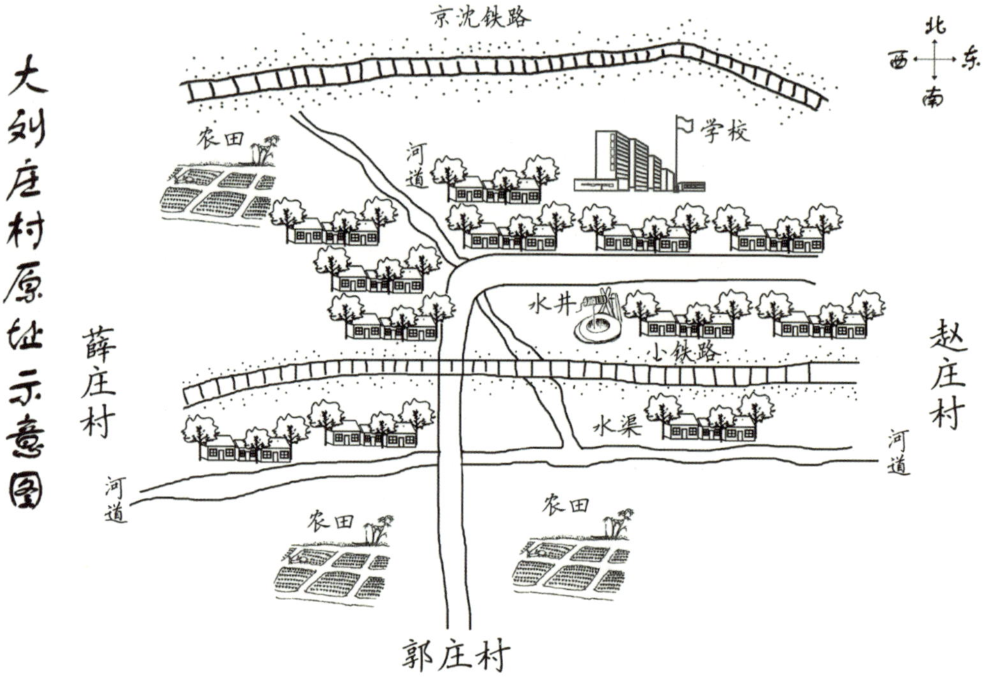

村址 大刘庄村位于秦皇岛开发区东区渤海乡政府西北 1.7 公里处。东临赵庄，南接郭庄村，西到薛庄，北至京沈铁路沿线。全村土地总面积 1670 亩。其中，耕地 1460 亩、民居 150 亩、河道 60 亩。2006 年，全村土地征用。2012 年 12 月 11 日，整体返迁至金江家园，一区部分栋楼、二区 19 ～ 21 栋楼。该村有南向北无名河 1 条。

村委会

沿革 明永乐年间（1403 ～ 1424），刘姓 3 户村民从山东逃荒到此地落户，立名刘庄，后改名大刘庄。

1958 年，归渤海公社管辖。1995 年，划归山海关开发区管辖。2000 年，划归秦皇岛经济技术开发区管辖。

基础设施 1964 年，全村通电。20 世纪 70 年代，山海关船厂建铁路专线穿村而过，位于村中，东西走向，并建涵洞 1 座。该村有泉眼 4 个，干渠 1 条，由西向东穿过。水塘 6 个，南有 2 个，其中 1 个称之为南沟；北有 2 个，分别称之为北店子和采石矿；西有 1 个，称之为西店子；其余水塘无名。采石矿水塘于 20 世纪 70 年代建，主要用于灌溉。

人口 · 姓氏 新中国成立初期，全村共 50 户，210 人。其中，男性 120 人、女性 90 人，

60 岁以上 45 人、17 岁以下 80 人。2016 年，全村共 240 户，633 人。其中，男性 329 人、女性 304 人，80 岁以上 20 人。

村内姓氏按人口多少顺序排列为王、赵、李、刘、田、喻、高、孙、马、苏、纪、朱、齐、潘、陈、段、程、胡、姜、周、徐、霍、卢、金、贺、尹、闫。

村级机构 新中国成立后，建立中共大刘庄村党支部，刘贵、杨万青分别担任支部书记。陈士海（1978～1980 年）任联村书记。之后，纪树良（1981 年）、田德山（1982～2005 年）、王秀文（2006 年～）相继担任村党支部书记职务。

1952 年，成立互助组。1953 年，成立初级社。1956 年，成立高级社。1958 年，成立人民公社。1978 年，赵庄、大刘庄、薛庄三村合并为一个大队，称大刘庄大队。王德旭（1950～1958 年）、纪成元（1958 年～60 年代初）、杨学武（70 年代）、王秀文（1982～1991 年）、田德山（1992～1998 年）、纪树森（1998～2003 年）、杨庆中（2003 年～）相继任大队长、村长。

教育·文体卫 1963 年，村集体自筹资金建民办大刘庄小学，占地面积 8 亩，教室 6 间。1998 年，大刘庄小学整体并入黄庄小学，设 6 个班，有教师 4 人、学生 60 人。20 世纪 70 年代，

金江家园

小区商业门市

有赤脚医生赵亚杰、李凤荣、胡文英、孟祥仁 4 人。2003 年，办个体诊所 1 个。2009 年成立秧歌队。2014 年解散，2014 年后成立艺术团，名为金色梦想艺术团。主要以唱歌、跳舞为主，队员约 30 人，为各村表演节目，村集体提供活动场地约 100 平方米。2015 年，参加开发区艺术节活动，该村艺术团获团体二等奖。

“文化大革命”期间，在村中建篮球场 1 个。2016 年，该村已规划 800 平方米的活动场地供村民活动。

农工副业 20 世纪 50 年代以后，村民开始从事蔬菜、果树种植，种植面积 1000 亩，果树 8 万多棵。畜牧业养殖 12 户，种类有鸡、猪、牛。外出务工人员达到 80 人左右。20 世纪 80 年代，村民马福玉成立了古建筑修缮队，属个体企业，员工最多时有 100 余人。20 世纪 90 年代后，有从事捕捞和海水养殖业 2 户，部分村民从事土建工程。拆迁后，该村还有养鸡场 1 个，养猪场 3 户。1963 年，于村西建米面加工厂 1 处。因该村有 1 个泉眼，水质好，适合豆制品加工，到 2016 年，全村有豆制品加工厂 30 余户。20 世纪 60 年代，有村集体小卖部 1 个、大刘庄供销社代销点 1 个。2016 年，有较大超市 1 个。

1988年，建粉末冶金加工厂1个，属集体企业，占地面积300平方米。1993年，由个人承包。

村民生活及社会保障 新中国成立前，大刘庄村的村民都穿自家做的土布或青兰布衣裤、鞋袜。上衣有对襟和大襟的，裤子是免裆裤。鞋是自家做的圆口鞋、方口鞋，当时有一种说法，“新三年，旧三年，缝缝补补又三年”。20世纪60～70年代，有了建设服和绿军装。20世纪80年代，服装种类多了起来，服装布料也增加了混纺、人造棉。20世纪90年代，服装款式更是五花八门、举不胜举，包括西服、中山服、夹克、体恤、连衣裙、牛仔裤等。进入21世纪，纯棉、纯毛、真皮、真丝等天然材质服装成为村民一种穿着时尚。

村民新居

新中国成立前，大刘庄村大部分农民住的都是土坯房。一般都是三间北房，有的有两间东或西厢房、有的房就是土房顶，需要年年抹一次，防止雨季漏雨、有的是抹的灰顶；房子的正前方是大墙垛子，很矮；窗户是很小的、木制的直棂窗户，糊的是窗纸，没有后窗；屋内是土炕、土地或半头砖漫地、高粱稻秸秆吊纸顶棚、少数人家是白灰墙；房子外面用玉米秸杆夹上篱笆当做围墙。新中国成立后，村民开始建造内墙用土坯、外墙用半头砖或整砖垒砌的房子，人们叫做半生半熟房。20世纪80年代，大刘庄村改成里外都是砖的砖房。2006年，全村土地全部征用。2012年12月11日，整体返迁入住秦皇岛开发区东区金江家园小区。家家户户实现电气化，洗衣机、平板电视、电脑、冰箱等各种电器应有尽有。屋内有卫生间、厨房。墙上有名人字画，室内摆设高级组合家具，席梦思软床。实现电视、移动网络全覆盖。小区内配备健身器材，村民闲暇之余还可以跳广场舞。

2006～2007年，第一批拆迁危房45户，其余住户于2008年整体拆迁。2007年，开发区管委为失地农民（男满45周岁、女满40周岁）办理养老保险。

到2016年底，全村共240户，633人。特困户1户、残疾人数17人、移民3户、在读大学生23人、80～90岁老人20人。

风物传说 明清时期，村西南方向曾有营盘1座，名为马台营，占地30余亩，土墙，20世纪90年代消失。东北方向曾有古战壕300米，拆迁后消失。村东北处还有营盘1座，20世纪40年代兴建，名为黄营，后期改为荒营。

名人能人 刘利群，致富能手，经营铁路器材加工厂，资产上千万。

王福祥，致富能手，经营木器加工厂。

刘志良，致富能手，经营兴胜木器加工厂，资产达600万左右。

dawuzhuang cun
大巫庄村

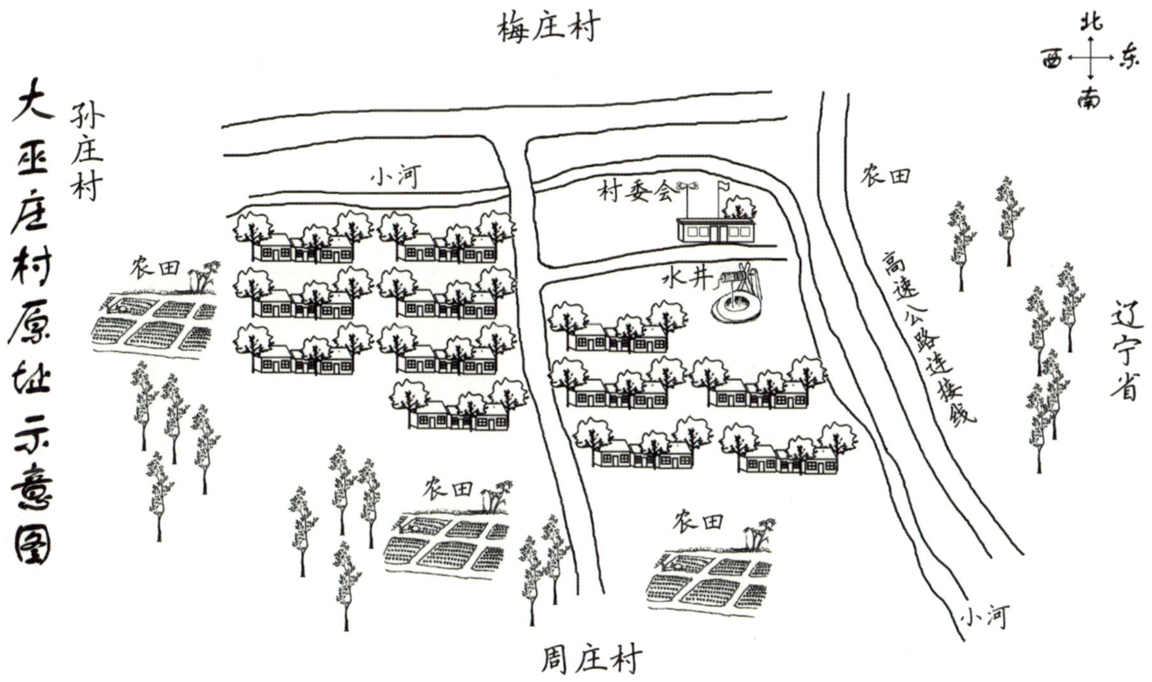

村址 大巫庄村位于秦皇岛开发区东区渤海乡政府东北2.7公里处，秦皇岛开发区东区最东部。东临辽宁省孟家村，南接周庄村，西到孙庄村，北至梅庄村。全村土地总面积1470亩。其中，民居130亩、耕地1180亩、河道160亩。村内有河3条，分别是村南的南河湾、村西的西河湾、村东的吴家沟河。2004年，全村拆迁。2005年，返迁至渤海家园第三小区26、28、29、30、36栋楼。

村民新居

沿革 清光绪六年（1880）左右，一巫姓人家在此落户，村庄因姓氏取名大巫庄。

1995年，划归山海关开发区管辖。2000年，划归秦皇岛市经济技术开发区管辖。

基础设施 拆迁之前，村内街道一直为土路。1974年于西河湾上修建河西桥1座。村域有水库4座，分别是：吴家沟2座、洋台子1座、虾米塘1座，1980年于吴家沟的2座水库上各修建大坝1座。该村有荒沟5个，分别是吴家沟、杨树沟、柳树沟、巴梨沟、虾米塘沟。1969年，全村通电。1977年，从石河水库引灌溉渠经梅庄、周庄入村。1994年秋，全村安装自来水管道。

人口·姓氏 新中国成立初期，全村共50多户，300人。其中，男性180人、女性120人。2016年，全村共178户，398人。其中，60岁以上 80 人，男性 50 人、女性 30 人；未成年人 70 人，男性 40 人、女性 30 人；成年人 248 人，男性 140 人、女性 108 人。村内姓氏按人口多少排序为周、张、杨、李、赵、刘、董、巫、郭、朱、谢、徐、孙。

村级机构 1949 ～ 1955 年，大巫庄党组织归大刘庄管辖。1956 年，建立中共大巫庄村党支部，赵广泰（1956 ～ 1964 年）为第一任党支部书记，之后有马长清（1964 ～ 1966 年）、张忠禄（1967 ～ 1969 年）、刘俊华（1970 年～）相继担任村党支部书记。全村共有党员 9 人。

1952 年，成立互助组。1953 年，成立初级社，社员将土地、牲畜、农具等生产资料及劳动力作价入社，统一出工劳动，按劳分配。1956 年 1 月，在初级社基础上发展成立高级社，农民 100% 入社。1961 年，成立生产大队，全村共 30 多户，分前后 2 个小队。1967 年，成立革委会。1974 年，与梅庄、孙庄、小吴庄、杨庄组成梅庄大队。1979 年，联村大队解散。1984 年，更名为大巫庄村村民委员会。张忠禄（1961 ～ 1969 年）为第一任大队长。之后有赵炳和（1970 ～ 2016 年）、赵长宏（2017 年～）担任村主任。

教育·文卫体 大巫庄村未建立学校，适龄儿童到梅庄小学、黄庄小学就读，初中到黄庄中学就读。1972 年，村内开始陆续有赤脚医生 6 名。2002 年，村集体组建秧歌队，有队员 80 多人。

农工副业 该村共有耕地 1180 亩，主要种植玉米，辅以高粱、大豆、水稻等农作物。1982 年，村民开设小卖部，截至拆迁前全村共 3 家；村民杨瑞金开办面粉加工厂，至 1985 年停办。1970 年，村集体有运输队，马、骡子 30 匹，有马车 6 架、55 马力拖拉机 3 台、12 马力拖拉机 1 台。一轮土地承包时期，村民全部开始种植果树，主要有桃树、梨树、苹果树。有养鸡专业户 7 家。

村民生活及社会保障 新中国成立初期，大巫庄村共有 50 多户，全村住房面积仅为 2000 多平方米。到 20 世纪初，人口户数达到 170 户，总人口 385 人，住房面积增加至 1.7 万多平方米。2004 年全村集体拆迁，2005 年返迁入住渤海家园第三小区 18、26、28、29、30 栋楼，返迁房宽敞明亮，家家户户实现电气化，移动通信网络全覆盖，室内卫浴、灶具一应俱全，村民摆脱了

小区商业门市

烧煤取暖和去旱厕的历史。2005 年，秦皇岛开发区管委按月给村民发放补贴，每人 180 元 / 月，居民生活得到了保障。全村有特困户 1 户、五保户 1 户，村集体定期为他们送去生活补助费用。对于该村老党员，村集体也会在春节期间送上慰问物资。小区里有用于健身的小公园，晚饭过后，村民在此健身、跳广场舞，邻里关系相处和谐。

风物传说 村中有土地庙 1 座，建造年代不详；庙前有老槐树 1 棵，树干笔直粗大，须三、四个人合抱，树上挂古钟 1 口。以上均在 1958 年破坏。村南有古井 1 口，修建年代不详。全村有老碾子 2 个，老杨家和老巫家门前各一，大石磨 2 个，前后两个生产队各 1 个。

名人能人 巫志昊，1936 年生，1944 年，在梅庄小学上学，就读于山海关一中，大学毕业后在北京参加工作。曾参与中国第一颗人造卫星“东方红 1 号”的研究与发射工作。

dongjiangzhuang cun

东姜庄村

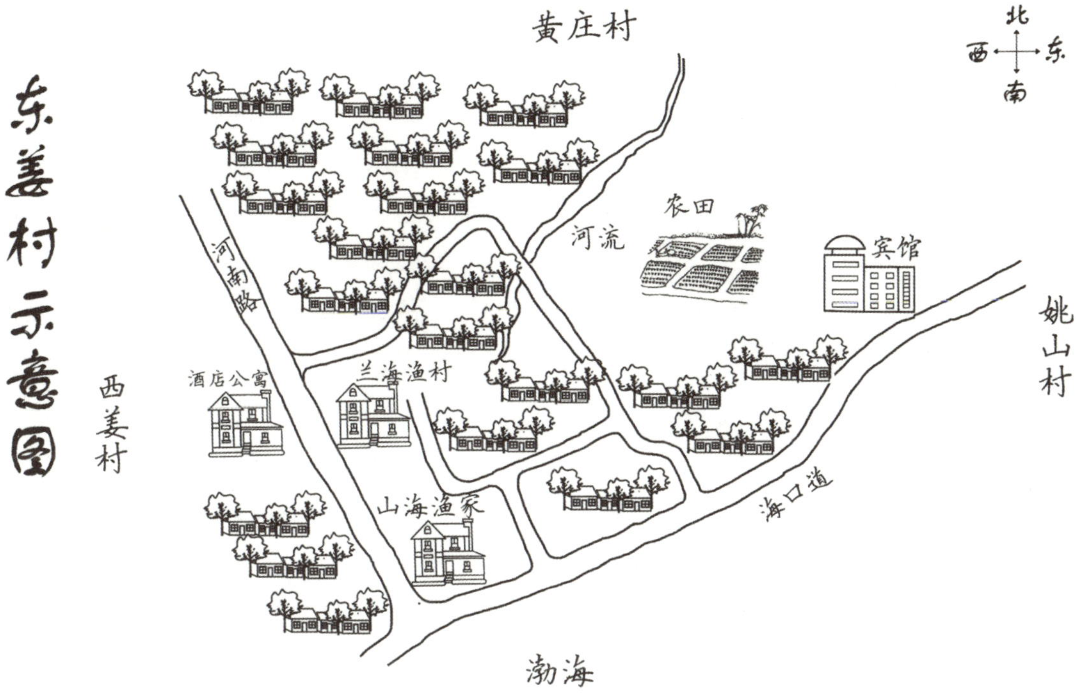

村址 东姜庄村位于秦皇岛开发区东区渤海乡政府西南 0.96 公里处。东临姚山村，南接渤海湾，西到西姜庄村，北至黄庄村。土地改革后，全村有土地 1300 多亩。其中，民居 400 多亩、河道 600 多亩、耕地 850 多亩。截至 2016 年底，全村有土地 780 多亩。其中，民居 400 多亩、河道 600 多亩、耕地 780 多亩。2006 年，部分村民返迁。

村内饭店

沿革 明朝永乐年间（1403 ～ 1424），姜氏家族由山东迁到此地定居。随着人口增加分成西、东北方向 2 个庄，西边称西姜庄，东北方向称东姜庄。1958 年，成立渤海乡人民公社，属其管辖。1984 年，由渤海人民公社改为渤海乡人民政府，属其管辖。1995 年，划归山海关开发区管辖。2000 年，划归秦皇岛经济技术开发区管辖。

基础设施 全村有南北主路 1 条，东西主路 1 条，村里一直是土路。村西有水塘 1 座，占地 3 亩，属自然形成。东姜庄村东有无名小河 1 条，南北走向穿村而过，源头位于黄庄水库。村中有跨河桥梁1座。1969年，全村通电。1984年，安装自来水管道。

人口·姓氏 新中国成立初期，全村有70户，280人。截至2016年底，全村有197户，540人。其中，60岁以上90人，男性50人、女性40人；未成年人100人，男性55人、女性45人；成年人350人，男性200人、女性150人。村里姓氏主要有胡、温、窦、吕、贺、周、苏、揣等。

村级机构 新中国成立后，建立中共东姜庄村党支部，吕成福（1953～1970年）任第一任党支部书记，之后有贺起（1970～1988年）、胡起生（1988～2000年）、胡起光（2000～2012年）、揣禄（2012年～）担任支部书记职务。全村有党员26人，

1952年，村里形成了互助组。1953年，形成初级社。1956年，进入高级社，归赵牛庄乡管辖。1958年，成立渤海乡人民公社。1984年，由渤海人民公社改为渤海乡人民政府。同年，成立东姜庄村民委员会。胡亮（1956～1972年）任生产队长。之后有胡起元（1972～2003年）、胡起奎（2003年～）任村主任。

教育·文体卫 全村孩子都在黄庄中学就读小学和初中，拆迁后在开发区二中就读。20世纪60年代末有赤脚医生6人，2009年开设诊所1个。

农工副业 拆迁前村民主要以种植玉米、水稻等农作物为主。1958年10月，建立海带养殖场。全村80%的村民主要从事海水捕捞和养殖业，20世纪80年代，全村只有5艘船从事个体经营，后期逐渐发展到100多艘船只，在渤海乡沿海的4个村中，渔业生产规模上较大，部分村民从事畜禽养殖，其中，养鸡2户，养猪5户。

村民生活及社会保障 新中国成立以后，村民以种地、出海打鱼为主要生活来源。20世纪90年代以后，人们的生活逐渐富裕起来，拆迁征地后村民的生活发生了翻天覆地的变化。全村有80岁以上老人6人。

名人能人 胡亮，1911年生人，唢呐吹奏，民间艺人，已过世。

张宝军，2016年7月，因连续多天下雨，燕塞湖水库放水，位于河道下游的支流渔船被冲翻，村民张宝军独自开船顶着海浪冒着生命危险下海救回2人。

胡起奎，2011年，一位山海关区棉花庄的老太太途经东姜庄村海边道路时，因下大雨，险被雨水冲入海中，被胡起奎成功救回，得锦旗一面。同时他也是该村致富能手，经营山海渔家饭店，并从事养殖捕捞业，从业人员达100余人。

村民养殖扇贝大丰收

dongwuzi cun
东洼子村

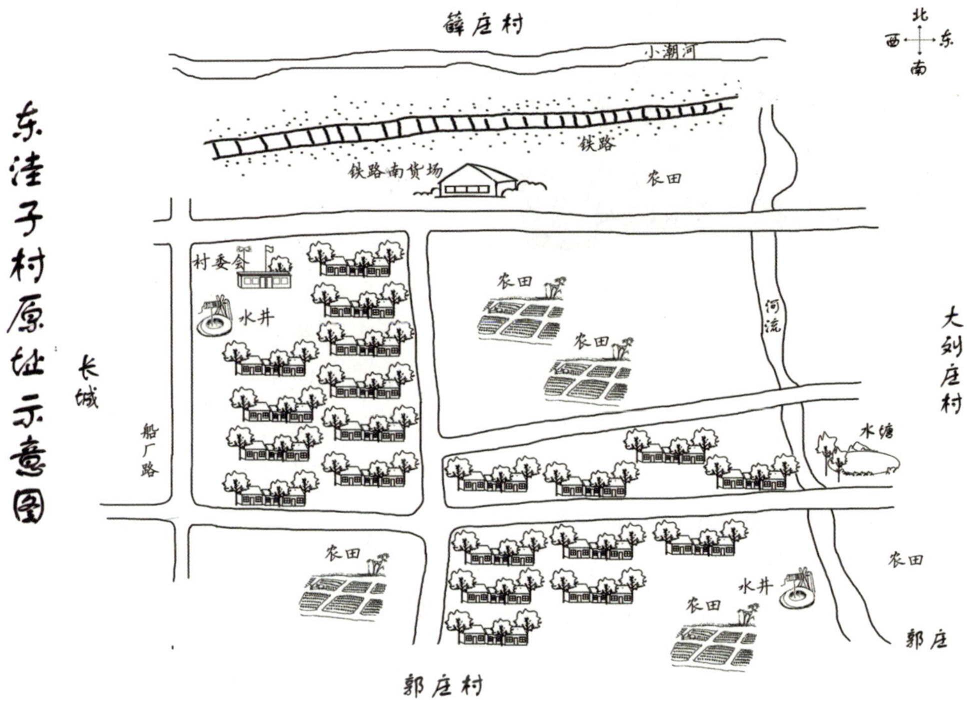

村址 东洼子村位于秦皇岛开发区东区渤海乡政府西北 2.1 公里处。东临大刘庄，南接郭庄村，西到山海关城墙，北隔京沈铁路与薛庄村相望。2000 年，全村土地面积 560 亩。其中，耕地 360 亩、民居 110 亩、河道 70 亩、水库 20 亩。截至 2016 年底，有土地 110 亩。其中，民居 90 亩、中吉库大院占地 20 亩。村内有由南向北流向无名河 1 条。

沿革 清朝时，一王姓人家来此落户建村，起名鬼王庄。后因地处低洼，“土地改革”时期更名为东洼子村。1984 年，渤海公社改为渤海乡人民政府属其管辖。1995 年，划归山海关开发区管辖。2000 年，归属秦皇岛经济技术开发区管辖。2008 年，全村征地拆迁。2013 年，返迁入住金水家园小区。

基础设施 20 世纪 50 年代，村东有东西走向土路 1 条，通往大刘庄，村西有东西走向土路 1 条通往金庄。村东有水库 1 座，占地 20 亩。村东南有荒沟 1 条，名为东沟。1974 年，全村通电。1977 年，从石河水库引灌溉水渠入村，方向由南至西南。1993 年，接通自来水管道。

人口·姓氏 新中国成立初期，全村 16 户，84 人。其中，男性 45 人、女性 39 人，60 岁以

村民返迁入住金水家园

小区环境

上 16 人、17 岁以下 24 人；1999 年，全村 66 户，130 人。其中，男性 65 人、女性 65 人，60 岁以上 30 人、17 岁以下 39 人；2010 年，全村 70 户，175 人。截至 2016 年底，全村 86 户，236 人。其中，男性 140 人、女性 96 人，60 岁以上 78 人、未成年人 76 人，成年人 82 人。村内姓氏按人口多少排序为韩、伊、马、李、崔、刘、杨、朱、王。

村级机构 1952 年，成立互助组。1953 年，成立初级社，名为红旗社。1956 年，由初级社转变为高级社。1958 年，隶属渤海人民公社。1959 年，与金庄、南水井组建金庄联村大队。1961 年，联村大队解散。1975 年，再次与金庄、南水井组建金庄联村大队。1983 年，联村大队解散。1984 年，渤海公社改为渤海乡人民政府属其管辖。同年，成立东洼子村民委员会。

新中国成立后，建立中共东洼子村党支部，马殿金（1950 ～ 1971 年）为第一任党支部书记，之后，历任村支部书记有崔武（1971 ～ 1983 年）、李继贵（1984 ～ 1987 年）、马贵林（1997 年～），1987 ～ 1993 年无村支部书记。全村有党员 10 名。

马殿银（1962 ～ 1964 年）为第一任大队长。之后有韩忠信（1964 ～ 1965 年）、崔武（1976 ～ 1983 年）。马殿金（1983 ～ 1993 年）、张桂荣（1994 ～ 1993 年 3 月）、马桂林（1993 ～ 1997 年）、韩德生（1997 ～ 2003 年）、曹玉和（2003 年～）相继担任村主任。

教育 · 文体卫 村中适龄儿童到金庄、大刘庄、兴隆小学就读，初中到黄庄中学就读。20 世纪 70 年代，村集体成立秧歌队 1 个，全村男女老少积极参加。20 世纪 70 年代，有赤脚医生 1 名。

农工副业 该村有土地 360 亩，多为旱田。因地处丘陵地带，产量较低，亩产 500 ～ 600 斤。农作物以种植玉米为主，辅以蔬菜、花生、大豆，红薯。实行联村承包以后，产量大幅提高，亩产上千斤。

一轮土地承包后，村内有养鸡户 1 个，有鸡 1 万多只；养猪户 1 个，有猪 60 多头；养牛户 3 个，有牛 50 多头。

1992 年，村民开设第一个小卖部。之后，陆续又开设小卖部 1 个、小吃部 4 个。1992 年，乡政府开办运输站设在东洼子村，运输站没有集体的车队，负责为附近村庄的车主联系生意，半年后，运输站归金庄村和东洼子村共同经营。

村民生活及社会保障 2008 年，该村整体拆迁。2013 年，全部返迁至金水家园小区，集中在 1、2、3、8、9 栋楼居住。村民户户通上天然气，实现了移动网络全覆盖。小区内设有健身器械供大家健身，还可以跳广场舞。村民每人可领取生活费 120 元 / 月，2015 年提高到 180 元 / 月。并为村民上缴了养老保险，解决了失地农民的养老生活问题。

风物传说 村内曾有古井 2 眼，分别在村南和村西，修建年代不详。

xijiangzhuang cun
西姜庄村

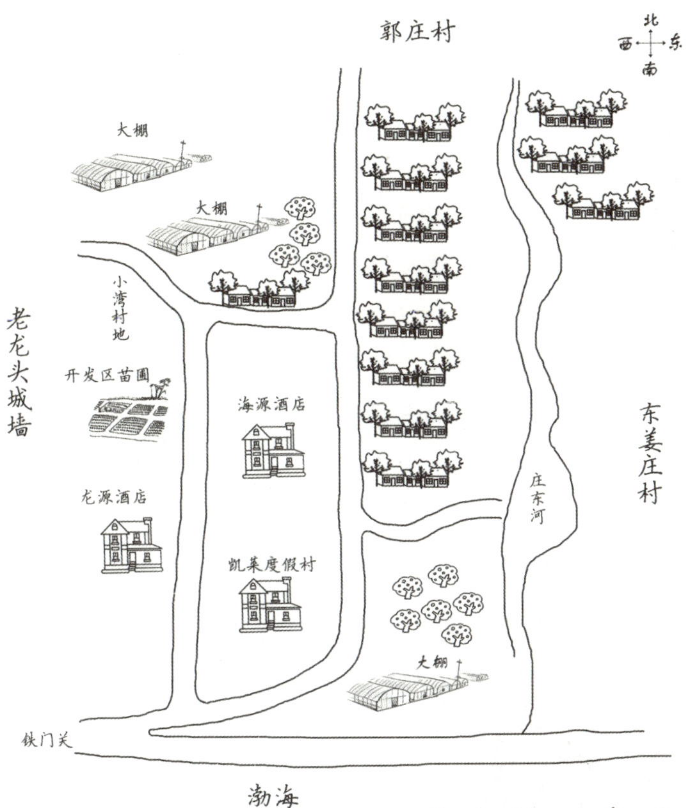

西姜庄村示意图

村址 西姜庄村位于秦皇岛开发区东区渤海乡政府西南 1.2 公里处。东临东姜村，南接渤海湾，西到长城的起点老龙头景区，北至郭庄村。全村有土地 1200 多亩。其中，民居 400 多亩、河道 50 多亩、耕地 750 多亩；拆迁后有土地 960 多亩。其中，民居占地 400 多亩、河道 50 亩、耕地 510 多亩。新中国成立初期，村东有由北向南东河沟 1 条。有由西向东小溪 1 条，称之为顺沟子，村中有南北走向无名小河 1 条，两条小河汇入东河沟后流入大海。

沿革 明朝永乐年间（1403 ～ 1424），姜氏家族从山东迁到此地，立庄称姜庄，随着人口增加，村子分东、西、南 3 个庄，河西边住的姜氏家族称西姜庄。1995 年，划归山海关开发区管辖。2000 年，划归秦皇岛经济技术开发区管辖。2008 年，全村征地拆迁。

2016 年，已有 60% 的村民返迁。分别居住于双龙花苑、观海御景 2 个小区。

基础设施 村东、村北、村南各有一座水库，村东水库较大，主要从事淡水鱼的养殖，归集体所有。20 世纪 50 年代以前，村里一直是土路，20 世纪 70 年代，铺设水泥路。1969 年，全村通电。全村古井 3 眼，分别位于村南、村西、村中。1984 年，全村安装自来水供水设备，方便村民用水。

人口 · 姓氏 新中国成立初期，全村有人口 300 人，户数 130 户。截至 2016 年底，全村有 446 人，户数 160 户。其中，60 岁以上 70 人，男性 40 人、女性 30 人；未成年人 80 人，男性 45 人、女性 35 人；成年人 296 人，男性 150 人、女性 146 人。村内姓氏有姜、赵、王、梁、齐、杨、张、李、刘、孙等。

村级机构 1949 年，西姜庄村建立党支部。

村内通往铁门关主路

村内一景

崔林（1956～1975年）为第一任党支部书记。之后有姜长岐(1975～2007年)、赵臣(2007年～)担任村支部书记职务。2015年有党员25人。

1952年，成立互助组。1953年初，形成初级社。1956年，初级社进一步发展壮大进入高级社。之后变为赵牛庄乡。1958年，成立渤海乡人民公社。1984年，由渤海乡人民公社改为渤海乡人民政府。同年，成立西姜庄村民委员会。杨昆（1954～1985年）为第一任生产队长。姜长岐（1985～2000年）为第一任村长。之后有杨立山（2000～2006年）、姜德成（2006～2015年）、王超（2015年～）相继担任村主任职务。

教育文体卫 新中国成立初期，村里孩子上学都在黄庄小学和黄庄中学就读。20世纪60年代，有赤脚医生2名。1984年，村民齐振忠开设诊所1个。2002年成立秧歌队1支，规模达到20余人。

农工副业 新中国成立以来主要种植玉米、高粱、大豆等农作物。20世纪80年代初，成立压垫厂1个，瓦菱纸厂1个，20世纪80年代末，停业。全村利用临海优势，建招待所1个，饭店1个，从业人员10余人，均属村集体企业。20世纪80年代，陆续开设小卖部4个。20世纪90年代，村民开始学习蔬菜大棚种植技术，种植蔬菜品种有白菜、土豆、西红柿、豆角等。全村约有140个蔬菜大棚、年收入300万。部分村民种植果树，以苹果、桃、梨为主，占地100余亩。全村有20多条渔船从事捕捞和养殖业，多数都在山海关区海域从事作业活动。1994年，从事旅游服务的有3户，主要经营海上快艇娱乐服务。1995年，从事土木建筑工程的有4户。

村民生活及社会保障 新中国成立后，村民以种地为主。20世纪90年代，村民家家户户建起蔬菜大棚，主要种植土豆、西红柿、豆角等蔬菜。收入的提高带来了生活水平的提升，村内各家各户都安了电视、电话、电脑，基本实现电气化。2007年，开发区预征土地，全村整体拆迁。村里由开发区政府、村集体、村民个人三方出资

海岸线

为适龄及超龄失地村民上缴养老保险，解决了老人的后顾之忧，减轻了子女的负担，结束了老人单纯依靠儿女养老的生活模式。全村有特困户2户、五保户1户、残疾人10名，村集体定期为他们发放救助款、最低生活保障金，并对其重点照顾。

风物传说 明清时期，村西南方向建有青楼、红楼和瓮城各1座，与老龙头长城接壤，何时被毁不详。

sunzhuang cun

孙庄村

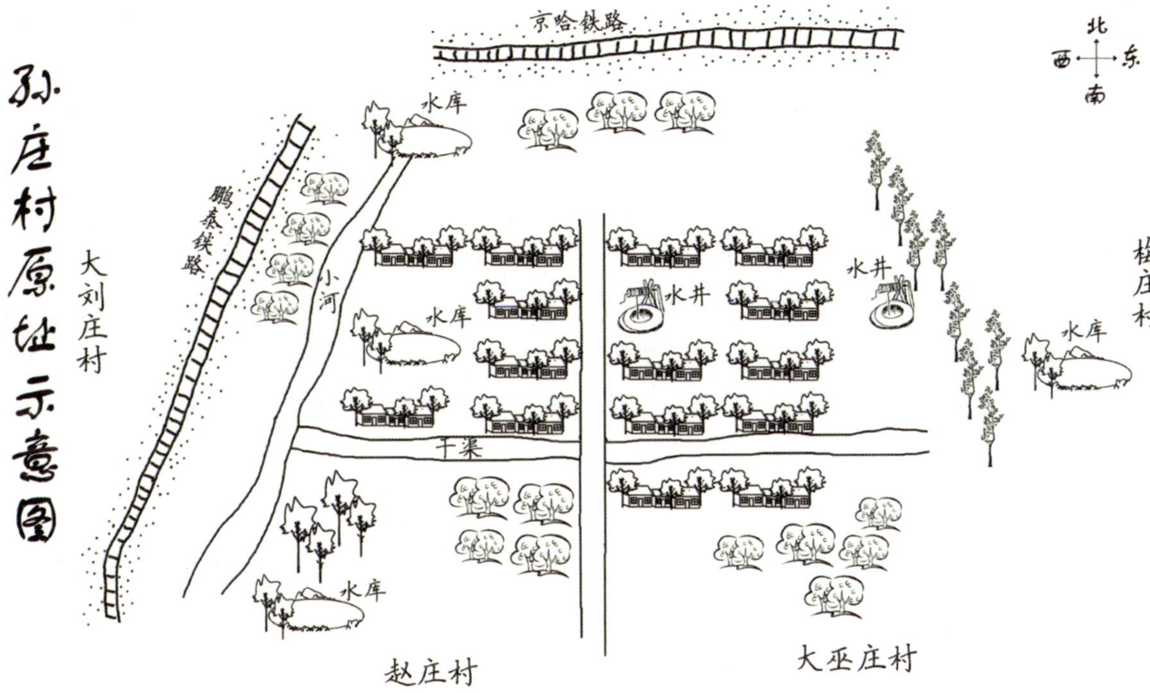

村址 孙庄村位于秦皇岛开发区东区渤海乡政府东北2.5公里处，是渤海乡最高点。东临梅庄，南接赵庄村、大巫庄村，西到大刘庄，北至京哈铁路。全村有土地700亩。其中，民居51亩、耕地425亩。2006年，征用全部土地。2008年，全村拆迁。

沿革 明朝永乐年间（1403～1424），孙姓两兄弟由山东移民至此，立庄名为孙庄。1956年后，成立赵牛庄乡，属其管辖。1958年，成立渤海人民公社，属其管辖。1984年，由渤海人民公社改为渤海乡人民政府，属其管辖。1995年，划归山海关开发区管辖。2000年，划归秦皇岛经济技术开发区管辖。

基础设施 孙庄村街道主要以土路为主。村南有通往大巫庄村的土路1条，村东有大沟1条，横穿沟有通往梅庄村的小路1条，村北部是铁路，村西有通往大刘庄村的土路1条。村中间有水井2眼，村民靠担水做饭、浇园。20世纪70年代初通电。20世纪90年代初，全村安装自来水供水设备。因该村地势较高，自来水建成即废弃。村中有水塘3座。分别位于村南、村中、村东南方向，为自然形成。

人口·姓氏 截至2016年底，全村184人。其中，男性100人、女性84人，60岁以上30人。孙、朱、王、刘是孙庄4大姓氏，新中国成立后，又迁来周、齐、张等姓。

村级机构 1956年，建立党支部，朱桂伶（1956～1968年）为第一任党支部书记。之后，历任村支部书记有朱玉伶（1968～1987年）、王印臣（1987～2007年）、周国君（2007年～）。

1952年，成立互助组（大约5户左右，30多人）。1953年，形成初级社。1956年，进入高级社。1956年，朱凤仙为第一任生产队长，任期到1963年。之后历任生产队长、村主任有齐子文（1963～1970年）、朱凤桐（1970～1977年），王印臣（1977～1997年）、周国君（1997年～）任村主任。

教育·文体卫 村中适龄儿童到梅庄小学就读，中学在黄庄中学就读，拆迁后在开发区二中就读。20世纪60年代，为落实毛主席“626”指示，把医疗放到农村去，1965年孙庄派朱凤福参加首批赤脚医生培训，成为村里第一位赤脚医生。

农工副业 孙庄村地处丘陵地带，有耕地425亩，多为旱田，产量较低。以种植玉米、高粱为主，辅以蔬菜、花生、大豆、红薯等农作物。2016年有耕地50亩，主要为花生、玉米等。

因该村地势原因，水资源有限，1983年90%的村民开始种植果树，主要品种为桃树、苹果树。2000年开始从事养殖业，主要以养猪为主。

村民生活及社会保障 20世纪80年代，随着科技的发展及村民生活水平的提高，家家户户安装了电视、电话、电脑。1987年左右，万元户增多，主要以种植果树居多。2006年，因宝世顺和首秦板材建厂，征用全村土地。2008年，该村整体拆迁，部分村民已住进返迁房。2007年，由开发区政府、村集体、村民三方出资为适龄和超龄失地村民上缴养老保险，使农民生活有了保障，结束了老人以儿女养老的生活模式。有特困户1户，村集体定期为其发放生活补助款。拆迁后的孙庄人，不再面朝黄土背朝天，业余生活丰富多彩，家庭生活水平得到很大提升。老人过上幸福舒适的生活，年轻人或务工、或自主创业。

yangzhuang cun

杨庄村

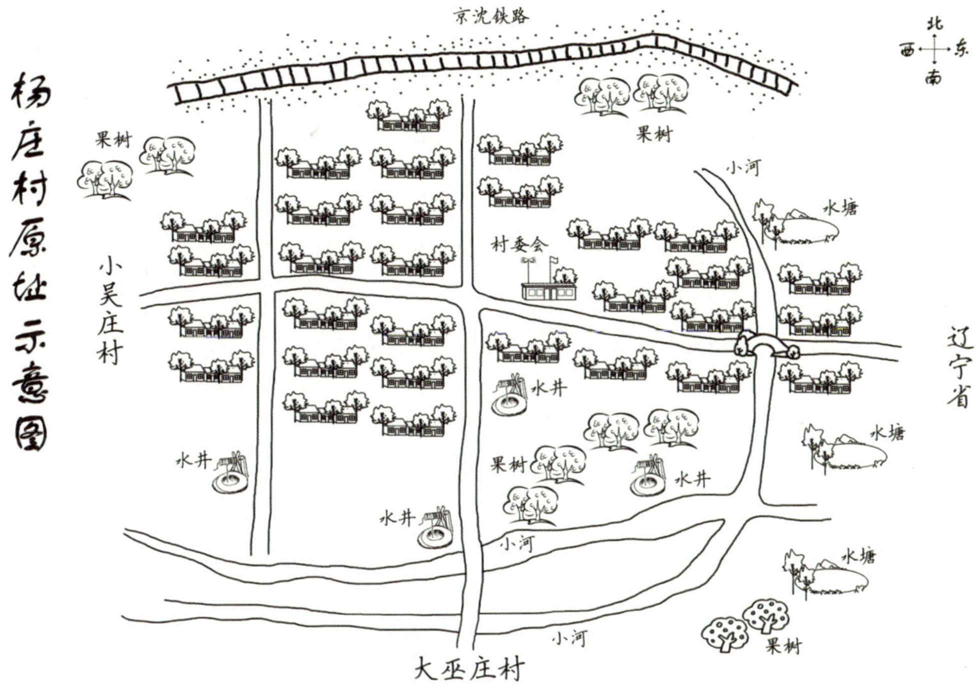

村址　杨庄村位于秦皇岛开发区东区渤海乡政府东北3.2公里处。杨庄村东临辽宁省，南接大巫庄，西到小吴庄，北隔沈山铁路与小毛山村相望。全村土地3500亩。其中，耕地2300亩、民居580亩、荒地沟400亩、水库200亩、河道20亩。村南有小河2条。其中，一条为南北走向，一条为东西走向。

沿革　清朝时建村。1995年。划归秦皇岛山海关开发区管辖。2000年，划归秦皇岛经济技术开发区管辖。2006年，全村拆迁。

基础设施　村南有小河2条。20世纪60年代至70年代各修建小桥1座。村中有土路2条，一条在村南，为南北走向，另一条在村西为东西走向，通往辽宁省。生产队时期，建由北向南干渠1条，500～600米长。1961年之前，挖水井5口，之后在村东、村北各挖水井2口用于灌溉，井上建有水车。1961年后分为3个小队，各队有房12间。1965年，村东老树洼子修建小水库1座。20世纪70年代，修建灌溉系统，在耕地铺设灌溉用铁管200～300米，并在村南建抽水泵房1间，用于铁管通水。1975年，在村南修建水库1座。1986年，在原村东水库下方修建水库1座，蓄水10万立方米，水库上有大坝，建有溢洪道1条。2000年，在村东水库上修建通往辽宁省的公路1条，将水库一分为二。2002年，在村东修建大水库1座。

1965年，全村通电。1995年，安装自来水供水设备，山海关开发区建桥从村里通过。

人口·姓氏　1984年，全村有80户，250人。老、中、少约各占三分之一。截至2016年底，全村222户，800人。其中，男性470人、女性330人，60岁以上120人、17岁以下300人、成年人380人。村内姓氏有杨、王、刘、李、徐、马、赵、秦、张、周、褚、许、崔、金、霍、高、董、贺、卢。

村级机构 刘连纯（1961～1970年）为第一任村支部书记。之后有周树仁（1970年）、杨义伶（1970～1978年）、徐文志（1978～1983年）、杨国金（1983～1986年）、杨义伶（1987～2000年）、许金友（2000年～）任村支部书记。

1952年，成立互助组。1953年，成立初级社，分青年队和老年队。1956年1月，成立高级社。1974年，与梅庄、孙庄、小吴庄、大巫庄成立梅庄联村大队，1979年，联村大队解散。1984年，改为杨庄村委会。

李金福（1950～1956年）为第一任村长，周树仁（1956～1961年）为第二任村长。吕国志（1961～1986年）任生产队长。吕国志（1986～1994年）为第一任村主任，之后历任村主任有许金友（1994～2000年）、刘连富（2000～2005年）、杨宝伶（2006年～）。

教育·文体卫 村内适龄儿童到梅庄小学和黄庄中学就读。新中国成立后，成立秧歌队。20世纪70年代，村中有赤脚医生2名。

杨庄村腰鼓队

农工副业 全村因地处丘陵地地带，多为旱田，以种植玉米为主，辅以蔬菜、花生、大豆、红薯。产量较低，亩产400～500斤。20世纪70年代，村集体有果树3000多棵，主要为苹果。一轮土地承包时期，村民开始种植苹果树、桃树等，面积将近2000亩，到了二轮土地承包时期所有村民都种植果树。20世纪80年代，全村有养鸡户30户，养殖鸡约10000只，养羊户10余户，养殖羊约80只左右。20世纪90年代，全村有大棚3个，主要种植：白菜、土豆、西红柿、豆角等。有豆腐坊6家。生产队时期，开设米面加工厂1家，1985年归个人所有，有小卖部6家。

村民生活及社会保障 新中国成立后，村民以种地为主，少数外出务工。20世纪90年代，家家户户修建了蔬菜大棚，收入的增加使生活水平也随之提高，各家各户都开始添置电视、电话、电脑等设备，村内基本上实现电气化。2007年，开发区预征全村土地，整体拆迁入住返迁房。由开发区政府、村集体、村民三方出资为适龄及超龄的失地农民上缴养老保险，解决了老人的后顾之忧，减轻了子女的负担，结束了老人单纯依靠儿女养老的生活模式。全村有特困户3户、五保户1户，村集体定期发放救助款及最低生活保障金。

风物传说 村内有古树2棵，是村民休闲集会的地方，一年四季不断人，成为村里集市。一棵为柳树，在村西杨仪伶家门外，树洞内可容4～5人，1956年，枯死后只剩其根部；另一棵为槐树，在村中间徐文祥家院内，树洞内可容6～7人。据传村民曾打算将此树锯倒，但锯树时从锯口流出红色液体，村民便把锯树的念头放弃了，1994年枯死。村西、村南、村东各有古井1口，修建年代不详。

名人能人 李银，抗美援朝烈士，1925年生人，为中国人民志愿军后勤部队战士，1953年牺牲于朝鲜，家属享军烈属待遇。

zhangzhuang cun

张庄村

张庄村原址示意图

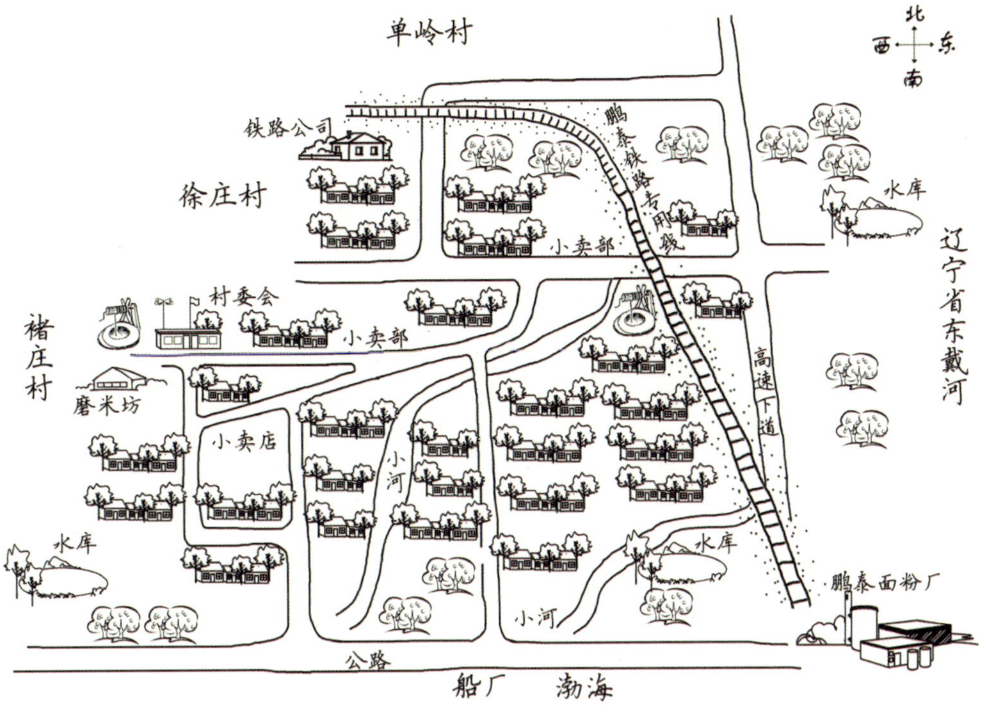

村址 张庄村位于秦皇岛开发区东区渤海乡政府北 2.2 公里处，地处河北省最东端。东临辽宁省东戴河开发区，南抵渤海，西到褚庄村，北至单岭村。站在村头可清晰望见屹立在大海中的三块巨石——传说中的孟姜女坟。“土地改革”时，全村有土地 2580 亩。其中，民居占地 360 多亩、耕地 2200 亩、河道 20 亩。1972 年，建设山海关船厂征地 400 多亩。1993 年，修建鹏泰面粉厂征地 270 亩。2003 年，搬迁时有土地 1870 多亩。其中，民居占地 360 多亩。村中间有南北流向无名小河 1 条。2003 年，全村整体拆迁。2004 年底，全村整体返迁至渤海家园第二小区。

沿革 明朝时期，张氏两兄弟从山东迁至此地，故取名张庄。1995 年，划归山海关区管辖。2000 年，划归秦皇岛经济技术开发区管辖。

基础设施 20 世纪 50 年代，村内只有东西走向土路 1 条。村中间有南北流向无名小河 1 条，河上有小桥数座。1970 年，全村通电。1984 年，全村普及电视。1993 年，鹏泰面粉厂建厂，在村东修建公路和铁路各 1 条，由此向南穿村而过；村南修建始于鹏泰面粉厂途径山海关船厂终至山海关城区的由东向西公路 1 条。1994 年，全村安装自来水供水设施。

人口 · 姓氏 新中国成立初期，全村 100 多户，400 多人。1999 年，全村 300 户左右，890 人。2016 年，全村 396 户，925 人。60 岁以上 90 人，男性 50 人、女性 40 人；未成年人 120 人，男性 60 人、女性 60 人；成年人 715 人，男性 410 人、女性 305 人。村内姓氏按人口多少排列为：张、李、季、槐、程、刘、陈、魏、赵、贾等。

村级机构 新中国成立后，成立张庄村党支部，有党员 3 人。历任村支部书记有李庆禄（1948 ～ 1994 年）、张子东（1994 ～ 1998 年）、张广权（1999 年～），有中共党员 42 人。

1952 年，成立互助组。1953 年，成立初级社，名为先锋社。1956 年，进入高级社。1958 年，归渤海人民公社管辖。1959 年，张庄村成立张庄大队，实行联产代劳。1974 年，张庄、褚庄、徐庄 3 个自然村成立张庄联合大队，统一管理。1983 年，联村大队解散。1984 年，成立张庄村委会。

1953 年，初级社归渤海人民公社管辖，赵坤山任社长，张玉营（1953～1978 年）任大队长。之后历任村主任有赵福山（1978～1994 年）、张希贤（1994～1995 年）、张文有（1996～2002 年）、李连成（2003 年～　）。

教育 · 文体卫　新中国成立后，张庄村适龄儿童到褚庄小学就读，初中到黄庄中学就读。20 世纪 70 年代，村中出现赤脚医生，前后共有 3 名。20 世纪 90 年代，组建秧歌队，共 30 余人。村部门前有篮球场 1 个，供村民休闲娱乐。

农工副业　20 世纪 50 年代，村民主要种植玉米，辅以大豆、高粱、小麦、花生、水稻等农作物。种植面积 2000 多亩，亩产 600 余斤。20 世纪 70 年代，生产队有集体果园 1 处，主要种植苹果，有果树 1200 棵。一轮土地承包后村民开始种植果树，以桃树为主另有少量苹果树等。成立养猪场 1 个。1983 年，村里开始有打渔船，到 2001 年村里渔船数量达到 60 多条。

20 世纪 70 年代，村集体成立修配厂、木器厂、冰棍厂、铁匠炉，村支部书记李庆禄兼任厂长。20 世纪 80 年代停办。20 世纪 70 年代，村中出现首个小卖部，归村集体所有。一轮土地承包后有村民开办小卖部共 7 个。1993 年，村集体在村委会门前成立商店 1 个，于 2003 年停办。20 世纪 70 年代，开办面粉加工厂 1 个，于 1983 年停办。

村民生活及社会保障　2004 年，区财政每月给村民发放征地生活补助费，并由开发区管委、村集体、村民个人三方出资为女 40 岁、男 45 岁周岁以上失地农民上缴养老保险。为 65 周岁以上的老人一次性缴纳保险费。全村女 55 周岁、男 60 周岁以上的村民可以按月领取养老金。全村有 80 岁以上老人 13 人、90 周岁以上老人 6 人，开发区管委每月给他们发放 50 元生活补助。2008 年，全部村民都加入了新农村合作医疗保险，看病按比例报销医疗费。2016 年，统一为村民办理了城乡居民医保卡，村民看病住院医疗费都可以即住即报，免去了村民报销的繁琐程序。

村民新居

2004 年底，全村返迁入住渤海家园第二小区 12～21 栋。楼房内有自来水、集中供暖，小区内道路平整，环境干净整洁。土地被征用后人们的生活工作都很便利，年轻的壮劳力都可以到区内企业工作，适龄儿童可以到附近幼儿园、小学、中学就读。小区附近还设有医院、银行、移动、电信、超市、农贸市场、宾馆酒店、商场、公园等，极大地满足了人们的日常生活所需。茶余饭后，悠闲的人们还可以到公园健身、跳广场舞，生活美满富足。

风物传说　村里有土地庙 1 座，修建年代不详，“文化大革命”时期拆除。

jinzhuang cun

金庄村

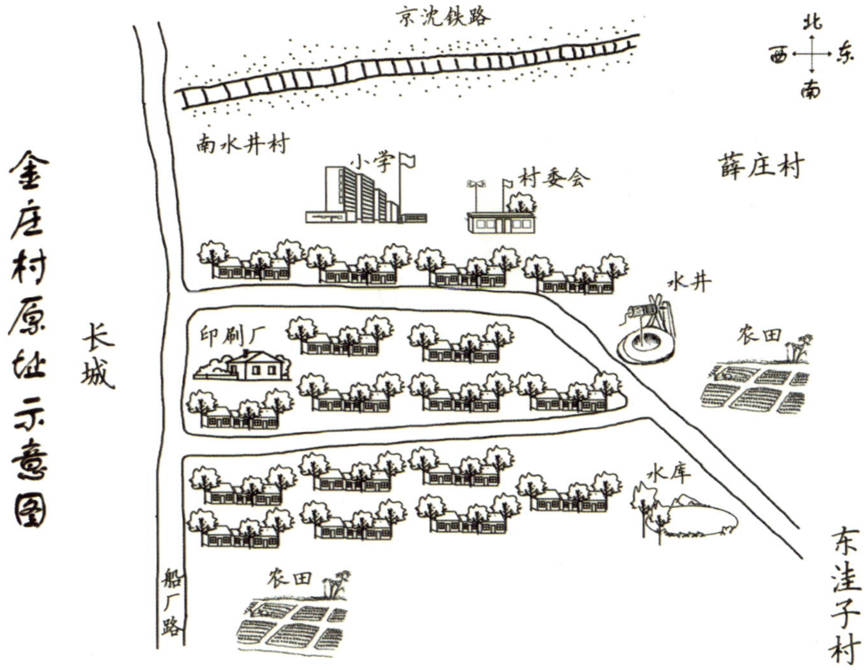

村址 金庄村位于秦皇岛开发区东区渤海乡政府西北2.8公里处。东临薛庄村，南接东洼子村，西到山海关城墙，北至南水井村。全村有土地500多亩。其中，民居100亩、耕地300亩、机动地80亩、河道20亩。2008年，全村征地拆迁。2013年，返迁入住金水家园小区5～7、13、14、16栋楼。村内曾有河1条，名为北河沟，流向为由东向西。

金水家园

沿革 清朝时，金姓人家从山西逃荒至此定居，故名金庄村。1952年，归大刘庄乡管辖。1956年，归赵牛庄乡管辖。1995年，划归山海关开发区管辖。2000年，划归秦皇岛经济技术开发区管辖。

基础设施 20世纪50年代，在北河沟上修建石桥、钢架桥各1座。全村有东西走向土路2条，1993年修路扩建为6条，下层铺石子，上层铺石粉。村东修建水库1座，占地3.6亩。1958年，在村东南水库旁边修建灌溉沟渠，占地20亩，利用水泵抽水灌溉，沟渠上有水车1架。1971年，全村通电。1987年，全村安装自来水供水设备。

人口·姓氏 新中国成立初期，全村只有10余户、几十口人。截至2016年底，全村有70

金庄村原址

多户、254人。其中，60岁以上50人、未成年人40人、成年人164人，男性124人、女性130人。全村姓氏有张、王、李、伊、褚、宋、石、林、韩、刘、安、赵、周、郭、杨等。

村级机构 1949～1984年，划归大刘庄联村党支部管辖。1984～1994年，因党员人数不足未成立党支部。1994年，成立党支部，张继昌（1994～1999年）任第一任村书记。之后有苗振英（2000～2007年）、张瑞（2007～2014年）、张志民（2015年～ ）担任村书记职务。2015年，发展党员11人。

1952年，成立互助组。1953年，进入初级社。1956年，进入高级社。1958年，进入人民公社。

金庄村新居

1959年，与东洼子、南水井、薛庄组建金庄联村生产队。同年，建立生产队，为金庄生产队。1961年，联村大队解散。1975年，再次与金庄、南水井、薛庄组建金庄联村大队。1980年，实行包产到户、分田到人。1983年，联村大队解散，1984年，成立金庄村村民委员会。张连生（1962～1980年）担任生产队长、村主任职务。之后，历任村主任有王忠林（1981～1993年）、张继昌（1994～1997年）、李宝秋（1997～2006年）、张德宝（2006～2014年）、张德红（2014年～）。

教育·文体卫 1959年，成立金庄小学，设年级4个，班级5个，五、六年级学生到兴隆小学就读。拆迁后适龄儿童到黄庄中学就读。1975年，村内有赤脚医生1名。

农工副业 新中国成立后，村民主要种植玉米，辅以高粱、大豆、水稻等农作物。20世纪80年代以后，村民的谋生手段逐渐多了起来，有的继续务农、有的外出务工、有的搞经营。全村有小卖部2家。村集体有果园26亩，主要种植苹果、桃等。运输队1个，有马车3架，12马力拖拉机1台。村内个人运输队有马车5架，拖拉机1台；一轮土地承包后，全村种植桃树、苹果树、梨树30多亩，年产量10吨。有养鸡户6家，有鸡75000只左右。养牛户1家，有牛7头。果树17亩。豆腐坊4家。二轮土地承包后，村民依旧以种植果树为主，有蔬菜养殖大棚1座、半挂大卡车1辆。

村民生活及社会保障 20世纪90年代，养猪专业户王祥成为了全村第一个万元户，村民们对此事津津乐道，王祥也成为大家学习的榜样。20世纪80年代，宋柏前家购买了村中第一台黑白电视机，全村老少都充满了好奇，每天晚上，宋柏前家都挤满了观看电视的村民，村民第一次看到了《新闻联播》，第一次看到了电视剧。电视里播放的节目，成为了村民茶余饭后的谈资，丰富了村民的业余生活。1999 年，家家户户安装了电视机、电话等通信器材。

2003 年，秦皇岛开发区征地 212 亩，全村整体拆迁。2008 年，60 周岁以上的失地农民都享受到了城乡一体化的养老保险，60 周岁以下的村民享受低保待遇。2010 年，金水家园小区返迁楼破土动工。2013 年，全部村民都住进了新楼房。小区内及周边都种满了绿色植物，空气清新，村民可以在草地上散步，到健身小广场锻炼身体，去公园跳广场舞。形成了邻里团结，互帮互敬的氛围，促进了社区文明健康发展。

风物传说　村民王文胜家养鸡场前有原金家祖坟几座。

名人能人　王富，清末民初生，建立大面包作坊，十里八乡闻名。

朱宏彬，1966 年生，2015 年去世。20 世纪 80 年代，创建铁路配件厂，后归其亲属所有。

石小龙，1966 年生，先为山海关船厂除锈工人，组建船厂除锈队，名为于舟山除锈队。之后在大连建厂制造船舶零件。

金庄村原址老房

金庄村原址街道

zhouzhuang cun

周庄村

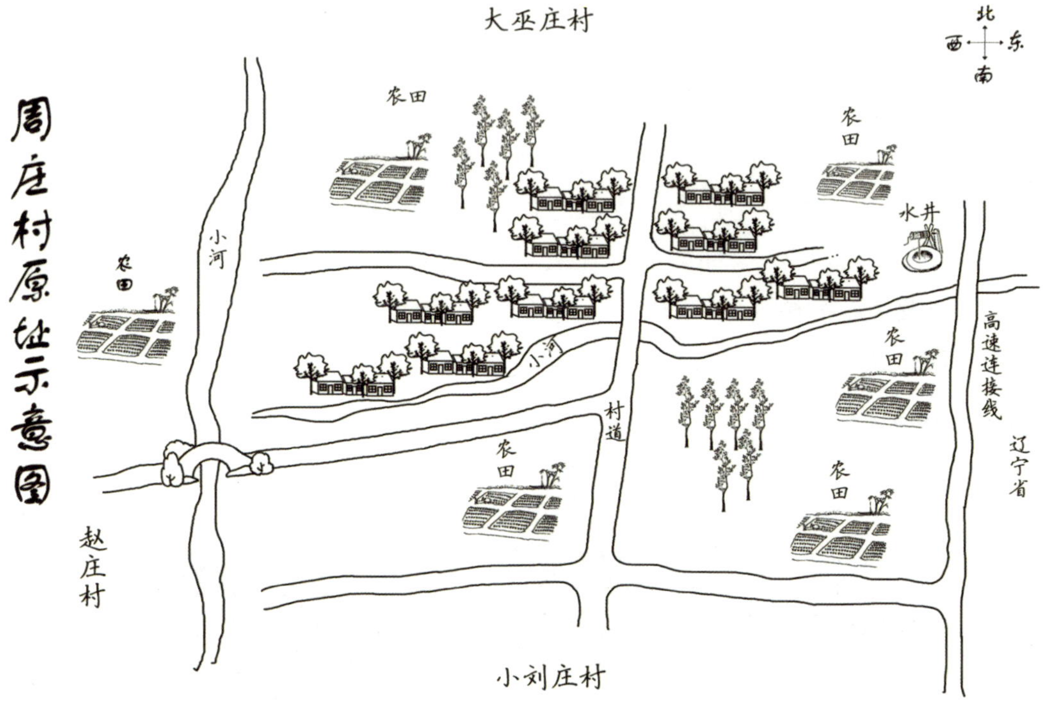

村址　周庄村位于秦皇岛开发区东区渤海乡政府东北 2.1 公里处。周庄村东临辽宁省，南接小刘庄村，西到赵庄村，北至大巫庄村。1960 年，全村有土地 400 亩。其中，耕地 320 亩、民居 20 亩。1972 年，全村有土地 400 亩。其中，耕地 272 亩、民居 28 亩。2005 年拆迁前，全村土地面积 380 亩。其中，耕地 280 亩。村内有北向南河流 1 条，名为西河湾，东向西河流 1 条，名为东沟，西河湾与东沟汇入村外的西河流入渤海。2005 年，全村拆迁。2010 年，返迁至渤海家园第五小区。

沿革　1958 年，归渤海公社管辖。1995 年，划归山海关开发区管辖。2000 年，划归入秦皇岛经济技术开发区管辖。2005 年，全村集体搬迁。2010 年，返迁至渤海家园第五小区 74 ～ 79 栋。

基础设施　村里有南北、东西走向主路各 1 条，为土路，村东有泉眼 1 个，名为东井，自然形成，全村村民饮用水主要依靠此井。1958 年，全村开挖小水库 3 座，分别位于村西和村东。其中，村西面积最大，约占 7 亩。20 世纪 70 年代，石河水库引水渠从村西穿过，水渠附近种植水稻约 120 亩。1969 年，全村通电。1994 年秋，全村安装自来水供水设备。

人口・姓氏　1960 年，全村 14 户，57 人。其中，男性 29 人、女性 28 人，60 岁以上 8 人、17 岁以下 26 人、成年 23 人。截至 2016 年底，全村 98 户，210 人。其中，男性 110 人、女性 100 人，60 岁以上 40 人、未成年 50 人、成年 120 人。姓氏有周、李、杨、金、钱、吕、张等。

村级机构　1994 年前，由于周庄党员不足 3 人，未成立党支部，党员归联村党支部即小刘庄党支部管理。1994 年，建立党支部，历任村支部书记有何丽娟（1994～2000年）、朱秀华（2000年～）。

1952年，形成互助组。1953年，形成初级社。1956年，进入高级社。1958年，与小刘庄组成生产大队，1960年，为小刘庄大队周庄生产队。1965年，成立小刘庄革委会。1975年，组成小刘庄、单岭、周庄联村大队。1984年，成立周庄村民委员会。1965～2000年，李贵德、杨正华、周长珍任大队长。之后，李志国（2000～2003年）、钱俊立（2003年～ ）相继担任村主任。

教育·文体卫 村中适龄儿童到楚庄小学上学，中学多在黄庄中学就读，拆迁后在开发区二中就读。20世纪70年代初，有赤脚医生2人，分别是周长金和王春丽。20世纪60年代初，自发组织文艺队，队员5人。20世纪90年代末成立秧歌队，队员有20人，拆迁后，秧歌队解散。

农工副业 1960年以前，村民主要种植玉米、高粱等农作物。1977年以后，一半村民开始种植水稻，种植面积20亩。20世纪70年代，该村建米面加工厂1个，属集体企业，除为该村服务外，也对外加工。有豆腐房1个、粉条加工厂1个。20世纪90年代，建个体小卖部3个、榨油房1家。因该村水质好，1984年以后，有豆腐坊达到10余户。此外，蔬菜大棚3户，合伙经营，占地约4亩。1985年，果树面积是耕地面积的90%，以种植桃树为主。20世纪70年代由杨正华投资兴建养殖厂1个，后期发展养鸡厂13户。2007年，建较大养鸡厂1个，属个体经营。村民钱俊立建个体木器加工厂1个，名为钱氏木门制造公司，员工30余人，占地10多亩。

村民生活及社会保障 2005年，村集体拆迁。2010年，返迁至渤海家园第五小区。返迁后，全村都住上了标准“6+1”居民楼，每户都分得2～3套楼房。楼内安装了地暖和空调，部分农户家中购买了轿车，家家户户都安装了电视、电话、电脑，实现电气化。部分年轻人到区内企业工作，企业还为员工上缴了“三险一金”或者“五险一金”。全村有残疾人10名，村集体发扬助残扶残的光荣传统，在社区营造助残扶残的良好氛围。每逢重大节日，村委会对村中的残疾人进行节日慰问，为他们送上慰问品。20世纪70年代末，村民周长余购买了第一台黑白电视机，为

村民新居

最早的万元户，经济收入主要以在山海关兴华市场从事海产品生意为主。全村80岁以上老人2人。

风物传说 建村时，村西有土地庙1座，庙附近有本地域最大的“人市”，凌晨2点左右，附近十里八村的村民都到此候工，每天大约有300左右人在此候工，雇主在此选工后，早上5点多散场。“人市”能设在周庄，与周姓人家有很大关系，周姓村民是该村最早的生意人，在生意场上较有威望。

名人能人 钱俊立，致富能手，建立钱氏木门制造公司，公司占地10余亩，员工30人。

杨文海，致富能手，开木器加工厂。

shanling cun
单岭村

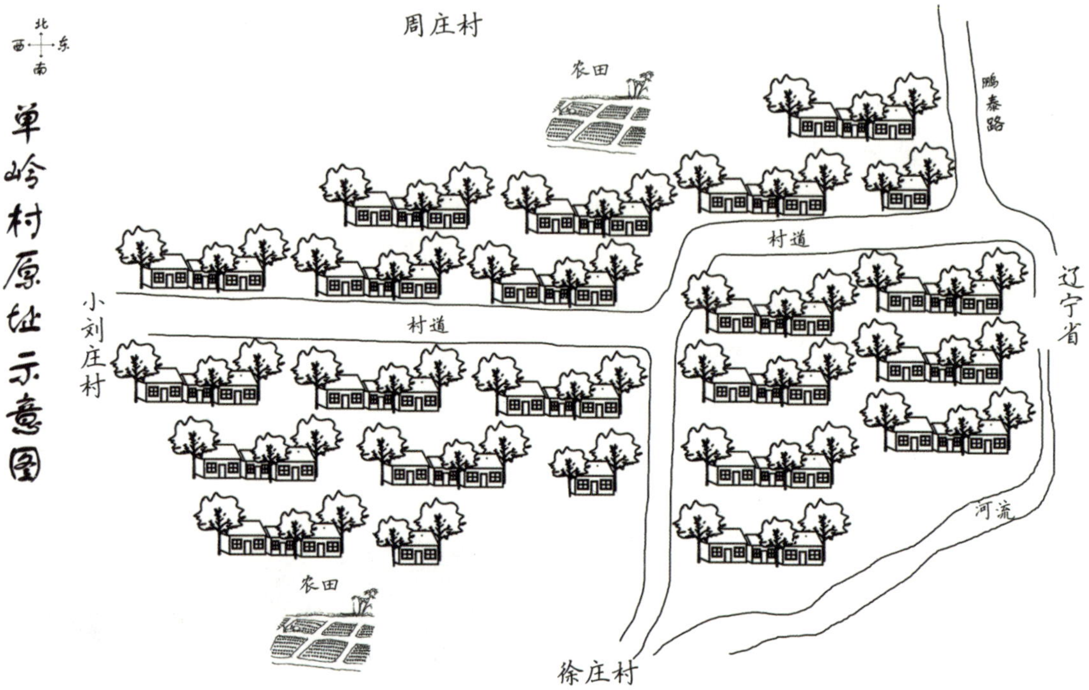

村址 单岭村位于秦皇岛开发区东区渤海乡政府东北2.4公里处。单岭村东临绥中县孟家村，南接徐庄村，西到小刘庄村，北至周庄村。全村土地面积678亩。其中，民居占地60亩、耕地618亩。1992年，开发区修建鹏泰公路开始征地，至2014年，全村土地被征用完毕。村东往村西南方向有穿村而过的无名小河1条。2006年底，全村返迁入住渤海家园第四小区41、42、43、44号楼，归渤海乡政府管辖。

小区环境（一）

沿革 500年前，有一单姓人家由外地迁至此地，因村庄地处岭上，故称之为单家岭村。“文化大革命”时期，单家岭村更名为单岭村。

1984年，隶属渤海乡政府。1995年，归山海关开发区管辖。2000年，划归秦皇岛经济技术开发区管辖。

基础设施 建村时该村有水井2眼，1987年在村东打一大眼水井，深约7米，供全村生活用水，全村也因此安装自来水供水设备。1988年，村集体在村东利用其自然条件，组织村民开挖小水库1座，用于全村农作物的灌溉，该水库坝宽50米左右，坝体用水泥浇铸而成。全村主路2条，

小区景色（二）

主要为东西走向，1991 年开发区鹏泰公司修建 1 条鹏泰路，全村进出主要走此路。1969 年，全村通电。1991 年因修路，水塘被平整，早期水塘主要用于村内农作物的灌溉。

人口·姓氏 新中国成立，全村有 22 户，100 人。1963 年，全村有 25 户，130 人。截至 2016 年底，全村 98 户，265 人。60 岁以上 50 人，男性 28 人、女性 22 人；未成年 60 人，男性 32 人、女性 28 人；成年人 155 人，男性 80 人、女性 75 人。主要姓氏有李、高、吕、姚、刘、陈、赵等。

村级机构 全村第一名共产党员为刘玉荣（1956～1965 年），同时担任过多年生产队长。1973 年，成立党支部，姚全（1973 年）任第一任党支部书记，陈文生（1974 年）任第二任党支部书记。1975～1980 年，支部和大队归小刘庄联村大队管理。1980 年 11 月，联村大队解散，单岭成立大队后又改为单岭村党支部，姚洪福（1980 年 11 月～）任党支部书记。

1952 年，形成了初级社。1956 年，初级社进一步发展壮大进入高级社。1966 年，成立单岭村革委会。1975 年，成立联村大队，归小刘庄大队管理。1978 年，单岭生产队隶属于小刘庄大队。1980 年，联村大队解散，成立单岭大队，1984 年，更名为单岭村村民委员会。曾担任大队长和村主任依次为刘玉荣（1979 年）、李鹏（1980 年）、刘玉荣（1982 年）、姚全（1965～1970 年）、陈文生（1970～1976 年）、李鹏（1976～1978 年）、吕勤臣（1983～1990 年）、陈文生（1991～2000 年）、刘振斌（2000 年～）。

农工副业 新中国成立后，全村有耕地 618 亩，因地处丘陵地带，产量较低，亩产 300 斤左右。主要农作物有玉米、高粱、白薯、大豆。改革开放以后，村干部响应党的号召，带领村民实施家庭联产承包责任制。1981 年，联产到组，试种植 100 亩地，取得丰收，比往年粮食增产 10 万斤。1982～1983 年，实行联产到户责任制。1984 年，实行大包干责任制，群众的积极性全部调动起来，经济得到发展，村民开始种植果树。1984 年，村民开始尝试养殖业，有养鸡场 6 家。因村在岭上，水源较少，比较适合种植各类果树，村集体种植苹果树 62 亩，个人种植桃树 400 余亩。1983 年，只有一家从事捕捞和养殖业。1991 年，李金福开小卖部 1 个，后期陆续增多。

村民生活及社会保障 全村适龄孩子分别在楚庄小学和黄庄中学就读。2004 年 12 月，整体拆迁。并于 2016 年 12 月返迁上楼安置，90% 入住渤海家园第六小区，另有少数人家搬入其他

小区景色（三）

小区，2009年全部返迁上楼。

2000年，为了解决失地农民的生活问题，开发区管委补偿每人每月生活费120元。2008年，为全部村民上缴养老保险，解决了失地农民的养老问题。同时对4名残疾人给予重点照顾。2015年，将生活费用提高到180元。

风物传说 村西有600多年大柏树2棵，该村被占地后，其中1棵大柏树位于哈动力物流企业院内，保存完好，其树干直径约2米，在开发区也是为数不多保存完好的老古树。

名人能人 高凤金，致富能手，养鸡专业户，最早的全村万元户。

吕文臣，75岁，1990年，任秦皇岛市人民医院副院长，退休后被返聘到秦皇岛市肿瘤医院，享受国务院特殊津贴。

荣誉 1981年，该村被秦皇岛市人民政府评为“秦皇岛市先进集体”称号。

村民新居

单岭村古树

zhaoniuzhuang cun
赵牛庄村

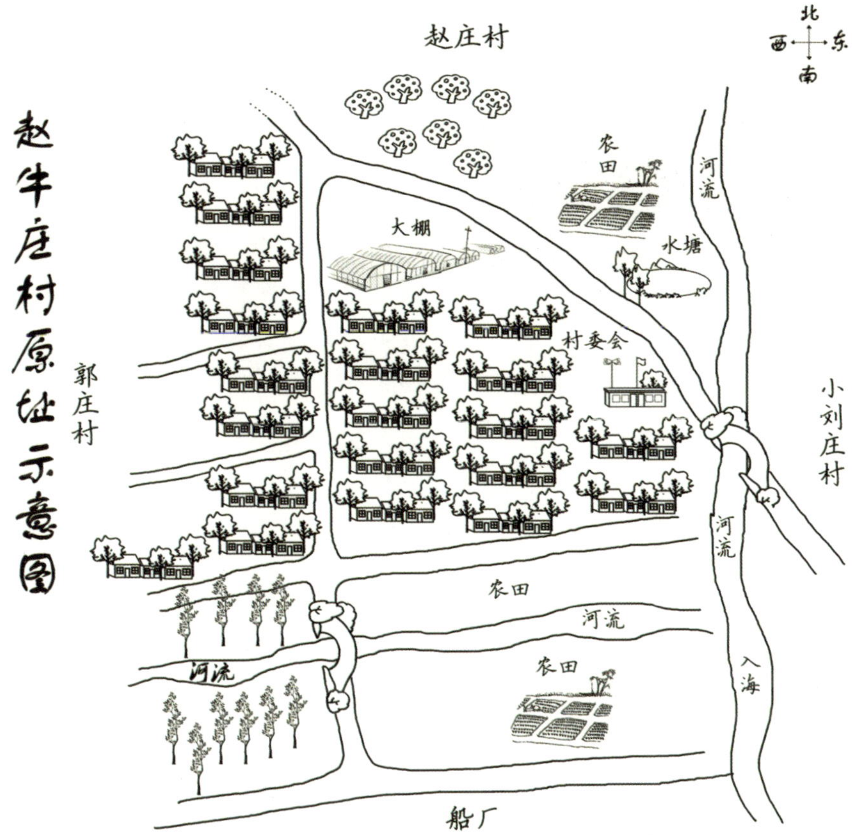

村址 赵牛庄村位于秦皇岛开发区东区渤海乡政府东北1公里处，距老龙头1.5公里，距海岸垂直距离1公里。东临小刘庄村，南接山海关造船厂，西到郭庄村，北至赵庄村。20世纪50年代，全村土地1000余亩。其中，耕地850亩，民居120亩。20世纪70年代，建造船厂占用300多亩。20世纪90年代，开发区征用200多亩，2000年后，开发区将其余所有土地征用。

沿革 明朝永乐年间（1403～1424），山东赵氏兄弟移民至此，因垦荒养了一头大黄牛，故起名赵牛庄，只有赵姓及赵姓后人在此居住。

1956年，成立赵牛庄乡。管辖14个村。分别为赵牛庄、褚庄、张庄、徐庄、小刘庄、单岭、周庄、候岭、赵庄、梅庄、小巫庄、大巫庄、孙庄、杨庄。联村村部设在赵牛庄，1995年，归属山海关开发区管辖。2000年，划归秦皇岛开发区管辖。2005年，整村拆迁。2006年，整村村民迁入渤海家园新居。

基础设施 20世纪70年代之前，村中有1条小河，名为南河湾，从村南穿过汇入渤海。军阀混战时期，该村东北方向和西北方向曾有战壕各1条，直系、奉系军阀曾在此交战。村东西方向和南北方向各有主路1条，为土路。20世纪70年代，因修建山海关船厂专线铁路，在村东占地。该村有泉眼2个，位于村西。小水库3个，村东1个，村北2个。20世纪70年代，渤海乡

村民新居

政府投资修建石河水库的灌溉水渠 1 条，该水渠从村东穿过，与山海关船厂铁路专线平行，约有 2 公里长。1970 年，全村安装电灯、电话。1982 年，全村安装自来水供水设备。1999 年，实现移动通讯、互联网全覆盖。

人口·姓氏 1950 年，赵牛庄只有 10 余户人家，100 余口人。20 世纪 70 年代初期，全村有 70 多户，200 多人。截至 2016 年底，全村 170 户，374 人。60 岁以上 60 人，男性 28 人、女性 32 人；未成年人 70 人，男性 35 人、女性 35 人；成年人 244 人，男性 170 人、女性 174 人。

赵牛庄村有郭、龚、苗、刘 4 大姓氏，占总人口 80%，其他姓氏占 20% 左右。

村级机构 龚长富为第一任村党支部书记（20 世纪 60 年代初～1970 年）。之后，历任村支部书记有郭长明（1970～1975 年）、郭长全（1975～1979 年）、郭长明（1980～2007 年）、刘志军（2007 年 1 月～　）。2015 年，全村有党员 16 人。

1952 年，形成互助组。1953 年，形成初级社。1958 年，成立渤海人民公社，驻地设在赵牛庄村。1984 年，成立村委会。历届村大队长、村主任有龚祥、郭长友、刘德山、苗富、苗瑞（1990～1997 年）、龚丽芝（1997～2000 年）、苗瑞（2000～2009 年）、龚长利（2009～2015 年）、宋国文（2015 年～　）。

教育·文体卫 该村适龄儿童在黄庄小学就读，中学在黄庄中学就读。20 世纪 70 年代，有赤脚医生 2 个。2015 年成立艺术团，队员有 20 余人，主要以红歌演唱和舞蹈表演为主。

农工副业 拆迁之前，全村主要种植玉米和水稻。1956 年，成立山海关供销社总社赵牛庄供销分社，属集体企业，为附近十来个自然村提供生活供给。20 世纪 80 年代初，村集体成立运输队，有拖拉机 9 辆，主要从事船厂建筑材料运输。20 世纪 90 年代开设个体小卖部 2 个。

20 世纪 90 年代，从事渔业捕捞和海水养殖业的村民增多，渔船约 30 多艘。个体从事运输业大概 30 多台小四轮。1985 年，全村村民开始种植果树，占地约 500 亩。

村民生活及社会保障 1985 年，全村家家户户购买了电视机、缝纫机，个别家庭还购置了拖拉机、抽水机、渔船（机动）。2001 年春，渤海乡连续三天三夜遭遇 6 级以上东北风，万基管业施工队正在赵牛庄铁路对面施工，施工带来的风沙扑向赵牛庄村，家家户户无法开窗，桃树被淤泥糊住，幼桃被打落。部分村民到乡里反映情况，还有一些村民与万基施工队发生了冲突。

村民小区环境

渤海乡政府和建设规划局的领导一边做村民的思想工作一边研究解决办法，他们为村民寻找住房妥善安置，并给予各户一定的补偿，最终圆满解决了这场纠纷。2005年，土地被开发区征用，所有村民户口农转非，每人每月可以领取到土地补偿费120元。2006年，全村返迁入住“6+1”返迁房，每户都分得2～3套楼房。楼内安装了地暖和空调，部分农户家中购买了轿车，家家户户都安装了电视、电话、电脑，实现电气化。部分年轻人到区内企业工作，企业还为员工上缴了“三险一金”或者“五险一金”。全村有五保户1户、残疾人11名，村集体定期为他们发放最低生活保障金并给予重点照顾。2007年，为村中老人上缴了社会养老保险，每月都可以领到工资，生活有了保障。全村有大专以上学生10多名。2005年，全村90岁以上老人3人。1981年，苗瑞为全村第一家万元户，并购买了全村第一家19寸黑白电视机。

名人能人　20世纪80年代，有郑氏铁匠，从山东推小车落户于此，其手艺远近闻名。

zhaozhuang cun

赵庄村

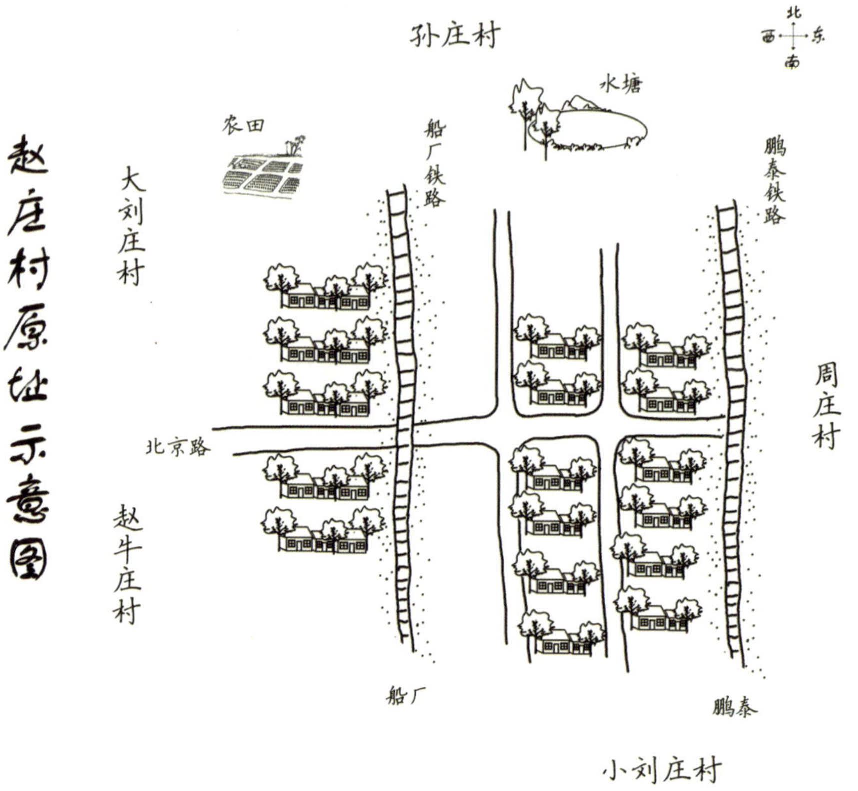

村址 赵庄村位于秦皇岛开发区东区渤海乡政府东北1.6公里处。赵庄村东临周庄、南接小刘庄村、西到大刘庄村、赵牛庄村，北至孙庄村。全村有土地1500亩。其中，民居300亩、水库100亩、河道50亩、荒地沟壕100亩、耕地950亩。村内有由北向南无名小河1条。2005年，全村整体拆迁。2008年，全村返迁至渤海家园第五小区57、59、63～66、68栋楼居住。

村委会

沿革 明代（1368～1644），山东赵氏兄弟俩到此落户建村。赵庄因此而得名。

1995年，划归山海关开发区管辖。2000年，划归秦皇岛开发区管辖。

基础设施 村内东、西、南、北四面各有公路1条。围绕村子四周有荒沟6条，分别是杏家沟、肖沟、陈家沟、老家沟、东沟、黄土坑沟。村内有由北向南无名小河1条，20世纪70年代在河上修建小桥3座。修建水库5座。1969年，全村通电。1977年，修建北向南的水渠1条。1994年秋，全村安装自来水供水设施。2002年，蔬菜大棚配套通电。

人口·姓氏 截至2016年底，全村共214户，540人。60岁以上90人，男性50人、女性40人；未成年100人，男性60人、女性4人；成年390人，男性200人、女性190人。村内姓氏按人口多少排列大致为陈、赵、王、甘、张、李等。

村级机构 1972年之前，赵庄归大刘庄管辖，村内未设村支部。1972年，建立村党支部，历届村支部书记有陈世海（1972～1984年）、陈建奎（1984年～）。2015年，有党员21人。

1952年，成立以拨工、换工、搭具等形式的互助组。1953年，在互助组的基础上大办合作社，成立初级社。1956年1月，成立高级社。1961年，成立生产大队。1976年，与薛庄、大刘庄组成大刘庄联村大队。1984年，联村大队解散。1984年，成立赵庄村委会。历任村主任有赵开发（1984～1997年）、赵开生（1997～2013年）、陈建福（2013年～）。

教育·文体卫 村内适龄儿童到褚庄小学、大刘庄小学就读，初中到黄庄中学就读。20世纪70年代，村内有赤脚医生2名。20世纪80年代，村集体组建秧歌队，全村百余人参加。

农工副业 新中国成立后，村民以种植玉米为主，辅以高粱、大豆、红薯等农作物。20世纪80年代，建米面加工厂2家，方便村民加工

赵庄村原址

小区商业门市

粮食。村民个人开设小卖部2个。

生产队时期，村集体有运输队，有马车7架、拖拉机1台。村民个人有马车10多架、拖拉机2台。一轮土地承包以后，村民开始种植桃树，少量种植苹果树、梨树等；村内有养羊户6户，养羊500只左右。

村民生活及社会保障 赵庄村于2004年11月18日整体“农转非”。2005年，由于永顺泰和、北大荒麦苗项目，全村整体拆迁。2006年，全村返迁至渤海家园第五小区51～68号楼。开发区管委给男60岁、女55岁以下村民每人发放180元/月的生活补助，年龄男60岁、女55岁以上都可以按时领取养老金，每年考上大学、技校的学生可领生活补助。村民住着宽敞明亮的安置楼，享受政府补贴的生活补助费，小区内有用于健身的小公园，晚饭过后，村民在此健身、跳广场舞，邻里关系和谐。2015年，村集体在小区西侧设门市房12间，全体村民入股，年年分红。全村有特困户1户、五保户1户，村集体定期为他们发放生活补助款。

风物传说 村内有土地庙1座，修建年代不详，村北有古树2棵，分别是柏树和松树，均在“文化大革命”时期破坏。另有古井3座，村北、南、西各一座。

nanshuijing cun
南水井村

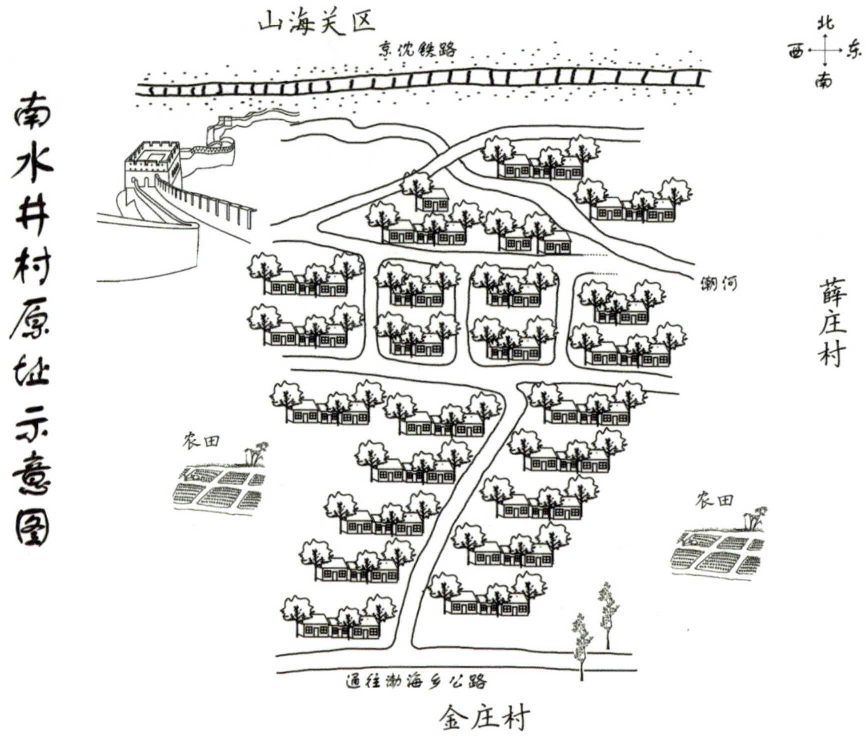

村址　南水井村位于秦皇岛开发区东区渤海乡政府西北2.9公里处。南水井村位于渤海乡西北角，东临薛庄，南接金庄西靠长城，北隔京沈铁路与沙河子相望。全村土地600多亩。其中，耕地540亩、民居占地80多亩、河道6亩、水库3亩。2006年8月，全村征地拆迁。2013年1月4日，返迁入住金水家园小区。村北有东西走向潮河1条，深2米。

村民老房原貌

沿革　清朝（1644～1911）时建村，称暖水井村。抗日战争时期，日军在村内建南大营，并在村南修建水塔1座，故改名南水井村。

新中国成立初期，属山海关区第二村沙河子村管辖。1956年，直接进入高级社，属于长城社。1958年，成立渤海人民公社，属其管辖。1984年，渤海人民公社改建置为渤海乡。1995年，划归山海关开发区管辖。2000年，划归秦皇岛经济技术开发区管辖。

基础设施　20世纪60年代于潮河边修水坝1座，用于水库蓄水。村南有水塔1座。1968年，全村通电。1973年，村集体安装电话，全村铺设200多米水管用于灌溉。1980年，全村安装自来水供水设备。1992年，在村东潮河南岸修建水库1座，水库两面与潮河相通，占地3亩，深4米。

新中国成立前，南水井村有土路4条，东西走向2条、南北走向2条，街道和胡同比较窄而且弯曲不直，交通极为不便。20世纪70～80年代，村集体对村内的所有道路重新规划，去弯取直，加宽了几条主要街道。改建后路面平整，交通顺畅。1994年后，逐年对道路扩建整修，部分道路两侧种上了行道树。2000年，拓宽村内主路、小巷，并在主路两侧种上行道树和花草。2004年，将南北2条主路加宽加长，路两侧种植杨树。

人口·姓氏 截至2016年底，全村有160户，396人。其中，男性150人、女性246人，60岁以上70人、未成年人80人、成年人246人。村内姓氏有王、李、褚、张、陈、马、祖等。

村级机构 1949年，建立党支部，2015年全村有党员32人。李继贵（1949～1978年）任村支部书记。之后有陈宝忠（1978～1984年）、李继贵（1984～1993年）、陈宝忠（1993～2007年）、王忠本（2007年～）担任村支部书记。

1952年，组成互助组。1956年，直接进入高级社。1958年，成立渤海人民公社。1959年，与东洼子、金庄组成联村金庄大队。1961年，联村大队解散。1975年，再次与东洼子、金庄组成金庄联村大队。1983年，生产队解体。1984年，建立南水井村民村委会。陈宝财（1959～1970年）为第一任生产队长，之后，有陈宝忠（1971～1975年）、李桂金（1976～1983年）。1983年，生产队解体，建立南水井村委会。李继贵（1983～1993年）为第一任村主任，之后历任村主任有：陈宝忠（1994～1995年）、王忠本（1995年～ ）。

村委会

教育·文体卫 1976年，在生产队队部院内知青住处办起了南水井小学，由戴老师、吴老师、李老师任教，1979年学校迁入金庄村联村大队新建的校址。1978年，村内有赤脚医生袁英杰，为村民从事医疗服务。1992年，村里组织了秧歌队1个，40人左右。1993年参加乡政府秧歌比赛，获三等奖，5年后秧歌队解散。

农工副业 全村地处丘陵地带，多为旱田，以种植玉米为主，辅以高粱、花生、大豆，红薯等农产品，亩产400～500斤。另有水稻40亩。

20世纪70年代，开设面粉加工厂1个。开办小卖部4个。1994年，村集体自筹资金建大酒店1个，名曰“亨通大酒店”。该酒店为三星级标准，2层，占地10亩，建筑面积2280平方米，内设歌舞厅、餐饮部、服务部等。

生产队时期，建养牛场1个、养猪场2个、运输队1个。其中，养牛场在村东；养猪场设在村中央和村南路边，分别占地2.2亩和3亩，年产猪1000头；运输队有拖拉机4台，55马力1台、12马力3台。为了改善村民的生活，逢年过节村里就杀猪宰牛给乡亲们分肉。1962年，在村西种果树80多亩，主要种植桃树、苹果树。1972年，乡政府建磷肥厂占用果园地，补偿农民每棵树45元。一轮土地承包以后，村民开始尝试大棚种植技术，有蘑菇大棚1个、蔬菜大棚2个。扇贝养殖户1户，有渔船1条。个体运输1户，有拖拉机1台。

村民生活及社会保障 新中国成立前南水井村小农经济分散、落后，运输只能是人担、驴驮，全村无马车。20世纪60～70年代，生产队只有马车3架和小型拖拉机1台用来运送各种货物和拉庄稼。20世纪80年代，又购置大型拖拉机1台，专门用于运输。各家各户就更难了，手推车都很难买到。拆迁后，全村有家庭轿车46辆，有营运手续长年运输卡车4辆、厢式货车2辆、130汽车4辆、面包车4辆，村民出行方便，生活水平大幅提高。

1969年，生产队队部安装第一部电话，到2005年部分家庭已经拥有了手机。

2006年，全村征地拆迁，2013年1月，返迁入住金水家园小区11、15、18～23栋楼。居民生活有了保障，女55周岁、男60周岁以下，村民每人领取180元/月的生活补助；女55周岁、男60周岁以上村民每月可领取1000多元养老金，且养老金每年都在增长。全村有80周岁以上的老人5名，按期领取高龄补助。残疾人和特困户也可以领取到生活补助。衣食住行各方面的改变、生活水平的提高，使人们的精神面貌得到了很大改变。

村民新居

党号召发展经济，提倡发家致富，允许一部人先富起来。祖兴德为村民带了个好头，他首先用“55型”拖拉机经营个体运输，后升级为凌河汽车，成为全村第一名万元户。曾经参加过乡政府召开的万元户表彰大会。之后金永田进行蘑菇养殖、李继贵建蔬菜大棚2个。祖兴生家开起了小卖部，并购买了全村第一台彩色电视机，每天晚上将电视机放在小卖部门口供大家观看，村民们自带小板凳围着看电视，里三层外三层的，场面无比热闹。

风物传说 在村内两条东西路和南北路交叉处右侧，有老榆树1棵，需2～3人合抱，由于树根露出地面影响通行，故修路时砍到。树下有年代不详驸马坟1座，墓内装饰精致，墓道为青砖铺地，内有青砖铺的墓床。陪葬6个大坛子和1个小罐。大坛子以每个0.5元钱卖掉，小罐被饲养员拿到家中用于装破烂。1985年其家人将此罐以30元卖给收废品的“瞎老袁”，“瞎老袁”又以3万的价格卖掉，中间辗转售出多人，最后卖到了三百万，后出海关时被查扣。经鉴定此罐为唐三彩，名将军罐，系国家保护文物，全国只有2个，此为其中之一。

村东河岸的高岗上有建造年代不详的土地庙1座，每当村民家里有老人病故，都到庙里烧纸或上香。庙后有老槐树1棵，树上挂着一口大钟，1966年“文化大革命”时被拆除。

名人能人 赵文明（1928～1986年），参加抗美援朝战争，曾荣立二等功1次。

张国泰（1933～2015年），参加过抗美援朝战争，山西某部队大校，师级干部，后转业任秦皇岛化纤厂支部书记。

葛连元，1934年生，参加过抗美援朝战争，后转业至山海关灯头厂工作。

houling cun

侯岭村

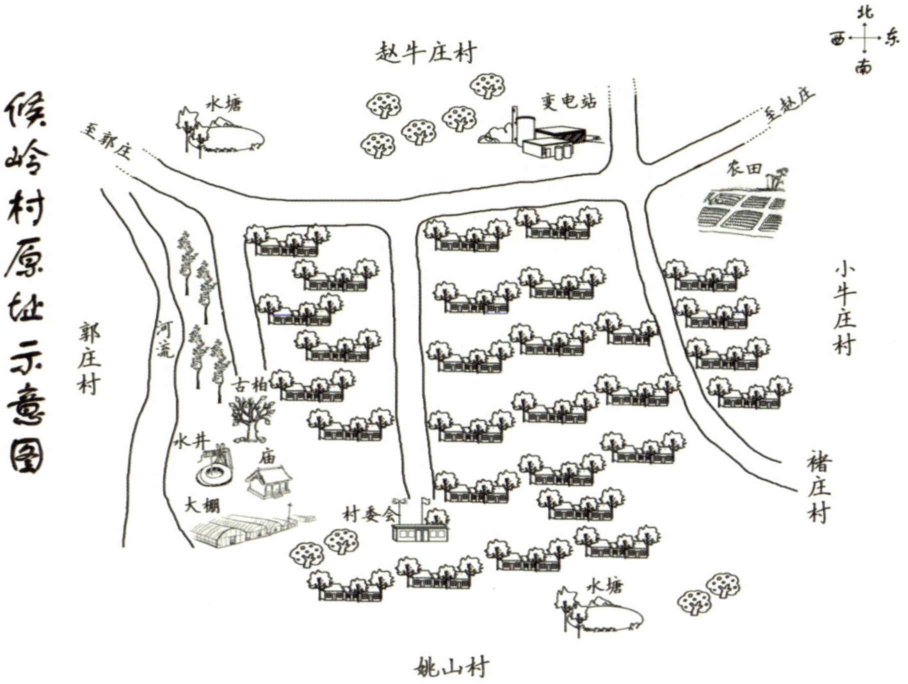

村址　侯岭村位于秦皇岛开发区东区渤海乡政府东北0.86公里处。东临小刘庄村，南接姚山村，西到郭庄村，北至赵牛庄村。全村有土地770多亩。其中，耕地600亩、民居100亩、河道40亩、荒地沟壕30亩。2005年底，全村集体搬迁。2008年11月，返迁入住渤海家园第五小区58、61、67～70、71栋楼。村西有北向南无名小河1条。

村民新居

沿革　明永乐年间（1403～1424），侯姓人家路过此地，在此居住建村，村庄因此取名为侯岭村。随时间推移，侯姓不在此地居住，由陈、范两姓在此居住，后有朱、何、黄、张姓到此定居，随着时间的推移，又有刘、杨、孙等姓迁入。

1982年，渤海乡人民公社改为渤海乡政府，各村改为村民委员会。1995年，随渤海乡划归山海关经济技术开发区管辖。2000年，划归秦皇岛经济技术开发区管辖。

基础设施　拆迁前，村内一直是土路。有荒沟2条，分别为东沟与老沟。村西有北向南无名小河1条，20世纪60年代于河上修建漫水桥1座。1960年，修建由石河水库引入从村西北通村东的水渠1条，并修建蓄水井与之相连。1966年，全村通电。村中有水库8座，村西7座、村南1

小区一景

座。并于20世纪90年代，在8座水库上各修建水坝1座。20世纪70年代，修建喷灌管道，覆盖全村耕地；铺设水泥路。1994年秋，接通自来水管道。2002年，蔬菜大棚通电。

人口·姓氏 截至2016年底，全村有125户，325人。60岁以上60人，男性31人、女性29人；未成年人88人，男性40人、女性48人；成年人177人，男性97人、女性80人。村内姓氏由人口多少排列：陈、范、朱、何、黄、张、刘、杨、孙等。

村级机构 1952年，成立互助组。1953年，成立初级社。1956年1月，成立高级社，农民100%入社。1958年，转入人民公社，侯岭村变为侯岭大队。1977年，由侯岭、赵牛庄、姚山3个大队组成赵牛庄大队，村部设在侯岭，1981年，联村大队解散。1984年，渤海乡人民公社改为渤海乡政府，各村改为村民委员会。

梁万和（1958～1963年）为第一任侯岭大队书记，第二任为张志（1963～1982年）。之后，历任村支部书记有何连生（1982～1995年）、张春和（1995～2005年2月）、张二鹤（2005～2007年）、陈占军（2007～2011年）、马大勇（代）（2012～2015年）、张春余（2015年～　）。

陈贵（1958～1966年）为第一任大队长。何连生（1966～1981年）为第二任大队长。之后历任村主任有范景勤（1982～1984年）、何连生（1984～1994年）、范景富（1994～2003年）、陈占军（2003～2009年）、范宜伟（2009年～　）。

教育·文体卫 村内适龄儿童到黄庄小学就读，中学到黄庄中学就读。村中央有篮球场1个，供村民娱乐健身。20世纪90年代，村民开设诊所1家。1966年，村里有赤脚医生2名。1977年，村集体成立秧歌队，全体社员参加。返迁后，小区内健身器材随处可见，村民享受着新生活带来的健康和快乐。从文化娱乐方面，由原来20～30年前的小型文艺节目发展到居民在休闲广场跳广场舞、健身操，丰富多彩的文化生活给人们带来了快乐。

农工副业 新中国成立后，村民以种植玉米为主，辅以大豆、高粱、红薯等农作物，玉米亩产400～500斤。一轮土地承包以后，村民依旧以种植玉米为主，产量大幅提高。

20世纪70年代，村集体开设养猪场和果园，成立运输队、捕捞队。养猪场有猪100多头，冬季屠宰几头供社员过年；果园有果树100多亩，

第五小区

主要种植桃树、苹果树、梨树等。一轮土地承包后，个别村民开始学习大棚种植技术，有大棚 4 个。少数村民种植桃树、苹果等果树。2000 年，第二轮土地承包完成，村民以种植桃树为主。村里有集体果园，面积 300 亩，每亩地年收入 4000 元，村民生活水平得到很大改善。运输队有马车 5 架、拖拉机 2 台；捕捞队有渔船 3 条，至 1981 年增加大型渔船 1 条。

小区一景

20 世纪 60 年代，开设米面加工厂 1 个。20 世纪 70 年代，成立粉条厂 1 个。20 世纪 80 年代初，村民开设小卖部 2 个。

新的时代，让村民的致富手段多了起来，涌现出一批致富能手，有郭何两姓的村民制作传统水豆腐、有到山海关船厂务工或装卸货物的村民、有经营服装和品牌鞋子专卖店的陈文生、有从事运输业的张刘两姓村民、还有经营公司业务的范姓村民、有从事蔬菜批发业的专业户等，勤劳的村民都在以自己的方式经营着自己的生活。

村民生活及社会保障　2002 年，村民每人每月领取开发区管委发放的生活补助 120 元的，2011 年以后增加为 180 元，残疾人为 320 元。2004 年，开发区对农村实行了“双创活动”奖励政策，年底每位村民获得双创奖金 400 元。每年考入技校、中专、大专和参加培训的学生可以获得开发区管委的奖励，每位考入大学和研究生的学生，都可获得一次性奖励 2000 ～ 5000 元。全村每年考取大学的学生人数不断增加，有研究生 4 名，大学生人数全乡第一。随着开发区的不断发展壮大，2009 年为失地村民上缴社会养老保险，特别是为 60 岁以上的失地老人一次性上缴了全部保费。到 2015 年，村民就享受了社保带来的实惠，每月都可按时领取到养老金。返迁后，开发区管委每年还给每户报销一半的取暖费，这都是开发区的发展建设给村民带来的红利，生活的反差让人们更加珍惜眼前的美好。

国家和开发区的政策不断完善，对残疾人、特困家庭的照顾也逐年提升，民政部门每年都给他们发放生活补贴，村民不再为养老发愁，精神面貌更有着极大的改观。

风物传说　村西曾有坐北朝南的土地庙 1 个，20 世纪 60 年代拆除。庙前正南西边有老柏树 2 棵，树龄有 300 年；庙西有水井 1 口，有 100 多年的历史，水质纯净甘甜，常有附近村庄村民来此提水。2013 年，在此基础上建成开发区东区中心公园，为人们休闲养生之地。

yaoshan cun

姚山村

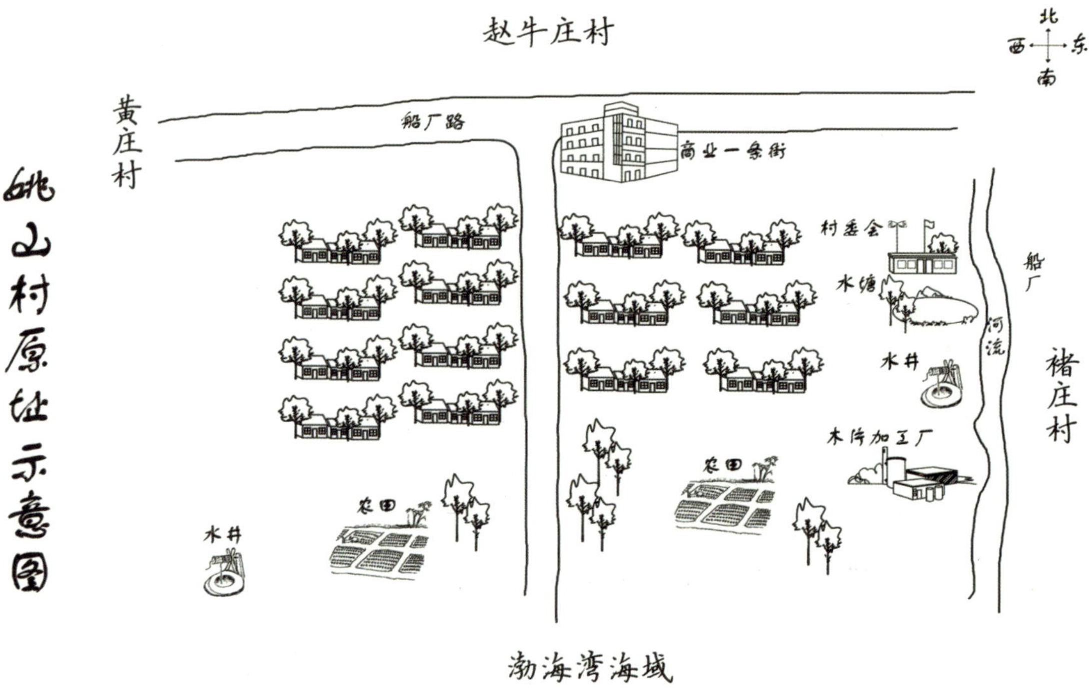

村址 姚山村位于秦皇岛开发区东区渤海乡政府西北 0.48 公里处。东临褚庄村，南接渤海湾，西到黄庄村，北隔船厂路与赵牛庄村相望。1980 年，全村土地面积 800 亩。其中，耕地 560 亩、民居 80 亩、沟壕荒地 160 亩。2004 年，全村整体拆迁。2005 年，返迁至渤海家园第一小区 1 ～ 6 栋楼。

沿革 明朝永乐年间（1403 ～ 1424），姚氏三兄弟由山东省逃荒路过此地，定居建村，起名姚山庄后演变为姚山村。1950 年，建立初级社，

姚山村商业楼奠基典礼

村民秧歌队

村委会所在地

称姚山生产大队，归渤海人民公社管辖。1952年，进入高级社。1961年，生产队更名为姚山村。1978年，与侯岭、赵牛庄合并改为侯岭大队姚山生产队。1984年，更名为姚山村村民委员会。1995年，划归山海关开发区管辖。2000年，划归秦皇岛经济技术开发区管辖。

基础设施 20世纪50年代，村内有南北走向土路2条，东西走向土路1条。村东有老河道1条，1972年山海关船厂建厂时期经修缮变为船厂河道，20世纪80年代，由山海关船厂投资在船厂河道建6孔蓄水闸1座、水库1座，水库占地1.5亩。20世纪90年代，扩建古井1座。1992年，全村安装自来水、液化气设施。1996年，实现电视、移动通信网络全覆盖。返迁后，开通1、13、301、35路公交车。

人口·姓氏 新中国成立初期，全村48户，160人。其中，男性90人、女性70人。1999年，全村146户，386人。其中，男性196人、女性190人。2010年，全村243户，460人。其中，60岁以上90人、未成年人70人、成年人300人。截至2016年底，全村200户，450人。其中，男性224人、女性226人，60岁以上100人、17岁以下54人、成年人296人。

村内姓氏按人口多少排列的顺序为姚、周、刘、王、孙、赵、朱、杨、岳、田、庞、董、罗、李、梁。

村级机构 新中国成立后，建立中共姚山村党支部，有党员5名。周玉（1950～1968年）为第一任村支部书记，之后历任村支部书记有刘富纯（1968～1983年）、刘富明（1983～1992年）、周杰（1992年～）。2015年，有党员20名。

1950年，建立初级社，称姚山生产大队。1952年，进入高级社。1978年，与侯岭、赵牛庄合并改为侯岭大队姚山生产队。1984年，更名为姚山村村民委员会。20世纪50～60年代，梁万元、姚玉山担任生产队长，之后历任生产队长有周福（1970～1975年）、王凤潮（1975～1979年）、周杰（1980～1983年）。1984年，成立姚山村村民委员会，周杰（1984年～）担任村主任。

教育·文体卫 姚山村适龄儿童到黄庄小学就读，初中到黄庄中学就读。拆迁后，到开发区第二中学就读。20世纪60年代，成立秧歌队，村民踊跃参加，最多时参加人数70人。20世纪90年代，成立健身舞蹈队和舞龙队，舞蹈队23人、舞龙队20人。20世纪80年代，建立医务室，有医生1名，村民可以小病不出村。

农工副业 20世纪50～80年代，村民主

乡政府为辖区村民建设的农贸市场

要以种植玉米、小麦、水稻、高粱、大豆、花生等农作物，为村民主要收入来源。1970～1975年，村民以种植香瓜来增加收入。种植面积30亩，亩产约850斤。2000年以后，村民开始种植桃树、苹果树、梨树等果树。

20世纪70～80年代，村里建立运输队和海洋捕捞队，运输队有马车5架、拖拉机4台、解放卡车3辆；捕捞队最多时有渔船18条。1994年，村集体发展海上养殖业，养殖扇贝400台（每台长100米左右，挂100个饲养笼）。1993年，引进唐山丰南冶炼厂，生产的轧钢，供应天津轧钢厂。后来为获得更大收益，村里开办了轧钢厂，1998年停办。

1985年，村集体于船厂路南侧修建商业门市房18间，对外出租，建筑面积550平方米，形成了船厂路南商业一条街。2001年，将原来的平房拆除建设商业综合楼1栋，共4层，建筑面积6770平方米，对外出租；2003年，在山船路南建设商业综合楼1栋，共4层，建筑面积6008平方米，对外出租；2007年，在河北中路建设综合楼三期，共4层，建筑面积15442平方米，对外出租。以上出租的全部收益村民按股份分红。一轮土地承包后，有村民个人开办小卖部。

方便村民购物的商业门市

村民生活及社会保障　2004年之前，大部分村民以外出务工和渔业为主要经济收入。拆迁后，村民以征地生活补助、外出务工、养老保险补助、村集体房租收入分配为主要收入来源。村里有特困户1户，定期发放救助款，并对16名残疾人做重点照顾。

风物传说　村东南有古井1眼，修建时间不详，一直为村民提供生活用水至拆迁。

名人能人　周杰，秦皇岛市山海关人。1980年参加工作，1992年1月开始任姚山村党支部书记兼村委会主任。1980～1983年，带领广大社员大搞积肥造肥运动，从事运输业以副养农。1994～1997年，为发展壮大集体经济成立国兴实业开发公司，从事海水扇贝养殖。2001年，在山船路建设商业综合楼一期工程，建筑面积

村民新居

姚山村秧歌队庆祝改革开放30周年

6770平方米。2003年，在山船路南建设商业综合楼二期工程，建筑面积6008平方米。2003年3月，开发区引进哈动力项目，配合开发区征地工作。2004年4月，开发区引进天威保变项目，配合开发区实行统一拆迁征地工作。2002年以后，管理村商业综合楼对外出租、维修、检修、管理等工作。2007年，在河北中路建设商业综合楼三期工程，建筑面积4300平方米。截至2016年底，村集体资产突破1亿元，年收入280万元，村民人均集体年收入4100元。

荣誉　1994年，周杰被秦皇岛市委评为“1992年至1993年度农业劳动模范”。1994年，被秦皇岛市委评为“市优秀共产党员”。1995年，被秦皇岛市委评为“市奔小康先锋共产党员”。1996年，被秦皇岛市委市政府评为“秦皇岛市法制宣传教育先进工作者”。2004年，被秦皇岛市司法局评为“2003年度优秀人民调解员”。2006年，被秦皇岛市委政府授予“2001～2005年全市法制宣传教育先进个人”。2007年，被秦皇岛市司法局授予“2006年度优秀人民调解员”。2007年，被秦皇岛市委评为“市优秀共产党员”。2008年，被河北省人事厅评为“2006～2007年度河北省农村优秀实用人才”。2009年，被河北省委、秦皇岛市委评为“优秀村党组织书记”。2010年，被秦皇岛市委授予“优秀共产党员强村富民书记”。2012年，被秦皇岛市精神文明建设委员会评为“秦皇岛市第二届文明村官”。2013年，被秦皇岛市精神文明建设委员会授予“第四届秦皇岛市道德模范”。同年，周杰被秦皇岛市精神文明建设委员会授予“2013年度秦皇岛市平民偶像”。

2011年，姚山村被秦皇岛食品药品监督局评为“创建食品药品安全放心城市药品安全示范村”。

xuzhuang cun

徐庄村

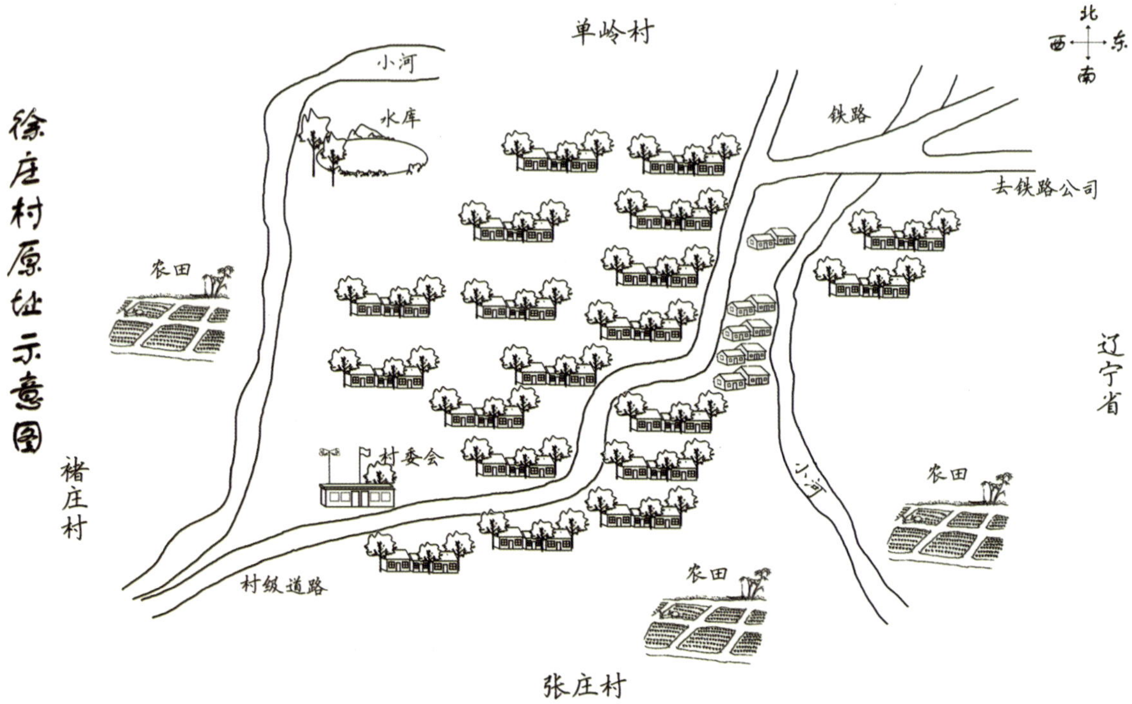

村址　徐庄村位于秦皇岛开发区东区渤海乡政府北0.8公里处。东临辽宁省，南接张庄村，西到褚庄村，北至单岭村。1978年，全村总面积680亩。其中，耕地面积580亩、民居70亩、河道30亩。2004年，整体拆迁。2006年，返迁至渤海家园第三小区31、32、34、37栋和36、29栋部分单元。

村民入住的渤海家园第三小区

沿革　据村里老人讲最初有徐姓人家在此村居住，起名为徐庄，后徐姓人家搬出。1952年，归赵牛庄乡管辖。1995年，划归山海关开发区管辖。2000年，划归秦皇岛经济技术开发区管辖。

基础设施　1973年，渤海乡政府修建东西走向沟渠200米，源头位于石河水库，主要用于全村农作物的灌溉，3年后废弃。全村南北、东西走向主路各1条，为土路。建村时挖古井1眼，位于村东北方向。有水塘3座，村北、村西、村南各1座。全村有南北走向无名小河1条，汇入渤海。1986年，增加房屋面积2300平方米，基本实现电气化。1986年，全村安装自来水供水设备。

人口·姓氏 新中国成立初期，全村有18户，112人。其中，男性67人、女性45人。1999年，全村118户，290人。截止2016年底，全村132户，342人。其中，60岁以上40人，男性21人、女性19人；未成年人52人，男性26人、女性26人；成年人250人，男性130人、女性120人。村内姓氏有陈、张、梁、褚、王、高、许等。

村级机构 褚德阳（1956～1973年）担任村书记。之后，历任村书记有张元（1974～1978年）、梁万忠（1979～1981年）、褚守贵（1982年～）。

1953年，成立初级社。1956年1月，成立高级社。1961年，为徐庄村。1974年，改为徐庄大队。1978年，改为徐庄村生产队。1980年，徐庄大队改为徐庄村生产队。1984年，更名为徐庄村民委员会。褚守忠（1978～1999年）担任队长、村主任。之后历任村主任有：陈志余（1999～2003年）、梁宝清（2003～2012年）、褚春生（2012年～）。

教育·文体卫 全村适龄儿童到楚庄小学就读，中学在黄庄中学就读，拆迁后在开发区第二中学就读。1999年成立秧歌队1支，队员发展到30人左右，2006年解散。20世纪70年代，有赤脚医生1名，2000年开个体诊所1个，返迁后小区安装健身器材数套。

农工副业 全村迁拆前主要种植高粱、玉米、大豆等农作物，亩产约300斤。20世纪80年代，开设首个小卖部，后期陆续开设商店2个。村民通过多种经营来增加收入，有10余条船从事捕捞和海水养殖业，20世纪90年代，村里万元户迅速增加。

村民生活及社会保障 2006年，全村返迁至渤海家园第三小区32、34、36、37栋楼居住，每户都有2～3套楼房。大部分家中购买了轿车，家家户户都安装了电视、电脑、空调，实现电气化。部分年轻人到区内企业工作，企业为他们上缴“三险一金”或者“五险一金”。开发区管委

村民新居

为男60、女55岁以上失地农民上缴养老保险，为他们解决了后顾之忧。全村有五保户2户、移民1户4人、残疾人8人。在读大学生6人，80岁以上老人5人。

新中国成立前，徐庄村民赶集、串亲戚一般都是步行。少数村民坐马、牛、驴等牲口拉的四网车、花轱辘车，速度非常慢，走十几里路就要用半天时间。新中国成立后村民家中有了自行车，道路也修成了石子路，出行就开始方便了。20世纪70年代，有了手扶拖拉机、四轮拖拉机，出行就更便利了，可以做点小买卖。20世纪80～90年代，自行车、三轮车、摩托车、农用三轮车、面包车、小轿车等各种交通工具发展很快，使村民的出行更加方便。2000年以后，出现了电动自行车和电动三轮车，取代了自行车，村民出行也可以乘坐公交车。生活水平逐渐提高，村民可以乘坐火车、轮船、飞机等交通工具到全国各地旅游。

guozhuang cun

郭庄村

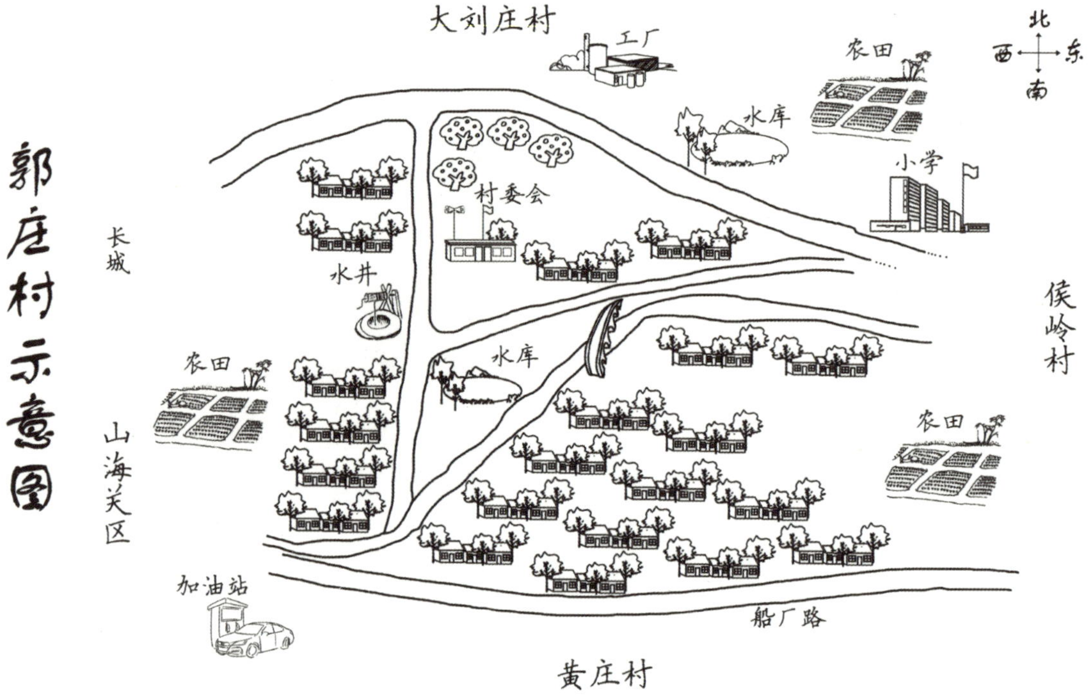

村址 郭庄村位于秦皇岛开发区东区渤海乡政府西北0.75公里处。东临赵牛庄村、侯岭村，南接黄庄，西到老龙头长城，北至大刘庄村。该村在土地面积上是渤海乡的第二大村庄。全村土地面积总占地2500余亩。其中，耕地面积1640亩、民居480亩。新中国成立初期，村内有由北向南流向小河2条，分别位于村中和村西，通往西姜庄汇入渤海，源头位于朱庄。到2016年，村西河流依然保留，村中河流干枯。2007年，全村征地拆迁。2016年，大部分村民回迁渤海家园第六小区。

村民新居

沿革 明洪武十四年（公元1381年），元帅徐达镇守山海关城，为防外军入侵，在古城西门外贴黄榜招揽能工巧匠，制造4把108斤重的铁锁以锁住山城4门。有山东济南府郭家窝棚村村民郭福，逃荒讨饭经过此地，揭黄榜，打造出了铁锁。徐达将军高兴之余，让郭福骑上自己的宝马奔跑一圈，所圈之地归其所有。郭福骑马向南跑去，在离海不远处圈了一块肥沃土地，定名为郭庄。自此郭家在此世代相传，后来演变成自然村4个，分别为郭庄、朱庄、崔台子、小王岭。

1995年，郭庄划归秦皇岛市山海关区经济技术开发区管辖。2000年，划归秦皇岛经济技术开发区管辖。

基础设施　八国联军入侵时，曾在该村建营盘1座，位于村北，现址附近为开发区第二中学，当时营盘占地30亩。20世纪70年代，该村建砖厂，营盘围墙遭到不同程度破坏，后期受到国家文物单位保护，列为重点遗址。村中有水塘7个。其中，20世纪60年代，人工挖掘形成2个，位于村北有2个，分别为大坡井和小坡井。此外，该村有古井3眼。新中国成立初期，村内有通往山海关区的南北走向土路1条，位于村中。村中有干渠1条，北起赵庄，南至黄庄，总长约3000米。1973年，在村南修建山海关通船厂的水泥公路1条。1982年春，全村通电，接通自来水管道，安装了卫星收视。1996年，实现电视通讯网络全覆盖。

人口·姓氏　新中国成立初期，全村70户、290人。截至2016年底，全村270户，740人。其中，男性351人、女性387人，60岁以上人口138人、17岁以下108人。全村人口姓氏按多少排列为郭、张、朱、王、焦、赵、崔、郑、闫、付、曹、贾、高、梁、李、陈、黄、姜、周、褚、徐、尤。

村级机构　新中国成立初期，崔林为第一任党支部书记，姜有任革委会主任。之后有焦振东、褚德宽、张永富（1982～2009年）、郭连华（2009～2017年6月）相继担任村党支部书记。2016年，全村有村民小组17个，党员23人。

1952年，成立互助组。1953年，组成初级社。1956年，进入高级社。1958年，成立人民公社。1966年，改生产大队，设大队部。1984年，大队部更名为村民委员会。郭富、张祥久任大队长。之后，有郭洪志（1982～2009年）、郭连华（2009～2012年）、高义（2012年～）相继担任村主任。

教育·文体卫　1953年，在郭庄建黄庄中学，全村孩子都到黄庄小学就读，初中到黄庄中学就读。2007年，黄庄小学迁入黄庄中学，合并称之为秦皇岛经济技术开发区第二中学。20世纪70年代有赤脚医生3人。2006年成立秧歌队，有队员约30余人。

农工副业　1982年，实行土地包产到户，大多数农户以种植、养殖业为主，主要种植玉米、高粱、大豆、小麦、蔬菜等农作物，后又种植苹果树50亩。20世纪60年代，村内有2艘船从事渔业生产活动，属集体所有。之后有7户农民开始从事海水养殖及捕捞业，到2016年仅存3家，属个体经营。该村有6家从事大棚种植，2016年拆迁前停业。

20世纪70年代初，有米面加工厂1个，位于村中，属集体企业，20世纪80年代初停业。20世纪70年代初，有缝纫铺和小卖部各1个。

村民生活及社会保障　新中国成立初，每户村民有耕地三、四亩，分配很零散，只能种些大田农作物，靠天等雨种地，打下的粮食也不多，除了交公粮，剩下的只够一年的口粮，壮劳力在农闲时出去打些短工，挣点钱补贴家用，也只能解决温饱问题，生活还是有很多困难。1982年，郭庄生产队集体为每户补助100元，个人出资一

小区环境

部分购买14寸黑白电视机。

2004年，开发区管委为村民上缴农村合作医疗保险，给特困人员减免个人应交部分的费用。2006年，征用全村土地，由秦皇岛开发区管委给每位村民发放生活补助费120元/月，2015年增加为180元/月。失去土地的村民有的外出务工，有的经营小生意。2008年，秦皇岛开发区管委、村集体、村民个人三方出资为女50岁、男60岁以上村民上缴养老保险，每位村民可领取1000余元/月的养老金，80岁以上村民可领取1600余元/月的保险金，民政部门还发放每人1元/天的补贴费。全村有特困户7户、残疾人10余人、五保户1户，民政部门按季度为他们发放补助费，开发区管委财政也为他们发放50元/月的失地补助。2016年，村民大部分已返迁入住渤海家园第六小区。小区内设有门卫、保安、执勤人员，还有保洁员负责打扫小区内卫生。小区种植各种花草树木，环境优雅整洁，设有健身场地、健身器材，方便村民早晚锻炼身体。小区外娱乐广场有秧歌队、广场舞队、唱歌队，附近的居民都乐于参加，业余生活丰富多彩。小区附近设有学校、医院、农贸市场满足人们的生活需求。2016年，全村80岁以上老人5人。

风物传说 八国联军入侵时，曾在该村建营盘1座，位于村北，占地30亩。20世纪70年代，该村建砖厂，营盘围墙遭到不同程度破坏，之后受到国家文物单位保护，列为重点遗址。

名人能人 崔宪文，1928年生，曾任山海关区组织部部长，已过世。

崔宪武，曾任海滨公安局局长，已退休。

郭连华，致富能手，经营棉纺厂、宾馆等实体经济。

郭文，民间手艺人，经营有郭大拿开锁。作为山海关唯一一位“全国先进个体工商户”称号获得者，61岁的郭文凭借精湛的开锁技艺和一

营盘旧址

颗火红的公益心，赢得众人赞赏。“郭大拿”是他的外号，也是他的开锁公司的注册商标名称，而且他还用这个名称设置了一面爱心墙。郭文还利用小店自揽了一个活儿——义务帮居民收快递。为了防止出错，他专门准备了一个记录本，快递员送来包裹要登记，取快递的居民也要签字，他的这份细心得到附近很多居民信任，甚至连对面小区的人都让他帮着收快递。2015年3月4日，郭文组织成立了“郭大拿雷锋志愿团队”，到2016年已有150多名志愿者，他们为外地游客义务指路，为酷暑中的户外工作者送水，慰问孤寡老人……。2015年12月5日，在北京人民大会堂金色大厅，作为“全国先进个体工商户”的郭文得到李克强总理接见。这段经历给了他很大鼓舞，他做好事的原因很简单，就是为了温暖更多的人，这是最有意义的事。

huangzhuang cun

黄庄村

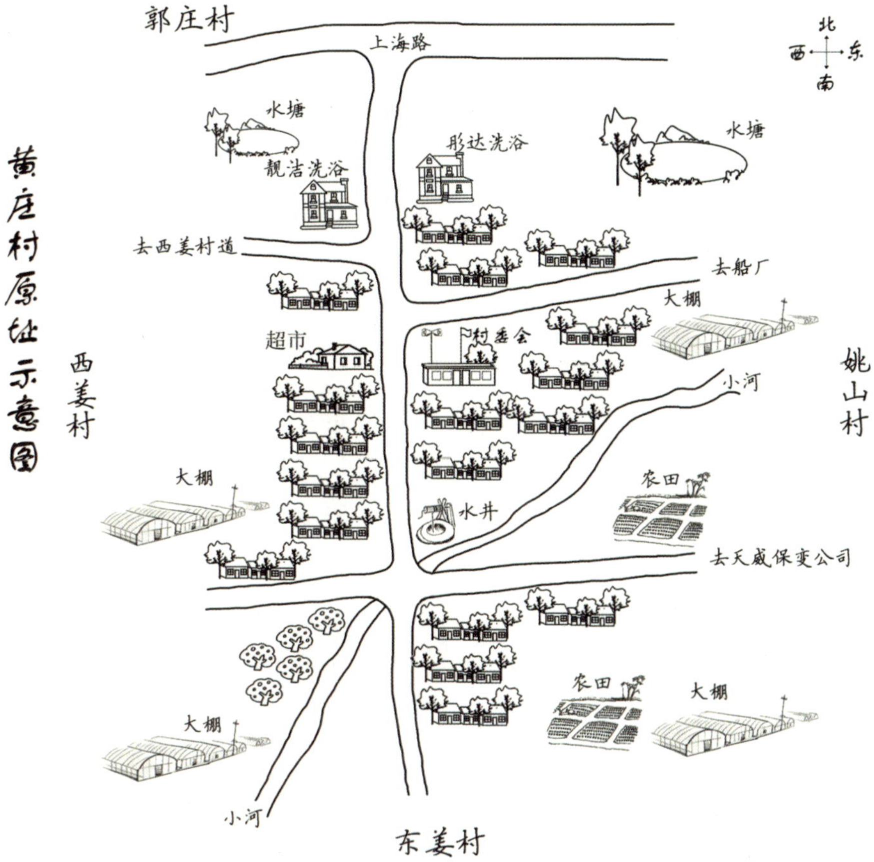

村址 黄庄村位于秦皇岛开发区东区渤海乡政府南0.38公里处。东临姚山村，南接东姜庄村，西到西姜庄，北至郭庄村。新中国成立初期，全村有土地760亩。其中，民居60亩、耕地560亩，河道40亩，至2016年底有耕地480亩。村域中有河1条，南北走向，名为东河湾，常年有水，源头位于该村与郭庄交界处。2006年11月，整体拆迁。2012年11月，返迁入住金江家园小区一区16～18栋，2区22～25栋。

村委会

沿革 清朝时期，有姚氏两大家族由山东迁到此地居住，因位于姚山村西侧，故命名“西姚山”，后更名为黄庄村。该村起源于庄南，以河为分界线，分为庄南和庄北，后期大部分庄南村民逐步向庄北转移，庄南只有少数人家居住。1951年，建黄庄边防派出所。1995年，划归山海关开发区管辖。1995年，山海关开发区征占部分黄庄土地。2000年，划归秦皇岛经济技术开发区管辖。

基础设施 建村初期，该村有南北、东西走向土路各1条，拆迁后，南北走向主路依然保留。村东河湾上建桥1座。村北建有500长50米宽的沟渠1条，村东南方向也有长70米、宽40米的沟渠1条，主要用于全村农作物的灌溉。该村有古井2口，村东1口，灌溉100亩地，村中心位置也有1口，可灌溉50亩地，2016年依然保留。20世纪70年代，村里修水泥路。1969年，全村通电。1994年秋，全村安装自来水供水设施。2002年，蔬菜大棚配套通电。

人口·姓氏 新中国成立初期，全村26户，86人。截至2016年底，全村132户，342人。60岁以上85人，男性54人、女性31人；未成年人56人，男性32人、女性24人；成年人201人，男性123人、女性78人。村内姓氏按人口多少排列为：姚、王、周、张、赵、梅、佘、刘、李、孙、金。

村级机构 新中国成立后，建立中共黄庄村党支部。王发（1953～1967年）为第一任村党支部书记，之后有孙守业（1968～1975年）、姚贵（1976年）、张宝安（1977～1999年）、金顺祥（1999年～）相继担任村党支部书记。2015年，有党员17名。

1952年，成立互助组。1953年，组成初级社。1956年，进入高级社。1978年，改为黄庄大队。1984年，更名为黄庄村村民委员会。新中国成立后，王发（1950～1963年）、赵春（1963～1987年）、佘东尧（1987～1996年）、张宝安（1996～2000年）、姚志（2000～2003年）、周德（2003～2008年）、赵铁民（2008年～）相继任大队长、村长、村主任。

教育·文体卫 1949年，建黄庄小学，全村及周边村落各阶段适龄儿童在该校就读，有班级6个、教师4人、学生60人。1953年，在郭庄建黄庄中学。2007年，黄庄小学和黄庄中学合并，称之为开发区第二中学。1976年，村里开始陆续有赤脚医生，1986～1996年，开办个体诊所1个。20世纪90年代，成立秧歌队和舞蹈队，队员20余人，主要活动场所在船厂俱乐部。村集体1998年购买了音乐器材和服装道具，统一保管。2016年村集体有活动场地2亩，篮球场地3亩。

农工副业 全村有耕地560亩，因地处平原地带，以种植玉米为主，辅以蔬菜、花生、大豆、红薯。

20世纪50年代，生产队有摇橹渔船2条，从业人员9人。1984年，开始有6马力柴油机个体渔船从事渔业生产活动。1986年，全村渔船猛增到38条。同年，河北水产研究所将扇贝

黄庄生态农业基地

黄庄蔬菜大棚

养殖技术在村内示范推广，以孙守业为代表的个体养殖户，当年取得良好经济效益。1988 年，渔船达到 46 条，柴油机更新至 12 马力，实现捕捞、养殖多种经营。该村是沿海 4 个渔业较发达的村落之一，最多时全村曾经有 80% 的村民从事捕捞和养殖。

2000 年，由于渔业资源逐年匮乏，捕捞和海水养殖经济效益下滑，加之 2003 开发区管委取消渔业捕捞作业，进行沿海治理，时逢第二轮土地承包，村民弃船上岸，学习蔬菜大棚种植技术。2001 年春，全村蔬菜大棚达到 280 座，到 2002 年全部实现通电，达到“棚旁有井，井旁有电”的规模。种植品种有秋、冬季种植两茬生菜，春、夏季种植油豆角、西红柿、黄瓜等茄果类蔬菜，全村实现年经济收益 430 万元，从业人员达 196 人。

1993 年，有榨油厂 1 个，2003 年停业。粉条加工厂、米面加工厂各 1 个，都于 1984 年停业。1970 年，建供销合作社 1 个，20 世纪 80 年代初，停业，以上都属集体企业。之后，陆续有个体小卖部 4 家。

黄庄村一景

村民生活及社会保障 全村以捕捞、养殖多种经营为主，出现了“夫君出海捕鱼，妻儿岸边翘望，或黄昏唱晚，或日照三竿，渔船归来，马达声响，看见鱼虾满仓，螺贝满筐，渔房内外顿时笑语飞扬，海滩上一片交易繁忙”的渔村生活景象。

水塘

1986 年，全村从事渔业活动，万元户逐渐增多。2012 年 11 月，全村返迁入住金江家园小区 1 区 16 ～ 18 栋，2 区 22 ～ 25 栋。村民都住上了“6+1”居民楼，各家各户都分有 2 ～ 3 套房子。村民家中冬天有暖气、夏天有空调，部分人家还购买了小轿车。家家都安装了电视、电话、电脑。村中年轻人基本上都到区内的企业上班，企业为员工上缴了“三险一金”“五险一金”。全村有残疾人 6 名，村集体发扬助残扶残的光荣传统，在社区营造助残扶残的良好氛围。每逢重大节日，村委会对村中的残疾人进行节日慰问，为他们送上慰问品。渤海乡政府及两委班子经常去残疾人家中走访、慰问。

名人能人 姚洪，烈士，1925 年生人，1949 年入伍，1950 年 11 月在朝鲜战场牺牲。

王发，1925 年生，20 世纪 70 年代获“唐山地区劳动模范”称号。

金顺祥，获秦皇岛市首届“海岳”文学奖，作品入选《洁白的鸽群——秦皇岛诗选》等专辑，并在全国各地城市形象宣传语征集中获奖百余次。

meizhuang cun

梅庄村

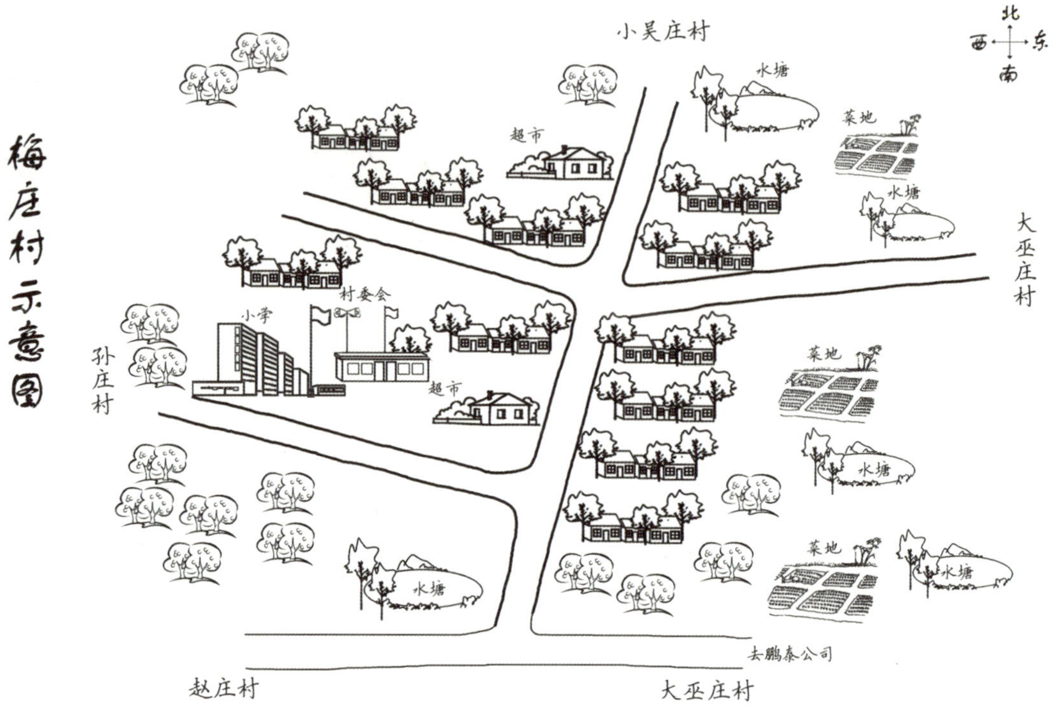

村址 梅庄村位于秦皇岛开发区东区渤海乡政府东北2.8公里处。东临大巫庄，南接赵庄、大巫庄村，西到孙庄村，北至小吴庄村。全村土地总面积700亩。其中，耕地400亩、民居200亩、5个水库大约占地100亩。2008年，全村征地拆迁。村民返迁入住渤海家园第五、六小区和金水家园。

沿革 1995年，该村划归山海关开发区管辖。2000年，划归秦皇岛经济技术开发区管辖。

基础设施 村中有南北土路1条。1969年，全村通电。1970年，陆续修建完成水库5座，占地100亩左右，村东3座，村南2座。1976年，有石河水库引水修干渠1条。1994年，全村安装自来水供水设施。

人口·姓氏 截至2016年底，全村56户、211人。其中，男性110人、女性101人，60岁以上老人40人、未成年人50人、成年人121人。村里姓氏有马、王、李、张、孙、涂、刘等。

村级机构 吴占臣（1950～1972年）为第一任村支部书记。之后历任村支部书记有李录林

梅庄村一景

（1973～1979年）、李银（1979～1990年）、刘忠良（1991～2000年）、马俊林、（2000年～）。全村有党员8人。

1952年，组成互助组。1953年，在互助组的基础上形成初级社。1956年1月，成立高级社。1974年，与小吴庄、孙庄、大巫庄、杨庄成立梅庄联村大队。1979年，联村大队解散。1984年，成立梅庄村村民委员会。李录林（1956～1966年）为第一任生产队长。马德兴（1966～1981年）为第二任生产队长。之后，历任村主任有李银（1981～1991年）、刘忠良（1991～2000年）、马俊林（2000年～　）。

教育·文体卫　20世纪50年代，建立梅庄小学，2003年停办。1965年，村中有赤脚医生2名。

农工副业　新中国成立后，全村以种植玉米为主，辅以花生、高粱、红薯、大豆等农作物。一轮土地承包后，大部分村民以种植果树为主要生活来源，主要种植品种有桃树、苹果树、梨树等，种植面积300多亩，年产量150吨。养鸡3户。拆迁后，有养羊户1户，有羊200只。1978年，联村大队有面粉加工厂1家，1982年停办。2015年，全村有小卖部2家。

村民生活及社会保障　新中国成立后，村民以种地为主。到了20纪90年代，村民家家户户种植桃树和苹果树，个别农户开始从事蔬菜大棚种植业和养殖业，收入的提高带来了生活水平的提升，村民家中安装了电视、电话、电脑，基本实现电气化，丰富了业余文化生活。2007年，全村土地被征用，村民返迁入住渤海家园第五、六小区和金水家园。小区内设有监控、门卫、保安保障居民的安全，并设有健身器械方便大家锻炼身体，秦皇岛开发区为每位村民发放生活补助费120元/月，2015年，增长为180元/月。三方出资为每位村民上缴养老保险，解决了老人的后顾之忧，减轻了儿女的负担，结束了老人单纯依靠儿女养老的生活模式。按时给残疾人、特困户发放补助，村集体对其进行特殊的照顾和帮助，全部村民都过上了幸福生活。

风物传说　村内有土地庙1座，建造年代不详，20世纪60年代拆除。有大柏树1棵，有几百年树龄，拆迁后被挖走。

chuzhuang cun
褚庄村

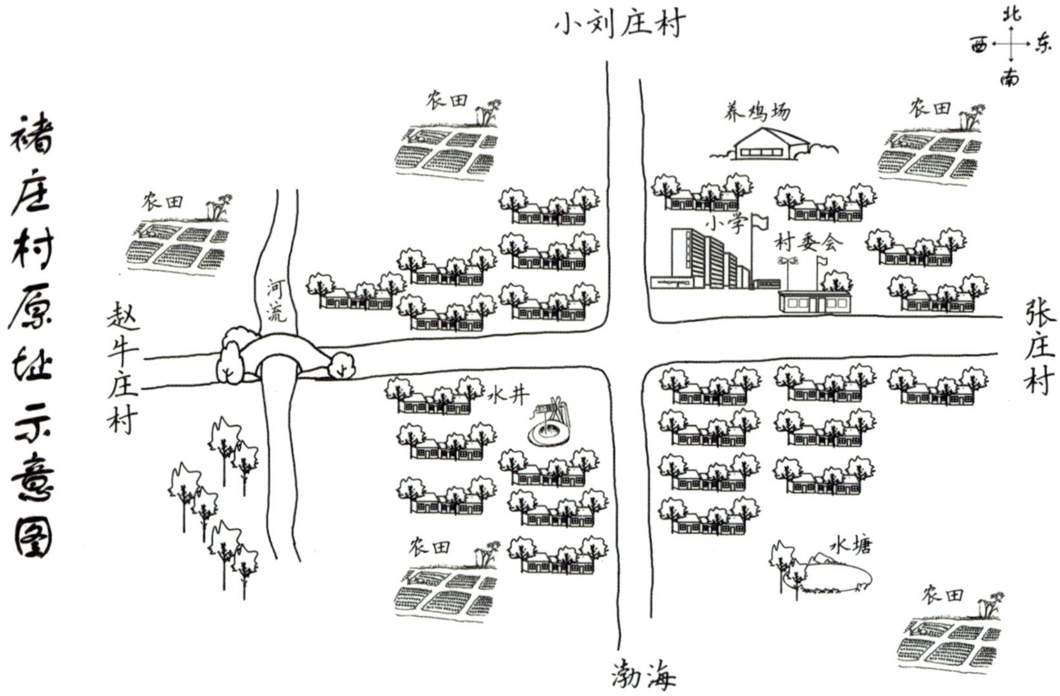

村址 褚庄村位于秦皇岛开发区东区渤海乡政府东北1.5公里处。褚庄村东临张庄村，南接渤海，西到赵牛庄，北至小刘庄村。全村土地总面积1070多亩。其中，耕地720亩、民居300亩、河道50亩。随着山海关船厂的建立及开发征用土地，截至2003年底，全村土地总面积800多亩。其中，耕地近500亩。村中有小河2条，占地约50亩。其中，一条河在村中央穿过叫四清河；另一条在村西面叫庄西河。2003年，成为秦皇岛开发区东区第一个拆迁的村庄。2004年，全村返迁至渤海家园二区。

村民入住渤海家园第二小区

沿革 明朝永乐年间（1403～1424），褚庄有一条南北走向的河流，河的西面只住着代姓人家1户，名叫代庄。褚氏两兄弟从山东迁到此处，在河的东面安家立业，娶妻生子，繁衍后代，由此取名褚庄。后两村合并称褚代庄。后来代姓村民迁出，只剩褚氏一族，因此褚代庄改名褚庄。之后以梁瑞琪为代表的梁姓及梁姓女婿贺家、辽宁田姓村民先后迁入，形成了以褚、梁、贺、田4大姓氏为主的褚庄。

1956年，归赵牛庄乡管辖。1958年，成立渤海人民公社，属其管辖。1984年，由渤海人民公社改为渤海乡人民政府，属其管辖。1995年，划归山海关开发区管辖。2000年，划归秦皇岛开发区管辖。

基础设施 褚庄村的交通主要以土路为主，东西走向、南北走向土路各1条。山海关船厂建厂以后，修建通往山海关的铁路1条。随着船厂的逐步发展，该条铁路停运，改为货物专用运输线路。1964年3月，全村通电。20世纪70年代，村里修水泥路。

1991年，将村中央原有的一口深井做为水源改建成自来水供水设施通入村民家中，使村民结束了“担水做饭、挑水浇园”的生活。村中有小河2条，1986年，在通往赵牛庄的河上修建小桥1座。

人口·姓氏 新中国成立后，褚庄村有120户，285人。60岁以上40人，男性26人、女性14人；未成年50人，男性26人、女性24人；成年195人，男性100人、女性95人。截至2016年底，全村338人，120户。其中，60岁以上51人，男性27人 、女性24人；17岁以下44人，男性20人、女性24人；成年人243人，男性129人、女性114人。以褚、梁、贺、田4大姓氏为主。

村级机构 第一任党支部书记为梁万祥

村委会

（1952～1984年），之后历任村支部书记有梁首付（1985～1996年）、梁万普（1997年～）。2015年，全村共有党员19名。

1952年，组成互助组（大约10户左右，50多人）。1953年，在互助组的基础上形成了初级社。1974年，与张庄、徐庄成立张庄联村大队。1983年，联村大队解散。1984年，成立褚庄村民委员会。第一任生产队长褚德田（1949～1952年）。之后，担任村主任的有梁守贵（1952～1993年）、褚守纪（1994～1997年）、梁守贵（1997～1999年）、梁艳敏（女）（2000～2003年）、梁立新（2003～2009年）、梁艳敏（女）（2009年～ ）。

教育·文卫体 新中国成立以后，由村民褚德维创建私塾1所，村里的孩子可以就近上学。1956年，在村东中心成立小学1所（即后来的褚庄小学），共有班级6个、教师10名、学生60人，2003年搬迁拆除。之后，适龄儿童到开发区第二中学就读。

20世纪50年代，为丰富村民业余文化生活，村集体决定成立秧歌队，并在2002年渤海乡秧歌比赛中荣获一等奖。原褚庄小学内有篮球场1个，可供村民娱乐健身。

农工副业 新中国成立后，全村以种植玉米为主，辅以高粱、大豆、红薯等农作物。20世纪70年代，村民开始种植水稻，产量不高。二轮土地承包以后，村民以种植桃树为主要经济收入，少量种植苹果树、梨树等；蔬菜大棚1个。

1983年，村民开办第一个小卖部，名为桂兰商店，至拆迁前村里共有小卖部4个。20世纪80年代，村集体开办面粉加工厂1处，20世纪90年代面粉厂归个人所有，直至拆迁停办。生产队时期，村集体有运输队1个，马车6架。至一轮土地承包时期解散，该村还有打渔船1艘。

村民生活及社会保障 20世纪80年代以后，随着村民生活水平的提高，家家户户安装了电视、电话、电脑。2003年，金海食品公司建厂，褚庄村集体拆迁，失地村民每人领取征地生活补助费120元/月，2013年增加为180元/月。2004年底，全村返迁入住渤海家园二区19、20、22、23栋楼。2007年，由秦皇岛开发区管委、村集体、村民三方出资为男45周岁、女40周岁以上失地农民上缴养老保险，解决了失地农民的后顾之忧。2016年，在村主任梁艳敏的推动下，为返迁村民安装了天然气供气设施，村民不再使用昂贵的液化气做饭。全村有特困户3户、残障人士6名，村集体发扬助残扶残的光荣传统，在社区营造助残扶残的良好氛围。每逢重大节日，村委会都会为村里的残疾人送去节日的慰问和救助款。渤海乡政府及该村两委班子经常去特困户、残疾人家中走访。

新时代的褚庄人，不再以面朝黄土背朝天的形式养家糊口，而是以多种方式发家致富。老年人过上了含饴弄孙的舒适生活，年轻人或务工、或经商，八仙过海各显神通，业余生活丰富多彩，家庭生活齐乐无穷。

风物传说 20世纪30年代，村内修建土地庙1座，庙前栽种榆树1棵，树上挂铜钟1口。生产队时期村民以敲钟为上工信号，“破四旧”时期拆除土地庙，铜钟不知所踪。20世纪80年代，老榆树被砍伐。

xuezhuang cun
薛庄村

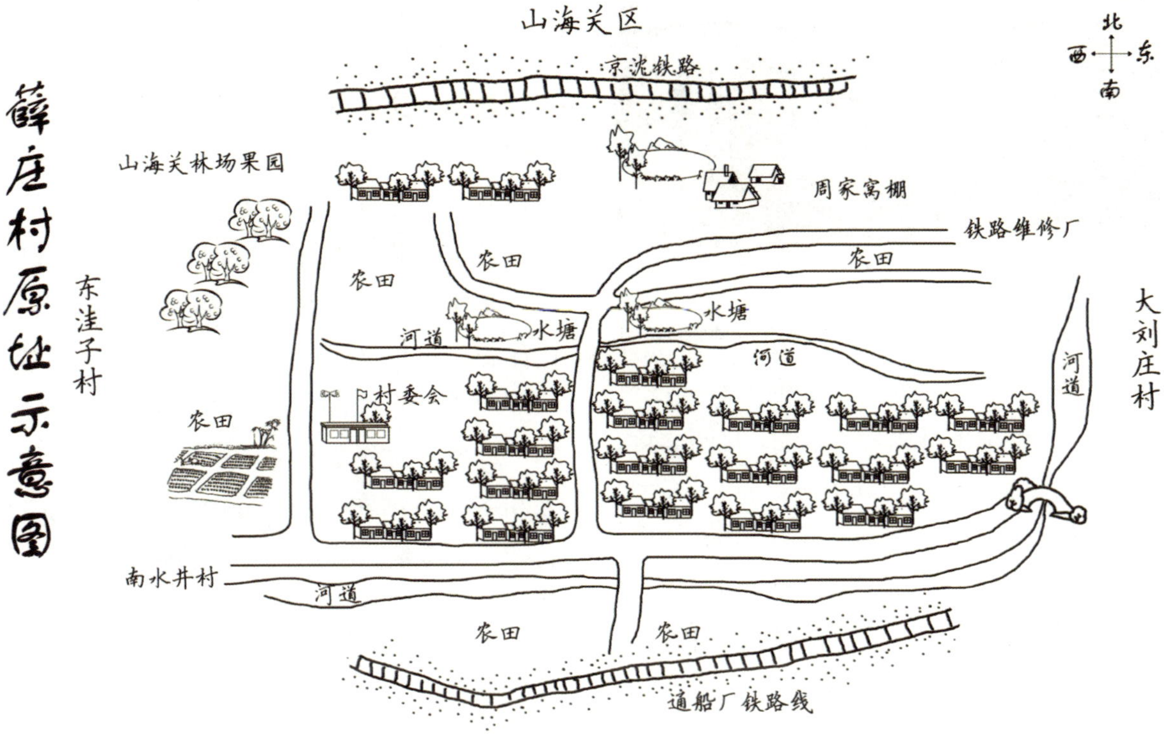

村址　薛庄村位于秦皇岛开发区东区渤海乡政府西北2.2公里处。薛庄村位于渤海乡北部。东临大刘庄村，南接船厂铁路，西到东洼子村，北隔京沈铁路与山海关区沙河子村相望。全村面积562亩。其中，耕地412亩、民居65亩、河道15亩、机动地70亩。村东北面有漕河1条，从西吕洼子村流经薛庄东侧至东水关入渤海。2003年，全村整体拆迁。2005年，返迁至渤海家园第二小区15、24、25号楼。原村址在拆迁前的村址正北面400米左右。

薛庄村原址水塘

沿革　明朝时期，薛姓人家从山东迁到此地定居，故取名薛庄村。

1995年，划归山海关开发区管辖。2000年，划归秦皇岛经济技术开发区管辖。

基础设施　20世纪50年代以后，村南有东西走向土路1条；村中间有自周家窝棚通过来的南北走向土路1条，该路穿薛庄正中直通村南漕河上的小桥。1969年，全村通电；1970年，于村东漕河上修建漫水坝1座。1972年，于漕河

小区一景

上修建小桥2座，一座位于村东南，一座位于村南。1974年，自东南向西修灌溉渠1条。该村有水库4座，分别位于村北公路东侧、村西北角、村东北、村东北漕河岸边。其中，村北和村西北角的水库系修建烽火台时所挖，年代久远。漕河上有向西支流1条，经村北水库最终流入西北角水库；1996年，全村安装自来水供水设备。至拆迁时村中道路未硬化。

人口·姓氏 新中国成立初期，全村17户，70人。截至2016年底，全村86户，265人。其中，男性165人、女性100人，60岁以上老人50人、未成年人40人、成年人175人。村内姓氏有葛、杜、周、李、杨、王、刘、董、丁、高、田、魏、单、张。

村级机构 1980年，与大刘庄村分开后建立党支部。杨学武（1980～2007年）为第一任党支部书记，之后有李桂田（2007～2012年）、董长青（2012年～）担任党支部书记。有党员15人。

1952年，成立互助组。1953年，进入初级社，归大刘庄村管辖。1956年，进入高级社。1959年，与东洼子、南水井、金庄组成金庄联村大队。1961年，联村解散。1984年，成立薛庄村委会。李桂森（1961～1963年）为第一任生产队长。之后有李长贵（1964～1974年）、杨学武（1975～2000年）、王树立（2000～2003年）、杜维红（2003～2006年）、王树立（2006～2012年）、杨学奎（2012年～）相继担任村大队长、村长、村主任职务。

教育·文体卫 该村无小学，适龄儿童到大刘庄小学就读，中学到黄庄中学就读。1965年，村里开始有赤脚医生2名。

农工副业 20世纪50年代以前，薛庄村实行平垄耕作的种植方法，也就是一年一种一收。比如春天种高粱、谷子、豆子，都为1年成熟制。小麦和玉米间作、高粱和谷子间作，为2年成熟制。种植方法就是平垄，垄宽1.8～2.0尺。小麦和玉米亩产在75～100公斤。之后农村推行农业八字宪法，即水、肥、土、种、密、保、管、工。薛庄才开始了合理密植和选用优良品种，薛庄村是最早选用小麦优良品种和玉米优良品种的村庄，小麦的种植由原来的平垄改成畦田密植机播种的方法。一般有4～7尺畦，4尺畦在收小麦前，畦坎上间作玉米。7尺畦要等小麦收割后，播种夏玉米。玉米种植增加，株数合理密植，每亩田春播为1500～1600株、夏玉米2000～2700株，最高可达3000～4000株。化肥的应用、除

小区散步长廊

薛庄村原址

虫剂的使用、水浇地的增加，使小麦每亩增产400～500公斤，玉米每亩增产400～600公斤。生产队时期，村集体在水库里养殖淡水鱼，后由个人承包。一轮土地承包后，村民开始尝试种植果树，主要种植苹果、桃、山楂、梨等果树，种植面积300多亩。拆迁后，部分村民修建大棚种植蔬菜，共13个。

1980年，实行土地承包，村民杨学武、王玉芝自主创业，开始尝试养猪、养肉鸡。1990年后，在村致富能手杨学奎的带领下，涌现出很多致富能人，50%以上的村民都经营起了养殖业，成为村中先富裕起来的人。

20世纪90年代，村民开办瓜子厂1个。1962年，村集体开办面粉加工厂1个。20世纪90年代，村民个人开办小卖部，共4个。

村民生活及社会保障 20世纪80年代初，村民杨万发家购买了全村第一台电视机，随着生活水平的提高，村民陆续购买了电视机，安装电话、电脑。村民杨学奎成为全村第一个购买汽车、第一个购买手提电话的人。经济生活水平不断提高，也使业余生活有声有色。1999年，全村实现网络全覆盖。2003年，征地拆迁，失地农民每人领取120/月的生活补助。2013年1月，增长到每人180元/月。2008年1月，开发区管委财政出资30%、村集体出资40%、村民个人出资30%缴社会养老保险。惠民政策使老百姓得到了实惠，生活得到了保障。生活的富足，也使村内出现了很多长寿老人。2016年，在村书记董长青，村主任杨学奎的号召下，返迁村民安上了天然气，村民不再为上下楼搬运煤气罐而发愁。

全村有残疾人7名、贫困户6户、五保户6户，均享受特殊照顾，按时领取生活补助。返迁后，小区内有了健身小广场和健身器械。

风物传说 村西南有土地庙1座，1968年拆毁。村中间有古洋槐树1棵，于1978年砍伐。村原址有上百年院落1处，百姓称为陈回铺，系陈姓地主的院落，院内有房屋40间左右。后陈姓地主将院子卖给周姓地主，百姓称为周家窝棚。周家窝棚东15米左右有方形石柱子4根，直径20×20厘米，高2米多。村内有烽火台2座，系建山海关长城时一同修建。一座位于原周家窝棚前面，为泥土砌成，生产队时期村民取土遭破坏；另一座位于村南十二头地，隔漕河与薛庄村址相望，名马台营，为明清时所建，占地30余亩，土墙。1975年，“农业学大寨”时期遭破坏。全村有古井2口，修建年代不详。一口位于原址周家窝棚与烽火台之间，另一口位于村南。村南有古墓1座，墓主名为王安石，天津人，清朝晚期大商人。原有杨姓人家1户在此看坟。1958年，此坟被郭庄挖掘，出土文物若干，后不知所踪。

附录

文件辑存

秦皇岛经济技术开发区关于开展创建“五好村（社区）”和“五好家庭”活动的实施方案

（2004年4月5日）

为了进一步加强开发区农村（含转城村组建的社区）[以下简称村（社区）]的民主法制建设和精神文明建设，提高开发区村（居）民的科学文化素质和思想道德水平，推进全区农村城市化、农民市民化、城乡一体化进程，维护全区农村（社区）社会稳定和村（居）民生活安定的良好局面，促进全区经济与社会事业的协调发展。经工委、管委研究决定，在全区农村（社区）开展创建“五好村（社区）”和“五好家庭”活动，现制定如下实施方案：

一、指导思想 坚持以邓小平理论、“三个代表”重要思想和党的十六大精神为指导，以提高农村（社区）文明程度，改善村（居）民生活质量，维护社会稳定，促进经济发展为目标，以讲文明、谋发展、守法纪、树新风为重点，以“五好村（社区）”和“五好家庭”创建活动为载体，不断提高农村（社区）的物质文明、政治文明、精神文明建设水平，为率先实现建设小康社会的宏伟目标打下坚实基础。

二、创建范围

开发区所属各农村（含转城村组建的社区）及其辖区内村（居）民家庭。

三、创建标准

（一）“五好村（社区）”条件：

1. 组织建设好。村（居）各类组织机构健全，并能卓有成效地开展工作。领导班子认真贯彻落实党和国家的各项方针政策，严格执行上级部门制定的各项规章制度，班子成员遵纪守法，廉洁奉公，团结协作，群众威信高，干群关系融洽和谐；领导班子能够围绕开发区发展与建设认真做好群众的思想政治工作，使广大村（居）民都能理解、关心、支持开发区的各项工作。

2. 就业安置好。采取各种有效措施帮助本村（社区）村（居）民做好就业安置工作，结合村（社区）实际，多渠道发展第二、三产业，创造就业岗位；积极组织劳务输出，搜集就业消息，拓宽就业门路，增加就业机会，正确引导农村劳动力向非农产业转移，切实为村（居）民就业提供帮助。重视农村基础教育、职业技术教育和继续教育，加强对村（居）民的职业技能培训，通过夜校、培训班、职业技能讲座等多种形式，增强村（居）民就业能力，提高就业率。

3. 环境卫生好。村（居）民住房和乡村道路建设规范，村内道路平整，柴草堆放有序；村（居）环境整洁优美，不乱设摊点，无私搭乱建、乱贴乱画、乱停乱放和侵占、破坏绿地现象；村

（居）民的环保意识普遍较强，辖区内无污染事故和破坏生态事件发生；村（居）民家庭环境达到净化、美化、绿化标准。

4. 社会风气好。村（社区）内村规民约、居民公约健全，民风淳朴，邻里和睦，团结互助，尊重师长；村（居）民普遍重视社会公德和家庭美德建设，具有良好的行为习惯。村（居）民崇尚科学，不搞封建迷信活动，婚、丧事无大操大办现象，村（居）民生活方式科学、文明、健康，村（居）民文化生活丰富多彩。

5. 综合治理好。重视法制宣传教育，群众遵纪守法，见义勇为，综合治理组织和治安防范体系健全，民调组织作用明显，外来流动人口管理机制完善；严格执行国家人口与计划生育政策；无重大刑事案件发生，无重大安全事故，治安案件发案率低于全区平均水平；依法维权，依法逐级、有理、有序上访。 凡有下列情况之一的实行一票否决：

1. 村（居）领导班子成员发生重、特大刑事案件、影响较大的治安案件或受到党纪、政纪处分，并产生较坏影响的；

2. 辖区村（居）民违反国家人口与计划生育政策，出现计划外生育的；

3. 辖区村（社区）出现严重违反土地、建设、环保等政策法规的；

4. 辖区村（居）发生重、特大刑事案件或影响较大的治安案件和恶性群体性事件的；

5. 村（居）民参与法轮功等邪教组织活动，并产生较坏影响的；

6. 村（社区）出现群体上访（上访人数超过4人的）、越级上访和违法违规上访事件的；

7. “五好家庭”比率低于95%。

（二）“五好家庭”条件：

1. 爱国爱区好：拥护党和国家关于农村（社区）的各项方针政策，模范遵守开发区制定的各项规章制度，顾全大局，关心开发区发展，支持开发区建设，积极配合开发区征地、拆迁和项目建设等各项工作，为全区的经济和社会发展贡献力量。

2. 自我就业好：具有较强的自我发展意识，结合家庭和自身实际，多渠道谋求自我安置和就业门路，积极主动创造和寻找就业岗位，家庭适龄人员就业率高；服从开发区就业安置，通过诚实劳动和合法经营，增加家庭收入，提高生活水平。

3. 教育培训好：重视家庭教育投入，保障适龄子女完成九年义务教育，积极创造条件，鼓励子女升入高一级学校学习深造，提高子女学历层次；通过多种方式加强家庭成员的职业技术和就业技能培训，掌握就业知识，增强就业本领。

4. 道德风尚好：重视社会公德和家庭美德建设，邻里互助，夫妻和睦，孝敬父母，爱护子女，移风易俗，崇尚科学，婚事新办，丧事简办，不搞封建迷信活动，卫生习惯良好，生活方式健康，文化生活丰富。

5. 遵法守纪好：认真执行国家法律法规，积极参加普法宣传；不参与黄、赌、毒，无偷盗、打架斗殴、聚众闹事，无乱占、抢占、超占宅基地和私搭乱建、乱栽乱种现象；依法逐级、有理、有序上访。坚决贯彻执行国家人口与计划生育政策，无计划外生育。

凡当年出现下列情况之一的实行一票否决：

1. 家庭成员发生刑事案件、治安案件，参与恶性群体性事件，或受到党纪、政纪处分，并产生较坏影响的；

2. 家庭成员违反国家人口与计划生育政策，出现计划外生育的；

3. 家庭成员严重违反土地、建设、环保等政策法规的。

4. 家庭成员参与法轮功等邪教组织活动的；

5. 家庭成员参与越级上访和违法违规上访的；

（三）“五好村（居）民小组”条件：组内家庭全部被评为“五好家庭”的。

四、实施步骤 根据“五好村（社区）”和“五好家庭”创建工作的内容安排和时间顺序，创建活动共划分为“整章建制、宣传发动、申报考评和总结表彰”四个阶段。

（一）整章建制阶段：区社会发展局、农村工作局及所辖农村（社区）根据全区创建“五好村（社区）”、“五好家庭”实施意见，结合本辖区、本单位实际，成立创建工作机构，制定创建“五好”工作实施细则，提出创建工作的方法、目标和保障措施。同时，根据创建工作要求，按照自然属地、居住状况、征占情况，本着“分类指导、就近结组”的原则，每10-15户家庭成立一个村（居）民小组（也可依托原村民小组），开展“五好”创建工作。各村（居）民小组推举小组长一名，负责本小组“五好家庭”创建工作的组织、协调和联络，并参与村（社区）评选工作。

（二）宣传发动阶段：按照区工委、管委关于创建“五好”工作的统一安排，区社会发展局、农村工作局及所属街道、乡、处分别召开不同层面、不同形式的创建动员大会，安排部署创建工作，提出对“五好”创建工作的具体要求。各创建单位通过会议、广播、宣传栏等多形式，深入宣传创建工作的重大意义和创建工作方法与目标，做到家喻户晓。区内各新闻媒体要充分利用自身优势，做好宣传工作。各级主管部门组建创建“五好”工作宣传指导小分队，深入农村（社区）进行宣传，指导农村（社区）开展创建工作，为创建活动的开展营造氛围。

（三）申报考评阶段：“五好村（社区）”和“五好家庭”的考核评选工作每年进行一次。凡符合条件的村（社区）、家庭均可申报。区社会发展局、农村工作局要按照实施意见制定申报与考核办法，各村（社区）、村（居）民小组、家庭根据“五好”标准，如实申报。各村（居）民小组组织组内村（居）民进行自评和互评。村（社区）成立由村（居）班子成员和村（居）民小组长参加的村（社区）“五好家庭”和“五好村（居）民小组”评选工作小组，对各小组及家庭申报情况进行评议，评选结果在村（社区）公示后报上级部门复评、审核。

（四）总结表彰阶段：区工委、管委召开全区创建“五好村（社区）”和“五好家庭”工作总结表彰大会，总结经验，表彰先进，安排部署下一年度创建工作。区内新闻单位将利用报纸、电视、广播等媒体，对涌现出的先进典型进行宣传报道。

五、评选程序

（一）“五好家庭”评选：评选采取“家庭申报、村（居）初评、群众互评、乡（街、处）复评、主管部门审核”的程序进行。

1. 家庭申报。具备条件的家庭向村（居）评选工作小组提出申请，认真填写《“五好家庭”申报表》，村（居）民小组长根据家庭申报情况，组织组内家庭进行互评，提出小组意见后报村（社区）“五好家庭”评选工作小组；

2. 村（居）初评。村（居）评选工作小组根据“五好家庭”标准，对各家庭申报材料进行逐户检查评议，确定评议结果；

3. 群众互评。村（居）评选工作小组将确定的评选结果在村（社区）公示七天，接受村（居）民的评议与监督。公示期满后，根据群众意见和建议将调整后的村（居）评选结果再行公示三天，

继续接受群众评议，最后确定村（居）初评结果，并按各自隶属关系分别上报乡(街、处)进行复评;

4. 乡（街、处）复评。各乡（街、处）根据区“五好家庭”条件，对各自辖区报送的初评结果进行认真评议，并深入到农村（社区）进行检查验收，最终确定复评结果。同时，按各自隶属关系分别上报区社会发展局和农村工作局审核;

5. 审核评定。区社会发展局、农村工作局分别对所辖各乡（街、处）上报的“五好”名单进行评议和审查，最终确定“五好家庭”名单。

（二）“五好村（居）民小组”评选：评选采取“小组申报、村（社区）初评，乡（街、处）复评，择优评定”的方式进行。各村（居）以小组为单位，根据实际情况自愿填写《“五好村（居）民小组”申报表》，上报村（居）“五好村（居）民小组”评选小组进行初评。初评结果张榜公示七天，接受群众评议后，将初评结果上报所在乡（街、处）创建工作领导小组办公室进行复评，确定复评名单。区社会发展局、农村工作局对上报的“五好”名单进行评议和审查，最终确定区“五好村（居）民小组”名单。

（三）“五好村（社区）”的评选：评选采取“村（社区）自愿申报，乡（街、处）初评，主管部门复评，领导小组择优评定”的方式进行。各村（社区）对照创建“五好”标准，如实填写《“五好村（社区）”申报表》，上报乡、街道、处创建“五好”工作领导小组，提出初评意见后，将初评结果上报主管部门进行复评，主管部门将复评结果上报区创建工作领导小组研究讨论，确定“五好村（社区）”名单。

六、考核奖励

（一）监督考核

1. “五好村（社区）”和“五好家庭”的评选采取主管部门考核与群众评议相结合、日常检查与年度考核相结合的原则，严格评选标准和考核机制，广泛听取群众意见，接受群众监督，保证创建“五好”工作的公开、公正和公平。村（居）民可就评议结果直接向区创建工作领导小组办公室提出意见和建议。

2. 考核评选的日常工作在区创建“五好”工作领导小组的统一领导下，由区社会发展局、农村工作局创建“五好”工作领导小组办公室具体组织实施。

3. 参加“五好”创建活动的家庭和村（社区），应实事求是参加申报，对于弄虚作假、骗取荣誉的，一经发现，立即撤销其荣誉称号，并追回其相关奖励，该村（社区）或家庭两年内不得参加“五好村（社区）”、“五好家庭”的评选。

（二）表彰奖励

1. 对获得“五好”的村（社区）颁发“五好村（社区）”荣誉证书；对在“五好”创建工作中成绩突出的乡、街道 、处、村、社区、组及其工作人员将授予创建“五好”工作先进单位和个人称号，并予以一定的物质奖励；

2. 对获得“五好”的家庭悬挂“五好家庭”标牌，并按如下标准进行奖励［不包括空挂户和转租（让）房户］:

（1）转城村享受征地生活补助费的家庭，被评为“五好家庭”的，家庭成员每人奖励200元；被评为“五好村（居）民小组”的，组内各“五好家庭”在原有奖励基础上，每人再奖励100元；被评为“五好村（社区）”的，村（社区）内各“五好家庭”在原有奖励基础上再奖励100元；

（2）土地被征用，享受征地生活补助费，但目前其户口尚未转城的家庭，其奖励标准为已转城村的80%;

（3）土地尚未被征用，暂未享受征地生活

补助费的家庭，其奖励标准为已转城村的50%。

七、组织领导

为了加强对创建“五好村（社区）”和“五好家庭”活动的领导，开发区成立由工委、管委领导及相关部门负责人组成的创建“五好”工作领导小组，领导小组下设办公室，具体负责创建活动的组织协调工作。区社会发展局、农村工作局及其所辖各街道、乡、处、农村（社区）也要成立相应机构，负责创建活动具体组织实施工作。各级各部门一定要站在贯彻落实“三个代表”重要思想，维护社会稳定，提高群众文明程度和生活质量，保障全区发展建设顺利进行和全面建设小康社会的高度，充分认识“五好”创建活动的意义和作用，并把创建“五好”工作列为考核相关部门和单位领导及领导班子政绩的一项重要内容。要切实加强对创建“五好”工作的领导，努力形成“主要领导亲自抓，分管领导具体抓，主管人员主动抓，相关部门配合抓，社会各界一起抓”的良好局面。各创建单位要根据全区创建“五好”活动实施意见，制定实施细则，并进一步分解任务，明确职责，确保创建“五好”工作收到实效。

秦皇岛经济技术开发区管理委员会办公室关于印发《秦皇岛经济技术开发区精准帮扶活动实施方案》的通知

秦开管委办〔2016〕42号

机关各部门、各乡处、驻区各单位、各企事业单位：

现将《秦皇岛经济技术开发区精准帮扶活动实施方案》印发给你们，请认真抓好贯彻落实。

秦皇岛经济技术开发区管理委员会办公室

2016年8月12日

秦皇岛经济技术开发区精准帮扶活动实施方案

为进一步支持和帮助企业解决生产经营中的困难和问题，努力实现开发区经济调速不减势、量增质更优，按照《秦皇岛市人民政府办公厅关于印发秦皇岛市精准帮扶活动实施方案的通知》（秦政办字〔2016〕67号）精神，决定自2016年6月上旬开始至年底，在全区集中开展入企帮扶活动。现制定方案如下：

一、总体思路

贯彻落实党中央、国务院，省委、省政府和市委、市政府的决策部署以及国家和省市出台的各项政策措施，把稳住工业、稳住企业作为稳增长的当务之急，坚持问题导向，采取分包方式，深入企业、现场办公，一企一策、精准帮扶，着力解决企业面临的突出困难和问题，建立企业帮扶长效机制，推进企业加快转型升级、创新发展，力促全区经济平稳回升、增效升级，确保实现全年各项目标任务。

二、工作重点

精准帮扶重在解难题、促发展，紧紧围绕稳增长、调结构，深入调查了解企业面临的困难和问题，逐一协调解决，支持企业克服困难、渡过难关，促进企业提质增效、加快发展。

（一）促进政策落实。各帮扶工作组要加强对企业宣讲国家和省市出台的一系列稳增长、促改革、调结构政策措施，扩大政策宣传的覆盖面，让企业全面掌握和运用好各项政策；检查各项政策落实情况，协调有关方面落实到位。

（二）破解融资难题。根据企业实际，解决企业运行和发展中资金问题。组织开展政银企保对接活动，进一步加大对企业的金融支持力度。

（三）拓展产品市场。针对企业产品销售问题，帮助企业加强与下游客户特别是政府采购、财政出资建设项目等方面的对接，千方百计拓展营销渠道，扩大产品销售。要围绕重点产业、重点企业做好区内产品供需对接工作，促进优先使用区内产品，切实加大区内产品推广力度。

（四）推进项目建设。以早开工、早建设、早投产、早达效为目标，帮助企业协调解决项目审批、建设用地、要素保障、政策兑现等方面存在的问题，力促项目建设早见成效。

（五）减轻企业负担。全面了解企业负担情况，对企业反映的违规违法收费行为和强征乱征过头税等问题，逐一进行核实，协调有关部门不折不扣落实好企业减负政策。进一步做好涉企收费管理工作，对涉企收费实行清单管理，清单内做减法，清单外零收费。

（六）支持技术创新。针对企业产品升级、工艺装备提升、污染治理等技术需求，帮助企业协调联系市内外高等院校、科研院所和第三方治理公司，积极寻求技术合作和技术引进，促进企业提升技术水平。

（七）解决人才问题。针对一些企业面临的高精尖人才难聘、产业工人难招、技术工人难留等问题，帮助企业与高等院校、专业技术学校开展人才对接和职业技术培训，协助企业解决好人才安置落户、子女入学、社保手续办理等问题。

三、具体安排

（一）组织机构。继续保留2015年成立的开发区入企帮扶活动领导小组及其办公室，办公室设在经济发展局（以下简称“区帮扶办”）。领导小组各成员单位要在去年入企帮扶工作基础上，进一步发挥职能作用，细化实施帮扶措施，加强协调联动，为实现全年目标任务提供有力支撑。

（二）帮扶对象。面向全区工业企业，突出帮扶开发区重点监测服务企业。

（三）分级分包。市有关部门及金融机构分包一部分重点企业（见附件1），开发区有关部门、驻区单位和金融分支机构分包除市级帮扶企业以外的其他重点企业（见附件2）。

（四）工作步骤。

1. 安排部署。各帮扶部门联系对接帮扶企业，制定精准帮扶工作计划，明确工作组组成人员。各帮扶部门要将工作计划，报区帮扶办。为方便业务联系、资料传送，办公室设立公共邮箱 gyk3926289@sina.com（密码:8019289），各单位和企业可登陆邮箱发送、查看和下载有关资料。（联系人：南楠、韩冬、朱超博，电话：3926289、3926065、3926679）

2. 实施帮扶。2016年6月16日至11月30日，各帮扶部门深入企业，调查了解困难和问题，按照“一帮到底、能快则快”的原则，抓紧帮助企业协调解决。对需要管委或市级以上部门协调解决问题，要在积极帮助协调解决的同时，将有关情况报区帮扶办，上报管委研究解决。各帮扶部门每月底向区帮扶办书面报告工作开展情况并填报《精准帮扶活动问题反馈清单》（附件3）。按照秦政办字〔2016〕67号文件要求，开发区金融办另需报送《精准帮扶资金需求解决情况表》（附件4）。

3. 活动总结。2016年12月1日至12月15日，各帮扶部门将精准帮扶工作总结书面报区帮扶办。

四、工作要求

（一）各帮扶部门是精准帮扶活动的主体，要认真建立精准帮扶工作台账，对收集到的企业困难与问题要认真研究，仔细分析，不回避问题，不上交矛盾，积极协调相关部门，确保问题办理落到实处。

（二）各帮扶部门要在规定期限内向企业积极反馈问题协调解决情况，对确因政策障碍等原因暂时不能解决的，也要向企业作出说明，取得企业理解。

（三）各帮扶部门对确实难以协调解决需呈

管委帮助协调的问题，在向区帮扶办上报前，要弄清问题真实情况，找准问题关键点，提出牵头解决部门和解决方案，并主动联系各部门，跟进问题解决进展，及时反馈企业。区帮扶办把各帮扶部门提交的问题分类整理汇总后上报管委协调解决，并由管委办督查室督导落实。

（四）各帮扶部门要在开发区入企帮扶活动领导小组的领导下，加强协调配合，形成工作合力，全力做好企业的精准帮扶，支持企业克服困难、加快发展。

中共秦皇岛经济技术开发区工作委员会办公室
秦　皇　岛经济技术开发区管理委员会办公室
关于印发《秦皇岛经济技术开发区选派机关干部到农村（社区）开展帮扶工作实施方案》的通　知

秦开工办〔2013〕5号

区内各有关单位：

《秦皇岛经济技术开发区选派机关干部到农村（社区）开展帮扶工作实施方案》已经工委、管委领导同意，现印发给你们，请结合本单位实际，认真抓好落实。

中共秦皇岛经济技术开发区工作委员会办公室
秦　皇　岛经济技术开发区管理委员会办公室
2013年1月24日

秦皇岛经济技术开发区选派机关干部到农村（社区）开展帮扶工作实施方案

为深化加强基层建设年活动，进一步密切干群关系，夯实基层基础，转变机关作风，培养锻炼干部，经工委、管委研究，决定从区直机关、事业单位中选派百名干部到农村（社区）开展帮扶工作，接受培养锻炼。现结合省、市深化加强基层建设年活动总体要求，制定如下实施方案：

一、指导思想

全面贯彻落实党的十八大精神，以“三个代表”重要思想和科学发展观为指导，巩固和拓展加强基层建设年活动成果，继续选派机关干部驻村、联系村开展帮扶工作，进一步密切党群干群关系，培养锻炼青年干部，着力解决基层群众反映强烈的突出问题，营造和谐稳定发展环境，为开发区经济社会又好又快发展奠定坚实的群众基础和组织保障。

二、选派类型及主要任务

（一）派驻第一书记村

按照省委、市委要求，参加2012年度全省加强基层建设年活动的9个驻村工作组组长挂任原帮扶村党组织第一书记，持续开展联系帮扶工作。村党组织第一书记挂任期限为2012年12月至2014年12月，每月驻村时间不少于4个工作日。

村党组织第一书记在工作中要坚持指导不领导、统揽不包揽的原则，具体围绕以下六个方面开展工作：一是指导和协助村“两委”抓好十八大精神的学习和贯彻；二是指导和协助村“两委”抓好自身建设；三是指导和协助村“两委”抓好“两个环境”建设；四是指导和协助村“两委”抓好村民自治；五是指导和协助村“两委”抓好和谐社会建设；六是指导和协助村“两委”抓好群众工作，努力为群众办实事、解难题。

（二）省级帮扶村

按照省委的统一部署，2013年全省继续开展加强基层建设年活动，选派机关干部驻村开展帮扶工作，活动自2013年2月开始，至12月底结束。我区在牛头崖管理处、榆关管理处、腾飞路街道办事处所辖的村中，选定5个村，列入省级帮扶村，选派15名机关干部组成5个工作组驻村帮扶。驻村期间，工作组吃住一律在村，与原单位工作脱钩，人事、工资和福利待遇不变，党组织关系转到帮扶村，每月驻村时间不少于20天。区活动办公室、农工局负责对驻村工作进行日常管理和督导，派出单位要对帮扶工作进行跟踪管理。

驻村帮扶的重点任务：一是继续集中为帮扶村办好“十方面”实事，帮助群众解决实际困难和问题，促进帮扶村村容村貌和群众生产生活条件发生显著变化；二是积极做好联系群众和服务群众工作，广泛开展与基层群众“交友连心”活动，让农民群众真正理解、关心和支持开发区的发展建设；三是维护农村社会和谐稳定，采取定期入户走访等方式，调查社情民意，了解群众诉求，准确把握农村舆情动态；四是加强“四强四有”服务型党组织建设，对村级组织建设、党员发展和教育管理等提出意见建议，提高村级党组织的凝聚力、战斗力。

（三）区级帮扶村（社区）

2013年5月到10月，在农村工作局所辖村中选定12个村，社会发展局所辖村和社区中选定3个村、5个社区，派驻区级帮扶工作组。每个帮扶工作组3人，组长为近3-5年内提拔的科级干部或优秀的后备干部，组员为入区5年以内的年轻干部。驻村工作人员驻村时间每月不少于20天，期间吃住一律在村，与原单位工作脱钩，由区活动办公室、农村工作局或社会发展局负责日常管理和督导，派出单位进行跟踪管理。

区级驻村（社区）工作组的主要任务：一是积极宣传党在农村（社区）的各项方针政策和开发区的有关规定，引导和教育村民（居民）增强法治意识、政策意识、发展意识；二是深入实际，了解群众诉求，及时发现群众普遍关注、社会影响面大、急需解决的问题；三是对农民（居民）群众生产生活方面的问题，工作组有能力解决的，及时帮助解决；需协调有关部门解决的，积极主动地协调解决；四是夯实组织基础，协助管理处（街道办）加强村（居）班子建设和规范化管理建设，落实“四议两公开”、“三有一化”等各项制度；五是深入开展信访隐患排查和矛盾纠纷调处工作，及时发现影响社会稳定的苗头问题，防止发生重、特大刑事案件或影响较大的治安案件和恶性群体性事件；六是学习和掌握基层工作经验，进一步培养密切联系群众、艰苦奋斗和脚踏实地的工作作风，提高组织领导能力和处理复杂问题的本领。

（四）部门联系村

全区87个村中，除去上述派驻第一书记村、省级帮扶村、区级帮扶村以外，其余的村采取部门联系的方式进行帮扶。各部门要选派2-3名政策水平较高、综合素质较强、具有一定基层工作经验的同志组成工作组，其中要有1名科级干部担任组长。工作组要与所联系村保持经常沟通，每月进村不少于2次，民主议政日、特殊时期或所在村发生重大事件时，要临时增加工作日。

部门联系村工作应积极发挥协调、协助、任务督促、指导和桥梁纽带作用，达到“干部走下去，情况带上来，问题解决好”的效果。具体任务有五项：一是宣传政策法规，让农村干部群众了解开发区的发展思路和发展形势，为开展农村各项工作营造良好的思想基础和舆论氛围；二是了解社情民意，及时发现群众普遍关注、社会影响面大、亟需解决的问题，形成书面材料及时上报；三是解决实际问题，本部门有能力解决的，及时帮助解决，需协调有关部门解决的，积极主动地协调解决；四是加强基层组织建设，协助组织部门和农村管理部门加强村“两委”和党员队伍建设，协助和指导所联系村强化基层民主管理，规范村务决策程序，提高村级组织的工作水平；五是确保社会稳定，积极配合农村管理部门，深入开展信访隐患排查和矛盾纠纷调处工作，及时发现影响农村社会稳定的苗头问题，科学研判、稳妥处理。

三、工作要求

选派干部到农村（社区）开展帮扶工作是开发区新时期做好群众工作的一项重大举措，各单位对此要高度重视，周密部署，确保选派工作扎实有序开展。区深化加强基层建设年活动领导小组及其办公室负责对驻村（社区）、联系村工作进行日常协调、指导和督导检查。

（一）强化工作考核。选派干部到农村（社区）开展帮扶工作的考核由区活动办公室牵头，并协调组织、人事、监察、农工、社发和“两办”督查部门共同开展。帮扶期间，通过调阅帮扶工作人员工作日志、相关会议记录、情况呈报记录等工作资料，邀请村“两委”班子、村民（居民）代表、涉农部门进行评议和明察暗访等方式进行考核测评。驻村（社区）干部的考核结果装入个人档案，帮扶工作的考核结果与各部门年终评先、贡献奖申报、干部任用以及班子考核挂钩。区活动办要制定出台驻村（社区）工作人员的廉政勤政考核办法，切实做好对选派干部的日常管理和工作督导。

（二）严肃工作纪律。选派干部到农村（社区）开展帮扶工作，既是锻炼干部增长才干的良好平台，更是展示政府形象的重要载体。帮扶工作人员一定要严格遵守各项规章制度，认真贯彻落实党的各项方针政策和开发区工委、管委的各项工作部署，廉洁自律，谨言慎行，既不要推诿扯皮、敷衍了事，又不要在一些政策和重大问题上擅自承诺。驻村期间，要与农民群众同吃、同住、同劳动、同学习，进一步密切干群关系。要爱岗敬业、求真务实，工作不搞形式、走过场，自觉接受群众监督，及时向有关管理部门汇报工作。

（三）落实工作保障。各部门要高度重视选派干部到农村（社区）开展帮扶工作，关心支持选派干部的工作和生活，在办公设备、交通用车及其它所需费用等方面，为帮扶工作人员提供良好的保障。要结合部门实际，力所能及地为所帮扶村（社区）解决实际问题；对于需协调解决的重点问题，部门主要负责人要积极与有关部门沟通，促进问题解决。农村工作局、社会发展局要积极协调各相关村和社区，为帮扶工作人员提供办公场所和其它设施，相互配合做好工作，为开展好帮扶工作创造良好条件。财政部门要按照上级要求和工委、管委安排，将所需经费列入年度预算，并制定完善管理办法，切实保证管好用好帮扶专项资金。

秦皇岛经济技术开发区管理委员会办公室关于印发《秦皇岛经济技术开发区 2015 年农村清洁能源开发利用工程工作实施方案》的通知

秦开管委办〔2015〕26 号

机关各部门、驻区各单位、各企事业单位：

现将《秦皇岛经济技术开发区 2015 年农村清洁能源开发利用工程工作实施方案》印发给你们，请遵照执行。

秦皇岛经济技术开发区管理委员会办公室

2015 年 5 月 27 日

秦皇岛经济技术开发区 2015 年农村清洁能源开发利用工程工作实施方案

为加快推进农村清洁能源开发利用工程，完成目标任务，按照《关于印发〈秦皇岛市 2015 年农村清洁能源开发利用工程工作实施方案〉的通知》精神，结合我区实际，现提出如下方案：

一、总体目标和基本原则

（一）总体目标

2015 年全区推广 4000-5000 户使用民用清洁燃烧炉具。推广范围包括今年 6 个省级农村面貌改造提升重点村和 15-20 个其他秸秆高产村。

（二）基本原则

1. 政府引导，市场运作。充分尊重农民意愿，因地制宜选择适宜模式，依靠政府引导、市场调控、效益吸引，推动农村清洁能源开发利用可持续发展。

2. 科技支撑，规划引领。引导企业加强技术改造，扩大生产能力，降低成本，确保质量。项目规划要同农村面貌改造提升行动相结合。

3. 动员群众，营造良好氛围。充分发挥电视、网络、广播、报刊等媒体的作用，提高广大农户对清洁、高效、环保能源技术和产品的认识。

二、补贴标准

将省、市、区补贴资金捆绑使用。

（一）推广清洁燃烧炉具，每户补贴 900 元，农户自己负担 50 元；

（二）对使用秸秆压块的农户，按照实际使用量，每吨补贴 250 元，每户最多补贴 3 吨；

（三）秸秆压块，采取委托加工方式。选择外地有资质的秸秆压块企业到我区组织加工。对加工企业给予一定补贴，但不给予建厂补贴。加工厂用地由加工企业向当地农户或企业租赁，加工结束后即撤出。因搬迁产生的费用，开发区不予补偿。

三、实施步骤

（一）项目申报阶段（1 月 -5 月）。完成项目计划申报工作。

（二）动员部署阶段（5 月 -6 月）。 明确任务，落实责任，谋划布局，进行安排部署，搞好宣传发动。

（三）项目实施阶段（7 月 -11 月）。组织开展炉具安装入户，确定秸秆压块企业入区生产。

（四）检查验收阶段（11 月 -12 月）。组织开展项目检查验收，拨付财政补贴资金。

四、保障措施

（一）健全组织，强化领导。区提升办、农工局、财政局、环保局等相关部门统筹协调，着重抓好高效清洁燃烧炉具推广和秸秆压块工作。各部门要加强协调合作，各司其职，各负其责，形成合力，扎实有序推进工程建设。

（二）科学规划，合理布局。将农村清洁能源开发利用工程与省级农村面貌提升重点村建设相结合，以农村面貌改造提升重点村和秸秆高产村为主，重点推进。

（三）严格程序，规范运作。各相关部门要开展监督检查，严防降低建设标准、以次充好，避免坑农害农问题发生。对检查中发现的不合格设备产品，不予兑现补贴，取消今后参与项目投标资格。加强项目和资金监管，严格按照补贴标准和程序兑现补贴资金，做好核查、抽查、验收和补贴发放工作，坚决防止弄虚作假、虚报骗补现象发生。

秦皇岛经济技术开发区管理委员会办公室
关于印发《秦皇岛经济技术开发区农村电子商务全覆盖工作实施方案》的通知

秦开管委办〔2016〕25号

机关各部门、各乡处、驻区各单位、各企事业单位：

现将《秦皇岛经济技术开发区农村电子商务全覆盖工作实施方案》印发给你们，请认真贯彻落实。

秦皇岛经济技术开发区管理委员会办公室

2016年5月30日

秦皇岛经济技术开发区农村电子商务全覆盖工作实施方案

为认真落实《河北省商务厅 河北省财政厅关于做好农村电子商务全覆盖工作的通知》（冀商建设字〔2016〕1号）和市政府办公厅《关于推进农村电子商务全覆盖的实施意见》（秦政办发〔2016〕11号）精神，切实做好开发区农村电子商务全覆盖工作，拓展农民创新创业平台，打赢扶贫开发攻坚战，促进京津冀协同发展。结合开发区实际，制定本方案。

一、指导思想

以农村电子商务全覆盖建设为抓手，以“农产品进城”和“网络商品下乡”为核心，打通农村电子商务双向流通渠道，增加农民收入，提升农民生活水平。将农村电子商务作为农村市场体系建设的重要引擎和城镇化建设的重要支撑，创新农村电子商务模式、发展推进机制和配套政策措施，调动和发挥邮政、流通、电商、金融、通信等行业积极参与农村电子商务建设，共建农村电子商务生态体系，全面完成农村电子商务全覆盖任务。

二、总体目标

到2016年底，实现全区农村电子商务体系全覆盖、农村电子商务双向流通渠道全覆盖、行政村电子商务应用全覆盖。农村电子商务在解决买难卖难、创业增收、扶贫开发等方面取得初步成效，力争全区农村电子商务交易额在现有基础上年均增长不低于20%。

到2020年底，初步建成统一开放、竞争有序、诚信守法、安全可靠、绿色环保的农村电子商务市场体系，在推进美丽乡村建设、降低农村流通成本、推动农民创业就业、开拓农村消费市场、带动农村扶贫开发等方面取得明显成效。

三、重点任务

农村电子商务全覆盖是通过建立以政策支撑、两级服务、三级配送、人员培训、产品孵化等为主要内容的全区农村电子商务体系；打通以中介电商企业为主体，以整合销售当地特色物产资源为目的的农村产品上行渠道；打通以区级物流配送中心、乡处级物流配送中心、农村服务站点为节点，以物流配送为纽带的网络商品下行渠道；让每个行政村都能方便应用电子商务，从而实现“便民服务进村，便利消费进门，农村产品上网”的农村电子商务应用。主要建设内容包括：在每个行政村改造或新建农村电子商务服务站，为村民提供生产生活服务；构建农村电子商务公共服务中心体系，支持农特产品品牌研发培育；建立物流配送体系，打通农村电子商务“最后一公里”。

（一）建设农村电子商务服务站。依据省农村电子商务全覆盖项目建设标准，在全区 87 个行政村建设农村电子商务服务站，统一形象标识、统一机构名称，通过政府采购公开招标程序确立运营主体企业。主体企业可依托万村千乡、邮政、供销、商超等网络体系，改造和新建农村电商服务站，并指导服务站利用公共导航网为村民提供网络购物、网络销售、网订店取、网订店送、缴费支付、取送货品、农村创业、本地生活八项服务。依据发展需要逐步引入户籍办理、计划生育、医疗养老等服务项目，将农村电子商务服务站打造成集政务、商务、服务于一体的农村电商综合服务站。（经发局、社发局、农工局、各乡处负责）

（二）成立农村电子商务公共服务中心。运营主体企业设立开发区农村电子商务公共服务中心。以服务中心为依托和平台，为企业和个人提供政策咨询、专业培训、信息对接、快递物流、法律支持等公共服务和产品包装、推广策划、网页设计等特色服务。通过政府采购公开招标选定一家专业机构为运营主体，并与省农村电子商务公共服务中心对接，明确专人将相关进度数据及时填报“河北省农村电子商务数据管理系统”，接受省级服务中心的管理指导和年度考核。（经发局负责）

（三）加强电子商务物流配送体系建设。在开发区西区改造或建设一个区级仓储物流配送中心，在开发区东区改造或建设一个乡级物流配送中心，结合农村电子商务服务站打通农村电子商务“最后一公里”。鼓励运营主体企业与包括邮政、商贸流通、第三方物流和本地物流等企业进行合作，整合资源，建立完善区、乡（处）、村三级物流配送体系。（经发局、社发局、城发局、农工局、各乡处负责）

加快农村公路建设，打通断头路，完善“村村通”工程，提升便利的交通运输支撑体系。（城发局负责）

（四）培育多元化农村电子商务主体。

1. 发挥农村电子商务企业主体作用。培育本地电子商务企业发挥地缘优势，整合各类资源，不断提高竞争力。鼓励区外电子商务企业在我区投资发展农村电子商务，为其注册提供便利，借助其平台资源优势，完善、拓展、创新农村电子商务发展模式。支持本地农村电子商务企业与区外企业合作，共同推动区域农村电子商务发展。（经发局、科技局、西区工商局、东区工商局负责）

2. 鼓励各类资本发展农村电子商务。支持电商、物流、商贸、金融、邮政、快递等各类社会资本整合优势资源，共同推动农村电子商务发展。（经发局、金融办负责）

引导返乡高等学校毕业生、返乡青年、大学生村官、农村青年、巾帼致富带头人、退伍军人等参与农村电子商务，发挥引领和示范作用，扩大农村电子商务主体。（组织部、人社局、教育局、团委、妇联负责）

（五）全面开展农村电子商务培训。筛选资质较好的电商培训机构，并与省农村电商培训机构积极对接，重点开展互联网思维转变、电子商务基础知识、网络营销、客服设计等技能培训，大力培育一批农村电子商务专业人才，充实农村电子商务人才队伍建设。（人社局、科技局、经发局负责）

（六）提升农村电子商务应用水平。

1. 建设新型农村日用消费品流通网络。改造现有农村日用消费品流通网络，推动传统生产、经营主体转型升级，实现线上和线下融合发展。鼓励各类企业向基层网点提供 B2B 网上商品批发和配送服务。（经发局负责）

2. 创新农村产品交易模式。支持各类企业整合农产品、林果产品、农村制品等农村产品资源，按照网络消费需求打造个性化的特色农村产品。引导特色农产品在第三方电子商务平台开设特色馆，促进农产品上网销售。（经发局、农工局负责）

鼓励大型生产基地和流通企业探索建立高效衔接农产品 020 交易模式。鼓励新型农业经营主体与邮政局（所）、快递网点和社区对接，开展生鲜农产品“基地 + 社区直供”电子商务业务。（农工局负责）

四、工作安排

（一）确定实施方案阶段（2016 年 4 月—2016 年 5 月）。根据有关文件要求，制定完善农村电子商务全覆盖工作实施方案和资金分配方案，依据确定的实施方案开展相关工作，同时依法确定专业机构负责承接整体项目运营，确保此项工作保质保量完成。

（二）重点实施阶段（2016 年 6 月—2016 年 10 月）。按照“分类指导、梯次推进”的要求，对全区各行政村，逐个确定全覆盖时间表，并纳入全省农村电子商务数据管理系统，建立工作台帐，实行挂图作战，努力做到全覆盖工作精准化、精细化。根据全市相关推进工作要求，结合开发区实际，全覆盖工作将采取分类、分梯次推进的建设方式。

1. 2016 年 7 月底前，实现 80% 的村服务站建设；完成区级农村电子商务公共服务中心建设。

2. 2016 年 8 月底前，实现全部行政村服务站建设；完成物流配送中心建设。

3. 2016 年 10 月底前，对已完成的农村电子商务服务站、农村电子商务公共服务中心和物流配送中心进行查漏补缺，进行完善，确保一村不落地实现农村电子商务全覆盖。

（三）绩效评估、总结阶段（2016 年 11 月—2016 年 12 月）。根据省《农村电子商务项目考核评估指标体系（试行）》文件要求，结合全覆盖项目建设标准，由开发区农村电子商务全覆盖工作领导小组对农村电子商务服务站建设进行验收；配合市政府对区级农村电子商务服务中心和物流配送中心进行验收。

五、项目资金管理

按照省商务厅、省财政厅《关于做好农村电子商务全覆盖工作的通知》精神，省财政对我区拨付专项资金，用于村电子商务服务站基础设施建设和硬件设备的购置。区财政局、经发局负责制定该资金具体使用管理办法，并严格按照相关要求建立资金支出台账，做好项目验收和绩效评价等工作，切实加强资金监管，严格审批程序，不得挤占、挪用。

运营主体确立后，由区财政局会同经发局向项目实施单位预付 50% 的专项资金，待项目全部完工经验收合格后，拨付 40% 的专项资金，剩余 10% 作为质保金，在运营主体经营满一年，且未出现质量问题后，再予拨付。（财政局、经发局负责）

六、保障措施

（一）加强组织领导，明确职责分工。成立秦皇岛经济技术开发区农村电子商务全覆盖工作领导小组，由管委主管副主任任组长，相关部门负责人为成员。各成员单位要落实责任，加强协调，形成合力，确保工作落实到位。

经发局作为推进开发区农村电子商务全覆盖工作的牵头单位，要全面掌握全区全覆盖工作的整体情况，及时向管委和上级主管部门汇报，协调解决相关问题；社发局、农工局、渤海乡政府和各管理区、街道办事处是农村电子商务全覆盖工作的责任主体，要按照工作方案要求，制定具体工作规划，建立严格的考核追究机制。区农村电子商务公共服务中心和经发局负责与省农村电子商务公共服务中心进行对接，并明确人员，将相关进度、数据及时填报“河北省农村电子商务数据管理系统”。同时，由经发局牵头，会同财政局、社发局、农工局、科技局、渤海乡政府和各管理区、街道办事处等部门建立工作联席会议机制，加强督导检查，对发现的问题及时协调解决，确保农村电子商务全覆盖工作扎实有效推进。

领导小组下设办公室，办公室设在经济发展局。领导小组各成员单位要明确一名负责人，并将负责人名单及联系电话报经发局。渤海乡和各办事处将所辖村名单及数量和已拆迁并迁入社区居住的村名单及数量报经发局。（联系人：尚庆云；联系电话：3926283）

（二）强化项目监管。财政局要加强项目及资金使用情况的监管，确保资金不被挪作他用。经发局、社发局、农工局、渤海乡及各办事处负责加强对项目的监督检查指导，督促项目进度。经发局督促服务中心建立周报、月报、季报制度，做好对基础工作数据、商品安全保障、资金使用、经营信息等相关数据的记录，督导项目运营主体通过省农村电商数据管理系统管理，及时上报工作进度及相关数据信息。项目运营主体保证至少三年运营期，期满后，如运营机构无法继续运营，须提前半年告知经发局，并由管委相关部门通过合法手续确定其他专业运营机构承接，监督运营企业工作交接，确保电子商务进农村能够顺利进行。

（三）加大政策支持力度。要加大对农村电子商务在基础设施提升、公共平台运营、公共服务补助、政府购买服务、人才引进培养、产品质量安全等方面的扶持力度，落实政策扶持资金，采取以奖代补、专项补助等多种形式，加大对企业及项目的扶持。积极推进体制机制创新，改善农村电商发展环境，体现“法无禁止的市场主体即可为，法未授权的政府部门不能为”的电子商务市场发展思维，探索制定适应农村电子商务发展需要的标准、统计、信用制度等。

（四）强化总结推广工作。构建农村电子商务诚信体系，建立建全诚信“黑名单”制度，提高失信成本，促进守法诚信经营。及时发现和总结全覆盖工作中出现的典型经验与做法，充分利用区内媒体，加大宣传推广力度，尽快形成各部门联合推进，全社会积极参与的良好氛围。引导重点电子商务企业参加各类电商活动，快速扩大影响力。进一步梳理典型案例，及时上报省、市商务与财政部门，培树典型，促进全区农村电子商务发展。

文稿·诗歌

发展集体经济　产业富民兴村

——姚山村发展壮大农村集体经济案例

一、基本情况

姚山村位于秦皇岛经济技术开发区东区，南临渤海湾，西临老龙头，北依船厂路，东临山海关造船厂。1980 年全村总面积 53360 平方米，耕地面积 560 亩，村址面积 80 亩，2004 年村集体土地全部被开发区征用。

姚山村原来是开发区东区渤海之滨的一个小渔村，世代以捕鱼为生，全村共 230 户，518 人。上世纪 90 年代起，开发区发展步伐加快，姚山村在党支部书记周杰的带领下，紧紧抓住开发区的发展机遇，积极发展集体经济，村整体面貌发生了翻天覆地的变化。村民告别了低矮破旧的平房，搬进了渤海家园社区，过上了安居乐业的生活。

二、发展历程

农业税改革之前，农村干部的观念一直是“税费收好了，矛盾不上交，工作就做到家了”。但姚山村干部们的思维并不局限于此，早在 1990 年，他们就意识到这样工作是被动的，应该把心思放在如何帮助和带领全体村民致富上，而村干部应该做创业的带头人。村支部书记周杰多次召开两委、党员会议，研究村集体发展思路，经集体决策于 1991 年创办了第一家村办企业——姚山村养殖厂，此后又兴办了冶炼厂，并于 1994 年成立了国兴总公司，企业年产值达到 70 万元，并且当年就收回了全部投资，为集体经济的发展奠定了坚实基础。

在国兴公司不断发展的同时姚山村村民真正走上了脱贫致富的道路。依托国兴公司，村里农民就业达 28 人，其中困难家庭有 13 人。在国兴公司发展的同时，姚山村支部书记周杰宣传带动全村群众发展海上养殖，为农村劳动力的就地创业创造条件，并利用公司出差的机会，免费为群众购买扇贝苗。到 1997 年，80% 的户走上了养殖的路子，全村每年人均收入由养殖前的 1300 元提高到了 2300 元。

2001 年，经村两委、党员和村民代表会议研究，决定开始运作商业一条街项目。为了筹集资金，姚山村召开村民代表会议不下 20 次，研究村民筹资入股方案，并下发征求意见表广泛听取每户村民的意见。开始有的村民不理解，为了解决这个问题，姚山村干部挨家挨户做思想工作，白天农户没人在家，就晚上过去，动之以情、晓之以理给村民讲发展的道理，凭着这股“犟”劲和责任心打动了村民。经过耐心细致的工作，共筹集村民入股资金近 1000 万元，为工程如期施工铺平道路。一期工程于 2001 年 9 月开工，2002 年 5 月竣工并正式投入使用，二期工程 2003 年兴建，2004 年完工，一、二期工程共建设商业楼 12778 平方米。在商业楼建设过程中，原材料的购进都是姚山村书记周杰和两委亲自联系，各种材料的使用、配置他们全程监督，村两委班子三班倒盯在工地，耽误饭时是家常便饭。在保证工程质量的前提下，能省则省，节约每一分钱，因为他们深知花的每一笔钱都是老百姓的血汗钱。2008 年，姚山村又利用村里预留的土地，在渤海家园的商业中心附近谋划建设了姚山新村商住楼项目，村民集资 2100 万元，建设建筑面积 17000 平方米商住楼。通过不懈的努力，现在姚山村的集体资产已经突破 1 亿元，村集体收入达到 283 万元。

三、经验启示

2015 年省级农村党组织书记“万人示范培训”实施以来，姚山村书记周杰通过参加培训，把所学理念、知识、政策、方法等运用到实际工作中，拓宽了思路，更新了方法，实现了村民收入不断增加、村级集体经济不断壮大，现总结了几点体会和启示。

（一）姚山村的实践证明，农村的发展一刻也离不开党的领导。在参与培训的过程中，更加深刻的认识到党的领导下，姚山村集体经济发展的更好更快。每一次重大决策的实施，都有村党组织的论证和引导，每一项主导产业的发展，都有村“两委”成员的动员和组织，因此要切实加强以党组织为核心的基层组织建设，选好配强村“两委”班子，把有经营头脑、有致富本领、有奉献精神、有民主作风、有群众基础的农村优秀人才选拔到村“两委”班子中，不断加强村“两委”班子带头致富能力、产业经营能力、创新机制能力，推动村级集体经济向规模化、长期化、制度化、市场化方向发展。

（二）要理论联系实际，把“万人示范培训”中学来的书本上的知识结合、本村实际情况，确立因地制宜的发展思路。因各村的实际情况不一样，自身优势和劣势不一样，地域条件差异较大，经济发展水平各不相同，所以必须因地制宜、分类指导，根据不同的实际情况选择不同的发展模式，在农村经济发展中，坚持从村情出发，辩证看待优势劣势，做好扬长补短的基础性工作。

（三）推进“新集体经济模式”，以股份制合作形式实现集体收益。姚山村以股份的方式解决了城镇化过程中失地农民的居住和生活来源问题，姚山村的国兴公司与商业楼盘一方面给失地农民提供了就业机会，另一方面又能使农民获得比较可观和相对稳定的集体股份收益。这种“新集体经济模式”对失地农村集体经济发展有一定的借鉴意义。

文化示范村申报材料

上徐各庄村位于秦皇岛经济技术开发区西北部，2010年9月19日划归开发区。上徐各庄枢纽互通与京哈高速公路相交，与沿海高速对接，是承秦高速公路连接京哈、沿海高速公路的重要枢纽，交通便利，信息发达，群众思想活跃。全村总面积3877亩，耕地面积2210亩，村址面积476亩，现有513户，1357人，六个小队，52名党员，42名村民代表。近年来，我村夯实基础，搭建平台，创新载体，把发展弘扬先进文化作为切入点贯穿于新农村建设的全过程，取得了可喜的成效。

一、加强领导，全民动起来

支村两委充分认识到先进文化对新农村建设的促进作用，始终把文化建设摆在同经济建设和民主政治同等高度上来抓。成立了以支部书记张志金为首的文化工作领导小组，明确专人抓文化工作，在文艺队伍建设及各项文娱活动中开展，均由支村两委成员担任领队或组长，全程参与，确保领导的到位。近年来，每年用于文化开支的经费达万元以上，人均近十元。支村两委的高度重视，也充分调动了全体群众的积极性，营造了全民关注、全民参与的良好氛围。

二、夯实基础，阵地建起来

阵地是新农村文化建设的物质基础。为此，上徐各庄村着力加强硬件建设，建立健全农村文化阵地。打造了室外文体广场、文化科普宣传栏、阅报栏、广播室、图书阅览室、文化活动室、黑板报、休闲亭等设施，成为该村一道亮丽的风景线。村图书室藏书2000册以上，配备图书管理员1人，每月开放4天，以方便广大村民的文化需要，往来读者络绎不绝。文化活动室棋牌、音响俱备，成为群众闲时娱乐的重要场所。科普宣传栏和阅报栏每月一更新，向群众传递着政策法规、生活常识和社会新闻。广播室每周广播本村的重要事宜，定期宣传政策法规，使群众依法办事。室外文化广场是群众重要的活动中心，白天借助健身器材锻炼身体，晚上广场舞跳起来。硬件的改善，有力地转变了文化贫瘠的旧貌，满足了群众多层次、多方面的需求。

三、大搞活动、氛围浓起来

农民是文化建设的受惠者，更是文化建设的主力军，只有更大限度地把农民吸纳到文化队伍中来，才能更好地满足群众的文化需求，吸引全民关注文化建设、参与文化建设。支村两委看准这一点，大力引导群众组建文艺队伍，组建了歌唱队、乐队、秧歌队，舞蹈队，小的二十来岁，老的六十余，上百人参与其中。实践证明，这一做法极大地调动了群众的积极性，许多群众离开了牌桌、扔掉了麻将，自发地聚拢在一起，自排自演、自娱自乐，追求健康高尚的精神生活。为了加强对文艺队伍的管理，村上还专门指定了道具专管员，将添置的道具和器材收藏好、保管好。

四、狠抓队伍、锣鼓敲起来

“早上听鸡叫，白天听鸟叫，晚上听狗叫”，曾是农村生活的真实写照，也从一个侧面反映了当前农村文化的单调、乏味。而在近两年，完善的硬件设施，层出不穷的队伍，彻底改变了这一现象。每年我村都举办元旦、六一、重阳、广场舞培训等文娱活动，参与群众两百人次。计生协、妇联、文化办等单位也通力协作，在其中发挥了重要的作用。每逢传统节日，我村都能轻松地举办出文娱活动，从未受无场地、无节目、无人参加而局限，就连村上的党员会、村民代表大会上，也都会先来上几个文艺节目助助兴。在开发区组织的一些活动中，也总能发挥生力军的作用，曾多次去其他地区表演节目，并且开发区文化办也在我村举行文艺汇演，成为开发区重要的文化阵地。在各种文艺活动的开展中，上徐各庄村着眼于大文化建设格局，冲出“唱唱跳跳”的圈子，融入一些科技、法律、市场知识，让群众在娱乐中学到更多的致富本领，真切体会到文化的价值，从而激发他们在新农村建设中的主动性和创造性。同时，我村还举办了一系列如“五好文明家庭”“卫生检查评比”等文明创建活动，组建移风易俗红白理事会，在极大地丰富了群众的文化生活的同时，村民学文化、学科技的风气逐渐形成，构建了农民群众安居乐业、物质文化生活丰富多彩、人与人和谐相处的良好氛围。

四、强化教育、素质高起来

上徐各庄村实施“素质”工程，狠抓农民素质提高。充分利用上徐各庄村小学、上徐各庄村中学、文化科普宣传栏、阅报栏、广播室等载体，围绕社会主义荣辱观及提高技能素质两大主题，举办政治理论学习、科技知识培训、专业技术辅导、法律常识讲座和社会公德教育等。2015年共组织培训4场，参加培训上百人次，发放村规民约500余份，学习资料300份。如今在上徐各庄村学习蔚然成风，各类培训班都人如潮涌，就连那些须发皆白的老人，也打破“人过三十不学艺”的古训，学习得津津有味，有远见卓学的年轻人还踊跃参加了各种函授、远程学历教育。

卓有成效的农村文化工作，有力地促进了全村经济发展和社会事业的全面进步。人民安居乐业，社会秩序井然，环境卫生保持良好，全村无重大刑事案件、无越级上访事件、无重大安全事故、无计划外生育，经济发展势头迅猛，群众生活丰富多彩。

与农民有关（二首）

金顺祥

家　园

并不规则的一堆平房
摆放得有些杂乱无章
开发区的巨手
只轻轻地轻轻地一推
便推倒了这堆火柴盒

还是这块村址
还是这片土地
有人还叫着原有村庄的名字
只是这里很快
要被家园代替
这块村址这片土地上
从此生长的
不再是那棵苍老的古槐树
记忆长在脸上
年轮留住心里

在这块村址上
在这片土地上
有一种叫做梦想的新植物
像熟悉的玉米杆
开始向上拔节
6+1 的楼层
21 米的高度
一下子提升了人们的想象
站在返迁楼的阳台
目光
能看到远处的河流
以及更远的地方

哦　我的家园
栖息心灵的楼房
每次远远地眺望你
发觉你不仅是一座座
大地上耸立的时代丰碑
你更是一枚又一枚
新农民的厚重印章

养老卡

梦里几次笑醒
想想怎么可能
失地农民养老
月领千元现金

没错
这是开发区
用一张卡向农民兑现的承诺
这是开发区
用一张卡给农民找回的尊严

一张薄薄的养老卡
在布满老茧的手掌上
为何会压得不停地颤抖
头一次站在取款机前
你为何显得这么拘谨
这般不够自信

放心吧
我的父老乡亲
农民　还只是
来不及脱掉的一层外衣
自己的幸福
如今牢牢地掌握在自己的手里

留恋植物
也在阳台种上几盆花草
想念池塘
可以养上几尾游鱼
因为　你手中持有的是一张
通往城市化大门的
绿卡

编后记

随着秦皇岛经济技术开发区城市建设步伐的加快，辖区行政村的历史文化、民俗风情等宝贵史料也在逐渐消失，村域中历史文化保护和传承显得至关重要。2017 年年初，由市地方志指导、开发区地方志牵头，全区 5 个乡处、87 个行政村参与了编写工作。

《中国·秦皇岛经济技术开发区村志》是秦皇岛开发区有史以来首次编写的村志。村志总字数约 40 余万字、图片及示意图 600 余幅，每个行政村设 11 个条目。文前设有凡例、序、总述，各乡处设有综述，篇目后设附录、编后记。全书采用精装，大 16 开、全彩印刷。该村志编修呈现出以下几大亮点。一是准确核实文字史料。村志各行政村文图内容全部经过责编逐村走访、整理、挖掘以及最后样稿的确认工作；二是精心绘制示意图。外聘专业人员绘制了 87 个行政村的全部示意图，尤其对已拆迁的 20 多个村史、村貌进行了很好地还原，使读者了解村志内容更加直观；三是精挑细选内文插图。采用了大量鲜活生动、历史性强、像素质量高的照片穿插于文中，更好地展现了村民生活场景；四是加大全书装帧设计力度。整个村志封面及内文设计即有传统文化之美又体现了开发区的元素，呈现出一种立体、多层次的设计风格。读者通过该部村志就会对开发区的乡村历史有一个较全面、真实、客观的了解，且具较强的可读性。

开发区村志整个编修过程紧张而有序。村志于 2017 年 3 月中旬启动村志编写工作，到 2017 年 6 月底，完成村志初稿收集工作，2017 年 8 月底完成了村志编辑加工与修改工作，到 2017 年 9 月初，进入补充完善材料阶段，11 月份完成内部的一审、二审校对工作，并形成了征求意见稿，到 12 月份上报到市地方志办公室主管编辑审稿。2018 年年初对征求意见稿进行了补充和修改，2018 年 3 月份完成出版社的送审稿。2018 年 5 月对出版社意见进行再次修改后报市地方志评审委员会审稿，2018 年 6 月份根据市地方志的评审意见完成了全部村志的修改任务，7 月份形成定稿，8 月份报编委会批准正式出版。

编写村志必须多方配合，协力同心，方能编修出名品佳志。《中国·秦皇岛经济技术开发区村志》的编纂出版，得到了市地方志、工管委领导的大力支持。在整个编修过程中，市地方志办公室在拟定篇目、编写、修改和成书等重要环节，都给予了帮助和指导，付出艰辛而卓有成效的劳动。

值此《中国·秦皇岛经济技术开发区村志》出版之际，衷心感谢为该村志编纂、出版付出辛勤劳动的全体撰稿、审稿人员，衷心感谢所有关心、支持本志的社会各界人士。由于各位编辑水平有限，志书中难免有不妥之处，敬请读者批评指正。

编　者

2018 年 7 月